Sommaire général

Français

Maths

Histoire

Géographie

Physique-Chimie

SVT

SES

Anglais

© Nathan 2020, 25 avenue Pierre-de-Coubertin, 75013 Paris - ISBN : 978-2-09157482-0

Français

Sommaire

Français

Lue · Relue · Apprise

Histoire littéraire

Sommaire

Lue | Relue | Apprise

Genres et objets d'étude

Les outils de la langue

La pléiade

Lue Relue Apprise

1

Mouvement littéraire poétique de la seconde moitié du XVIe siècle qui est associé à celui de la Brigade.

info-clé

Ces poètes, admirateurs des Grecs et Latins, veulent doter la France d'une littérature comparable par sa valeur aux œuvres antiques.

1 Contexte historique

A De la Brigade à la Pléiade

- De nombreux jeunes auteurs sont portés par les découvertes de la **Renaissance** et forment un groupe hétérogène appelé **la Brigade**.
- Ronsard distingua dans la Brigade sept auteurs qu'il nomma **la Pléiade** en raison de leur connivence, leur inspiration, leur but.

B La Pléiade

- **Nom** : c'est celui des sept filles d'Atlas dans la **mythologie** grecque. Au IIIe siècle av. J.-C., sept **poètes d'Alexandrie** (alors capitale culturelle du monde grec) prirent ce nom, que Ronsard reprit pour son propre groupe de poètes en **1553**.
- **Poètes** : la liste varie, les plus fréquemment cités sont :
  - les élèves de Dorat (collège de Coqueret) : **Ronsard**, **Baïf**, **du Bellay** ;
  - les élèves de Muret (collège de Boncourt) : **Jodelle**, **La Péruse** ou **Belleau** (remplaçant La Péruse mort) ;
  - **Pontus de Tyard**, **Peletier du Mans**.
- **Évolution** : si chaque auteur influence le mouvement, rapidement Ronsard devient prédominant. La Pléiade meurt avec les guerres de religion qui divisent ses membres.
- Si le nom de *Pléiade* a perduré, c'est qu'il désigne en fait **une conception poétique commune**.

2 Les thèmes majeurs

A *Imitatio*

- Les auteurs de la Pléiade vouent un **culte aux Lettres antiques** qu'ils cherchent à imiter :
  - **genres littéraires antiques** (odes, épopée…) à la place des formes médiévales ;
  - réactivation des **mythes** ;
  - **références savantes** qui amènent ces auteurs à se citer entre eux, car la **poésie** est perçue comme le **socle premier de la culture**.

B *Variatio*

- L'imitation, bien loin d'être servile, se soumet à un souci de **variation des formes, des références, des auteurs cités...**
- L'italien **Pétrarque** trouve alors toute sa place dans cette imitation variée, tout comme la forme nouvelle du **sonnet,** abondamment pratiquée. Il s'agit d'**innutrition**, de s'approprier le texte copié : **créer, c'est en fait re-créer ! L'amour** est ainsi un thème majeur, couplé parfois au ***carpe diem*.**

Lexique

Carpe diem : « cueille le jour », citation du poète latin Horace. Invitation à profiter, en raison de la perspective de la mort, du jour présent, notamment chez Ronsard, des plaisirs de l'amour.

C *Æmulatio*

- Les auteurs entrent en concurrence avec leurs illustres prédécesseurs et recherchent la **gloire** de manière à gagner **l'immortalité** par leurs œuvres.
- Cela demande un **travail** très important que les poètes ont gommé grâce à la théorie des « **fureurs poétiques** » qui les inspireraient, mais qu'eux-mêmes considèrent comme une création littéraire.

Lexique

Fureurs poétiques : source mythique de l'inspiration des poètes de la Pléiade qui s'y réfèrent souvent dans leurs poèmes, tout en défendant le primat du travail dans leurs textes théoriques.

3 Les grandes œuvres

A *Défense et Illustration de la langue française*, de Joachim du Bellay (1549).

- Œuvre considérée comme le **manifeste de la Pléiade** (pas encore née au moment de sa publication pourtant).
- Du Bellay y défend l'idée de la création d'une littérature de haute tenue en langue française grâce à l'imitation des Grecs et des Latins.

B *Odes*, de Ronsard (1550)

- La forme poétique est reprise à l'Antiquité, Ronsard imite des poèmes antiques tout en les adaptant à des destinataires contemporains qu'il loue.
- Mais le poète ne se perd pas lui-même de vue ; c'est bien son nom qui passera à l'immortalité grâce à son œuvre et si certaines des personnes auxquelles il rend hommage sont connues après leur mort, ce mérite lui reviendra aussi.

Joachim du Bellay (1522-1560)

2

☐ Lue ☐ Relue ☐ Apprise

Poète • Mouvement littéraire : la Pléiade

1 Repères biographiques

- Issu d'une famille noble d'Anjou, du Bellay quitte Poitiers pour suivre Ronsard à Paris au collège de Coqueret où Dorat enseigne le grec.
- **Membre de la Brigade puis de la Pléiade**.
- Il suit son oncle cardinal à Rome en tant que secrétaire et vit ce voyage comme un exil (1553-1558).

2 Caractéristiques de l'œuvre

A L'Antiquité. Grâce aux leçons de Dorat, du Bellay devient un familier des Lettres antiques. Ses œuvres, comme celles de ses amis de la Pléiade, défendent l'idée d'une poésie de langue française imitant les auteurs antiques.

B Pétrarquisme. Le jeune du Bellay écrit un recueil entier de sonnets inspiré des sonnets amoureux du poète italien Pétrarque (xve siècle).

C Séjour romain : le voyage à Rome avec son oncle est source de désillusions. Il écrit alors des **poésies élégiaques**. En son absence, Ronsard est devenu « Prince des poètes ». Du Bellay s'en prend, dans son dernier recueil, au *Poète courtisan* (1559).

lexique

Poésie élégiaque : poésie inspirée des poètes latins élégiaques (Tibulle, Properce). Poésie lyrique dominée par la plainte, souvent amoureuse, mais pas seulement (plainte de l'exilé chez du Bellay).

3 Œuvres principales

- ***Défense et Illustration de la langue française*** (1549) : manifeste de la Pléiade. Invitation à pourvoir la France d'une littérature digne de celle des Romains et des Grecs en les imitant.
- ***L'Olive*** (1550) : recueil de sonnets amoureux en décasyllabes (influence de Pétrarque).
- ***Les Regrets*** (1558) : œuvre composée pendant le séjour romain. La poésie élégiaque se mêle à la satire.

vers célèbre

« Heureux qui comme Ulysse a fait un beau voyage », *in* ***Les Regrets*** (1558)

→ Le poète compare son voyage à celui du héros homérique de manière à mettre en lumière sa nostalgie, son regret de sa terre natale (il est alors à Rome qu'il n'apprécie pas du tout).

Pierre de Ronsard
(1524-1585)

☐ Lue ☐ Relue ☐ Apprise

Poète • Mouvement littéraire : la Pléiade

1 Repères biographiques

- Issu de la petite noblesse, Ronsard abandonne sa carrière militaire en raison de sa surdité. Il vit alors de bénéfices ecclésiastiques.
- Il suit les cours de Dorat aux côtés de Baïf et du Bellay. Membre de la Brigade, il fonde la Pléiade.
- Grand succès de ses œuvres qui font de lui le **« Prince des poètes »** sous Charles IX.
- En 1562, il se range du côté des catholiques dans la guerre civile née des guerres de religion.
- À la mort du roi (1574), il se retire (Vendômois et Touraine).

2 Caractéristiques de l'œuvre

A Antiquité. Ronsard lit les auteurs latins et grecs. Il s'en inspire en important des genres antiques : *Odes, Hymnes* (1555-1564).

B Poésie amoureuse. Il célèbre trois muses : **Cassandre**, **Marie** et **Hélène**.

C Poésie politique. Ronsard prend parti **contre les protestants** : *Discours sur les misères de ce temps* (1562), mais cherche surtout à valoriser la France dont il entreprend **l'épopée** : *La Franciade* (1572).

infos-clés

- Ronsard essaie tous les genres et ne cesse, à l'occasion des diverses publications de ses *Œuvres complètes*, de remanier ses poèmes.
- Incarnation à lui seul de la Pléiade, il a une haute conscience de sa gloire.

3 Œuvres principales

- *Odes* (1550-1552) : genre grec adapté en français. Elles célèbrent leurs destinataires rendus immortels par le Poète.
- *Amours* (1552), *Continuation des Amours* (1555), *Nouvelle Continuation des Amours* (1556) et *Sonnets pour Hélène* (1578) : poèmes amoureux. Certains poèmes sont très connus : sur le thème du *carpe diem*, invitation à l'amour en comparant la femme aimée à une fleur belle, mais éphémère.

vers célèbres

« Mignonne, allons voir si la rose / Qui ce matin avait déclose... », Amours

« Je vous envoie un bouquet de ma main / Que j'ai ourdi de ces fleurs épanies... », Continuation des amours

« Quand vous serez bien vieille, le soir à la chandelle... », Sonnets...

→ Invitent la femme aimée à se donner au poète tant qu'elle est belle, jeune et en vie.

Le baroque

Lue Relue Apprise

3

Mouvement littéraire, culturel et artistique qui naît en Italie au XVIe siècle et se propage ensuite à travers toute l'Europe.

1 Contexte historique

A Guerres civiles et religieuses

● Les guerres entre catholiques et protestants déchirent la France à la fin du XVIe siècle (les protestants parisiens sont massacrés lors de la Saint-Barthélémy en 1572) et mettent fin au rêve d'harmonie de la Renaissance.

info-clé

Le baroque s'attache au caractère **fragile** et **insaisissable** de la vie.

B Contre-Réforme et fin des certitudes

● L'Église, pour lutter contre le pouvoir de séduction de la Réforme protestante, propose des représentations spectaculaires de la Religion.

● Les découvertes des XVe et XVIe siècles – découverte du Nouveau-Monde, théorie de Copernic selon laquelle la Terre tourne autour du Soleil... – ébranlent les certitudes anciennes : on ne sait plus que ou qui croire.

2 Les principes

A Deux baroques

● Un **baroque joyeux** qui répond au trouble de l'existence par une **ivresse festive**, multiplie les **déguisements**, les trompe-l'œil, aime la **surcharge**, les **métamorphoses.**

étymologie

Le mot **baroque** vient du portugais ***barroco***, qui désigne *une perle irrégulière*.

● Un **baroque funèbre** qui insiste sur la **brièveté de la vie**, sur la **misère de l'homme**, qui cultive le **macabre** à travers des images qui frappent l'imagination.

B Principes généraux

● **Incertitude et confusion :** les **sens** n'offrent plus aucune certitude.

● **Mouvement et instabilité :**

– dans les pièces de **théâtre** ou les **romans**, les actions s'enchaînent, les histoires amoureuses se multiplient, tous les personnages sont **infidèles** ;

– en peinture, les **personnages** sont saisis dans une position de **déséquilibre** ; les **sculptures** préfèrent exploiter la **torsade** et la courbe à la ligne droite.

histoire des arts

Une sculpture baroque, du **Bernin** par exemple, ou un tableau baroque, de **Rubens** par exemple, se caractérisent par des lignes courbes et du mouvement, des couleurs contrastées (clair-obscur), la présence de corps souffrants...

● **Exhibition et violence des corps :** dans une période de violence extrême, on n'hésite pas à montrer les corps dévêtus, même s'ils sont à **l'agonie**.

C Le théâtre baroque

● **Théâtre spectaculaire et dynamique** : métamorphoses, personnages surnaturels, combats sur scène.

● **Mélange des niveaux de langue** : à la fois un vocabulaire familier, populaire, et un vocabulaire recherché, poétique.

● **Mélange des genres** : passages comiques, burlesques, tragiques dans une même pièce de théâtre ; intrigues souvent complexes qui mettent en scène un grand nombre de personnages.

● **Présence du corps** : amour charnel ou batailles sanglantes.

● **Inconstance et instabilité** : importance du thème de l'infidélité, questionnement sur l'identité.

3 Les grandes œuvres baroques

● ***Macbeth*** (Shakespeare, 1606) : pièce de théâtre anglaise qui met en scène la conquête du pouvoir par un tyran manipulé par des sorcières ou par son inconscient.

● ***Don Quichotte*** (Cervantes, 1605-1615) : roman espagnol dont le personnage principal est un chevalier victime de visions, dont les exploits ne sont jamais que fictifs.

● ***La Vie est un songe*** (Calderon, 1635) : pièce de théâtre espagnole qui repose sur une confusion des sens : le personnage ne sait s'il vit ou s'il rêve ce qui lui arrive.

● ***L'Illusion comique*** (Corneille, 1636) : comédie dont la construction qui repose sur des mises en abyme est extrêmement complexe.

des écrivains baroques

- En Angleterre, **Shakespeare** (1564-1616) ;
- En Espagne, **Calderon** (1600-1681) ou **Cervantes** (1547- 1616) ;
- En France, **d'Aubigné** (1552- 1630) ou **Chassignet** (1571- 1635).

remarque

Corneille, que l'on rattache généralement au mouvement littéraire classique, a d'abord écrit des pièces baroques. Ce n'est qu'à partir de 1640 (*Horace*) qu'il produit des œuvres classiques.

Le classicisme

4

Lue Relue Apprise

Mouvement littéraire, culturel et artistique français qui coïncide avec le règne de Louis XIV.

1 Contexte historique

A « Le Roi, c'est moi »

- Louis XIV entend mettre fin aux ambitions des nobles qui réclament plus de pouvoir et d'influence. Le 10 mars 1661, il annonce qu'il gouvernera seul.
- Le classicisme va de pair avec cette affirmation de **l'absolutisme royal** : il faut encadrer les arts pour qu'ils contribuent à la puissance royale.

infos-clés

- Le classicisme recherche la **perfection**.
- L'idéal classique s'incarne dans « **l'honnête homme** », humble courtois et cultivé, qui représente un modèle d'humanité pour les écrivains de l'époque.

B Encadrer les arts et les lettres

- C'est **Richelieu** qui envisage le premier de mettre les arts au service du pouvoir.
- Il met ainsi en place un **mécénat d'État** (les artistes peuvent toucher une pension de l'État à condition qu'ils respectent un certain nombre de règles et qu'ils célèbrent la puissance du roi) ;
- Il crée également des **académies** (l'Académie française, 1635) dans lesquelles les artistes établissent une sorte de code de bonne conduite artistique.
- Louis XIV poursuit la politique entreprise et trouve un lieu pour l'épanouissement artistique de la puissance royale : **Versailles**.

C Toutes sortes d'artistes

- On considère comme classiques non seulement des **écrivains** mais aussi des **architectes** comme Mansart, des **peintres** comme Le Brun (tous deux ont travaillé à Versailles)...

l'art classique

- Un tableau classique, de **Nicolas Poussin** par exemple, se reconnaît à la construction géométrique et à l'harmonie des couleurs.
- Un bâtiment classique emprunte quelques éléments à l'architecture antique, il est organisé autour de lignes perpendiculaires.

2 Les principes

- **Le Beau et le Bien.** Les artistes classiques assimilent la beauté esthétique et la beauté morale, le Beau au Bien.
- **Retour à l'Antiquité.** Les artistes classiques prônent un retour à l'Antiquité, qui leur paraît un modèle indépassable. Toutefois s'ils imitent les auteurs antiques, ils savent les adapter au goût du jour.

- **Convenances.** Les œuvres classiques doivent respecter :
  - la **vraisemblance**, exigence intellectuelle : si l'historien se doit de dire le vrai, l'artiste, au contraire, se doit de mettre en scène une intrigue conforme à l'idée que le public se fait de la réalité.
  - les **bienséances**, exigence morale : l'œuvre d'art ne doit pas représenter la violence ou la vie dans ce qu'elle a de trivial. Ainsi tout ce qui a trait au corps est à proscrire. De même, il apparaît malséant qu'un roi s'occupe des réalités matérielles comme l'argent.
- **La langue classique.** Elle cherche le **naturel**, la simplicité, le mot juste.
- **Règles propres au théâtre.** En plus de ces principes, les pièces de théâtre doivent obéir à un certain nombre de règles :
  - **stricte séparation des genres,**
  - **règle des trois unités** : unité de **temps** (l'intrigue doit durer moins de 24 heures), unité de **lieu** (tout se passe au même endroit), unité d'**action** (il y a un seul problème à régler).

la règle des trois unités

Voici comment la définit Boileau :
« Qu'en un lieu en un jour un seul fait accompli / Tienne jusqu'à la fin le théâtre rempli »

- **Finalité de l'œuvre classique** : deux objectifs, **plaire et instruire** (*placere* et *docere*). Par exemple, dans les *Fables* de La Fontaine, le récit dynamique plaît et la moralité instruit.

3 Les grandes œuvres classiques

- Il ne faut pas croire que le théâtre soit le seul genre à s'être épanoui à l'époque classique. Voici quelques œuvres importantes appartenant à d'autre genre :
- ***La Princesse de Clèves*** (Madame de La Fayette - 1678) : roman qui analyse la passion amoureuse et célèbre le triomphe de la vertu.
- ***Les Caractères*** (La Bruyère - 1688) : La Bruyère est un moraliste, comme La Rochefoucauld et Pascal, qui se moque des vices de la société à travers une série de portraits.
- ***Les Contes*** (Perrault - 1697) : les contes comme *La Belle au bois dormant* ou *Barbe bleue* sont des petits récits accompagnés de moralités. Ils ne sont pas inspirés de l'Antiquité : Perrault est un moderne.

la querelle des Anciens et des Modernes

Deux camps s'opposent à l'Académie : d'un côté les **Anciens** (Racine) imitent respectueusement les auteurs antiques, ils vivent à Versailles et critiquent souvent les mœurs contemporaines ; de l'autre les **Modernes** (Perrault) qui nuancent leur dévouement à l'art antique, cherchent d'autres sources d'inspiration et fréquentent les salons parisiens.

Pierre Corneille

(1606-1684)

Lue Relue Apprise

5

Auteur de théâtre
Mouvement littéraire : classicisme

1 Repères biographiques

- **Origines :** né à Rouen, dans une famille bourgeoise, il reçoit une bonne éducation chez les Jésuites.
- **Vie privée :** on dit que ce jeune avocat entreprit d'écrire des pièces de théâtre à la suite d'un chagrin d'amour.

2 Caractéristiques de l'œuvre

A Influences. Corneille écrit d'abord des pièces baroques, en particulier *L'Illusion comique* (1635) ; à partir de 1640, il écrit des pièces classiques. Il est alors **en concurrence avec Racine**.

B Les genres développés par Corneille

- **La comédie** (ex. : *La Place royale*, 1634)

Les comédies de Corneille mettent en scène des **histoires d'amour** qui se déroulent dans un **cadre réaliste** et sont portés par une **langue élégante**.

- **La tragi-comédie** (ex. : *Le Cid*, 1637)

Caractérisée par des **intrigues complexes et riches en actions**.

- **La tragédie** (ex. : *Horace*, 1640)
  - « Une action illustre, extraordinaire, sérieuse » : sujets historiques qui mêlent amour et pouvoir ; des conflits entre des proches.
  - Deux effets : **pitié** (le héros est accablé de malheurs) et **admiration** (mais il y fait face avec courage).
  - **Dilemme cornélien** : quand le héros hésite entre deux possibilités, il choisit la plus difficile.

3 Œuvres principales

- ***L'Illusion comique*** (1635) : comédie baroque dont la structure de théâtre dans le théâtre est très complexe.
- ***Le Cid*** (1637) : premier gros succès de Corneille à Paris, tragi-comédie qui suscita une querelle parce qu'elle ne respectait pas les règles classiques.
- ***Cinna*** (1641) : tragédie classique qui suscite l'admiration.

vers célèbres

- ***« Je suis jeune il est vrai ; mais aux âmes bien nées / La valeur n'attend pas le nombre des années. » Le Cid*** (II, 2)
  → Rodrigue, courageux face au Comte.
- ***« Je suis maître de moi comme de l'univers. » Cinna*** (V, 3)
  → Vers prononcé par Auguste qui vient de surmonter son désir humain de vengeance pour faire preuve de clémence, suscitant ainsi l'admiration.

Jean Racine (1639-1699)

☐ Lue ☐ Relue ☐ Apprise

Auteur de théâtre • Mouvement littéraire : classicisme

1 Repères biographiques

- **Origines :** orphelin, Racine reçoit une éducation religieuse stricte (janséniste) aux « Petites Écoles » de Port-Royal.
- **Vie privée :** courtisan, Racine a de nombreuses liaisons, notamment avec la Du Parc, comédienne dont Corneille a également été amoureux, et avec la Champmeslé, qui incarne Phèdre en 1677.

2 Caractéristiques de l'œuvre

A Influences.

Influences. Racine écrit des pièces classiques qui respectent les règles d'unité, de vraisemblance et de bienséance. Dans la Querelle des Anciens et des Modernes, **il se range du côté des Anciens**.

- **Engagements politiques :** Racine est un proche de Louis XIV. Lorsqu'il renonce à l'écriture théâtrale en 1677, il devient historiographe du Roi.
- **Question religieuse :** Racine est marqué par la rigueur et l'austérité de l'éducation qu'il a reçue. Il s'éloigne d'abord de Port-Royal (abbaye d'Île-de-France, l'un des foyers du jansénisme), qui condamne le théâtre, mais s'en rapproche à la fin de sa vie.

B La tragédie selon Racine

- **Simplicité** de l'intrigue. Très grande **musicalité** de l'alexandrin.
- Analyse des **passions** et de leurs symptômes.
- **Pessimisme** : la tragédie racinienne, qu'elle se termine par une mort ou pas, invite à pleurer.

3 Œuvres principales

- ***Bérénice*** (1670) : tragédie remarquable par sa simplicité (il ne se passe rien) et par son dénouement. Au même moment, Corneille fit jouer une tragédie sur le même thème, *Tite et Bérénice*, qui remporta moins de succès.
- ***Phèdre*** (1677) : tragédie inspirée du théâtre grec (Euripide) et du théâtre latin (Sénèque), qui met en scène la violence des passions. C'est la dernière grande tragédie de Racine (il n'écrit ensuite que deux tragédies religieuses).

vers célèbres

- ***« Je le vis, je rougis, je pâlis à sa vue » Phèdre*** *(I, 3)*
→ Racine décrit ici les symptômes physiques de la passion amoureuse.
- ***« Dans un mois, dans un an, comment souffrirons-nous / Seigneur, que tant de mers me séparent de vous ? » Bérénice*** *(IV, 5)*
→ un bel exemple du lyrisme de Racine.

Phèdre (1677)
Jean Racine

6

Lue Relue Apprise

Genre : tragédie classique

1 Résumé de l'œuvre

A Héros et personnages importants. Phèdre est mariée à Thésée mais elle aime le fils de ce dernier, Hippolyte.

B Principales péripéties. Thésée a depuis longtemps disparu quand on apprend sa mort. Phèdre déclare alors sa flamme à Hippolyte. Le jeune homme la repousse. Coup de théâtre : Thésée revient. Il s'interroge sur l'humeur sombre de sa femme et de son fils. Phèdre apprend qu'Hippolyte en aime une autre : folle de jalousie, elle accuse Hippolyte d'avoir voulu la séduire. Thésée demande à Neptune de venger son honneur.

C Dénouement. Hippolyte meurt en combattant le monstre envoyé par Neptune. Phèdre, prise de remords, se tue à son tour.

2 Les caractéristiques de l'œuvre

A Une pièce inspirée des Anciens. Racine s'inspire de deux pièces d'Euripide et d'une pièce de Sénèque.

B Une pièce classique ? Racine respecte bien la règle des trois unités mais il malmène les règles de vraisemblance et de bienséance.

citation-clé

« Je le vis, je rougis, je pâlis à sa vue. / Un trouble s'éleva dans mon âme éperdue » (I, 3)
→ Phèdre avoue sa passion à Œnone.

C La mise en scène du destin. Dans la tragédie d'Euripide, le poids des dieux était tangible. Dans la tragédie de Racine, les dieux servent surtout à apaiser une mauvaise conscience : Phèdre se sent coupable de son amour ? Elle accuse Vénus d'en être responsable ! Elle oscille donc entre responsabilité et écrasement, et met en scène son destin pour échapper à sa conscience.

passage important

Scène 5, acte II → l'aveu de Phèdre à Hippolyte.

3 L'écriture de Racine

A L'écriture de la passion. Racine s'attache à détailler les signes physiologiques de la passion amoureuse et de la jalousie.

B L'alexandrin. Racine compose des alexandrins classiques marqués par un lyrisme exacerbé.

Horace (1640)
Pierre Corneille

Lue Relue Apprise

Genre : tragédie classique

1 Résumé de l'œuvre

A Héros et personnages importants. Les Horaces, représentants de Rome, doivent affronter les Curiaces, qui représentent Albe.

B Principales péripéties. Horace perd ses deux frères avant de faire semblant de prendre la fuite, ce qui lui permet d'isoler ses ennemis et de les tuer un à un. Le grand vainqueur se heurte à la colère de sa sœur, qui pleure son amant Curiace et insulte Rome : il la tue.

C Dénouement. Le roi Tulle, touché par la plaidoirie du vieil Horace en faveur de son fils, épargne le sauveur de la patrie.

2 Les caractéristiques de l'œuvre

A Une pièce inspirée des Anciens. Corneille s'inspire de l'historien romain Tite-Live.

B Une pièce classique. Après la querelle du ***Cid*** (1637), Corneille propose ***Horace***, une pièce qui respecte scrupuleusement la règle des trois unités, les bienséances et la vraisemblance.

C Horace, un héros magnanime. En effet, s'il semble « barbare » à Curiace en ce qu'il est prêt à combattre « un autre soi-même », en ce qu'il n'hésite pas plus tard à tuer sa sœur, il n'est pas indifférent à tout. Il est prêt au sacrifice de tout ce qui lui est cher pour répondre à l'appel des dieux, qui ont un dessein supérieur qu'il ne peut percevoir.

citation-clé

« Rome, l'unique objet de mon ressentiment ! / Rome, à qui ton bras vien d'immoler mon Amant ! / Rome, qui t'a vu naître, et que ton cœur adore ! / Rome enfin que je hais parce qu'elle t'honore » (IV, 5) → la fureur de Camill face à Horace.

3 L'écriture de Corneille

A L'éloquence oratoire. Corneille reconnaît lui-même que l'acte V est « tout en plaidoyers ». Il a fait des études de droit et excelle dans les dialogues argumentatifs et les monologues délibératifs.

B Le sublime. Corneille affectionne les maximes et les formules ramassées qui lui permettent d'exprimer sa conception de l'individu et de la noblesse.

passage important

L'acte III → l'unité de lieu veut que la pièce se déroule dans la maison d'Horace, loin du combat entre les Horaces et les Curiaces, ce qui crée du suspens...

Jean de La Fontaine

(1621-1695)

7

Lue Relue Apprise

Poète • Mouvement littéraire : classicisme

1 Repères biographiques

- **Éducation** : tenté par l'Église, il se tourne finalement vers le droit, mais ce qu'il préfère, c'est lire des romans.
- **Vie privée** : se marie jeune pour faire plaisir à son père, mais il préfère fréquenter les **précieuses** (femmes cultivées et raffinées ou se prétendant telle) dans les salons littéraires parisiens plutôt que rester auprès de sa femme.

2 Caractéristiques de l'œuvre

A Influences

- La Fontaine est un auteur **classique**.
- Il s'inspire d'auteurs grecs (Ésope) et latins (Phèdre) pour écrire ses œuvres : dans la querelle des Anciens et des Modernes, il est donc du côté **des Anciens**.

phrase célèbre

« Mon imitation n'est point un esclavage », Épître à Monsieur de Soissons

→ La Fontaine, comme les Anciens, prône une imitation créative des textes antiques.

B Protecteurs

- La Fontaine écrit plusieurs poèmes à la gloire de son premier mécène, Nicolas Fouquet (*Le Songe de Vaux*, 1658).
- Lorsque Fouquet est arrêté, La Fontaine vit quelques années difficiles mais il se place ensuite sous la protection de Madame de la Sablière, pour qui il compose aussi des textes.

C Une œuvre variée

La Fontaine n'a pas seulement écrit des **fables** : il a aussi écrit des **contes**, légèrement érotiques, des **discours**...

vers célèbres

- ***« Selon que vous serez puissant ou misérable, / Les jugements de Cour vous rendront blanc ou noir »***
Moralité des « Animaux malades de la peste » qui critique les mœurs de la Cour.
- ***« La raison du plus fort est toujours la meilleure »***
- Moralité de la fable « Le Loup et l'Agneau » qui a une portée morale universelle.

3 Œuvres principales

- *Les Fables* (1668, 1678, 1694) : les livres qui constituent ce recueil ne sont pas tous publiés en même temps et n'ont pas tous le même destinataire (les premiers livres sont dédiés au Grand Dauphin, futur Roi). Caractéristiques des fables :
  - **forme :** poèmes versifiés, composés le plus souvent de deux parties (un récit allégorique + une morale).
  - **fonction :** plaire et instruire.

Molière (1622-1673)

Lue Relue Apprise

Homme de théâtre • Mouvement littéraire : classicisme

1 Repères biographiques

remarque
Molière est le pseudonyme de Jean-Baptiste Poquelin.

• **Parcours :** « L'Illustre Théâtre », troupe de Molière, sillonne la province avant de s'installer à Paris en 1658, grâce à la protection de Monsieur, frère du Roi, puis grâce au soutien du Roi lui-même : Molière dirige alors la « Troupe du Roy ».

• **Vie privée :** Molière épouse en 1662 Armande Béjart, sœur (ou fille ?) de Madeleine Béjart, son ancienne maîtresse.

• **L'homme de théâtre :** Molière n'est pas seulement auteur de théâtre, il est aussi directeur de troupe et comédien.

2 Caractéristiques de l'œuvre

A Influences. *Commedia dell'arte* (les comédiens italiens, vêtus de masques, improvisent selon un canevas fixé à l'avance), théâtre de foire (farces au comique grossier, jeu très visuel) mais aussi comédie latine (Plaute).

B La comédie dans tous ses états. Molière a composé des comédies très différentes les unes des autres :

• **La farce** (ex. : *Le Médecin volant*) : en prose et en un acte, intrigue simple, personnages-types sans profondeur, comique de gestes.

• **La grande comédie classique** (ex. : *L'École des femmes*) : en vers et en cinq actes (le plus souvent), respect des règles du théâtre classique, personnages au caractère approfondi, comique de situation, manifeste une **observation critique de la société contemporaine**.

• **La comédie-ballet** (ex. : *Le Bourgeois gentilhomme*, 1670) : insertion dans la comédie de passages chantés et dansés.

3 Œuvres principales

• *L'École des femmes* (1662) : comédie classique en cinq actes sur le thème de l'amour et de la jalousie.

• *Tartuffe* (1664 puis 1669) : satire des faux dévots qui déchaîna les passions et fut interdite pendant plusieurs années.

vers célèbre
« C'est une étrange entreprise que celle de faire rire les honnêtes gens », Dorante, *La Critique de l'École des femmes* (1662)
→ Molière évoque ici les difficultés qu'il rencontre avec ses comédies populaires mais polémiques.

Tartuffe (1664-1669)
Molière

8

Lue Relue Apprise

Genre : comédie classique

1 Résumé de l'œuvre

A Héros et personnages importants. Orgon, bourgeois naïf, a recueilli chez lui, par charité chrétienne, Tartuffe, faux dévot.

B Principales péripéties. Depuis que Tartuffe a pénétré dans la famille d'Orgon, il cherche à la détruire. Il faut toute la ruse d'Elmire et de Dorine, nourrice et confidente des deux enfants, pour ouvrir les yeux d'Orgon.

C Dénouement. Finalement, Tartuffe est arrêté par un représentant du roi.

2 Les caractéristiques de l'œuvre

A Le comique de caractère. Molière met en évidence les défauts de ses personnages de manière à les tourner en dérision. Ainsi, Orgon est une caricature du bourgeois naïf, monomaniaque et obsessionnel.

B Le comique de situation. Molière, homme de théâtre, auteur mais aussi comédien et metteur en scène, excelle à mettre en scène des situations comiques.

C Une pièce polémique. La Compagnie du Saint-Sacrement, fort influente à la cour de Louis XIV, apprécie peu cette pièce qui tourne en ridicule les faux dévots. La pièce est interdite et Molière, contraint à de nombreux remaniements.

citation-clé

« *Couvrez ce sein que je ne saurais voir* » (III, 2) → l'une des premières répliques de Tartuffe à Dorine, qui manifeste sa religion affectée mais aussi son attirance pour le corps féminin !

passage important

Scène 4, acte IV → le piège qu'Elmire tend à Tartuffe.

3 L'écriture de Molière

A Une pièce en vers. Molière écrit cette comédie en alexandrins mais il se plaît à rendre son écriture dynamique par de nombreuses ruptures.

B Le comique de mots. Molière parodie aussi bien le discours galant que le discours religieux et se moque ainsi des faux dévots qui sont parfois de vrais courtisans.

Fables (1668, 1678, 1694)
Jean de La Fontaine

☐ Lue ☐ Relue ☐ Apprise

Genre : poésie

1 Thèmes principaux

A L'homme. La Fontaine, en moraliste, pointe du doigt les défauts des hommes.

B La cour. La Fontaine s'intéresse également au fonctionnement de la cour et aux inégalités sociales. Par exemple dans « Les Animaux malades de la peste », il s'insurge contre la partialité de la justice, trop sensible au statut social des accusés.

2 Les caractéristiques de l'œuvre

A L'inspiration antique. La Fontaine, qui se range clairement du côté des Anciens, dans la Querelle des Anciens et des Modernes, s'inspire des fables d'Ésope, qu'il prétend même traduire, avant de composer ses propres fables.

B Je me sers d'animaux… La plupart des fables de La Fontaine mettent en scène des animaux. Le Lion désigne allégoriquement le roi.

C …pour instruire les hommes. La plupart des fables comprennent deux parties : un récit allégorique, dont la fonction est avant tout de plaire, et une morale, dont la principale fonction est d'instruire. Il existe toutefois de notables exceptions comme « La Cigale et la fourmi », qui n'a pas de moralité explicite.

citations-clés

- ***« Rien ne sert de courir il faut partir à point »*** → moralité de « Le Lièvre et la tortue », morale à portée universelle.
- ***« Selon que vous serez puissant ou misérable, / Les jugements de Cour vous rendront blanc ou noir »*** → moralité des « Animaux malades de la peste », morale à visée critique.

3 L'écriture de La Fontaine

A L'hétérométrie. Pour mieux plaire à ses lecteurs, La Fontaine pratique l'hétérométrie. Il recourt à différents mètres dans un même poème, ce qui lui permet de faire se succéder des accélérations et des ralentis.

B La vivacité du récit allégorique. Le récit de la fable est souvent très vif (discours direct, présent de narration…).

passage important

Le premier livre des *Fables*, qui rendit célèbre son auteur.

L'art classique

Lue Relue Apprise

9

Mouvement du XVIIe siècle profondément lié à l'absolutisme qui caractérise le règne de Louis XIV.

1 Histoire du mouvement

A Définition

- C'est une volonté d'**encadrer les conduites et de policer les mœurs** qui va enclencher l'esthétique classique.
- **Richelieu** va jouer un rôle central. Pour faire de l'art un bon outil de propagande en faveur de la monarchie, il crée le mécénat d'État et réunit les artistes dans des académies (1635, Académie française). Il faut un lieu pour l'épanouissement de cette puissance royale : ce sera **Versailles**.
- Les arts se voient assigner une **nouvelle finalité** : le discours esthétique doit élever les âmes à la vertu et célébrer **le Beau et le Bien**. L'œuvre classique doit donc répondre à deux finalités majeures : **plaire et instruire**. La question du plaire est ambiguë. Plaire, c'est flatter le goût du public de l'époque. Mais qui est ce public ? Celui des doctes, qui jugent une pièce à l'aune de sa conformité aux règles, ou celui des spectateurs, qui applaudissent ou s'ennuient lors d'une représentation théâtrale ? Instruire, c'est donner une leçon morale au spectateur.

B Caractéristiques

- **Retour à l'Antiquité,** considérée comme un modèle absolu et indépassable. Ainsi les colonnades des bâtiments classiques s'inspirent des temples antiques.
- Importance des **convenances** : conformité à la réalité et à la moralité. L'art classique respecte les règles de vraisemblance et de bienséance.
- Goût pour les règles de **symétrie** et importance des calculs de **proportions**, l'œuvre doit donner une impression d'équilibre et de sobriété.

C Quelques grandes œuvres

- *Le Cardinal de Richelieu*, portrait de Philippe de Champaigne (1633-1640)
- *Autoportrait* de Nicolas Poussin (1650)
- La Galerie des glaces du château de Versailles, conçue par l'architecte Jules-Hardouin Mansart (1678-1684) et décorée par le peintre Charles Le Brun (1680-1684)
- Les jardins du château de Vaux-le-Vicomte, par le jardinier André Le Nôtre (1656)

2 Analyse d'une œuvre

Les Bergers d'Arcadie, Nicolas Poussin (1638-1640), Paris, musée du Louvre, 85 x 121 cm.

A Histoire

Ce tableau fut très vite surnommé « *Et in Arcadia ego* », en référence à la formule inscrite sur le tombeau représenté dans le tableau et qui peut signifier « Et moi, je suis aussi en Arcadie » (parole de la mort elle-même) ou « Et moi aussi, j'ai été en Arcadie » (parole du mort).

B Composition

- **Les personnages.** Apollon (couronne de lauriers) est négligemment appuyé ; un mortel, portant la barbe, signe du passage du temps, est absorbé par l'inscription ; un homme victorieux, couronné de laurier, monté sur un podium, dépasse légèrement le tombeau, comme s'il était en route vers l'immortalité ; la déesse, très grande, domine sereinement la scène.
- **Les formes.** Une diagonale montante passe par la tête des bergers pour aller à celle de la déesse. Centre géométrique du tableau : l'inscription.
- **Les couleurs** sont harmonieuses : le bleu du ciel fait écho aux étoffes et à la couleur de la pierre.

C Interprétation

Poussin propose une **relecture chrétienne du mythe antique de l'âge d'or,** que Virgile situe en Arcadie. La mort devient un paradis puisqu'elle est l'occasion de la découverte de Dieu. Dans cette perspective, le personnage de gauche incarnerait la foi antique, le berger accroupi le mortel sans foi, que l'inscription renvoie à sa finitude, celui qui se hisse sur le podium, le mortel sauvé par la foi, la femme, l'Église, sereine et protectrice.

Marivaux

(1688-1763)

Lue Relue Apprise

10

Romancier et dramaturge
Mouvement littéraire : Lumières

1 Repères biographiques

- **Éducation** : latin et droit.
- **Vie littéraire** : romans, comédies, articles de journaux. Marivaux est célèbre à son époque. Il est élu à l'Académie française.

2 Caractéristiques de l'œuvre

A Romans

- Jeunesse. **Parodies burlesques des classiques**, *L'Iliade travestie* (1717) et *Télémaque travesti* (1717).
- Vieillesse. **Deux autobiographies fictives inachevées, réalistes** et analysant le **fonctionnement de la société**, *La Vie de Marianne* (1731), *Le Paysan parvenu* (1734-1735).

B Comédies

- **Marivaudage.** Intérêt pour la naissance du sentiment amoureux et subterfuges que l'esprit humain invente pour le cacher, jeu entre maquillage et sincérité.
- Le langage est capital en ce qu'il camoufle les sentiments et les trahit.
- **Satire sociale**. Les valets prennent la place des maîtres et les parodient. Arlequin, personnage de la *commedia dell'arte* italienne, rend la satire plus efficace grâce à sa joie de vivre et son franc parler.

3 Œuvres principales

- ***Le Jeu de l'amour et du hasard*** (1730) : Silvia promise à Dorante, échange de rôle avec sa servante Lisette. Dorante a fait de même avec son valet Arlequin. L'amour naît. Mais chacun croit aimer un domestique et l'amour lutte contre l'orgueil.
- ***L'Île des esclaves*** (1725) : à la suite d'un naufrage, Iphicrate et son valet Arlequin, Euphrosine et sa servante Cléanthis, échouent sur une île régie par des esclaves qui rendent les domestiques libres et les maîtres esclaves. C'est une satire sociale. À la fin, chacun retrouve son rang, et les maîtres sont rendus meilleurs.

phrase célèbre

« J'ai guetté dans le cœur humain toutes les niches différentes où peut se cacher l'amour lorsqu'il craint de se montrer et chacune de mes comédies a pour objet de le faire sortir d'une de ces niches », Éloge de Marivaux, d'Alembert, citant Marivaux.

Beaumarchais

(1732-1799)

Lue Relue Apprise

Dramaturge • Mouvement littéraire : Lumières

1 Repères biographiques

- Horloger, il invente un procédé qui le rend célèbre à la Cour.
- Il écrit ses premiers textes, il est anobli et se lance dans les affaires. Il est mis en prison sur dénonciation calomnieuse. Réhabilité, il mène des activités d'espionnage en Europe pour le roi.
- Il devient dramaturge à succès et fonde la société des auteurs dramatiques qui protège leurs droits sur leurs pièces.
- Accusé sous la Révolution, il fuit puis revient et reprend affaires et projets (canal de Panama, dirigeable). Il refuse une sépulture chrétienne.

2 Caractéristiques de l'œuvre

A Influences. Diderot pour le drame et Voltaire pour sa verve dénonciatrice.

B Trilogie : trois comédies se faisant suite reliées par :

- **le personnage de Figaro** : homme du peuple habile et insouciant ;
- **la critique politique et sociale :** Figaro a des mérites plus grands que son maître, le comte Almaviva. Attaque du clergé, de la justice, de la censure, des privilèges, des ennemis des Lumières ;
- **la censure de ses pièces** ;
- tentation de l'opéra-comique, chansons et musique importantes ; nombreuses péripéties.

phrases célèbres

- *« Le théâtre est un géant qui blesse à mort tout ce qu'il frappe » Le Mariage de Figaro,* préface
- *« Aux qualités qu'on exige dans un domestique, Votre Excellence connaît-elle beaucoup de maîtres qui fussent dignes d'être valets ? », Le Barbier de Séville.*
- *« Qu'avez-vous fait pour tant de biens ? Vous vous êtes donné la peine de naître, et rien de plus », Le Mariage de Figaro.*

3 Les grandes œuvres

La trilogie de Figaro :

- ***Le Barbier de Séville*** (1775) : le comte Almaviva s'éprend de Rosine enfermée chez elle et promise au vieux Bartholo. Aidé de Figaro, il déjoue les pièges et épouse Rosine.
- ***Le Mariage de Figaro*** (1784) : Figaro doit se marier avec la femme de chambre de Rosine, Suzanne, mais il apprend qu'Almaviva la courtise aussi. Stratagèmes de Figaro pour duper son maître.
- ***La Mère coupable*** (1797) : dernière pièce de la trilogie sur l'adultère de la comtesse Rosine.

Le romantisme

11

Lue Relue Apprise

Mouvement littéraire et culturel touchant la poésie et le théâtre dans la première moitié du XIXe siècle.

info-clé

Le romantisme donne la priorité à **l'émotion**, au **lyrisme de la passion**, à travers des textes à **la première personne**.

1 Contexte historique

A Une période mouvementée

- Après la Révolution française se succèdent plusieurs régimes politiques. Le retour de la monarchie en 1815 fige les espoirs des jeunes gens ambitieux, qui ne trouvent plus leur place.
- C'est la question fondamentale du romantisme : **quelle place trouver dans le monde ?** Ce sentiment de malaise, le **« Mal du siècle »**, conduit à exprimer sa sensibilité et son imagination.

B Un mouvement européen

- Le mouvement romantique naît à la fin du XVIIIe siècle en Allemagne et en Angleterre. L'adjectif *romantic* désigne un paysage en accord avec un état d'âme.
- **Ce mouvement célèbre une osmose entre l'homme et la nature**, et s'inspire des vieilles légendes nationales.

Mme de Staël (1766-1817)

- Essayiste et romancière d'origine suisse. Mène une vie peu commune pour une femme de son époque : influence littéraire précoce, intérêt pour la politique, vie sentimentale tumultueuse, voyages.
- Elle est une pionnière dans la défense du droit au bonheur pour les femmes.

C Le mouvement romantique en France

- La première génération romantique est constituée d'artistes exilés par la Révolution française (**Mme de Staël, Benjamin Constant, Chateaubriand**).
- Dès 1820, avec le succès des ***Méditations*** de Lamartine, le mouvement se développe. Les auteurs les plus célèbres sont **Lamartine, Musset, Vigny** et **Hugo**.
- Il touche également la peinture (Delacroix, Géricault) et la musique (Berlioz).

l'astuce du prof

Le **lyrisme** vient du mot *lyre*, un instrument de musique. Il faut donc être attentif dans un texte lyrique aux effets de rythmes et de sonorités, tout autant qu'à l'expression de sentiments personnels.

2 Les thèmes majeurs

A Un registre et des thèmes privilégiés

- Le mouvement se caractérise en poésie par l'utilisation du **registre lyrique**, dans lequel l'écrivain exprime ses sentiments personnels.

● Les thèmes les plus fréquents sont **l'amour, la fuite du temps, le rapport de l'homme à la nature, le dépaysement par le voyage dans le temps et l'espace.**

B L'individu et la collectivité

● Le romantisme n'est pas toujours un repli sur soi.

● Le poète se veut aussi porte-parole de Dieu, dont il se considère comme le prophète inspiré.

● Il peut s'engager pour des causes importantes, en se faisant le porte-parole du peuple. La poésie devient alors une arme contre les injustices.

C Le refus des règles

● Le romantisme se définit souvent par opposition au classicisme, en privilégiant le sentiment par rapport à la raison, mais aussi en rejetant les contraintes formelles.

● **Le drame romantique se libère de la règle des trois unités**, et propose un ton nouveau, entre **sublime** et **grotesque**.

● En poésie, **l'alexandrin se disloque** par des coupes qui ne sont plus fixes, des rejets et contre-rejets.

● Certaines formes poétiques telles que **l'ode, la ballade, la chanson** sont remises à l'honneur.

3 Les grandes œuvres romantiques

● ***Les Méditations*** (Lamartine, 1820) : recueil de vingt-quatre poèmes. Le poète exprime ses souffrances, ses interrogations en prenant la nature pour confidente.

● ***Hernani*** (Hugo, 1830) : pièce de théâtre. Au XVIe siècle, deux amants et aristocrates espagnols sont poursuivis par la jalousie d'un troisième personnage. Sa première représentation fut à la fois un triomphe et un **scandale** (affrontement entre jeunes romantiques et tenants des règles classiques).

Les romantiques

- **Lamartine** (1790-1869), poète
- **Musset** (1810-1857), poète, dramaturge
- **Vigny** (1797-1863), poète, dramaturge
- **Hugo** (1802-1885), poète, dramaturge, romancier

● ***Les Contemplations*** (Hugo, 1856) : volumineux recueil de poèmes autobiographiques. Le poète y évoque ses souvenirs, ses joies et ses peines. Cette œuvre est aussi un hommage d'Hugo à sa fille Léopoldine, morte accidentellement noyée.

François-René de Chateaubriand (1768-1848)

12

Lue Relue Apprise

Homme de lettres
Mouvement littéraire : romantisme

1 Repères biographiques

- **Vie privée** : issu d'une vieille famille **aristocratique** de Saint-Malo, il passe son enfance dans le château de **Combourg** en Bretagne.
- Par la suite, il voyage beaucoup (Amérique du Nord, Angleterre, Orient...).
- **Engagement politique** : après son exil pendant la Révolution, il participe à la vie politique, sous le Premier Empire, et surtout lors de la Restauration. Il est particulièrement actif lors des **Cent jours**, qui ramènent les Bourbons sur le trône. Après la révolution de 1830, il se retire de la vie politique et se consacre à l'écriture de ses **mémoires**.
- **Convictions religieuses** : après une période de doute, Chateaubriand, à la mort de sa mère, retrouve la **foi catholique**. Il l'exprime en particulier dans ***Le Génie du Christianisme*** (1802).

2 Caractéristiques de l'œuvre

A Le « vague des passions ». Chateaubriand développe le premier ce motif cher aux romantiques ; il le définit comme *« un état de l'âme [...] qui précède le développement des grandes passions »* (***Génie du christianisme***).

B La nature et le moi. Pour analyser les sentiments intimes du moi, Chateaubriand recourt souvent à des **paysages-état d'âme** : une nature tourmentée et automnale sert à évoquer les tourments de l'âme.

C Le lyrisme.

Les écrits de Chateaubriand sont empreints d'un **lyrisme souvent exacerbé** : omniprésence de la première personne, champ lexical des sentiments, ponctuation expressive, musicalité des longues phrases.

> **phrase célèbre**
>
> ***« Levez-vous, orages désirés qui devez emporter René dans les espaces d'une autre vie ! », René.***
>
> → Exemple du lyrisme romantique de Chateaubriand.

3 Œuvres principales

- ***René*** (1802) : roman à dimension autobiographique dans lequel Chateaubriand évoque son amour pour sa sœur Lucile.
- ***Les Mémoires d'Outre-tombe*** (1848) : œuvre à la fois autobiographique et historique, que l'auteur a souhaité voir publiée de manière posthume.

Stendhal (1783-1842)

Lue Relue Apprise

Romancier • Mouvement littéraire : réalisme

1 Repères biographiques

- Henri Beyle est son vrai nom. Stendhal n'est qu'un de ses nombreux noms de plume.
- Orphelin de mère et éduqué sévèrement dans un milieu conservateur de province, il conçoit une vraie haine pour la religion et la monarchie.
- Après de brillantes études, il devient haut fonctionnaire dans l'armée et suit les campagnes napoléoniennes : la découverte de l'Italie l'enchante. Il y fera toute sa vie de longs séjours.
- *La Chartreuse de Parme* connaît un certain succès, mais l'ensemble de son œuvre n'est vraiment découverte qu'au XXe siècle.
- Beaucoup de déceptions sentimentales nourriront sa réflexion sur l'amour.

2 Caractéristiques de l'œuvre

A Romantisme et réalisme. Stendhal présente dans ses romans une étude historique et sociologique précise de la société de son temps. Cependant, ses héros sont souvent de jeunes idéalistes romantiques.

B L'amour. L'analyse du sentiment occupe une grande place dans l'œuvre. L'être aimé est souvent l'objet d'une **cristallisation** : il est paré de qualités qu'il ne possède pas et en est transformé.

C Les interventions du narrateur. Il porte un regard moqueur et attendri sur ses personnages, et ne se prive pas d'intervenir dans le récit pour nous livrer ses jugements.

3 Œuvres principales

- *Le Rouge et le Noir* (1830) : Julien Sorel, destiné à une carrière ecclésiastique, rêve de gloire militaire. Il veut séduire les femmes pour gravir l'échelle sociale, mais tombe amoureux de celle dont il éduque les enfants.
- *La Chartreuse de Parme* (1839) : Fabrice del Dongo, un jeune Italien, suit les campagnes napoléoniennes pour se couvrir de gloire.

phrases célèbres

- *« Le roman est un miroir que l'on promène le long d'un chemin », Le Rouge et le Noir.*

→ Le roman est le reflet d'une réalité historique et sociale.

- *« Ce que j'appelle la cristallisation, c'est l'opération de l'esprit, qui tire de tout ce qui se présente la découverte que l'objet aimé a de nouvelles perfections », De l'Amour.*

René (1802 puis 1805)
François René de Chateaubriand

13

Lue Relue Apprise

Genre : roman

1 Résumé de l'œuvre

A Héros et personnages importants. **René**, héros éponyme, raconte les « sentiments secrets de son âme », notamment pour sa sœur **Amélie**, à un vieux sage indien, **Chactas**, et à un missionnaire, **le père Souël**.

B Principales péripéties. Enfance sans mère auprès d'Amélie, voyages, vie à Paris, refuge à la campagne. Amélie évite le suicide à son frère mais se réfugie dans un couvent pour fuir un amour incestueux. René part en Amérique.

C Dénouement. Le récit fini, les deux auditeurs énoncent une même **morale** : il faut fuir les rêveries solitaires pour vivre avec ses semblables et se consacrer à Dieu. Mort de tous les personnages.

2 Les caractéristiques de l'œuvre

A René, archétype du héros romantique. René incarne le **« Mal du siècle »** et se réfugie dans la nature et la rêverie : **« paysages-états d'âme »**.

B Le « vague des passions ». René et Amélie éprouvent des **sentiments qui dépassent l'amour fraternel**. Les **passions** sont **condamnées** par la morale finale.

C La religion. Elle est présentée comme le **seul refuge pour l'homme en cette époque troublée**.

citations-clés

- ***« Jeune présomptueux […] la solitude est mauvaise à celui qui n'y vit pas avec Dieu »*** (morale du père Souël).
- ***« Levez-vous, orages désirés qui devez emporter René dans les espaces d'une autre vie ! »***

3 L'écriture de Chateaubriand

A Un roman autobiographique. Le récit est fictionnel, mais il entretient des liens évidents avec la vie de Chateaubriand.

passages importants

« Les voyages désirés » pour le paysage-état d'âme, et la fin pour la morale.

B La prose poétique. La prose est très **lyrique** avec l'usage de la 1re personne, le champ lexical des sentiments, une ponctuation expressive et la musicalité de longues phrases.

Le Rouge et le Noir (1830)
Stendhal

Lue Relue Apprise

Genre : roman

1 Résumé de l'œuvre

A Héros et personnages importants. Julien Sorel aime **Mme de Rênal**, dont il a la charge des enfants. Arriviste, il réussit à se faire aimer de **Mathilde de la Mole** qu'il obtient en mariage.

B Principales péripéties. Bonheur de Julien auprès de Mme de Rênal jusqu'à son renvoi, séjour au séminaire. Il intrigue pour obtenir la main de Mathilde mais son arrivisme est dénoncé par une lettre que Mme de Rênal a écrite sous la dictée de son confesseur.

C Dénouement. Procès et condamnation de Julien. Mme de Rênal et Mathilde cherchent à sauver Julien qui refuse toute aide et est exécuté. Mme de Rênal meurt quelques jours plus tard.

2 Les caractéristiques de l'œuvre

citations-clés

- *« Un roman : c'est un miroir qu'on promène le long d'un chemin. »*
- *« À qui sait comprendre peu de mots suffisent. »*

A Une société binaire. Ses **êtres vulgaires** s'opposent aux **âmes nobles** que sont les héros. Deux voies pour « parvenir » : le **clergé** (noir) ou la **noblesse** (rouge), mais à l'**arrivisme hypocrite** (noir) Julien préfère le **sacrifice** (rouge).

B L'amour. Il est étudié à travers les trois principaux personnages et oppose la mûre Mme de Rênal à la jeunesse de Mathilde.

C Un roman d'initiation. Julien à travers diverses épreuves se découvre lui-même dans sa **passion de la protestation contre la bassesse du monde** et refuse la réussite sociale en se sacrifiant.

3 L'écriture de Stendhal

A « La vérité, l'âpre vérité ». Stendhal reprend Danton pour indiquer sa volonté réaliste.

B La psychologie. Stendhal, grâce à de nombreux **monologues intérieurs**, dévoile la **complexité de l'âme humaine** notamment en ce qui concerne le **sentiment amoureux**.

passages importants

Partie I, chap. 4 et 9 – Partie II, chap. 35 et 45.

Victor Hugo

(1802-1885)

14

Lue Relue Apprise

Poète, dramaturge et romancier
Mouvement littéraire : romantisme

1 Repères biographiques

- **Origines :** fils d'un général d'empire et d'une royaliste.
- **Vie privée :** marié, cinq enfants. Une maîtresse importante : l'actrice Juliette Drouet. Le grand drame de sa vie fut de perdre sa fille Léopoldine, accidentellement noyée.

2 Caractéristiques de l'œuvre

A Engagements politiques

Député lors de la Seconde République, c'est un adversaire de la peine de mort, du travail des enfants, de la misère. Opposant farouche de Napoléon III, il est exilé à Guernesey pendant presque vingt ans.

B Caractéristiques de son œuvre

- **Le théâtre :** il rédige le manifeste du romantisme, la préface de sa pièce *Cromwell*, qui prône la liberté dans l'art, et le refus des règles classiques au théâtre. En 1830, son drame *Hernani* provoque une véritable bataille entre classiques et romantiques.
- **La poésie :** le poète a un rôle de visionnaire, intermédiaire entre Dieu et les hommes. Le poète utilise le plus souvent l'alexandrin, qu'il disloque volontiers, et mélange les registres.

3 Œuvres principales

- ***Ruy Blas*** (1838) : drame romantique célèbre. Ruy Blas, valet devenu ministre et amant de la reine, incarne les valeurs d'un peuple plein de noblesse.
- ***Les Châtiments*** (1853) : recueil de poèmes de révolte à l'égard de Napoléon III. Ce pamphlet dénonce un régime autoritaire, en maniant les registres satirique et épique.
- ***Les Misérables*** (1862) : ce roman monumental regroupe toutes les préoccupations de l'auteur : la fatalité, l'injustice, le pouvoir du Bien. Il propose aussi des personnages inoubliables : Jean Valjean et Cosette.

vers et phrase célèbres

- ***« Demain, dès l'aube / à l'heure où blanchit / la campagne », Les Contemplations***
  → Premier vers d'un « poème-anniversaire » dans lequel Hugo évoque son chagrin face à la mort de Léopoldine.
- ***« Ma poésie est honnête, mais pas modérée »,*** correspondance à son éditeur Hetzel
  → La poésie doit réveiller le peuple, en dénonçant les injustices.

Alfred de Musset (1810-1857)

Lue Relue Apprise

Poète, dramaturge, romancier
Mouvement littéraire : romantisme

1 Repères biographiques

- **Origines** : enfant d'une famille aisée. Élève brillant, il abandonne ses études pour fréquenter les écrivains et les lieux de débauche parisiens. Il connaît le succès jeune, avec les *Contes d'Espagne et d'Italie* (1830).
- **Vie privée** :
  - Une passion orageuse avec la femme écrivain George Sand pendant deux ans, qui le laisse brisé moralement.
  - Atteint d'une maladie de cœur, il écrit ses œuvres majeures jeune, et connaît ensuite la déchéance. Abusant d'alcool et d'opium, il meurt dans l'indifférence générale.

2 Caractéristiques de l'œuvre

A Influences. Il partage les préoccupations des Romantiques :

rejet des règles classiques, attrait pour l'exotisme ou l'histoire, lyrisme débridé, expression personnelle des tourments d'une âme.

B Son originalité

- Il se détache du romantisme par un pessimisme parfois cynique : l'amour-propre gâche les sentiments les plus vrais, le bonheur est rare, les hommes souvent mauvais.
- Un seul espoir : connaître le chagrin, qui purifie l'âme et rapproche de ses frères humains. Seule une souffrance vraie permet la création.

3 Œuvres principales

- ***Les Nuits*** (1835-1837) : quatre longs poèmes sous forme de dialogue entre la Muse et le poète, qui s'interroge sur ses douleurs et son rôle d'artiste.
- ***Lorenzaccio*** (1834) : drame historique tiré d'un fait réel, l'assassinat du duc de Florence par son cousin républicain, Lorenzo de Médicis. Ce personnage ambigu, cynique et idéaliste, est un double de l'écrivain.

vers et phrase célèbres

- *« C'était dans la nuit brune, / Sur le clocher jauni/ La lune/ Comme un point sur un i. », Contes d'Espagne et d'Italie*, « Ballade à la lune »
  → La première strophe de ce poème est un pied de nez à la versification traditionnelle, mais aussi au « cliché » romantique de la lune.
- *« J'ai souffert souvent, je me suis trompé quelquefois, mais j'ai aimé. », On ne badine pas avec l'amour*

Hernani (1830)
Victor Hugo

15

Lue Relue Apprise

Genre : drame romantique

1 Résumé de l'œuvre

A Héros et personnages importants. Dans l'Espagne du XVIe siècle, doña Sol, aimée du roi d'Espagne don Carlos et du proscrit Hernani qu'elle aime aussi, est promise à son oncle don Ruy Gomez.

B Principales péripéties. Hernani évite à doña Sol d'être enlevée par le roi et don Gomez, par honneur castillan, ne livre pas Hernani au roi en échange d'un pacte : ils se vengeront du roi et Hernani devra se tuer lorsqu'il entendra le son du cor qu'il confie à Gomez. Le roi élu Empereur (Charles Quint) pardonne aux conjurés et, découvrant la noblesse d'Hernani, lui donne la main de doña Sol.

C Dénouement. Jaloux, don Gomez fait sonner le cor, obligeant, par honneur, Hernani à se tuer. Doña Sol le suit dans la mort. Gomez se poignarde sur leurs cadavres.

2 Les caractéristiques de l'œuvre

A La bataille d'*Hernani*. Sa première représentation fut un triomphe mais fit scandale avec l'affrontement entre jeunes romantiques et tenants du classicisme.

B Un drame romantique. La règle des trois unités (temps, lieu, action) n'y est pas respectée, ni celles des bienséances (mort sur scène) et de la vraisemblance.

C Les personnages masculins. Le roi incarne l'héroïsme futur, Hernani, le présent, et don Gomez, le passé.

citations-clés

- *« Tout marche, et le hasard corrige le hasard. / De là vient l'équilibre, et toujours l'ordre éclate »* (IV, 2).
- *« Oh ! Je suis damné »* (dernier vers, prononcé par Ruy Gomez).

passages importants

I, 2 (premier tête-à-tête d'Hernani et doña Sol) ; V, 6 (le dénouement).

3 L'écriture de Hugo

A Le mélange des registres. Registres comique et tragique sont mêlés, ce qui est caractéristique du drame romantique.

B L'alexandrin libéré. Hugo ne respecte pas les règles classiques de versification et disloque l'alexandrin.

Lorenzaccio (1834)
Alfred de Musset

Lue Relue Apprise

Genre : drame romantique

1 Résumé de l'œuvre

A Héros et personnages importants. À Florence au XVIe siècle, **Lorenzo**, surnommé péjorativement Lorenzaccio, mène une vie de débauche auprès du **duc Alexandre de Médicis** tandis que les **Strozzi** préparent un complot contre le tyran.

B Principales péripéties. Lorenzaccio, nostalgique de son innocence, profite de son intimité avec le duc pour l'assassiner.

C Dénouement. Échec du héros dans sa tentative de renversement isolée du pouvoir. Il meurt assassiné.

citations-clés

- ***« Le vice a été pour moi un vêtement ; maintenant il est collé à ma peau »*** (III, 3).
- ***« Songes-tu que ce meurtre, c'est tout ce qui me reste de ma vertu ? »*** (III, 3).

2 Les caractéristiques de l'œuvre

A Le drame romantique le plus accompli. *Lorenzaccio* est le modèle du genre. Les règles classiques (Trois Unités, Bienséances, Vraisemblance) n'y sont pas respectées. Les registres comique et tragique se mêlent.

B Lorenzo. Il incarne le **héros romantique** en proie au « Mal du siècle ». Solitaire, nostalgique, il est en quête d'une pureté perdue.

C Une pièce qui fait réfléchir sur la révolution (les Trois Glorieuses de Juillet 1830) et sur l'homme.

3 L'écriture de Musset

A Une pièce écrite pour être lue. Musset décide que sa pièce ne sera pas jouée mais lue, ce qui a des conséquences sur la rédaction de celle-ci. Ex. : grand nombre de scènes, style parfois compliqué et fantaisiste. Lorsque la pièce fut montée, certaines scènes furent supprimées. Cet élément peut aussi être **matière à réflexion dans une dissertation**.

B Le thème du masque est dominant dans la pièce et relayé par celui du **regard**. Les conjurés se cachent, mais Lorenzo plus encore puisqu'il dissimule son véritable être.

passages importants

La scène d'exposition, la scène 3 de l'acte III et l'acte V.

De l'art néoclassique à l'art romantique

16

Lue Relue Apprise

Mouvements de la première moitié du XIXe siècle, le romantisme (1810-1850) naît en opposition au néoclassicisme (1770-1830).

1 Histoire des mouvements

A Définitions

- En opposition au rococo, le **néoclassicisme** exalte la grandeur et la force. L'Antiquité est réinterprétée pour faire coïncider beauté et vertu dans la célébration de sujets moraux (héroïsme, raison...).
- En opposition au néoclassicisme, le **romantisme** exalte sensibilité et imagination de l'individu. Les sujets abordés sont historiques ou contemporains et même le particulier peut atteindre à la grandeur de l'historique dans une redéfinition de la hiérarchie des genres.

B Caractéristiques

- Le **néoclassicisme** se caractérise par la recherche de la perfection, les lignes droites, une composition très soignée et froide. Les sujets antiques repris témoignent de l'universalité de certaines valeurs célébrées. Le règne de Napoléon est particulièrement illustré dans des œuvres de propagande.
- Le **romantisme** se caractérise par des lignes courbes et la prédominance de la couleur sur le trait car elle est un moyen d'expression des sentiments.

C Quelques grandes œuvres

- **Néoclassiques :** ***Le Serment des Horaces***, Jacques-Louis David (1784-1785) – ***Napoléon Ier sur le trône impérial***, Jean-Auguste Dominique Ingres (1806) – ***Le Sacre de Napoléon***, Jacques-Louis David (1804-1807) – ***Bonaparte visitant les pestiférés de Jaffa***, Antoine-Jean Gros (1804) – ***La Grande Odalisque***, Jean-Auguste Dominique Ingres (1814).
- **Romantiques** : ***La Liberté guidant le peuple***, Eugène Delacroix (1830) – ***Le Radeau de la Méduse***, Théodore Géricault (1818-1819) – ***Femmes d'Alger dans leur appartement***, Eugène Delacroix (1834) – ***La Fusillade du 3 mai***, Francisco Goya (1814) – ***Le Voyageur au-dessus de la mer***, Caspar David Friedrich (vers 1818).

2 Analyse d'une œuvre

Le Radeau de la Méduse, Théodore Géricault (1818-1819), musée du Louvre, 491 x 716 cm.

A Histoire : Le 18 juin 1816, la frégate *La Méduse* fait naufrage. Sur près de 150 passagers embarqués sur un radeau de fortune, une quinzaine, contrainte de se livrer au cannibalisme, survécut. Géricault, par les dimensions immenses de la toile, donne à ce fait divers le statut d'une scène historique.

B Composition

- **Le premier plan** avec le groupe des hommes morts ou prostrés en position majoritairement horizontale s'oppose à **celui du fond** avec les rescapés en vie et se hissant verticalement pour faire signe à un lointain navire. L'axe formé par le mât est renforcé par les quatre hommes à droite qui redoublent le groupe du fond actif.
- **Au centre**, un homme de profil et assis fait le lien entre les deux parties du tableau (avant/arrière)
- **La ligne diagonale courbe** de l'extrémité en bas à gauche du radeau à la main en haut à droite rend le mouvement du sursaut.
- **Les couleurs** ocres dominent et plombent la scène qui est rendue avec une crudité extrême.

C Interprétation et réception

Interprété comme la métaphore de la dérive de la France napoléonienne, le tableau fut salué par Louis XVIII, mais aussi par des artistes au goût sûr.

Le réalisme et le naturalisme 17

Lue Relue Apprise

Réalisme : mouvement littéraire qui naît en France dans les années 1830.

Naturalisme : mouvement littéraire, issu du réalisme, qui s'affirme en France dans les années 1870.

info-clé

Le **réalisme** et le **naturalisme** ont en commun de vouloir rendre compte de la réalité.

1 Contexte historique

A Mutations politiques

- Les régimes se succèdent dans la deuxième moitié du XIXe siècle. Le Second Empire (1852-1870) instaure la toute puissance des notables et met fin aux aspirations des poètes romantiques, dont certains avaient participé avec enthousiasme à la révolution de février 1848.
- Désormais les écrivains ne veulent plus bercer le peuple du *« rêve cher aux malheureux du bonheur universel »* (Zola) mais **observer le réel**.

B Progrès scientifique

- **Positivisme** : Auguste Comte, ***Cours de philosophie positive***, souligne le rôle du progrès de la raison dans l'histoire de l'humanité et propose d'appliquer les méthodes des sciences expérimentales à la société humaine.
- **Physiologie** : le docteur Lucas, ***Traité philosophique et physiologique de l'hérédité naturelle***, démontre l'influence du milieu et de l'hérédité sur les êtres vivants.
- **Diffusion du savoir** : presse à grand tirage, livre bon marché, succès des expositions universelles.

2 Les principes

A Du réalisme au naturalisme

- **Le réalisme.** On qualifie de **réalistes** des œuvres qui représentent la vie quotidienne, la réalité banale, sans chercher à leur donner un sens symbolique.
- Le réalisme est alors **critiqué** et l'on assimile souvent « réaliste » à **grossier** ou **vulgaire.** Ainsi, le roman de **Flaubert, *Madame Bovary* (1857)** fait scandale.

historique

- **1849** : c'est pour qualifier un tableau de Courbet, ***L'Après-dînée à Ornans***, qui représente une scène de la vie quotidienne des paysans, que l'on emploie pour la première fois l'adjectif « **réaliste** ».
- Il s'appliquera ensuite à des œuvres littéraires, y compris antérieures.

- **Le naturalisme.** C'est à cause de cette mauvaise réputation que le critique Castagnery crée en **1863** le terme de **naturalisme** : *« son but unique* *est de reproduire la nature en l'amenant à son maximum de puissance et d'intensité ».*

● Ce courant connaît son apogée dans les années **1870** et son chef de file est **Zola**.

B Représenter le réel ?

● Le romancier naturaliste « prétend nous donner une image exacte de la vie » (Maupassant, préface de ***Pierre et Jean***).

● Il effectue donc un véritable travail d'**enquête** et il n'a aucun tabou : il ose représenter la **misère sociale** (ex. : le personnage principal de ***Germinie Lacerteux*** – 1865 –, roman des frères Goncourt, est une domestique), le **corps** (ex. : la dernière page de ***Nana*** – 1880 –, de Zola, décrit le corps en putréfaction d'une prostituée).

histoire des arts

Les auteurs **naturalistes** sont proches des peintres **impressionnistes**, qui sortent de leurs ateliers pour saisir en plein air la nature dans ce qu'elle a de changeant.

C Ou donner l'illusion de la réalité ?

● La littérature ne peut pas rendre compte exactement de la réalité, les romanciers ne sont pas des photographes. Le romancier voit **« à travers un tempérament »** (Zola) : il analyse le réel qui l'entoure en fonction de son origine sociale, sa culture, ses goûts, ses passions. Les choix narratifs qu'il opère sont une forme de jugement.

● Le romancier n'est pas seulement un « observateur », il est aussi un **« expérimentateur »** (Zola) : il invente des histoires de manière à placer ses personnages dans des situations intéressantes.

3 Les grandes œuvres réalistes et naturalistes

● ***La Comédie humaine*** (Balzac, 1836-1850) : ensemble de 65 romans qui entend faire « concurrence à l'état civil » ! Il veut en effet peindre toute les couches de la société. Il innove avec le principe du personnage récurrent que l'on retrouve d'un roman à l'autre, comme Vautrin.

● ***Les Rougon-Macquart*** (Zola, 1871-1893) : Zola s'inspire du modèle de la ***Comédie humaine***. Il établit l'arbre généalogique d'une famille du Second Empire, dont l'ancêtre, Tante Dide, était mariée à un bourgeois, Rougon, et a eu pour amant un homme du peuple, Macquart. Les deux branches de la famille investissent ainsi toute les classes sociales.

● ***L'Éducation sentimentale*** (Flaubert, 1869) : roman qui met en scène Frédéric Moreau, personnage désenchanté et passif, qui assiste sans réellement y prendre part aux bouleversements politiques de la deuxième moitié du XIXe siècle.

Honoré de Balzac

(1799-1850)

Lue Relue Apprise

18

Romancier • Mouvement littéraire : réalisme

1 Repères biographiques

- **Vie sociale** : travaille de manière acharnée (romans, essais, pièces de théâtre) mais croule sans cesse sous les **dettes**, ce qui l'oblige à déménager souvent. Il **s'épuise** et meurt prématurément.
- **Vie privée :** se marie en 1850 avec la comtesse Hanska, à qui il a écrit des lettres d'amour pendant dix-sept ans.

2 Caractéristiques de l'œuvre

A Influences

- Balzac est un auteur **réaliste** qui veut peindre la société de son temps.
- Mais certaines de ses œuvres (ex. : ***Le Lys dans la vallée***) sont marquées par le **romantisme.**

phrase-clé

« faire concurrence à l'état-civil », avant-propos à ***La Comédie humaine***

→ Telle est l'ambition réaliste de Balzac.

B Une somme romanesque colossale

- Balzac a écrit 91 romans. ***La Comédie humaine*** est un vaste cycle romanesque qui réunit des romans très différents les uns des autres :
  - des romans psychologiques (ex. : ***Le Père Goriot***) ;
  - des romans fantastiques (ex. : ***La Peau de Chagrin***) ;
  - des romans historiques (ex. : ***Les Chouans***).
- Ils mettent en scène des personnages qui constituent des **types sociaux** : par exemple Rastignac (***Le Père Goriot***, entre autres) incarne le jeune ambitieux.

C De nombreux héritiers

Balzac influence de nombreux écrivains, notamment **Flaubert** et **Zola**.

3 Œuvres principales

- ***Le Père Goriot*** (1835) : ce roman, qui commence par la longue description de la pension Vauquer, est une référence quand on parle de roman réaliste. Il introduit les personnages principaux de ***La Comédie humaine***.
- ***Le Lys dans la vallée*** (1836) : roman d'amour d'inspiration romantique.

phrase célèbre

« À nous deux Paris ! », Rastignac dans ***Le Père Goriot***

→ Défi que lance le jeune ambitieux à la capitale de l'argent et du pouvoir.

Émile Zola (1840-1902)

Lue Relue Apprise

Homme de lettres • Mouvement littéraire : naturalisme

1 Repères biographiques

A Parcours

- Zola entre dans la carrière littéraire par le **journalisme**, en écrivant notamment des critiques littéraires et des critiques d'art.
- Il s'illustre en particulier par un **grand cycle romanesque** de 20 romans, les Rougon-Macquart : les différents membres de la famille Rougon-Macquart incarnent différentes couches sociales sous le Second-Empire.
- Il devient chef de file du mouvement **naturaliste** et réunit des romanciers dans sa maison de **Médan.**

B Engagement politique

- Zola s'engage **contre le Second-Empire** (articles politiques, romans).
- Il prend parti **en faveur de Dreyfus**, officier juif injustement accusé d'espionnage, dans une série d'articles dont le plus célèbre est « J'accuse » (*L'Aurore*, 1898).

2 Caractéristiques de l'œuvre

A Influence littéraire. Zola a été très influencé par l'œuvre de Balzac.

B Influences artistiques. Zola est proche des **impressionnistes** et ses romans en portent la marque (descriptions travaillées, importance des couleurs, à la fois symboliques et esthétiques).

C Influences scientifiques. Zola s'inspire de différents ouvrages scientifiques (travaux du docteur Lucas sur l'hérédité, de Claude Bernard sur l'expérimentation médicale, d'Auguste Comte sur le progrès) : il souhaite démontrer l'influence sur les êtres de **l'hérédité** familiale et du **milieu** dans lequel on vit.

3 Œuvres principales

- ***Thérèse Raquin*** (1867) : Zola prétend « faire sur deux corps vivants le travail analytique que les chirurgiens font sur les cadavres » (préface du roman).
- ***L'Assommoir*** (1877) : le plus polémique des romans de Zola met en scène la déchéance d'une ouvrière, Gervaise, qui se perd dans l'alcool.

phrase célèbre

« Le romancier est fait d'un observateur et d'un expérimentateur », Le Roman expérimental.

→ Zola donne ici sa définition du naturalisme.

Le Père Goriot (1835)
Honoré de Balzac

19

Lue Relue Apprise

1 Résumé de l'œuvre

A Héros et personnages importants. **Eugène de Rastignac**, jeune noble sans argent. Loge à Paris dans la modeste pension Vauquer. Deux habitants l'intriguent : **Vautrin**, homme sans scrupule, et le **père Goriot**, autrefois riche négociant.

biographie

Balzac (1799-1850) Auteur de ***La Comédie humaine***, ensemble de presque cent œuvres, qui brosse le tableau de la société de son temps.

B Principales péripéties. Le jeune homme découvre que Goriot donne tout ce qu'il possède à ses deux filles, **Anastasie de Restaud** et **Delphine de Nucingen**, qui ont fait de grands mariages. Rastignac parvient à séduire Delphine avec l'aide de sa cousine, la puissante **vicomtesse de Beauséant**.

C Dénouement. Le père Goriot meurt dans la misère et l'indifférence de ses filles, et Vautrin, qui veut aider Rastignac en commettant un crime, est arrêté. Rastignac se destine à devenir un homme brillant du tout-Paris.

2 Les caractéristiques de l'œuvre

A Un roman d'apprentissage. Rastignac apprend les codes de la société pour s'y élever. Il traverse de nombreuses **épreuves** pour réussir.

B Un roman réaliste. Ancrage spatio-temporel important (Paris au XIXe siècle). Thèmes de la vie quotidienne : pouvoir de l'argent, relations conjugales et dépendance financière des femmes, liens parents/enfants.

citations-clés

- ***« All is true »*** → Le narrateur affirme raconter la réalité, et non un récit fictif.
- ***« À nous deux maintenant ! »*** → Dernières paroles de Rastignac, qui lance un défi à Paris.

3 L'écriture de Balzac

A La précision réaliste. Nombreuses descriptions, lexique riche et précis, niveaux de langue variés...

B Une écriture dramatisée. Action organisée en rencontres des personnages entre eux, importance du discours direct.

passages importants

La description de la pension Vauquer, le discours de Vautrin à Rastignac, l'arrestation de Vautrin, l'enterrement du père Goriot.

Thérèse Raquin (1867)
Émile Zola

☐ Lue ☐ Relue ☐ Apprise

Genre : roman

1 Résumé de l'œuvre

A Héros et personnages importants. Thérèse Raquin a épousé son cousin Camille. Ils vivent dans une modeste mercerie avec la mère de Camille. Camille présente à Thérèse son ami Laurent. C'est le coup de foudre.

B Principales péripéties. Les deux amants ne supportent plus de devoir se cacher, et **assassinent** Camille. Ils se marient, mais le remords de leur acte détruit leur amour.

C Dénouement. Thérèse et Laurent ont chacun prévu d'assassiner l'autre, et lorsqu'ils le découvrent, ils **se suicident** sous les yeux de la mère de Camille, devenue muette et paralysée.

2 Les caractéristiques de l'œuvre

A Un roman naturaliste. Zola présente en scientifique des **tempéraments** plus que des caractères. **Le passage du Pont-Neuf**, sombre et malsain, a également une influence sur l'action.

B Un roman fantastique. Les amants sont **hantés** par leur victime qui réapparaît dans leurs cauchemars et distille l'effroi. Le chat de la maison semble lui-même un personnage diabolique.

citation-clé

« J'ai simplement fait sur deux corps vivants le travail analytique que les chirurgiens font sur des cadavres. »

→ Zola, préface à la deuxième édition de *Thérèse Raquin*

3 L'écriture de Zola

A Les points de vue. Par les focalisations internes qui se succèdent, Zola nous fait partager les sentiments des personnages (passion, culpabilité, folie...).

B Le rôle de la fatalité tragique. Œuvre assez brève, à l'action resserrée. Les personnages sont victimes des décisions qu'ils ont prises, et semblent s'acheminer d'eux-mêmes vers leur fin.

passages importants

L'incipit qui présente le passage du Pont-Neuf, la première rencontre de Thérèse et Laurent, la noyade de Camille, la description du cadavre de Camille à la morgue, la mort des amants.

Gustave Flaubert

(1821-1880)

20

☐ Lue ☐ Relue ☐ Apprise

Romancier • Mouvement littéraire : réalisme

1 Repères biographiques

- **Vie privée** : rencontre en 1836 **Élisa Schlésinger**. Il est bouleversé par cette rencontre, dont il s'inspire pour écrire *L'Éducation sentimentale*. Relation amoureuse et épistolaire avec **Louise Colet**.
- **Vie sociale** : s'installe à Croisset, près de Rouen, pour travailler en paix. Cela ne l'empêche pas de fréquenter aussi les milieux parisiens.

2 Caractéristiques de l'œuvre

A Influences

- Auteur réaliste, Flaubert s'inspire de **la réalité telle qu'il a pu l'observer**.
- Balzac l'influence aussi (ex. : *L'Éducation sentimentale* s'inspire du *Lys dans la vallée*).
- À son tour, il est un modèle pour Zola et surtout Maupassant.

> **phrase célèbre**
>
> ***« Le mot ne manque jamais quand on possède l'idée », Correspondance***
>
> → Flaubert a besoin de plusieurs années pour composer un roman : il ne renonce jamais à trouver le mot juste...

B Obsession perfectionniste

- Flaubert est un travailleur acharné qui accorde une grande importance à la **dimension esthétique** de ses œuvres.
- Il passe ses textes à l'épreuve du « gueuloir » : il les lit à haute voix pour voir s'ils sonnent bien.

C Ironie

- Flaubert pratique l'ironie : il prend ses distances avec ses personnages, dont il se moque.
- La moquerie est implicite : elle réside dans la place d'un adjectif, le temps d'un verbe...

> **phrases célèbres**
>
> ■ ***« Il voyagea », L'Éducation sentimentale***
>
> → Flaubert résume dix ans de la vie de Frédéric Moreau en un passé simple, temps qui traduit en général des actions brèves... Quelle audace !
>
> ■ ***« C'était à Mégara, faubourg de Carthage, dans les jardins d'Hamilcar »***, première phrase de ***Salammbô***
>
> → Passez cette phrase au « gueuloir » !

3 Œuvres principales

- ***Madame Bovary*** (1857), roman réaliste, inspiré d'un fait divers. Flaubert est accusé d'atteinte aux bonnes mœurs.
- ***L'Éducation sentimentale*** (1869), roman d'apprentissage qui met en scène Frédéric Moreau, jeune homme passif qui assiste sans intervenir à la révolution de 1848.

Guy de Maupassant (1850-1893)

☐ Lue ☐ Relue ☐ Apprise

Homme de lettres • Mouvement littéraire : naturalisme

1 Repères biographiques

- **Origines** : la Normandie, paradis des peintres impressionnistes.
- **Parcours** : travaille d'abord dans différents ministères, avant de se consacrer à la littérature (romans, nouvelles, articles) et aux voyages.
- **Vie privée** : Maupassant est atteint de syphilis. Victime d'hallucinations angoissantes, il finit dans un hôpital psychiatrique.

2 Caractéristiques de l'œuvre

A Influences.

Fréquente les milieux littéraires ; il rend visite à Flaubert à Croisset ; il assiste aux soirées de Médan organisées par Zola.

B Une œuvre à deux faces

- **Les écrits naturalistes** (ex. : *Une Vie, La Maison Tellier*) : Maupassant met en scène les milieux qu'il connaît dans des textes **souvent pessimistes**. Il théorise sa conception du naturalisme dans la préface du roman *Pierre et Jean*.
- **Les nouvelles fantastiques** (ex. : *Le Horla, La Main*) : événements étranges qui surviennent dans un univers quotidien et banal, hésitation entre une explication rationnelle et une explication irrationnelle.

3 Œuvres principales

- ***« Boule de suif »*** (1880), *in* ***Les Soirées de Médan*** : première nouvelle de Maupassant à connaître du succès. Elle a pour cadre la guerre de 1870 contre la Prusse et pour personnage principal une jeune prostituée.
- ***Bel Ami*** (1885), roman naturaliste qui peint l'ascension sociale de Georges Duroy dans le milieu parisien de la presse.
- ***Le Horla*** (1887), nouvelle fantastique qui met en scène un personnage victime d'hallucinations, comme Maupassant lui-même.

l'astuce du prof

Vous pouvez vous familiariser avec les œuvres de Maupassant grâce à de très nombreuses **adaptations cinématographiques ou télévisuelles** : Jean Renoir, *Une Partie de campagne*, 1936 ; Max Ophüls, *Le Plaisir*, 1952 ; *Chez Maupassant*, 2008.

phrase célèbre

« Les grands artistes sont ceux qui imposent à l'humanité leur illusion particulière », Pierre et Jean (1887)

→ Une définition du naturalisme selon Maupassant.

Madame Bovary (1857)
Gustave Flaubert

21

Lue Relue Apprise

Genre : roman

1 Résumé de l'œuvre

A Héroïne et personnages importants. **Emma Rouault**, fille d'un riche fermier élevée au couvent. Elle épouse un modeste médecin de campagne, **Charles Bovary**. Ils vivent dans des petites villes de **Normandie**.

B Principales péripéties. Emma s'ennuie dans son mariage, et rêve de grands bals et d'amour romantique. Elle prend pour amant **Rodolphe**, puis **Léon**, mais les deux finissent par la quitter.

C Dénouement. Emma fait des dépenses et s'endette. Incapable de rembourser, elle **se suicide** à l'arsenic. Charles meurt de chagrin.

biographie

Flaubert (1821-1880) C'est à la fois un romancier réaliste et ironique du quotidien, et un auteur romantique et pittoresque qui dépayse le lecteur dans le temps et l'espace.

2 Caractéristiques de l'œuvre

A Un roman réaliste. Flaubert s'est inspiré d'un fait divers. Les personnages dépendent de leur psychologie et de leur milieu social (paysans, petits-bourgeois…). Il **se moque** des élans de passion de l'héroïne qui se heurte aux réalités matérielles (les problèmes d'argent). Elle est cependant la seule qui échappe à la médiocrité, par ses rêves romantiques et sa révolte.

B La satire sociale. Mari et amants se caractérisent par leur **bêtise** ou leur **lâcheté**. Flaubert se moque aussi de la petite-bourgeoisie provinciale, contente d'elle et de ses principes.

citation-clé

■ *« Ce n'était qu'amours, amants, amantes »* → Flaubert se moque des lectures à l'eau de rose d'Emma, qui accumulent les clichés romantiques.

3 L'écriture de Flaubert

A Importance de la description. Présente tout le long du roman par petites touches, elle exprime souvent le ressenti des personnages.

B Jeu sur la narration et les points de vue. La narration passe de la première à la troisième personne. Le narrateur nous fait tantôt partager avec empathie les pensées de son héroïne, tantôt s'en distancie avec ironie.

passage important

L'incipit qui présente « Charbovari », le bal, les comices agricoles, la mort d'Emma.

Une Vie (1883)
Guy de Maupassant

☐ Lue ☐ Relue ☐ Apprise

Genre : roman

1 Résumé de l'œuvre

A Héros et personnages importants. Jeanne, jeune aristocrate naïve et romantique, à peine sortie du couvent, épouse le beau Julien de Lamare. Tout commence comme un **conte de fées**.

B Principales péripéties. Julien est en fait **brutal, avare et infidèle**. Jeanne découvre que leur bonne, Rosalie, est enceinte en même temps qu'elle. Julien est tué par un mari trompé. Elle élève donc leur fils Paul, paresseux et dépensier, et qui la laisse sans nouvelles.

C Dénouement. Jeanne retrouve Rosalie. Elle recueille l'enfant que Paul a eu avec une prostituée, ce qui adoucit ses vieux jours.

citation-clé

« La vie, voyez-vous, ça n'est jamais si bon ni si mauvais qu'on croit. »

→ Dernière phrase du roman, qui justifie le titre de l'œuvre.

2 Les caractéristiques de l'œuvre

A Le réalisme. Maupassant dépeint avec beaucoup de lucidité les relations conjugales au XIXe siècle, et la **violence psychologique** infligée aux femmes dans le mariage.

B L'échec de l'amour. Jeanne ne s'épanouit pas dans son mariage, mais se révèle aussi très déçue par son fils Paul, un ingrat. Seule son amitié pour Rosalie semble un sentiment solide.

C Un titre ironique ? *Une Vie* dépeint une existence dans toute sa longueur, il y est beaucoup question de mort. Tous ses proches meurent avant Jeanne. Elle, qui a perdu le goût de vivre, est condamnée à leur survivre.

3 L'écriture de Maupassant

passages importants

La description de l'aurore, la nuit de noces de Jeanne, la révélation de l'adultère de Julien.

A La focalisation interne. Maupassant privilégie le point de vue de Jeanne. Le lecteur se sent ainsi plein d'**empathie** pour elle.

B Une image de la campagne normande. Les descriptions du temps qu'il fait et de la végétation contribuent à rendre le cadre réaliste et dévoilent aussi la nature rêveuse et contemplative de Jeanne.

La peinture réaliste

22

Lue Relue Apprise

Mouvement pictural apparu en France et en Grande-Bretagne dans la seconde moitié du XIXe siècle autour du peintre Gustave Courbet (1819-1877).

1 Histoire du mouvement

A Définition

- La **révolution de 1848** renverse définitivement la monarchie et une IIe République aux idéaux progressistes s'établit. Dans une époque jusque-là dominée par l'opposition entre peintures classique et romantique, le réalisme ouvre une troisième voie. Le groupe est cependant hétérogène, Courbet n'accepte lui-même pas tout à fait l'étiquette de peintre réaliste.
- La peinture réaliste **représente le réel sans l'idéaliser** : plus question de peindre des sujets mythologiques ou bibliques, même lorsque les toiles sont de grand format. Mais il ne faut pas non plus le copier fidèlement : le peintre entend toujours délivrer une **vision personnelle** du réel.
- Ce courant provoque de **vives critiques**. Courbet participe aux Salons, expositions officielles de peinture, mais il y fait plusieurs fois **scandale**. On juge le peintre grossier et peu respectueux de l'ordre établi. En 1855, en marge de l'Exposition universelle, il fait édifier à ses frais un « pavillon du réalisme » et expose ses propres œuvres.

B Caractéristiques

- La peinture réaliste se questionne sur **le futur et l'évolution de la société**. Elle s'intéresse à l'histoire contemporaine, car l'art doit être le **témoin d'une époque**.
- Les peintres entendent donner une **vision simple et objective de la vie contemporaine**, à travers des sujets tels que le travail moderne, la vie quotidienne, les gens ordinaires et leurs occupations, les natures mortes, les paysages.
- Les couleurs sont puissantes, la matière lourde, parfois appliquée au couteau. Les détails ne sont pas toujours représentés finement, la peinture ne semble pas « soignée ».
- Cette peinture influencera beaucoup des peintres comme **Manet** (1832-1883) et s'étendra jusqu'aux États-Unis.

C Quelques grandes œuvres :

Daumier, ***La Rue Transnonain*** (1834), Rosa Bonheur, ***Labourage nivernais*** (1849), Tassaert, ***Une famille malheureuse*** (1849), Antigna, ***L'Incendie*** (1850), Millet, ***L'Angélus*** (1857)

2 Analyse d'une œuvre

Bonjour, Monsieur Courbet !, Gustave Courbet (1854), musée Fabre, Montpellier, huile sur toile, 132 x 150,5 cm.

A Description

Le peintre commémore la visite qu'il a faite à Montpellier au collectionneur d'art Alfred Bruyas, en 1854, qui lui acheta de nombreuses toiles. Courbet, à droite, porte un bâton de marche et tient fièrement la tête haute, malgré son habit de paysan modeste. Se tenant en plein soleil, il est salué par Bruyas, l'homme à la barbe rousse, qui le regarde avec intérêt. Calas, le serviteur de ce dernier, incline la tête respectueusement.

B Composition

- **Les personnages.** Le tableau est très classique, conforme aux gravures populaires. Les figures sont juxtaposées sans lien entre elles. La ligne d'horizon est basse et fait paraître grands les trois hommes. Le peintre au premier plan occupe plus de place que les deux autres personnages.

- **Les couleurs.** Le ciel délavé et les teintes jaunes dominantes, ainsi que le vert d'une végétation pauvre évoquent une journée torride d'été dans le sud de la France avec les plantes caractéristiques de la garrigue.

C Interprétation

Le peintre se représente comme un marcheur infatigable, un pèlerin, ce qui peut symboliser sa position d'artiste libre et indépendant, au contraire du bourgeois Bruyas, engoncé dans ses vêtements et le carcan social. Le tableau a du succès, mais on lui reproche de porter une attaque directe contre l'ordre établi.

La peinture impressionniste 23

Lue Relue Apprise

Mouvement pictural de la seconde moitié du XIXe siècle, qui, comme la peinture réaliste, rompt avec les standards officiels de l'époque.

1 Histoire du mouvement

A Définition

- 1863 : Napoléon III ouvre un Salon des refusés, qui accueille les peintres **refusés** par les Salons officiels par l'Académie des beaux-arts. ***Le Déjeuner sur l'herbe*** de Manet y fait tout de même **scandale**, pour sa grande luminosité et son sujet audacieux (des femmes nues au milieu d'hommes habillés).
- Un groupe de peintres refusés se constitue (Monet, Cézanne, Sisley, Pissarro, Renoir, Berthe Morisot). Ils feront **huit expositions communes de 1874 à 1886**.
- À chaque fois les critiques et les moqueries sont violentes : les tableaux sont jugés confus et inachevés. Le groupe est appelé « impressionniste », suite au commentaire ironique d'un journaliste sur le tableau de Monet, ***Impression, soleil levant***.

B Caractéristiques

- Avec l'invention de la peinture en tubes souples, les peintres vont travailler en **plein air**. Ils s'attachent donc aux **effets de la lumière** sur les objets ou la nature à différentes heures. Les **phénomènes climatiques changeants** comme la brume, les nuages, les reflets de l'eau les fascinent. Le contour, les formes s'estompent, le flou s'impose. La **couleur** prime sur le dessin, posée par **petites touches** fragmentées.
- Les impressionnistes ne recherchent pas le beau et l'essence éternelle des choses : comme les réalistes, ils délaissent les sujets mythologiques pour peindre **la vie moderne** : le monde urbain, les gares, les cafés, les bals, les loisirs du dimanche.
- La peinture impressionniste influence la littérature (les **naturalistes** comme Zola, Mirbeau, les frères Goncourt) mais aussi la musique (Debussy, Satie, Ravel).

C Quelques grandes œuvres : Renoir, ***La Grenouillère*** (1869), Berthe Morisot, ***Le Berceau*** (1873), Degas, ***La Classe de danse*** (1874), Cézanne, ***Baigneuses*** (1874), Sisley, ***Petits prés au printemps*** (1880-1881), Pissarro, ***La Moisson*** (1882)

2 Analyse d'une œuvre

Femmes au jardin, Monet (1866), musée d'Orsay, huile sur toile, 255 x 205 cm.

A Présentation. Pour cette œuvre, d'un format imposant, le peintre a peint en plein air et fait creuser une tranchée pour peindre le haut du tableau. Camille, la compagne du peintre, a posé pour les trois, sinon les quatre personnages.

B Composition

- **Les personnages** appartiennent à la bourgeoisie (tenues élégantes). Une femme assise dans l'herbe tient une ombrelle et contemple un bouquet. À droite, une femme nous tourne le dos pour cueillir des fleurs. Un homme et une femme semblent discuter. **Les visages sont imprécis.**
- **Les formes.** Séparation en deux parties verticales : tronc de l'arbre et l'une des lisières du chemin. Au premier plan : une diagonale formée par l'ombre d'un arbre sur la droite.
- **Les couleurs.** La blancheur des tenues contraste avec les tonalités brunes et vertes de la végétation. Les ombres apparaissent dans les plis de la robe au premier plan, sur l'ombrelle et le visage. Dans la robe du personnage de droite, elles semblent rendre son mouvement de fuite plus vivace.

Les mouvements littéraires après 1945

24

Lue Relue Apprise

La deuxième moitié du XXe siècle voit éclore différents questionnements face à la littérature, qui fondent autant de petits groupes littéraires.

1 L'engagement littéraire

A La Seconde Guerre mondiale comme point de rupture

- Certains artistes ont choisi de se battre physiquement et artistiquement contre l'Occupation allemande en entrant dans la Résistance, comme les poètes Aragon, Eluard, René Char, qui publient dans la clandestinité.
- La littérature devient une **arme de combat**.

info-clé

Les conflits meurtriers du XXe siècle conduisent les artistes à une remise en question profonde du sens de la vie et du rôle de l'Homme.

B Les théoriciens de la révolte

- Le philosophe et écrivain **Jean-Paul Sartre** théorise cette attitude dans sa revue *Les Temps modernes* : l'écrivain est un homme en situation dans une époque, et sa parole peut avoir de grandes conséquences. Il est de sa responsabilité d'agir, ce que fera l'écrivain en luttant notamment contre la guerre d'Algérie et pour la décolonisation.
- L'écrivain **Albert Camus** fonde, quant à lui, la revue *Combat*, pour prolonger les valeurs de la Résistance. **La révolte** est la vraie réponse aux injustices commises par les régimes autoritaires et à l'absurdité du monde. Son œuvre est couronnée du prix Nobel en 1957.

phrase-clé

« Ecrire c'est une certaine façon de vouloir la liberté ; si vous avez commencé, de gré ou de force vous êtes engagé. » Jean-Paul Sartre, *Qu'est-ce que la littérature ?*

2 Écrire avec ou sans règles

A Le théâtre de l'absurde

- Dans les années 50 naît un nouveau théâtre, porté par **Jean Genet, Eugène Ionesco, Samuel Beckett**. Il s'en prend aux codes réalistes jusque-là appliqués aux personnages ou aux situations.
- Les interrogations sont **métaphysiques** : y a-t-il un sens à l'existence, souvent absurde ?
- Ce théâtre met en scène le **vide**, l'**absence d'action**, dans un **mélange de tragique et de comique**. Le langage de tous les jours est également démonté et remis en question.

B Le Nouveau Roman

- À la même époque, certains romanciers s'interrogent sur les conventions du genre romanesque, et se placent en opposition en refusant le réalisme, la psychologie des personnages, le déroulement chronologique de l'action.
- On assigne un nouveau rôle au lecteur, qui doit reconstruire ce que l'auteur a cherché à déconstruire.
- Les grands auteurs sont **Alain Robbe-Grillet, Michel Butor, Nathalie Sarraute**.

C L'Oulipo

- Plutôt que de rejeter les règles, les membres de l'« Ouvroir de littérature potentielle » (**Raymond Queneau, Georges Pérec**) préfèrent s'en amuser.
- Ils se fixent donc des contraintes formelles importantes, comme enlever une voyelle (***La Disparition***, Georges Pérec) ou réécrire la même histoire de cent façons différentes (***Exercices de style***, Raymond Queneau).
- Ils s'intéressent à tous les champs du savoir, de la psychiatrie aux mathématiques.

Les grandes œuvres

Mouvements	Grandes œuvres	Auteurs
La littérature engagée	*La Peste* *Les Mains sales*	Albert Camus (1947) Jean-Paul Sartre (1948)
Le théâtre de l'absurde	*Les Bonnes* *La Cantatrice chauve* *En attendant Godot*	Jean Genet (1947) Eugène Ionesco (1950) Samuel Beckett (1952)
Le Nouveau Roman	*La Jalousie* *La Modification* *Le planétarium*	Alain Robbe-Grillet (1957) Michel Butor (1957) Nathalie Sarraute (1963)
L'Oulipo	*Cent mille milliards de poèmes* *La Vie mode d'emploi*	Raymond Queneau (1961) Georges Pérec (1978)

Eugène Ionesco

(1912-1994)

25

Lue Relue Apprise

Dramaturge, romancier, essayiste
Mouvement littéraire : théâtre de l'absurde

1 Repères biographiques

- **Origines :** naît en Roumanie d'un couple franco-roumain. Ses relations avec son père, autoritaire, nazi puis communiste, sont mauvaises.
- **Vie privée :** Correcteur d'imprimerie, il souffre du manque d'argent. Ses premières pièces font scandale, mais il finit par s'imposer comme un écrivain majeur de son vivant. Entre à l'Académie Française en 1970.

2 Caractéristiques de l'œuvre

A Influences

- Il se construit en **opposition**, en déclarant notamment la guerre au théâtre de divertissement, beaucoup trop conventionnel.
- Sa première pièce est sous-titrée « Anti-pièce ».

B Engagements politiques

Son théâtre est un instrument de lutte contre les régimes autoritaires du XXe siècle (nazisme, communisme), mais aussi contre les intellectuels engagés qui aveuglent le peuple.

C Les thèmes de l'œuvre

- **L'échec du langage.** Le langage devient automatique et faussement logique, ce qui permet de dénoncer l'incommunicabilité des êtres, et les idées toutes faites qui empêchent l'homme de penser par lui-même. Ce langage insolite produit le plus souvent des effets comiques.
- **Le tragique de la condition humaine.** Les personnages font face à la mort ou à la solitude. Les intrigues s'inspirent souvent de l'univers du rêve.

3 Œuvres principales

- ***La Cantatrice chauve*** (1950) : inspiré des phrases absurdes d'une méthode d'apprentissage pour apprendre l'anglais. Parodie très comique des conventions du théâtre de boulevard.
- ***Rhinocéros*** (1960) : les habitants d'une petite ville se transforment les uns après les autres en rhinocéros. Seul Bérenger y échappe. Cette transformation s'interprète comme la métaphore des idéologies autoritaires (la montée du nazisme par exemple).

phrases célèbres

- ***« Je suis le dernier homme, je le resterai jusqu'au bout ! Je ne capitule pas ! », Rhinocéros***
  → Derniers mots de Bérenger.
- ***« Le comique n'est comique que s'il est un peu effrayant », Notes et contre-notes***

Samuel Beckett (1906-1989)

Lue Relue Apprise

Dramaturge et romancier
Mouvement littéraire : théâtre de l'absurde

1 Repères biographiques

- **Origines** : Irlandais, d'une famille aisée et puritaine. À partir de 1928, il mène une vie universitaire entre l'Irlande et la France, où il se fixe avant 1939. Son œuvre est bilingue, mais ses œuvres les plus connues sont d'abord écrites en français.
- **Vie privée** : Après bien des échecs, il est enfin reconnu en 1953 lorsque la représentation d'***En attendant Godot*** crée un succès et un scandale.

2 Caractéristiques de l'œuvre

A Influences

- Ami de l'écrivain James Joyce ; il fréquente les surréalistes français.
- **Engagements politiques :** participe activement à la Résistance. Son œuvre est marquée par les récits de déportation de ses camarades et par la guerre.

B L'obsession du néant

- L'homme ne peut échapper à la tragédie à laquelle il est condamné depuis sa naissance. Les êtres occupent par la parole **un temps qui n'en finit pas**, en attendant quelque chose qui n'arrive jamais.
- Ce théâtre pessimiste provoque le rire tout autant que le dégoût ou l'angoisse.

C La scénographie

Les personnages, souvent des clochards, se réduisent à la parole et se comportent comme des clowns ou des pantins. Les décors, minimalistes, sont souvent saugrenus (monticule de terre, poubelles).

3 Œuvres principales

- ***En attendant Godot*** (1952) : Vladimir et Estragon, deux clochards, discutent pour tuer le temps. Ils attendent Godot, personnage énigmatique, qui n'arrive pas.
- ***Oh les beaux jours*** (1960) : Winnie, femme d'un certain âge, babille seule et se livre à des occupations futiles tandis qu'elle s'enfonce de plus en plus dans la terre.

phrases célèbres

- ***« Les mots vous lâchent, il est des moments où même eux vous lâchent », Oh les beaux jours.***
- ***« Rien n'est plus drôle que le malheur… C'est la chose la plus comique au monde », Fin de partie.***

Albert Camus
(1913-1960)

26

Lue Relue Apprise

Romancier, dramaturge et essayiste
Mouvement littéraire : littérature engagée

1 Repères biographiques

- **Origines** : naît en Algérie. Sa mère l'élève dans la pauvreté.
- **Vie privée** : Tuberculeux, il doit arrêter ses études de philosophie et devient journaliste et directeur de revues. Ses premières œuvres importantes, ***Le Mythe de Sisyphe*** et ***L'Étranger***, paraissent pendant la guerre.

2 Caractéristiques de l'œuvre

A Influences. Passionné de philosophie antique et de théâtre, il devient l'ami de Jean-Paul Sartre, avec lequel il se brouille, et du poète René Char.

B Engagements politiques

- Membre actif de la Résistance, il dénonce le bombardement d'Hiroshima. Il lutte aussi contre l'expansionnisme soviétique.
- Sa position pacifiste lors de la guerre en Algérie est mal comprise par les deux camps.

C Les grands thèmes chez Camus

- **Le thème de l'absurde** : l'homme peine à trouver un sens au monde dans lequel il vit et n'a qu'un horizon certain, la mort. De cette conscience naît un écœurement que ni le suicide, ni la foi ne peuvent résoudre.
- **Le thème de la révolte** : l'être humain est libre, et peut vivre l'absurde en se révoltant contre les injustices. Le salut réside dans des actes de fraternité qui donnent un sens à la vie.

D Son style. On qualifie d'**« écriture blanche »** le style de Camus, très sobre, sans effets superflus. Le fond doit l'emporter sur la forme.

3 Œuvres principales

- ***L'Étranger*** (1942) : le narrateur, Meursault, est indifférent à tout parce qu'il ressent l'absurde de sa condition. Assassin malgré lui, il accède finalement à l'apaisement.
- ***La Peste*** (1947) : une épidémie de peste ravage la ville d'Oran. Ce roman présente une galerie d'hommes héroïques, mais la maladie est aussi l'allégorie du mal (l'occupation allemande par exemple).

phrase célèbre

« Aujourd'hui, maman est morte. Ou peut-être hier, je ne sais pas. », L'Étranger

→ *Incipit* célèbre. Dès le début, le narrateur montre sa singularité, et son indifférence à tout.

Marguerite Duras (1914-1996)

☐ Lue ☐ Relue ☐ Apprise

Romancière, dramaturge et réalisatrice
Mouvement littéraire : Nouveau Roman

1 Repères biographiques

- Marguerite Duras est le pseudonyme de Marguerite Donnadieu.
- **Origines** : naît et grandit en Indochine, dans une certaine pauvreté. À dix-huit ans, elle part finir ses études en métropole.
- **Vie privée** : De nombreux mariages et liaisons (avec les écrivains Robert Antelme et Yann Andréa notamment). Sa vie est marquée par les extrêmes négatifs (alcoolisme) et positifs (le succès mondial de ***L'Amant*** en 1984).

2 Caractéristiques de l'œuvre

A Influences

Proche à l'origine du Nouveau Roman, elle s'en détache progressivement, et revient à une narration plus traditionnelle avec ***L'Amant***.

B Engagements politiques

- S'engage dans la Résistance.
- Après la Libération, elle adhère un temps au Parti Communiste, puis prend position contre la guerre d'Algérie et pour mai 68.

C Le vide et l'absence

- L'histoire compte moins que les **silences et l'implicite** : **langue sobre**, nombreuses **ellipses** et **chronologie discontinue**. Les personnages se heurtent au tragique de leur condition humaine.
- Son œuvre, prenant souvent pour cadre l'Asie et narrant des amours malheureuses, est fortement **autobiographique**.

3 Œuvres principales

- ***Un Barrage contre le Pacifique*** (1950) : en Indochine française, une veuve et ses deux enfants luttent contre les difficultés matérielles.
- ***Moderato Cantabile*** (1958) : histoire d'amour entre une jeune mère et un homme mystérieux rencontré sur le lieu d'un crime, entre scènes banales du quotidien et désir ravageur.
- ***Le Ravissement de Lol V. Stein*** (1964) : roman-enquête sur l'énigmatique Lol V. Stein. La jeune femme semble avoir perdu la raison, mais n'a-t-elle pas toujours été « différente » ?

phrase célèbre

« Tu me tues, tu me fais du bien », Hiroshima mon amour

→ Ce que dit une Française à son amant japonais, après le drame d'Hiroshima.

Mémo'Quiz

Plusieurs réponses sont parfois possibles.

La poésie au Moyen Âge

1. Combien étaient les membre de la Pléiade ?

a. 5. **b.** 6. **c.** 7.

2. Quel poème est caractérisé par sa briéveté et sa fonction de célébrer une partie du corps féminin ?

a. l'ode. **b.** le blason. **c.** le panégyrique.

3. Quelle femme d'origine lyonnaise est une poétesse réputée pour ses sonnets ?

a. Louise Labbé. **b.** Marguerite de Navarre. **c.** Madame de Sévigné.

Le baroque

4. Le baroque naît en :

a. Italie. **b.** France. **c.** Allemagne.

5. Le baroque privilégie une esthétique de la sobriété et de la rigueur.

a. vrai **b.** faux

6. Le théâtre baroque respecte la règle de la vraisemblance.

a. vrai **b.** faux

Le classicisme

7. Quel est le roi de France qui règne pendant la période classique ?

a. Louis XI **b.** Louis XIV **c.** Louis XVI

8. Au nom de quelle règle les personnages de théâtre doivent-ils mourir hors scène ?

a. la bienséance **b.** la bienpensance **c.** l'élégance

9. Qu'est-ce qui compose la règle des trois unités ?

a. l'unité de lieu **c.** l'unité de temps

b. l'unité de paroles **d.** l'unité d'action

Le romantisme

10. Quel thème n'est pas abordé par les romantiques ?

a. le rapport entre l'Homme et la nature **c.** l'exotisme

b. l'amour **d.** le travail

11. Le registre privilégié par les romantiques est le registre :

a. épique. **b.** tragique **c.** lyrique.

Le réalisme

12. Qui a écrit la *Comédie humaine* ?

a. Balzac **b.** Flaubert **c.** Zola

13. Quel roman fait scandale en 1857 ?

a. *L'Assommoir* **b.** *Madame Bovary* **c.** *La Peau de chagrin*

Les mouvements littéraires après 1945

14. Lequel de ces romanciers appartient au Nouveau Roman ?

a. Sartre **b.** Camus **c.** Robbe-Grillet

15. Qui sont les dramaturges emblématiques du théâtre de l'absurde ?

a. Ionesco **b.** Sartre **c.** Camus **d.** Genet

→ corrigés p. 520

Le roman et le récit du XVIIe au XXIe siècle

27

Lue Relue Apprise

Roman : œuvre de fiction en prose qui raconte les aventures d'un ou de plusieurs personnages.

1 Les XVIIe et XVIIIe siècles

- **Au XVIIe siècle, le roman a souvent été critiqué** à cause de son invraisemblance et de son immoralité. On l'associe généralement à un public féminin, donc peu cultivé.
- **Au XVIIIe siècle**, on tente de corriger ces défauts en apportant au roman **une visée édifiante et une certaine authenticité**.

romans à connaître

- *Les Liaisons dangereuses*, Laclos (1782)
- *Jacques le Fataliste*, Diderot (1773)

- Deux formes dominent : le **roman par lettres** et les **pseudo-mémoires** (œuvres de fiction qui se présentent comme les mémoires d'une personne réelle).

2 Le XIXe siècle

- **Le XIXe siècle est le siècle du roman : il foisonne sous différentes formes.**

A Première moitié : les romans du moi

roman à connaître

René, Chateaubriand (1802)

- Romans à dimension **autobiographique** dans lesquels les auteurs confient leur **mal du siècle**.
- Les fonctions : faire son **introspection**, soulager ses peines.
- Le **romantisme** exploite la forme du roman avec la **narration à la première personne**. Le moi s'impose, le cœur humain est exploré.
- Le **roman historique et d'aventures** connaît un vrai succès.

B Seconde moitié : le roman et le réel

romans à connaître

Les romans de Balzac, Zola, Flaubert et Maupassant

- Les romans cherchent à **appréhender le réel sous toutes ses formes** : toutes les catégories sociales ont désormais leur place en littérature, le corps n'est plus ignoré.
- Le **réalisme** fait du roman un reflet de la réalité : le personnage est authentique, fidèle à un caractère parfois médiocre. Les faits divers et caractère documentaire forgent un roman scrupuleux dans sa représentation du réel.
- Les fonctions : mieux **comprendre** le réel (dimension scientifique), **critiquer** les **injustices** sociales.

3 Le XXe siècle : le temps des incertitudes

- **Le XXe siècle assiste à la crise du roman :** le sujet est mis en doute (« je » instable et mouvant), la psychanalyse révèle les forces latentes de l'inconscient, l'absurdité dénie tout sens. Elle atteint son summum avec *L'ère du soupçon* de Nathalie Sarraute (1953).
- Paradoxalement, la production romanesque est monumentale et diversifiée.
- Dans l'après-guerre, les formes romanesques se multiplient.
- Le **Nouveau Roman** inaugure le refus du personnage, de l'intrigue.
- Les fonctions : exprimer des **doutes** sur l'humain et sur son **langage**.

romans à connaître

- ***À la Recherche du temps perdu***, Proust (1913-1927)
- ***La Route des Flandres***, Claude Simon (1960)

4 Le XXIe siècle

- Le XXIe siècle voit l'explosion des **nouvelles technologies**. Le roman n'échappe pas à cette influence. Le « je » règne en maître avec le renouvellement de l'autofiction.
- On observe une oscillation entre l'engagement et le désengagement.
- Le roman triomphe avec un lectorat toujours plus dense.

La poésie du Moyen Âge au XVIIIe siècle

28

Lue Relue Apprise

1 Le Moyen Âge

● **Au Moyen Âge, les œuvres sont anonymes,** recopiées par des clercs. C'est au **XIIe siècle qu'apparaît la figure de l'auteur**, signataire de ses œuvres.

● À partir du XIe siècle, se développe l'**amour courtois** ou *fin'amor* : l'amant doit gagner par ses prouesses le cœur d'une dame plus élevée socialement. Cet amour lui permet de se perfectionner. **Le lyrisme est utilisé pour louer l'amante. La poésie courtoise célèbre la femme aimée.** Les œuvres ou *canso* sont le fait de troubadours, de trouvères. **La musique accompagne les textes.** Dans les **poèmes à formes fixes** comme la **ballade** et le **rondeau** se mêlent lyrisme et mélancolie.

● Parallèlement, apparaissent **la satire et le burlesque** avec pour thème la misère, la volonté de trouver un protecteur avec le poète **Rutebeuf** par exemple.

œuvres à connaître

- ***Cent ballades***, Christine de Pisan (1394)
- ***Rondeaux***, Charles d'Orléans (1440)
- ***Le testament***, Villon (1481)

2 Le XVIe siècle

● **L'avènement de la Renaissance** avec la redécouverte de la culture antique et **l'humanisme** contribuent à la **diffusion des idées et des arts venus d'Italie.** Cette tendance est encouragée par François Ier qui favorise les arts et les lettres.

● **En 1539**, l'ordonnance de Villers-Cotterêts rend le **français comme langue officielle.** Des figures marquantes, comme **Marot**, se détachent des « **grands rhétoriqueurs** ». Le raffinement extrême et la complexité poétique permettent le **renouvellement des formes poétiques** avec le blason et le **sonnet**. La ville de Lyon s'impose comme un centre culturel intense avec l'école lyonnaise. **Scève et Louise Labé écrivent une poésie amoureuse, empreinte de mélancolie**.

œuvres à connaître

- ***L'Adolescence clémentine***, Marot (1532)
- ***Défense et illustration de la langue française***, Du Bellay (1549)
- ***Les Amours***, Ronsard (1552)
- ***Les Regrets***, Du Bellay (1558)

info-clés

La Pléiade (1550-1570) est un groupe de jeunes poètes, issus du collège Coqueret. Elle entreprend de donner ses lettres de noblesse au français.
Le nom est choisi en référence à la constellation de la Pléiade.

- **En 1549, du Bellay écrit *Défense et illustration de la langue française*** dont les préceptes sont :
  - élévation en modèles des Anciens tout en exprimant sa sensibilité personnelle ;
  - abandon des formes poétiques médiévales et enrichissement avec des nouvelles : le sonnet, l'ode, l'épopée ;
  - conception exaltée du poète en tant que medium des dieux : l'inspiration en fait un élu, parvenant à l'immortalité ;
  - renouvellement de la langue avec une création lexicale et dérivation du grec et du latin.

3 Le XVIIe siècle

- **Le terme « baroque »** désigne à la base une perle de forme irrégulière. Puis, elle **fait référence à une esthétique dominée par le mouvement, la métamorphose, les contrastes, l'irrégularité,** d'où l'emploi fréquent d'énigmes, de métaphores, d'images, d'antithèses. Le mouvement est éclaté, regroupant des poètes très divers prônant une **inspiration libre et détachée**. La poésie est engagée, religieuse et philosophique, lyrique, burlesque.

œuvres à connaître

- *Les Tragiques*, D'Aubigné (1616)
- *La lyre*, Tristant l'Hermite (1641)
- *Virgile travesti*, Scarron (1648-1652)
- *Fables*, La Fontaine (1668)
- *Art poétique*, Boileau (1674)

- **Le classicisme repose sur la régularité, la symétrie, la raison : fondamentaux théorisés dans l'*Art poétique de Boileau* (1674).** La poésie n'est plus traitée pour elle-même. Elle est subordonnée aux autres genres, comme le théâtre (les tragédies de Racine sont écrites en vers), les genres didactiques tels la fable.

4 Le XVIIIe siècle

- **Le siècle des Lumières accentue la crise de la poésie.** Elle se prolonge en tant qu'expression, mais non comme lyrisme.
- La fin du siècle annonce la **résurgence de la poésie lyrique, notamment par des figures emblématiques comme Chénier.** Il est guillotiné en pleine jeunesse en 1794. Il devient un martyr pour les futurs romantiques.

œuvres à connaître

- *Le Mondain*, Voltaire (1736)
- *Poème sur le désastre de Lisbonne*, Voltaire (1756)
- *« La jeune captive »*, André Chénier (1794)

Le théâtre du XVIIe au XIXe siècle 29

Lue Relue Apprise

1 De l'Antiquité à la Renaissance

● **Le théâtre naît dans l'Antiquité grecque**, lors de **fêtes en l'honneur du dieu Dionysos.** Les acteurs portent des masques, les représentations ont lieu en plein air, et alternent répliques prononcées par les personnages, chants et danses assurés par un chœur.

L'astuce du prof

Pour définir le genre d'une pièce, examinez son dénouement, le registre utilisé, mais aussi les thèmes évoqués, le langage des personnages...

● On distingue les **comédies** des **tragédies**. Les grands auteurs sont Eschyle, Sophocle, Euripide pour les tragédies, Aristophane pour les comédies.

Définitions d'Aristote, philosophe de la Grèce antique

Théâtre	Tragédie	Comédie
Représentation de l'imitation d'une action faite par des personnages en action et non par le moyen de la narration.	Représentation de personnages de rang élevé, ayant de nobles préoccupations et s'exprimant dans un langage soutenu. Le spectacle des catastrophes doit provoquer terreur et pitié.	Représentation de personnages de rang moyen, ayant des préoccupations triviales et s'exprimant dans un langage courant ou familier.

● **Au Moyen Âge**, il y a deux genres dominants :
- **la farce** (langage familier, comique gestuel, improvisation) ;
- **le mystère** (sujet religieux).

● **À la Renaissance**, la comédie reste le genre dominant, mais l'on voit également apparaître des tragédies qui s'inspirent d'histoires bibliques ou mythologiques.

2 Le triomphe du théâtre

A Au XVIIe siècle

● **L'avènement du classicisme** consacre le genre théâtral et le codifie. Comédies et tragédies doivent respecter la **règle des trois unités**, mais également **les vraisemblances et les bienséances** : l'action doit paraître vraie, et ne pas choquer (on ne représente pas les meurtres sur scène).

La règle des 3 unités (de temps, de lieu, d'action) : une intrigue **unique** doit se dérouler en **24 heures** et en un **seul lieu**.

- **Molière, le grand auteur de comédies**, s'inspire de la *commedia dell'arte* italienne, mais crée également la **comédie-ballet**. Son but n'est plus simplement de faire rire, mais aussi de dénoncer les vices des hommes et les travers de la société.
- **Corneille et Racine** sont les plus illustres auteurs de tragédies : leurs héros sont confrontés à un dilemme entre la passion et la raison, et soumis à la fatalité.
  - Corneille propose un héros idéal, soumis à un choix impossible entre son devoir et son amour, que l'on nomme « dilemme ».
  - Chez Racine, le personnage est victime de sa passion, inspirée par la fatalité, laquelle entraîne sa chute.

B Au XVIIIe siècle

- Les règles régissant le théâtre restent les mêmes. Deux auteurs s'illustrent :
  - **Marivaux**, qui met à l'épreuve les sentiments par le langage.
  - **Beaumarchais**, qui renouvelle à travers son personnage Figaro la figure du valet. À la veille de la Révolution, ce dernier est le porte-parole d'une bourgeoisie qui gronde contre les privilèges des nobles.

3 Le renouvellement du genre

A Au XIXe siècle

Création du drame romantique : mélange du comique et du tragique, époques et lieux pittoresques, refus de la règle des trois unités, importance du pathétique.

Exemples de drames célèbres : ***Ruy Blas*** (Hugo), ***Lorenzaccio*** (Musset).

B Au XXe siècle

- **Avec la montée des totalitarismes et la Seconde Guerre Mondiale,** les auteurs proposent **une relecture des grands mythes tragiques** à la lumière de l'histoire du XXe siècle.

Ex. : Anouilh (***Antigone***), Cocteau (***La Machine infernale***).

- Mais d'autres auteurs préfèrent souligner **l'absurdité de la vie et l'angoisse du vide** en mélangeant tragique et comique, et en effaçant les repères spatio-temporels

Ex. : Ionesco (***La Cantatrice chauve***), Beckett (***En attendant Godot***).

La littérature d'idées du XIXe siècle au XXIe siècle

30

Lue Relue Apprise

1 Le XIXe siècle

- **La presse se développe comme medium de la prise de parole populaire et instrument des débats publics :**
  - apparition de nombreux journaux avec une systématisation de l'utilisation de l'image ;
  - abolition de la censure avec la libération de la parole grâce à la liberté de la presse.
- **Les liens entre les écrivains et les journalistes deviennent étroits :**
  - les écrivains sont journalistes, chroniqueurs, critiques et s'engagent dans les débats contemporains ;
  - la presse publie des œuvres périodiquement, par épisodes ;
  - la presse influence l'écriture, notamment romanesque.
- ***Bel-Ami*** de Maupassant, ***L'Education sentimentale*** de Flaubert et ***Illusions perdues*** de Balzac ont comme cadre romanesque le milieu journalistique.
- **Les écrivains s'engagent comme porte-parole dans la défense des intérêts humanistes et publics :**
  - contre l'esclavage, la peine de mort ;
  - pour défendre les plus démunis en dénonçant les injustices sociales.
  - pour défendre des théories littéraires (romantisme, réalisme, naturalisme).
- De nombreuses œuvres ont été condamnées car jugées immorales : comme ***Madame Bovary*** de Flaubert et ***Les Fleurs du mal*** de Baudelaire.

dates-clés

- 1863 : Création du quotidien « Le Petit Journal »
- 29 juillet 1881 : Loi de la liberté de la presse
- 13 janvier 1898 : « J'accuse » de Zola, prenant parti pour l'officier Dreyfus.

romans à connaître

- ***Dernier jour d'un condamné***, Hugo (1829)
- ***Toussaint Louverture***, Lamartine (1850)
- ***Les Châtiments***, Hugo (1852)
- ***Les Misérables***, Hugo (1862)

2 Le XXe siècle

- **Les deux guerres mondiales influencent nettement la presse et la littérature :**
  - pendant la 1ère guerre mondiale, la presse est instrumentalisée : outil de propagande pour maintenir le moral de la population et filtrer le désarroi des soldats,

- pendant la seconde guerre mondiale, la littérature entre en résistance : **poésie engagée contre l'Occupation nazie et le régime collaborateur de Pétain ; détournement par les mythes antiques : *Antigone* d'Anouilh, figure de la résistance.**

- À la fin de la 2de guerre mondiale, on voit apparaître **l'absurde** :
  - découverte des camps de concentration et donc d'une perte en la foi de l'homme ; qu'est-ce que l'homme ? Comment peut-il être capable de tant de mal ?
  - émergence d'un sentiment de l'absurde ; perte de la croyance en Dieu devant un tel néant.
- **A contrario, d'autres auteurs s'engagent :**
  - critique des totalitarismes ; pour Sartre, la fonction première de l'écrivain est de s'engager, prendre parti et perfectionner la condition humaine ;
  - texte engagé critiquant ouvertement les dérives de l'idéologie communiste ;
  - la dystopie : science-fiction présentant négativement la société future en manipulant et contrôlant les sociétés.

romans à connaître

- ***Retour de l'URSS***, Gide (1937)
- ***Les yeux d'Elsa***, Aragon ; ***L'Etranger***, Camus ; ***Le Meilleur des mondes***, Aldous Huxley (1942)
- ***Antigone***, Anouilh (1944)
- ***Si c'est un homme***, Primo Levi et ***La peste***, Camus (1947)
- ***Les Mains sales***, Sartre (1948)
- ***Origines du totalitarisme***, Arendt (1951)
- ***Fahrenheit 451***, Ray Bradbury (1953)
- ***« Le déserteur »***, Boris Vian (1954)

3 Le XXIe siècle

- On observe une oscillation entre engagement et désengagement :
  - suprématie des nouveaux médias, associée aux lanceurs d'alerte instaurant des alarmes pour mobiliser collectivement ;
  - montée de la méfiance au niveau des sources et de la véracité de l'information.
- La littérature est teintée d'anecdotique, d'intimité et d'engagement.

roman à connaître

Soumission de Houellebecq, 2015.

Plusieurs réponses sont parfois possibles.

Mémo'Quiz

Le roman et le récit, du Moyen Âge au XVIIIe siècle

1. À quel mouvement appartient :

a. *La Princesse de Clèves* de Mme de Lafayette ?

b. *René* de Chateaubriand ?

2. Quelles sont les caractéristiques du roman au XVIIe siècle ?

3. Dans quels types de romans des XVIIe et XVIIIe siècles trouve-t-on des héros qui font tout pour gravir les échelons de la société ?

4. Citez trois romans médiévaux et leurs auteurs.

La poésie du Moyen Âge au XVIIIe siècle

5. Quel poète est mort à 31 ans, guillotiné en 1794 ?

a. André Chénier,

b. Aloysius Bertrand

c. Tristant Corbière

6. Quel auteur écrit Poème sur le désastre de Lisbonne suite au tremblement de terre ayant détruit un tiers de la ville ?

a. Rousseau **b.** Diderot **c.** Voltaire

7. Le sonnet de Joachim du Bellay « Heureux qui comme Ulysse » est de tonalité :

a. élégiaque **b.** tragique **c.** dramatique

Le théâtre du XVIIe siècle au XXIe siècle

8. Comment nomme-t-on l'imitation du réel au théâtre ?

9. Dans les textes théâtraux du XXe siècle, les didascalies sont-elles importantes ou inexistantes ?

10. Quelles règles doit suivre une pièce de théâtre classique ?

11. Selon Aristote dans sa *Poétique*, dont s'inspirent les auteurs classiques, quels sentiments suscitent une tragédie ? Quel phénomène est ainsi engendré chez les spectateurs ?

La littérature d'idées du XVIe au XXIe siècle

12. D'où vient le nom « essai » ?

13. La littérature d'idée est généralement associée au registre ?

a. lyrique,

b. polémique

c. comique

14. Quel débat a divisé la France à la fin du XIXe siècle ?

a. L'affaire Dreyfus,

b. L'esclavage de Guyane

c. L'affaire Seznec

15. Qu'est-ce qu'une diatribe ?

a. Une caricature controversée

b. Une satire violente

c. Un éloge appuyé

→ corrigés p. 520

Les accords dans le groupe nominal entre le sujet et le verbe 31

Lue Relue Apprise

En règle générale, le verbe s'accorde en genre et en nombre avec le sujet. Il faut donc apprendre à repérer le sujet.

1 La place du sujet

Cas les plus courants	Exemples
Le sujet est placé juste avant le verbe.	*Le lion* ***se réveille*** *dans la savane.*
Le sujet est placé avant le verbe mais il est séparé par plusieurs compléments de phrases.	*Le lion, après une longue nuit peuplée de rêves d'animaux tentants,* ***se réveille*** *dans la savane.*
Le verbe a plusieurs sujets (au moins deux), il s'accorde au pluriel.	*Paul et Virginie* ***partirent*** *vers de lointaines contrées.*
Le sujet peut être placé après le verbe essentiellement dans les questions.	*Où* ***partent*** *les âmes qui nous quittent ?*

2 L'accord selon la nature du sujet

Suivant la nature du sujet, il peut être plus difficile de le déterminer.

Nature du sujet	Accords	Exemples
Pronom relatif « qui »	Accord en genre, en nombre et en personne avec l'antécédent de « qui »	*Émilie, c'est toi qui racontes une telle histoire !* (antécédent = toi = 2ème pers. du singulier féminin (important en cas de participe passé employé avec être), toi qui es rentrée si tard !
Pronom indéfini : « on, chacun, personne, rien, tout, aucun »	Accord au singulier	*On frappe à la porte.* *Personne n'est arrivé en retard.*
Plus d'un	Accord au singulier	*Plus d'un poilu craignait pour sa vie.*
Un groupe nominal dont le nom noyau est un nom au singulier	Accord au singulier	*Un livre de contes anciens a été découvert dans un vieux carton.*

Sujet « il » impersonnel	Accord au singulier	*Il neigeait à gros flocons .*
Adverbe de quantité : beau-coup, peu, tant, la plupart + nom pluriel	Accord au pluriel	*Peu d'enfants lisent des livres de nos jours. Beaucoup d'entre eux préfèrent jouer avec leur console.*
Nom collectif suivi d'un nom au pluriel	En principe accord avec le nom collectif mais pluriel possible	*L'ensemble des enfants était ravi d'avoir passé une si belle journée.* *L'ensemble des enfants étaient ravis d'avoir passé une si belle journée.*

3 Lorsque qu'un pronom précède le sujet

Il peut arriver qu'un pronom COD ou COI soit placé devant le verbe.

Types de pronom	Accords	Exemples
Cas le plus fréquent : Pronom « nous » ou « les » devant le verbe	Accord sujet – verbe normal	*Il nous demandait notre avis.* *Nous les conduisons à leur domicile.*
Lui ou leur placé devant le verbe	Accord sujet – verbe normal	*Elles lui demandent* (accord au pluriel avec « elles »). *Il leur refuse son accord.* (accord au singulier avec « il »)

4 Des accords spécifiques

Attention aux accords avec la présence d'un pronom personnel sujet.

Sujets	Accords possibles	Exemples
La 1re personne l'emporte sur la 2ème	Accord 1re per-sonne du pluriel	Toi et moi sommes partis en vacances ensemble.
La 1re personne l'emporte sur la 3ème	Accord 1° personne du pluriel	Mon frère et moi avons passé une enfance heureuse.
La 2ème personne l'emporte sur la 3ème	Accord à la 2° per-sonne du pluriel	Le professeur et toi n'étiez pas d'accord sur cette punition.

Le verbe

32

Lue Relue Apprise

Le verbe est l'élément essentiel de la phrase, il est porteur de sens.

1 Verbes d'état/verbes d'action

- Il existe globalement deux types de verbes, les **verbes d'état** (les moins nombreux, toujours suivis d'un attribut du sujet) = être, paraître, sembler, devenir, demeurer, rester, passer pour et les **verbes d'action** (pour lesquels toutes les fonctions sont possibles).

2 Modes et temps

- Le verbe comporte huit modes et chaque mode peut avoir entre deux et huit temps simples ou composés.

3 Valeur des modes

Chaque mode présente apporte une nuance de sens à l'action et fait donc partie des **modalisateurs**.

Modes	Valeurs	Exemples
L'indicatif	Mode le plus courant, il présente **un fait comme certain**	*Je viendrai demain.* = fait certain
Le subjonctif	Il apporte **une nuance d'éventualité**	*Il se pourrait qu'il pleuve.* = fait possible
L'impératif	Il exprime **l'ordre, le conseil ou la défense.** Il ne comporte que 3 personnes : 2ème pers. du sg, 1re pers. du pl, 2ème pers du pl	*Mets-toi au travail immédiatement !* = il s'agit d'une injonction *Ne touche pas ce plat.* = défense/interdiction
Le conditionnel	Il exprime un fait soumis à une condition ou un souhait	*Si tu travaillais davantage, tu obtiendrais de meilleurs résultats.* *J'aimerais tant cela !*
L'infinitif	Il correspond **à une forme nominale du verbe** et est donc **employé comme un nom**	*Travailler dehors l'hiver peut être très pénible.*
Le participe	Il correspond à **la forme adjectivale du verbe**	*Ces enfants gâtés font souvent des caprices.*

4 Les valeurs des temps

Certains temps de l'indicatif présentent des valeurs particulières

Temps	Valeurs	Exemples
Présent de l'indicatif	Présent d'énonciation	*Pour l'instant, j'étudie.*
	Présent de vérité générale	*L'eau bout à 100 degrés.*
	Présent d'habitude	*Tous les jours, je sors mon chien.*
	Présent de narration	*Il faisait froid, la tempête grondait. Soudain un homme arrive.*
	Présent à valeur temporelle, de futur proche	*Je pars dans cinq minutes.*
	Présent à valeur temporelle, de passé récent	*J'arrive juste de Paris.*
Passé simple	Action unique	*Une fois le trajet terminé, il posa son sac sur un sur un rocher.*
	Action de premier plan	*La porte grinçait, le bruit était étrange. Tout à coup, un fantôme apparut dans a pièce.*
	Actions successives	*Il arriva, sortit ses affaires et s'installa.*
L'imparfait	Action inachevée	*Il travaillait dans cette entreprise depuis vingt-cinq ans.*
	Actions répétées	*Tous les jours, elles sortaient.*
	Action durative	*L'ouvrier attendait le week-end.*
Le futur	Futur d'ordre ou de conseil	*Vous préparerez la chambre pour les invités.*
	Valeur temporelle de faits à venir	*Demain, nous partirons plus tôt*
	Valeur de promesse	*Je t'aiderai toujours.*
Les temps composés de l'indicatif	Ils expriment l'antériorité.	*Quand il eut enfin reçu la lettre, il l'ouvrit.*

Les relations au sein de la phrase complexe

33

Lue Relue Apprise

Une phrase complexe est constituée de plusieurs propositions qui peuvent être reliées entre elles de trois façons : juxtaposées, coordonnées, ou subordonnées.

1 Les liens entre les propositions

Types de lien	Exemples
Juxtaposition : placées les unes à côté des autres et séparées par une virgule	*J'étais plongé dans un profond sommeil, je n'ai pas entendu le bruit contre la porte d'entrée.*
Coordination : reliées par une conjonction de coordination ou un mot de liaison	*J'étais plongé dans un profond sommeil, je n'ai donc pas entendu le bruit contre la porte*
Subordination : reliée(s) à la proposition principale par une conjonction de subordination (lorsque, quand, parce que, si bien que, etc)	*J'étais plongé dans un profond sommeil si bien que je n'ai pas entendu le bruit contre la porte.*

2 Les différents types de subordonnées

Types de subordonnées	Exemples
Relatives : introduites par un pronom relatif (qui, que, quoi, dont, où, lequel, duquel, auquel)	*Les livres qui étaient moins souvent empruntés étaient placés au bout de l'étagère.* (relative complément de l'antécédent) *Qui vivra verra (relative sujet)*
Complétives : introduite par une conjonction de subordination ou un mot interrogatif. Elles sont le plus souvent COD.	*Elle réalise qu'elle ne pourra jamais finir son travail dans le temps convenu.* *L'ouvrier se demande combien de pièces il devra achever avant ce soir.*

Circonstancielles : les plus fréquentes. Elles ont une forte valeur sémantique. Expression :	
• du temps	• *Lorsque le printemps arrive, on voit fleurir les premières fleurs.*
• de la comparaison	• *Il marchait au gré des chemins comme l'oiseau vole de branche en branche.*
• de la cause	• *Il n'a pas pu achever son travail parce qu'il était épuisé.*
• de la conséquence	• *Il était tellement épuisé qu'il n'a pas pu achever son travail.*
• du but	• *L'homme marchait lentement pour que ses enfants puissent le suivre.*
• de l'opposition	• *Alors qu'ils s'attendaient à profiter d'un temps frais, ils durent subir la canicule.*
• de la concession	• *Bien qu'il se déclare ouvertement écologiste, il roule dans un gros 4X4.*
• de la condition	• *Si tu veux réserver un billet d'avion à un prix intéressant, tu dois consulter les offres très tôt.*

3 Les différents types de complétives

Les complétives sont de trois sortes : conjonctives (introduites par que), interrogatives indirectes

Types de complétives	Exemples
Conjonctive en « que » ou « ce que » (pas de valeur sémantique)	*Je souhaite que mes cousins assistent à cet événement.* *Il se félicite de ce qu'il a obtenu*
Interrogatives indirectes introduites par : - « si » (interrogation totale) ; - par un mot interrogatif (interrogation partielle).	*L'auteur ignore si son roman obtiendra le succès attendu.* *Elle se demandait combien de temps elle montrait pour arriver à destination.*
Infinitives : les plus rares Pas de mot introducteur Organisées autour d'un infinitif qui comporte son propre sujet	*Il était effrayé, il entendait les loups hurler au loin.*

La syntaxe des propositions subordonnées relatives

34

Lue Relue Apprise

La proposition subordonnée relative comme toute autre subordonnée comporte un verbe conjugué. Elle ne peut se trouver seule. Dans la plupart des cas, elle fait partie du Groupe Nominal (GN) et à ce titre est intégrée dans les expansions du nom.

1 Identifier la proposition subordonnée relative

- La proposition subordonnée relative commence obligatoirement par un pronom relatif : qui, que, quoi, dont, où + lequel, duquel, auquel et leurs composés.
- Elle se place après le nom dont elle dépend : son antécédent.

2 Fonctions de la proposition subordonnée relative

- La proposition subordonnée relative à l'intérieur du GN est toujours **complément de l'antécédent (c'est à dire du nom qu'elle complète).**

Ex. : *Il a vu passer des sangliers qui ont traversé le chemin juste devant lui.*

Elle peut aussi se trouver sans antécédent et avoir alors une place et une autre fonction dans la phrase :

- **sujet** ; Ex : *Qui vole un œuf vole un bœuf.*
- **complément d'objet indirect** ; Ex : *Je parlerai à qui voudra bien m'écouter.*
- **complément circonstanciel** ; Ex : *J'irai avec toi où tu voudras.*

3 Types de relatives

- Il existe 2 grands types de subordonnées relatives :
  - **Les subordonnées relatives déterminatives.** Elles donnent des détails indispensables au sens de la phrase et ne peuvent donc pas être supprimées sans modifier le sens de la phrase.

Ex : *Les élèves qui n'ont pas appris leur leçon vont être punis.= Ce sont seulement ceux qui n'ont pas appris leur leçon.*

  - **Les subordonnées relatives explicatives.** Elles donnent des détails mais ces détails ne peuvent pas indispensables.

L'astuce du prof

Très souvent la différence entre une subordonnée relative déterminative et une subordonnée relative explicative ne se joue qu'à la ponctuation près. On mettra une relative explicative entre virgule et une relative déterminative sans virgule. N'oubliez donc pas que la ponctuation a un rôle sémantique fort.

On peut donc la supprimer en modifiant légèrement le sens de la phrase. Elles sont souvent équivalentes à des subordonnées de cause.

Ex. : *Le soleil, qui brillait de plus en plus fort, apporta le réconfort dans tous les cœurs.*

4 L'emploi des modes dans les subordonnées relatives

Modes	Exemples
Le plus souvent on emploie l'indicatif dans les subordonnées relatives	*Il a acheté une voiture qui est assez grande pour sa famille nombreuse.= Fait avéré, l'énonciateur en est sûr.*
Mais on peut également trouver des subordonnées relatives avec un verbe conjugué au subjonctif. Ce choix de l'énonciateur montre une incertitude ou un jugement	*Il cherche une voiture qui soit assez grande pour sa famille nombreuse. = il n'est pas sûr de la trouver.*
Enfin, plus rarement, on peut trouver le mode infinitif dans la subordonnée relative	*Elle n'a pas de quoi finir son ouvrage.*

Plusieurs réponses sont parfois possibles.

Mémo'Quiz

1. J'espère que tu passeras me voir avant ton départ.
La proposition soulignée est une :
a. relative. **b.** circonstancielle. **c.** complétive.

2. Il se demande si l'avion n'aura pas trop de retard.
La proposition soulignée est :
a. une subordonnée de condition.
b. une subordonnée interrogative indirecte totale.
c. une subordonnée interrogative indirecte partielle.

3. Il a raté son examen car il n'a pas assez travaillé.
La proposition soulignée est :
a. juxtaposée.
b. coordonnée.
c. subordonnée.

4. Doit-on écrire ?
a. C'est toi qui partira en premier.
b. C'est toi qui partiras en premier.
c. C'est toi qui partirat en premier.

5. Doit-on écrire ?
a. L'un des chanteurs remportent le grand prix.
b. L'un de chanteurs remporte le grand prix.

6. Quelle est la solution ?
Toi et moi :
a. irons. **b.** iront. **c.** iron.

7. Dans la phrase suivante : « J'ai voulu tenter tous les moyens donc j'ai utilisé les réseaux sociaux. », trouvez-vous une :
a. conjonction de subordination
b. un pronom relatif
c. une conjonction de coordination

8. Doit-on rédiger ?

a. C'est celui donc j'avais entendu parler.

b. C'est celui dont j'avais entendu parler

c. C'est celui que j'avais entendu parler.

9. Quelle(s) phrase(s) peut-on rédiger ?

a. Les enfants, qui étaient partis à l'heure, sont arrivés comme prévu.

b. les élèves qui étaient partis à l'heure sont arrivés comme prévu.

c. Les élèves sont arrivés comme prévu.

10. Dans la phrase « Rentre immédiatement ! » le verbe est conjugué :

a. à l'impératif.

b. au conditionnel.

c. au subjonctif.

11. L'impératif comporte :

a. 6 personnes. b. 4 personnes. c. 3 personnes.

12. Au conditionnel présent, on doit écrire :

a. il courrait. b. il courait. c. il courirait.

→ corrigés p. 520

Maths

Sommaire

Maths

Lue Relue Acquise

Nombres et calculs

Arithmétique

Calcul numérique

Calcul littéral

Géométrie

Vecteurs

Géométrie plane

Trigonométrie

Géométrie dans un repère

Sommaire

Lue Relue Acquise

Fonctions

Fonctions usuelles

Propriétés des fonctions

Statistiques et probabilités

Évolutions en pourcentage

Statistiques

Probabilités

Échantillonnage

Algorithmique et programmation

Reconnaître des diviseurs d'un nombre entier

35

Lue Relue Acquise

1 L'essentiel du cours

A Diviseur et multiple

Définitions : a, b et c désignent trois nombres entiers non nuls tels que $a = bc$.
On dit alors que :

- b et c sont des **diviseurs** de a ;
- a est un **multiple** de b et de c.

Exemple : $15 = 3 \times 5$
Donc 3 et 5 sont des diviseurs de 15, et 15 est un multiple de 3 et de 5.
Les premiers multiples de 3 sont : 0 ; 3 ; 6 ; 9 ; 12 ; 15...
De plus, $15 = 1 \times 15 = 3 \times 5$.
On en déduit que les diviseurs de 15 sont 1 ; 3 ; 5 ; 15.

Remarque
- 1 est un diviseur de tous les nombres entiers.
- 0 est un multiple de tous les nombres entiers.

Propriété : d désigne un nombre entier.
Les multiples de d sont les nombres qui s'écrivent $d \times k$ avec $k \in \mathbb{Z}$.

Exemple : Les multiples de 3 sont les nombres qui s'écrivent $3k$ avec $k \in \mathbb{Z}$.

B Rappel : critères de divisibilité

Propriétés
- Un nombre entier est divisible par 2 lorsqu'il se termine par 0, 2, 4, 6 ou 8.
- Un nombre entier est divisible par 5 lorsqu'il se termine par 0 ou 5.
- Un nombre entier est divisible par 3 lorsque la somme de ses chiffres est divisible par 3.
- Un nombre entier est divisible par 9 lorsque la somme de ses chiffres est divisible par 9.

Exemple : 1 242 est divisible par 3. En effet, la somme de ses chiffres ($1 + 2 + 4 + 2 = 9$) est divisible par 3. (1 242 est aussi divisible par 2 et par 9.)

C Nombre pair et nombre impair

Propriétés :
- Les nombres pairs sont les nombres qui s'écrivent $2k$ avec $k \in \mathbb{Z}$.
- Les nombres impairs sont les nombres qui s'écrivent $2k + 1$ avec $k \in \mathbb{Z}$.

2 Applications

EXO 1 **1.** **Écrire la liste des diviseurs de 24 dans ℕ.**
2. **En déduire la liste des diviseurs de 24 dans ℤ.**

Solution

1. $24 = 1 \times 24 = 2 \times 12 = 3 \times 8 = 4 \times 6$
Donc, dans ℕ, les diviseurs de 24 sont : 1 ; 2 ; 3 ; 4 ; 6 ; 8 ; 12 ; 24.

2. On en déduit que, dans ℤ, les diviseurs de 24 sont : – 24 ; – 12 ; – 8 ; – 6 ; – 4 ; – 3 ; – 2 ; – 1 ; 1 ; 2 ; 3 ; 4 ; 6 ; 8 ; 12 ; 24.

> ℕ est l'ensemble des entiers naturels : {0 ; 1 ; 2 ; 3...}.
> ℤ est l'ensemble des entiers relatifs : {... ; –3 ; –2 ; – 1 ; 0 ; 1 ; 2 ; 3...}.

EXO 2 **Donner la parité du nombre $N = n(2n - 3)$:**
1. **lorsque n est pair.**
2. **lorsque n est impair.**

Solution

1. Lorsque n est pair : $n = 2k$ avec $k \in \mathbb{Z}$.
Donc $N = 2k(2 \times 2k - 3)$
$= 2k(4k - 3)$.
Ainsi, $N = 2K$ avec $K = k(4k - 3)$, donc N est pair.

> Essayer d'écrire N sous la forme $2K$ (N est alors pair) ou $2K + 1$ (N est alors impair).

2. Lorsque n est impair : $n = 2k + 1$ avec $k \in \mathbb{Z}$.
Donc $N = (2k + 1)(2 \times (2k + 1) - 3) = (2k + 1)(4k + 2 - 3)$.
Ainsi, $N = (2k + 1)(4k - 1) = 8k^2 + 2k - 1 = 2(4k^2 + k - 1) + 1 = 2K + 1$ avec $K = 4k^2 + k - 1$, donc N est impair.

Mémo'Quiz

1. **Le nombre 16 possède cinq diviseurs dans ℕ.** ❑ Vrai ❑ Faux
2. **Le nombre 16 possède dix diviseurs dans ℤ.** ❑ Vrai ❑ Faux
3. **Dans ℕ, les trois premiers multiples de 8 sont : 8 ; –16 ; 24.** ❑ Vrai ❑ Faux
4. **Le nombre $M = 5n + 3$ est pair lorsque n est pair.** ❑ Vrai ❑ Faux
5. **Le nombre $P = 4n + 2$ est impair lorsque n est impair.** ❑ Vrai ❑ Faux

→ corrigés p. 521

Décomposer en produit de facteurs premiers

36

Lue Relue Acquise

1 L'essentiel du cours

A Nombre premier

Définition : Un **nombre premier** est un nombre qui a exactement deux diviseurs : 1 et lui-même.

Exemples : 2 ; 3 ; 5 ; 7 ; 11 ; 13 ; 17 ; 19 ; 23 ; 29 ; 31 ; 37 sont les nombres premiers inférieurs à 40.

Piège à éviter

1 n'est pas un nombre premier, car il n'a qu'un seul diviseur.

Propriété : Tout nombre entier naturel supérieur ou égal à 2 se décompose, de façon unique, en un produit de nombres premiers.

Exemple : $150 = 2 \times 3 \times 5 \times 5 = 2 \times 3 \times 5^2$

On dit que $2 \times 3 \times 5^2$ est la décomposition de 150 en produit de facteurs premiers.

B Fraction irréductible

Définition : Une **fraction** $F = \frac{a}{b}$ est **irréductible** lorsque son numérateur a et son dénominateur b n'ont pas de diviseur en commun autre que 1.

Exemple : La fraction $F = \frac{4}{3}$ est irréductible, mais pas la fraction $G = \frac{18}{4}$.

2 Applications

EXO 1 **Donner les nombres premiers compris entre 60 et 70.**

Solution

60 ; 62 ; 64 ; 66 ; 68 ; 70 sont divisibles par 2, donc ils ne sont pas premiers.

63 ; 69 sont divisibles par 3, donc ils ne sont pas premiers.

65 est divisible par 5, donc il n'est pas premier.

61 et 67 ne sont divisibles que par 1 et eux-mêmes, donc ils sont premiers.

Pour chaque nombre, on regarde s'il possède un autre diviseur que 1 et lui-même.

Décomposer en produit de facteurs premiers

EXO 2 **1.** Écrire la décomposition en produit de facteurs premiers de :

a. 600 **b.** 180

2. Écrire la fraction $F = \dfrac{180}{600}$ sous forme irréductible.

Solution

1. a.

$$\begin{array}{r|l} 600 & 2 \\ 300 & 2 \\ 150 & 2 \\ 75 & 3 \\ 25 & 5 \\ 5 & 5 \\ 1 & \end{array}$$

b.

$$\begin{array}{r|l} 180 & 2 \\ 90 & 2 \\ 45 & 3 \\ 15 & 3 \\ 5 & 5 \\ 1 & \end{array}$$

> Utiliser la disposition ci-contre en faisant apparaître les diviseurs premiers par ordre croissant.

Ainsi, $600 = 2^3 \times 3 \times 5^2$. Ainsi, $180 = 2^2 \times 3^2 \times 5$.

2. $F = \dfrac{180}{600} = \dfrac{2^2 \times 3^2 \times 5}{2^3 \times 3 \times 5^2}$

$F = \dfrac{\cancel{2} \times \cancel{2} \times \cancel{3} \times 3 \times \cancel{5}}{\cancel{2} \times \cancel{2} \times 2 \times \cancel{3} \times \cancel{5} \times 5} = \dfrac{3}{2 \times 5} = \dfrac{3}{10}$

> Simplifier la fraction en utilisant la décomposition de produit de facteurs premiers du numérateur et du dénominateur.

Mémo'Quiz

1. Le nombre indiqué est un nombre premier :

❑ 72 ❑ 43 ❑ 35

2. La décomposition de 270 en produit de facteurs premiers est :

❑ $2 \times 3^3 \times 5$ ❑ $2 \times 9 \times 5$ ❑ $2^2 \times 3^2 \times 5$

3. La décomposition de 525 en produit de facteurs premiers est :

❑ $3 \times 5 \times 7$ ❑ $2 \times 3^2 \times 7$ ❑ $3 \times 5^2 \times 7$

4. $F = \dfrac{525}{270}$ est égale à la fraction irréductible :

❑ $\dfrac{12}{7}$ ❑ $\dfrac{35}{18}$ ❑ $\dfrac{7}{10}$

→ corrigés p. 521

Comprendre la notion d'intervalle

37

☐ Lue ☐ Relue ☐ Acquise

1 L'essentiel du cours

A Les différents ensembles de nombres

$\mathbb{N}$: ensemble des entiers naturels :
0, 1, 2 ...

$\mathbb{Z}$: ensemble des entiers relatifs :
... ; − 2 ; − 1 ; 0 ; 1 ; 2...

$\mathbb{Q}$: ensemble des rationnels :
$-2 ; \frac{3}{4} ; -\frac{1}{10}...$

$\mathbb{R}$: ensemble des réels qui contient tous les autres ensembles mais aussi les nombres irrationnels tels que $\sqrt{3}$; π ; $-\sqrt{2}$...

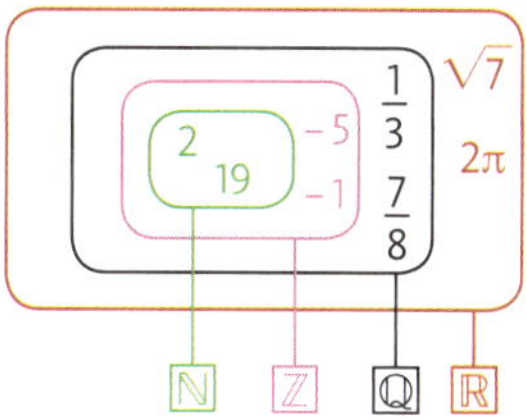

B Intervalles de $\mathbb{R}$

● **Principe :** On peut représenter l'ensemble $\mathbb{R}$ des réels sur une droite graduée de $-\infty$ à $+\infty$. Un intervalle de $\mathbb{R}$ est l'ensemble de tous les réels compris entre deux valeurs *a* et *b* appelées bornes de cet intervalle.

● **Tableau récapitulatif des différents cas**

Intervalle	Bornes	x appartient à cet intervalle s'écrit :	Représentation sur la droite graduée
$[a ; b]$	*a* et *b* compris	$x \in [a ; b]$ ou $a \leqslant x \leqslant b$	$-\infty$ a b $+\infty$
$[a ; b[$	*a* compris, *b* exclu	$x \in [a ; b[$ ou $a \leqslant x < b$	$-\infty$ a b $+\infty$
$]a ; b]$	*a* exclu, *b* compris	$x \in]a ; b]$ ou $a < x \leqslant b$	$-\infty$ a b $+\infty$
$]a ; b[$	*a* et *b* exclus	$x \in]a ; b[$ ou $a < x < b$	$-\infty$ a b $+\infty$
$]-\infty ; c]$	*c* compris	$x \in]-\infty ; c]$ ou $x \leqslant c$	$-\infty$ c $+\infty$
$]-\infty ; c[$	*c* exclu	$x \in]-\infty ; c[$ ou $x < c$	$-\infty$ c $+\infty$
$[c ; +\infty[$	*c* compris	$x \in [c ; +\infty[$ ou $x \geqslant c$	$-\infty$ c $+\infty$
$]c ; +\infty[$	*c* exclu	$x \in]c ; +\infty[$ ou $x > c$	$-\infty$ c $+\infty$

2 Application

EXO I et J désignent les intervalles : $I = [-2 ; 3[$ et $J =]-\infty ; 1]$.

1. Représenter ces intervalles sur la droite graduée des réels.

2. a. Représenter en rouge, sur une même droite graduée, les réels qui sont dans l'intervalle I et dans l'intervalle J.
On note $I \cap J$ cet ensemble.

b. Représenter en vert, sur une même droite graduée, les réels qui sont dans l'intervalle I ou dans l'intervalle J.
On note $I \cup J$ cet ensemble.

Solution

1.

$I = [-2 ; 3[$

$J =]-\infty ; 1]$

On commence par placer les bornes des intervalles, puis les crochets.

2. a.

$I \cap J = [-2 ; 1]$.

On représente les deux intervalles puis, en rouge, ce qui est en commun.
$I \cap J$ se lit « I inter J ».

b.

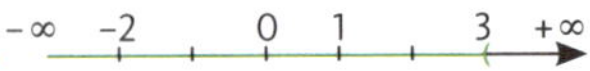

$I \cup J =]-\infty ; 3[$.

On représente les deux intervalles puis, en vert, ce qui est dans l'un ou dans l'autre.
$I \cup J$ se lit « I union J »

Mémo'Quiz

On pose $I = [-4 ; 7]$ et $J =]3 ; +\infty[$.

1. $x \in I$ est équivalent à : ❑ $x \leqslant 7$ ❑ $-4 \leqslant x < 7$ ❑ $-4 \leqslant x \leqslant 7$

2. $x \in J$ est équivalent à : ❑ $x \geqslant 3$ ❑ $x < 3$ ❑ $x > 3$

3. $I \cap J$ est l'intervalle : ❑ $[-4 ; +\infty[$ ❑ $]3 ; 7[$ ❑ $]3 ; 7]$

4. $I \cup J$ est l'intervalle : ❑ $[-4 ; +\infty[$ ❑ $[-4 ; 7]$ ❑ $]3 ; +\infty[$

➜ corrigés p. 521

Passer d'une valeur absolue à un intervalle, et inversement

38

☐ Lue ☐ Relue ☐ Acquise

1 L'essentiel du cours

A Distance entre deux nombres réels et valeur absolue

Définitions : On place sur une droite graduée les points A d'abscisse a et B d'abscisse b.

- La **distance entre les nombres** a et b est égale à la longueur AB.
- Cette distance s'écrit aussi $|a - b|$ (ou $|b - a|$) et se lit « **valeur absolue** de a moins b (ou de b moins a) ».

Dans le cas où $a > b$:
(c'est-à-dire $a - b > 0$)

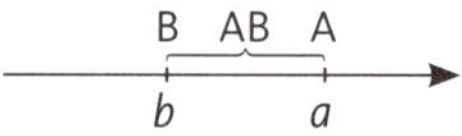

$|a - b| = \text{AB} = a - b$

Dans le cas où $a < b$:
(c'est-à-dire $a - b < 0$)

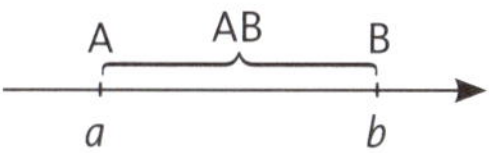

$|a - b| = \text{AB} = b - a$

Remarque :

$$|a| = \begin{cases} a \text{ si } a > 0 \\ -a \text{ si } a < 0 \end{cases}$$

Exemples : $|3| = 3$ et $|-15| = 15$.

B Valeur absolue et intervalle

Propriétés : b et r désignent des nombres réels avec $r > 0$.
B est le point d'abscisse b et M est un point d'abscisse x.

- $|x - b| < r$ est équivalent à BM $< r$, c'est-à-dire $x \in \,]b - r\,;\, b + r[$.

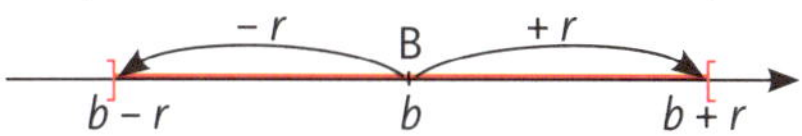

- $|x - b| \leqslant r$ est équivalent à BM $\leqslant r$, c'est-à-dire $x \in [b - r\,;\, b + r]$.

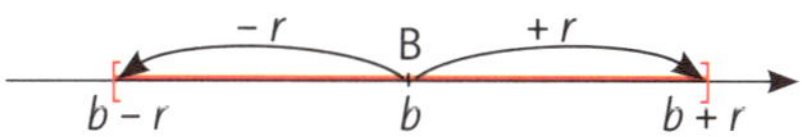

2 Applications

EXO 1 **Dans chaque cas, représenter l'ensemble des x en rouge sur une droite graduée, et écrire les solutions des questions 2. et 3. sous forme d'intervalles.**

1. $|x-2|=3$ **2.** $|x+1| \leqslant 4$ **3.** $|x-5|>2$

Solution

1.

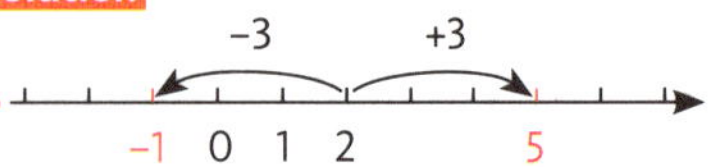

Donc $|x-2|=3$ équivaut à $x=-1$ ou $x=5$.

Écrire la valeur absolue proposée sous la forme $|x-b|$, puis appliquer la définition ou la propriété.

2.

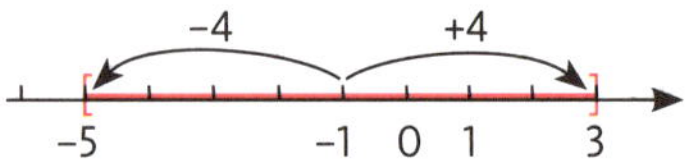

Donc $|x+1| \leqslant 4$ équivaut à $|x-(-1)| \leqslant 4$, c'est-à-dire $x \in [-5\,;3]$.

3.

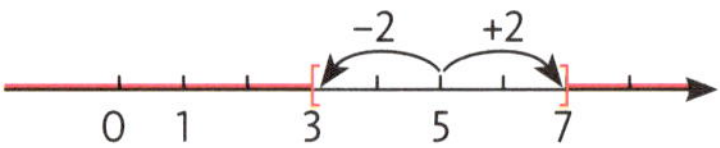

Donc $|x-5|>2$ équivaut à $x \in]-\infty\,;3[\, \cup\,]7\,;+\infty[$.

EXO 2 **Représenter l'intervalle $]-3\,;7[$ sur une droite graduée et traduire la condition $x \in]-3\,;7[$ avec une valeur absolue.**

Solution

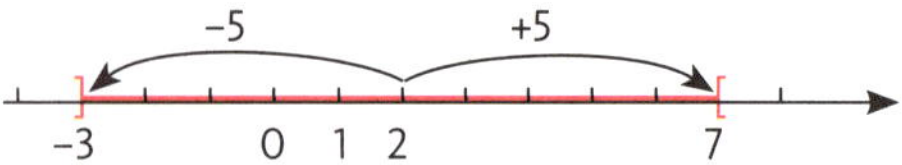

Ainsi, $x \in]-3\,;7[$ est équivalent à $|x-2|<5$.

Mémo'Quiz

1. $|x+1|<2$ **équivaut à** $x \in]-1\,;2[$. ❑ Vrai ❑ Faux

2. $|x-7|=18$ **équivaut à** $x=-11$ **ou** $x=25$. ❑ Vrai ❑ Faux

3. $x \in [-8\,;10]$ **équivaut à** $|x-1| \leqslant 9$. ❑ Vrai ❑ Faux

→ corrigés p. 521

Calculer avec des puissances, des racines carrées

39

Lue Relue Acquise

1 L'essentiel du cours

A Règles de calcul avec les puissances

Définition : a désigne un réel et n un entier naturel :

$$a^n = \underbrace{a \times a \times \ldots \times a}_{n \text{ fois}}$$

Notations :

- $a^{-n} = \dfrac{1}{a^n} = \dfrac{1}{\underbrace{a \times a \times \ldots \times a}_{n \text{ fois}}}$
- $a^1 = a$
- Pour tout $a \neq 0$, $a^0 = 1$.

Propriété 1 :
- $a^n \times a^p = a^{n+p}$
- $\dfrac{a^n}{a^p} = a^n \times a^{-p} = a^{n-p}$
- $(a^n)^p = a^{n \times p}$

Propriété 2 :
- $a^n \times b^n = (a \times b)^n$
- $\dfrac{a^n}{b^n} = \left(\dfrac{a}{b}\right)^n$ (avec $b \neq 0$)

Piège à éviter

Il n'existe pas de règle avec $a^n + b^n$ ou $a^n - b^n$ ou $a^n \times b^p$ ou $\dfrac{a^n}{b^p}$.

B Règles de calcul avec les racines carrées

Définition : a désigne un réel positif ou nul.
La **racine carrée de *a*** est le réel qui, élevé au carré, donne a.

Propriété 3 :
- $(\sqrt{a})^2 = a$
- $\sqrt{a}$ n'a de sens que lorsque $a \geqslant 0$.
- $\sqrt{a^2} = \begin{cases} a \text{ si } a \geqslant 0 \\ -a \text{ si } a < 0 \end{cases}$

Remarque

$\sqrt{0} = 0$ et $\sqrt{1} = 1$.

Propriété 4 :
a et b désignent des réels positifs, $b \neq 0$.
- $\sqrt{a \times b} = \sqrt{a} \times \sqrt{b}$
- $\sqrt{\dfrac{a}{b}} = \dfrac{\sqrt{a}}{\sqrt{b}}$

Piège à éviter

Il n'existe pas de règle avec $\sqrt{a+b}$ ou $\sqrt{a-b}$.

2 Applications

EXO 1 **Simplifier au maximum les expressions ci-dessous.**

1. $A = \dfrac{10^3 \times 10^{-2} \times 10^{20}}{(10^7)^3}$ **2.** $B = \dfrac{(2^3)^2 \times (3^2)^3}{(2 \times 3)^5}$

Solution

1. $A = \dfrac{10^{3-2+20}}{10^{7\times 3}} = \dfrac{10^{21}}{10^{21}}$

$A = 10^{21-21} = 10^0$

$A = 1.$

On utilise la propriété 1 et les notations.

2. $B = \dfrac{2^{3\times 2} \times 3^{2\times 3}}{2^5 \times 3^5} = \dfrac{2^6 \times 3^6}{2^5 \times 3^5}$

$B = \dfrac{2^6}{2^5} \times \dfrac{3^6}{3^5} = 2^{6-5} \times 3^{6-5}$

$B = 2^1 \times 3^1 = 2 \times 3 = 6.$

On utilise les propriétés 1 et 2 et les notations.

EXO 2 **Simplifier au maximum l'expression : $C = 3\sqrt{20} - \sqrt{15} \times \sqrt{3}$.**

Solution

$C = 3\sqrt{4 \times 5} - \sqrt{15 \times 3}$

$C = 3\sqrt{2^2 \times 5} - \sqrt{3^2 \times 5}$

$C = 3 \times 2\sqrt{5} - 3\sqrt{5}$

$C = 6\sqrt{5} - 3\sqrt{5}$

$C = 3\sqrt{5}.$

- On fait apparaître des carrés sous la racine carrée.
- On utilise les propriétés 3 et 4.

Mémo'Quiz

1. $A = \dfrac{(10^{10})^2 \times 10^{-20}}{10^1}$ est égal à : ❑ 0,1 ❑ 10 ❑ 1

2. $B = \dfrac{2^5 \times 5^3 \times 10}{(2 \times 5)^4}$ est égal à : ❑ 10 ❑ 4 ❑ 40

3. $C = 5\sqrt{8} - 2\sqrt{16} \times \sqrt{2}$ est égal à : ❑ $\sqrt{2}$ ❑ $2\sqrt{2}$ ❑ $-3\sqrt{2}$

4. $D = \dfrac{7\sqrt{3} - 4\sqrt{27}}{\sqrt{75}}$ est égal à : ❑ -1 ❑ $-5\sqrt{3}$ ❑ $\dfrac{1}{5\sqrt{3}}$

→ corrigés p. 521

Développer, factoriser une expression

40

Lue Relue Acquise

1 Les principales situations

Définitions :

- **Développer** une expression, c'est l'écrire sans parenthèses.
- **Factoriser** une expression, c'est l'écrire sous la forme d'un produit de facteurs.
- **Réduire** une expression, c'est l'écrire sous sa forme développée la plus simplifiée.

Propriété 1 :

Formes factorisées		Formes développées
$a(b+c)$	=	$ab+ac$
$a(b-c)$	=	$ab-ac$
$(a+b)(c+d)$	=	$ac+ad+bc+bd$

Propriété 2 : Les identités remarquables

Formes factorisées		Formes développées
$(a+b)^2$	=	$a^2+2\,ab+b^2$
$(a-b)^2$	=	$a^2-2\,ab+b^2$
$(a+b)(a-b)$	=	a^2-b^2

Piège à éviter

Il n'existe pas d'identité remarquable utilisant a^2+b^2.

Propriété 3 : $\dfrac{A}{B}=0$ si, et seulement si, $A=0$ et $B\neq 0$.

$A\times B=0$ si, et seulement si, $A=0$ ou $B=0$.

2 Applications

EXO 1 **Développer chacune des expressions ci-dessous.**

1. $A(x)=(3x+2)^2-5(x-1)$.

2. $B(x)=(7x-4)(7x+4)-(2x+3)(4x-1)$.

Solution

1. $A(x)=(3x)^2+2\times 3x\times 2+2^2-(5x-5)$

$A(x)=9x^2+12x+4-5x+5$

$A(x)=9x^2+7x+9$.

On utilise la propriété 1 pour écrire l'expression sans parenthèses et, s'il y a des identités remarquables, la propriété 2.

2. $B(x)=(7x)^2-4^2-[2x\times 4x+2x\times(-1)+3\times 4x+3\times(-1)]$

$B(x)=49x^2-16-[8x^2-2x+12x-3]$

$B(x)=49x^2-16-8x^2+2x-12x+3$

$B(x)=41x^2-10x-13$.

Procéder pas à pas, ne pas hésiter à écrire des étapes intermédiaires afin d'éviter les erreurs de signe.

EXO 2 **Factoriser chacune des expressions ci-dessous.**

1. $C(x) = 5x - 10$.

2. $D(x) = (8x + 3)(2 - 4x) - (8x + 3)(x + 1)$.

Solution

1. $C(x) = 5x - 5 \times 2$

$C(x) = 5\,(x - 2)$.

2. $D(x) = (8x + 3)(2 - 4x) - (8x + 3)(x + 1)$

$D(x) = (8x + 3)((2 - 4x) - (x + 1))$

$D(x) = (8x + 3)(2 - 4x - x - 1)$

$D(x) = (8x + 3)(-5x + 1)$.

- Reconnaître le facteur commun.
- Mettre ce facteur devant une parenthèse ouverte dans laquelle on écrit ce qui reste de l'expression.

EXO 3 **1. Factoriser l'expression $E(x) = (3x + 2)^2 + 5(3x + 2)$.**

2. Résoudre l'équation $E(x) = 0$.

Solution

1. $E(x) = (3x + 2)\,(3x + 2) + 5(3x + 2)$

$E(x) = (3x + 2)\,((3x + 2) + 5)$

$E(x) = (3x + 2)\,(3x + 7)$.

Pour la résolution de la question **2**, on utilise la propriété vue en Troisième : un produit de facteurs est nul si, et seulement si, l'un des facteurs est nul.

2. $E(x) = 0$ est équivalent à $(3x + 2)\,(3x + 7) = 0$. Donc soit $3x + 2 = 0$, c'est-à-dire $x = -\frac{2}{3}$; soit $3x + 7 = 0$, c'est-à-dire $x = -\frac{7}{3}$.

$-\frac{2}{3}$ et $-\frac{7}{3}$ sont les solutions de l'équation $E(x) = 0$.

Mémo'Quiz

On donne $A(x) = (2x - 7)^2 + 4x$; $B(x) = (-7x + 3)\,(2x + 3)$; $C(x) = (2x + 3)(x + 1) - (2x + 3)^2$.

1. La forme développée de $A(x)$ est :

❑ $4x^2 + 4x - 49$ ❑ $4x^2 - 10x - 49$ ❑ $4x^2 - 24x + 49$

2. La forme factorisée de $C(x)$ est :

❑ $(2x + 3)\,(-x + 4)$ ❑ $(2x + 3)\,(-x - 2)$ ❑ $(2x + 3)\,(x - 4)$

3. $C(x) = 0$ lorsque :

❑ $x = -2$ ou $x = -\frac{3}{2}$ ❑ $x = 4$ ou $x = \frac{3}{2}$ ❑ $x = -4$ ou $x = -\frac{3}{2}$

4. $\frac{B(x)}{C(x)} = 0$ si, et seulement si :

❑ $x = \frac{3}{7}$ ou $x = -\frac{3}{2}$ ❑ $x = \frac{3}{7}$ ❑ $x = -2$ ou $x = -\frac{3}{2}$

➜ corrigés p. 521

Résoudre une équation, une inéquation

41

Lue Relue Acquise

1 Les principales situations rencontrées

A Équations

Définition : Résoudre une équation c'est trouver, si elles existent, toutes les valeurs de l'inconnue pour laquelle l'égalité est vraie.

Exemple : –2 n'est pas solution de l'équation $2x + 3 = 7$.

En effet, $2 \times (-2) + 3 = -1 \neq 7$.

2 est solution de l'équation $2x + 3 = 7$. En effet, $2 \times 2 + 3 = 7$.

Résolution de l'équation $2x + 3 = 7$:

$2x = 7 - 3$ donc $2x = 4$ d'où $x = \frac{4}{2} = 2$.

Propriété : a désigne un nombre réel.

- Si $a > 0$, alors l'équation $x^2 = a$ possède deux solutions : $x = -\sqrt{a}$ et $x = \sqrt{a}$.
- Si $a = 0$, alors l'équation $x^2 = a$ possède une seule solution : $x = 0$.
- Si $a < 0$, alors l'équation $x^2 = a$ ne possède pas de solution.

Propriétés :

- $A \times B = 0$ équivaut à $A = 0$ ou $B = 0$.
- $\frac{A}{B} = 0$ équivaut à $A = 0$ **et** $B \neq 0$.

B Inéquations

Définition : Résoudre une inéquation, c'est trouver, si elles existent, toutes les valeurs de l'inconnue pour laquelle l'inégalité est vraie.

Exemple :

Résolution de l'inéquation $-2x + 1 \leqslant 9$:

$-2x \leqslant 9 - 1$ donc $-2x \leqslant 8$ d'où $x \geqslant \frac{8}{-2}$.

Ainsi, $x \geqslant -4$.

Les solutions de cette inéquation sont les nombres de l'intervalle $[-4 ; +\infty[$.

Réflexe à avoir

Multiplier ou diviser les deux membres d'une inéquation **par un nombre négatif** change le sens de l'inégalité.

2 Applications

EXO 1 **Résoudre les équations suivantes :**

1. $7x - 3 = -2x + 6$ **2.** $x^2 = 16$

3. $(2x+1)(x-3) = 0$ **4.** $\dfrac{2x+1}{x-3} = 0$

Solution

1. $7x - (-2x) = 6 - (-3)$ donc $9x = 9$ d'où $x = \dfrac{9}{9}$ et $x = 1$.
La solution de cette équation est 1.

2. $x^2 = 16$ équivaut à $x = -\sqrt{16} = -4$ ou $x = \sqrt{16} = 4$.
Les solutions de cette équation sont -4 et 4.

3. $(2x + 1)(x - 3) = 0$ équivaut à $2x + 1 = 0$ ou $x - 3 = 0$, c'est-à-dire $x = -\dfrac{1}{2}$ ou $x = 3$.

Les solutions de cette équation sont $-\dfrac{1}{2}$ et 3.

4. $\dfrac{2x+1}{x-3} = 0$ équivaut, d'après la question **3.**, à $x = -\dfrac{1}{2}$ et $x \neq 3$.
La solution de cette équation est $-\dfrac{1}{2}$ (et on dit que 3 est une valeur interdite).

EXO 2 **Résoudre les inéquations suivantes :**

1. $-4x + 1 < 6x + 5$ **2.** $1 + 2x \geqslant x - 2$

Solution

1. $-4x - 6x < 5 - 1$ donc $-10x < 4$, d'où $x > \dfrac{4}{-10}$ ainsi $x > -0{,}4$.
$-4x + 1 < 6x + 5$ est équivalent à $x \in]-0{,}4 ; +\infty[$.

2. $2x - x \geqslant -2 - 1$ donc $x \geqslant -3$.
$1 + 2x \geqslant x - 2$ est équivalent à $x \in [-3 ; +\infty[$.

Mémo'Quiz

1. -3 est solution de l'équation $7x + 1 = 4 - 5x$. ❏ Vrai ❏ Faux

2. -5 et 5 sont les solutions de l'équation $x^2 = -25$. ❏ Vrai ❏ Faux

3. $(2x - 4)(2 - 4x) = 0$ a pour solutions 0,5 et 2. ❏ Vrai ❏ Faux

4. $7x + 2 < 9$ équivaut à $x \in]-\infty ; 1[$. ❏ Vrai ❏ Faux

5. $2x + 3 \geqslant 5x - 6$ équivaut à $x \geqslant 3$. ❏ Vrai ❏ Faux

→ corrigés p. 521

Dresser un tableau de signes

42

☐ Lue ☐ Relue ☐ Acquise

1 Les principales situations

A Principe

L'étude du signe d'une expression algébrique est présente dans les exercices sous différentes formes : montrer que $A(x) \geqslant 0$; déterminer les x tels que $B(x) < 0$; étudier le signe de $C(x)$; déterminer les x tels que $D(x) \geqslant E(x)$, c'est-à-dire tels que $D(x) - E(x) \geqslant 0$.
On présente ici l'essentiel des résultats à connaître.

Propriété 1 :
- Un carré est toujours positif ou nul.
- Une racine carrée est toujours positive ou nulle.

Piège à éviter
Attention ! $\sqrt{a}$ n'est définie que pour $a \geqslant 0$.

Propriété 2 : Pour $a > 0$

x	$-\infty$		$-\frac{b}{a}$		$+\infty$
$ax + b$		$-$	0	$+$	

Pour $a < 0$

x	$-\infty$		$-\frac{b}{a}$		$+\infty$
$ax + b$		$+$	0	$-$	

B Tableau de signes (sur un exemple)

On s'intéresse au signe de l'expression $A(x) = \dfrac{(x-3)^2(-2x-8)}{(4x-20)}$.
Pour cela, on dresse un tableau de signes.

x	$-\infty$		-4		3		5		$+\infty$
$(x-3)^2$		$+$	|	$+$	0	$+$	|	$+$	
$-2x-8$		$+$	0	$-$	|	$-$	|	$-$	
$4x-20$		$-$	|	$-$	|	$-$	0	$+$	
$A(x)$		$-$	0	$+$	0	$+$	||	$-$	

$(x-3)^2 \geqslant 0$ et $(x-3)^2 = 0$ lorsque $x = 3$.

$-2x - 8 = 0$ lorsque $x = -4$ et on utilise la propriété 2 avec $a = -2 < 0$.

$4x - 20 = 0$ lorsque $x = 5$ et on utilise la propriété 2 avec $a = 4 > 0$.

On utilise les règles habituelles : « + par − donne − » ; « + par + donne + » ...

Lorsque l'expression n'est pas définie en une valeur de x : on place une double barre verticale.

Ainsi, $A(x) < 0$ lorsque $x \in]-\infty\,;-4[\cup]5\,;+\infty[$
et $A(x) \geqslant 0$ lorsque $x \in [-4\,;5[$.

2 Applications

EXO 1 Dresser le tableau de signes de $A(x) = \dfrac{5x^2(2x+6)}{4-x}$.

Solution

x	$-\infty$		-3		0		4		$+\infty$
$5x^2$		+	|	+	0	+	|	+	
$2x+6$		−	0	+	|	+	|	+	
$4-x$		+	|	+	|	+	0	−	
$A(x)$		−	0	+	0	+	||	−	

Placer, dans le tableau de signes, chacun des termes de l'expression. Un carré est toujours positif ou nul.
Attention, on met une double barre en $x = 4$ car $4 - x$ ne peut pas être égal à 0.

EXO 2 Pour quelles valeurs de x a-t-on $(2x+1)^2 < 5(2x+1)$?

Solution

- $(2x+1)^2 < 5(2x+1)$ est équivalent à $(2x+1)^2 - 5(2x+1) < 0$.
- $E(x) = (2x+1)^2 - 5(2x+1)$
$E(x) = (2x+1)[(2x+1) - 5]$
$E(x) = (2x+1)(2x-4)$.

x	$-\infty$		$-\frac{1}{2}$		2		$+\infty$
$2x+1$		−	0	+	|	+	
$2x-4$		−	|	−	0	+	
$E(x)$		+	0	−	0	+	

- Ainsi, $E(x) < 0$, c'est-à-dire $(2x+1)^2 < 5(2x+1)$ lorsque $x \in \left]-\frac{1}{2} ; 2\right[$.

- $C(x) < D(x)$ revient à $C(x) - D(x) < 0$.
- On factorise la nouvelle expression : voir fiche 7.
- On dresse le tableau de signes.
- On conclut.

Mémo'Quiz

1. $(1-2x)(4x+3)^2 \geqslant 0$ lorsque $x \in \left]-\infty ; \frac{1}{2}\right]$. ❑ Vrai ❑ Faux

2. $\dfrac{(3x+1)^2(x+1)}{(x+2)} \leqslant 0$ si, et seulement si, $x \in]-2 ; -1]$. ❑ Vrai ❑ Faux

3. $(3x+6)(x-4) > (2x-6)(3x+6)$
si, et seulement si, $x \in]-\infty ; -2[\cup]2 ; +\infty[$. ❑ Vrai ❑ Faux

➜ corrigés p. 521

Utiliser les coordonnées de points

43

Lue Relue Acquise

1 L'essentiel du cours

A Repère

Définitions : • Dans un repère (O ; I, J), le point O est l'**origine** du repère et les points I et J indiquent la graduation d'une unité sur chaque axe.
• Un **repère** (O ; I, J) est **orthogonal** lorsque (OI) ⊥ (OJ).
• Un **repère** (O ; I, J) est **orthonormé** lorsque (OI) ⊥ (OJ) et que OI = OJ = 1.

B Propriétés

Propriété 1 : Dans un repère (O ; I, J), on note $A(x_A ; y_A)$ et $B(x_B ; y_B)$.
Le milieu K de [AB] a pour coordonnées :

$$x_K = \frac{x_A + x_B}{2} \text{ et } y_K = \frac{y_A + y_B}{2}$$

Propriété 2 : Dans un repère (O ; I, J) **orthonormé**, on note $A(x_A ; y_B)$ et $B(x_B ; y_B)$.

$$AB = \sqrt{(x_B - x_A)^2 + (y_B - y_A)^2}$$

Piège à éviter
Cette deuxième propriété est fausse si le repère (O ; I, J) n'est pas orthonormé.

Remarque :
Plusieurs propriétés permettent désormais de calculer une longueur : la propriété de Pythagore, la propriété de Thalès, la propriété 2 dans un repère orthonormé, la trigonométrie dans un triangle rectangle.

2 Applications

EXO 1 **Dans un repère (O ; I, J), on donne A(6 ; 2), B(12 ; 3), C (14 ; 6) et D (8 ; 5).**
Démontrer que le quadrilatère ABCD est un parallélogramme.

Solution

On note K le milieu de [AC].

$x_K = \frac{6 + 14}{2} = 10$ et $y_K = \frac{2 + 6}{2} = 4$.

On note L le milieu de [BD].

$x_L = \frac{12 + 8}{2} = 10$ et $y_L = \frac{3 + 5}{2} = 4$.

Ainsi, K = L, les diagonales [AC] et [BD] se coupent en leur milieu, donc ABCD est un parallélogramme.

Revoir les propriétés du parallélogramme rappelées en fiche 15 afin d'utiliser la plus appropriée.

EXO 2 ABCD est le carré ci-contre de côté 2 cm ; E est le symétrique de C par rapport à D ;
$F \in [BC]$ et $BF = \frac{1}{4}BC$.

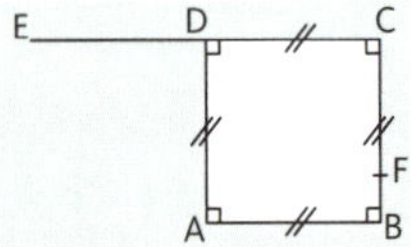

1. Dans un repère orthonormé judicieusement choisi, indiquer les coordonnées de tous les points.
2. Calculer la longueur EF, puis la longueur DF.
3. En déduire le périmètre, arrondi au centième, du triangle DEF.

Solution

1. On choisit le repère (A ; I, J) où I et J sont les milieux de [AB] et [AD].
Dans ce repère : A(0 ; 0), I(1 ; 0), J(0 ; 1), B(2 ; 0), C(2 ; 2), D(0 ; 2), E(– 2 ; 2), F(2 ; 0,5).

> Pour choisir le repère le plus approprié, on cherche deux droites perpendiculaires (les axes) sur lesquelles on peut facilement définir 1 unité = 1 cm.

2. $EF = \sqrt{(2-(-2))^2 + (0{,}5-2)^2}$
$= \sqrt{4^2 + (-1{,}5)^2} = \sqrt{16 + 2{,}25}$
$= \sqrt{18{,}25}$ cm.

$DF = \sqrt{(2-0)^2 + (0{,}5-2)^2}$
$= \sqrt{2^2 + (-1{,}5)^2}$
$= \sqrt{6{,}25}$ cm.

> On utilise la propriété 2 du cours.

3. Le périmètre du triangle DEF est donc :
$ED + DF + EF = 2 + \sqrt{6{,}25} + \sqrt{18{,}25} \approx 8{,}77$ cm.

Mémo'Quiz

Dans un repère orthonormé (O ; I, J), on donne A(– 9 ; – 4), B(10 ; 2), C(14 ; 6) et D(– 4 ; 4).

1. Le milieu de [AC] a pour coordonnées (– 6 ; 1).	❑ Vrai	❑ Faux
2. ABCD est un parallélogramme.	❑ Vrai	❑ Faux
3. $CD^2 = 328$.	❑ Vrai	❑ Faux
4. $BC = 4\sqrt{2}$.	❑ Vrai	❑ Faux

→ corrigés p. 521

Comprendre la notion de vecteur

44

Lue Relue Acquise

1 L'essentiel du cours

A Translation de vecteur $\overrightarrow{AB}$

Définition : La **translation de vecteur $\overrightarrow{AB}$**, qui transforme A en B, transforme tout point C en D tels que DCAB est un parallélogramme.

Remarque

Dans ce cas, [AD] et [BC] ont même milieu I.

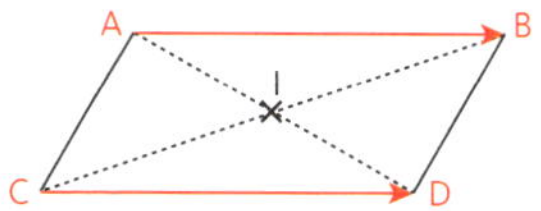

B Caractérisation d'un vecteur

Un vecteur (ici le vecteur $\overrightarrow{AB}$) est caractérisé par :

Piège à éviter

Ne pas confondre direction (une droite) et sens (le sens de parcours sur cette droite).

1. son point d'application : le point A ;
2. sa direction : la droite (AB) ;
3. son sens : de A vers B ;
4. sa longueur, appelée norme : ici AB.

Remarque

Un vecteur $\overrightarrow{AB}$ étant donné, il existe une infinité de vecteurs égaux à $\overrightarrow{AB}$.

Propriété : $\overrightarrow{AB} = \overrightarrow{CD}$ si, et seulement si, ABDC est un parallélogramme.

Cas particuliers :

- Le **vecteur nul**, noté $\overrightarrow{0}$, est le vecteur associé à la translation qui transforme A en A, B en B... donc $\overrightarrow{0} = \overrightarrow{AA} = \overrightarrow{BB} = ...$
- Le **vecteur opposé** à $\overrightarrow{AB}$ est noté $\overrightarrow{BA}$ ou $-\overrightarrow{AB}$.

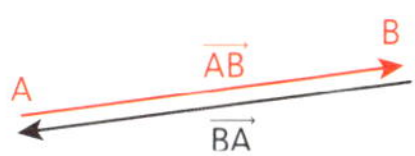

C Représentant d'un vecteur

Les vecteurs $\overrightarrow{AB}$, $\overrightarrow{CD}$, $\overrightarrow{EF}$... représentés ci-contre sont tous égaux à un vecteur (sans point d'application) que l'on note $\vec{u}$.

$\overrightarrow{AB} = \overrightarrow{CD} = \overrightarrow{EF} = ... = \vec{u}$.

Tous ces vecteurs ont même direction, même sens et même longueur.

On dit que $\overrightarrow{AB}$ est un représentant de $\vec{u}$.

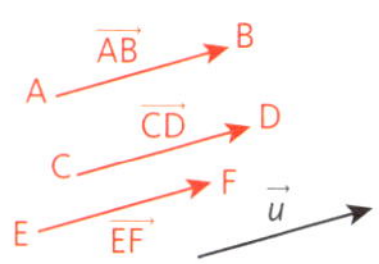

2 Applications

EXO 1 **Caractériser les vecteurs dessinés ci-contre (point d'application, direction, sens, longueur).**

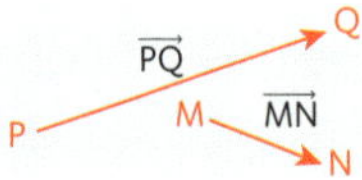

Solution

Vecteur $\overrightarrow{MN}$:
- point d'application : M ;
- direction : (MN) ;
- sens : de M vers N ;
- longueur : MN.

Vecteur $\overrightarrow{PQ}$:
- point d'application : P ;
- direction : (PQ) :
- sens : de P vers Q ;
- longueur : PQ.

EXO 2 **Sur la figure ci-contre, construire :**
- **le représentant d'origine A du vecteur $\vec{u}$;**
- **le représentant d'extrémité B du vecteur $\vec{u}$;**
- **le représentant d'origine C de l'opposé du vecteur $\vec{u}$.**

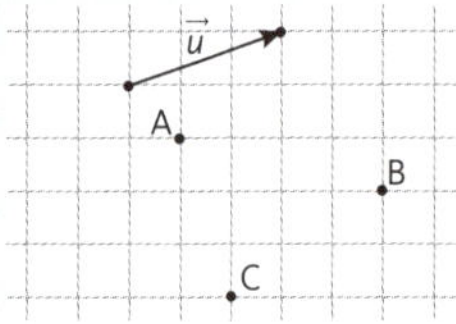

Solution

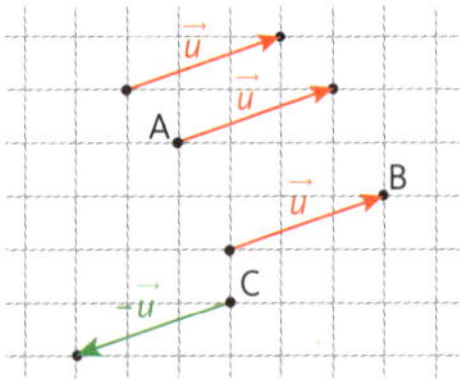

On cherche, à partir du vecteur $\vec{u}$ et du point indiqué, à tracer des parallélogrammes (on peut, par exemple, utiliser le milieu des diagonales).

L'opposé de $\vec{u}$ est un vecteur de même direction et de même longueur que $\vec{u}$, mais de sens opposé.

Mémo'Quiz

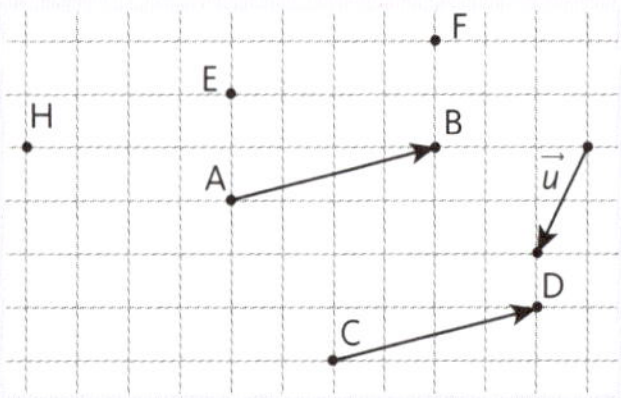

1. $\overrightarrow{AB} = \overrightarrow{CD}$.
   ❑ Vrai ❑ Faux
2. $\overrightarrow{AB}$ et l'opposé de $\overrightarrow{FH}$ ont même sens.
   ❑ Vrai ❑ Faux
3. $\overrightarrow{EA}$ est le représentant d'origine E du vecteur $\vec{u}$.
   ❑ Vrai ❑ Faux
4. $\overrightarrow{HE}$ et $\overrightarrow{EF}$ sont des vecteurs opposés. ❑ Vrai ❑ Faux

→ corrigés p. 521

Calculer et lire les coordonnées d'un vecteur

45

Lue Relue Acquise

1 L'essentiel du cours

A Coordonnées d'un vecteur

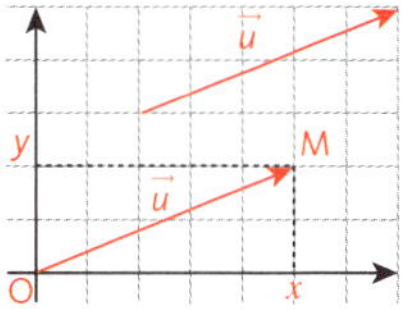

Définition : Dans un repère (O ; I, J), les coordonnées de $\vec{u}$ sont les coordonnées du point M tel que $\overrightarrow{OM} = \vec{u}$.

Notations :

- On note M(x ; y) mais également $\vec{u}(x\,;y)$ ou $\overrightarrow{OM}(x\,;y)$.
- Plutôt que de parler de repère (O ; I, J), on peut désormais parler de repère $(O\,;\vec{i},\vec{j})$ avec $\vec{i} = \overrightarrow{OI}$ et $\vec{j} = \overrightarrow{OJ}$.

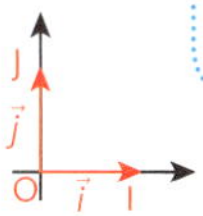

Vocabulaire

x est l'**abscisse** de $\vec{u}$ et y l'**ordonnée** de $\vec{u}$.

B Propriétés

Propriété 1 : $\vec{u}(x\,;y) = \vec{v}(x'\,;y')$ si, et seulement si, $x = x'$ **et** $y = y'$.

Propriété 2 : On donne $A(x_A\,;y_A)$ et $B(x_B\,;y_B)$. $\overrightarrow{AB}\,(x_B - x_A\,;y_B - y_A)$.

Interprétation :

- $x_B - x_A$ est l'abscisse de $\overrightarrow{AB}$: elle correspond au déplacement (qui peut être dans le sens négatif) de A vers B parallèlement à l'axe des abscisses.
- $y_B - y_A$ est l'ordonnée de $\overrightarrow{AB}$: elle correspond au déplacement (qui peut être dans le sens négatif) de A vers B parallèlement à l'axe des ordonnées.

2 Applications

EXO 1 **Dans un repère $(O\,;\vec{i},\vec{j})$, on donne A(3 ; 4), B(−1 ; 5), C($\sqrt{2}$; $\sqrt{3}$) et D($3\sqrt{2}$; $1-\sqrt{3}$). Calculer les coordonnées des vecteurs $\overrightarrow{AB}$ et $\overrightarrow{CD}$.**

Solution

- $\overrightarrow{AB}(-1-3\,;5-4)$
  $\overrightarrow{AB}\,(-4\,;1)$.
- $\overrightarrow{CD}\,(3\sqrt{2}-\sqrt{2}\,;1-\sqrt{3}-\sqrt{3})$
  $\overrightarrow{CD}(2\sqrt{2}\,;1-2\sqrt{3})$.

On utilise la formule indiquée dans la propriété 2 pour poser, pas à pas, les calculs.
Attention à l'ordre des points dans cette formule : $\overrightarrow{AB}$, c'est $x_B - x_A$ et $y_B - y_A$.

Calculer et lire les coordonnées d'un vecteur

EXO 2 Lire les coordonnées des vecteurs $\vec{u}$ et $\vec{v}$ tracés dans le repère ci-contre.

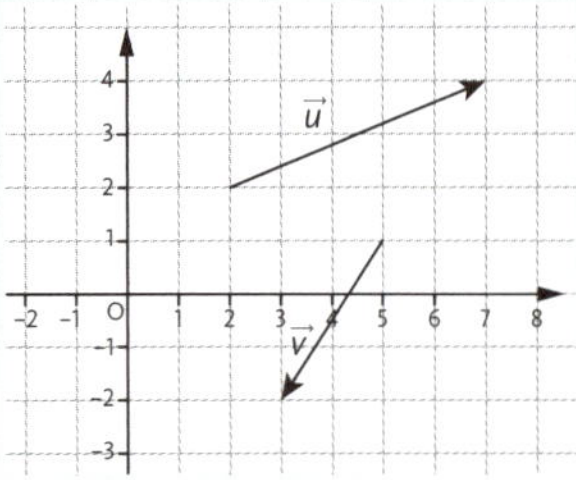

Solution

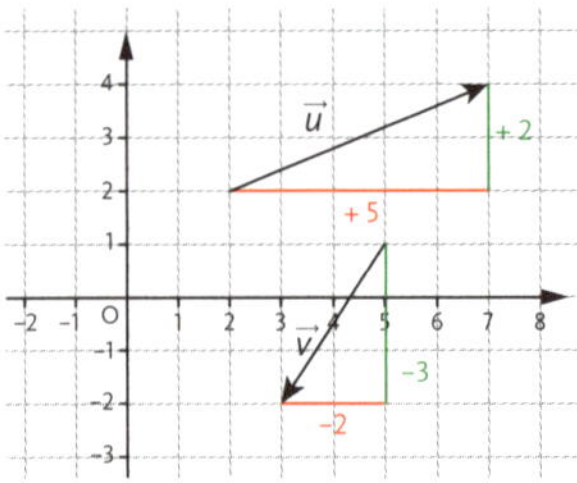

On utilise l'interprétation fournie sous la propriété 2 afin d'effectuer, à partir du point de départ du vecteur :
- un déplacement horizontal pour déterminer son abscisse ;
- un déplacement vertical pour déterminer son ordonnée.

Ainsi, $\vec{u}(5\,;2)$ et $\vec{v}(-2\,;-3)$.

Mémo'Quiz

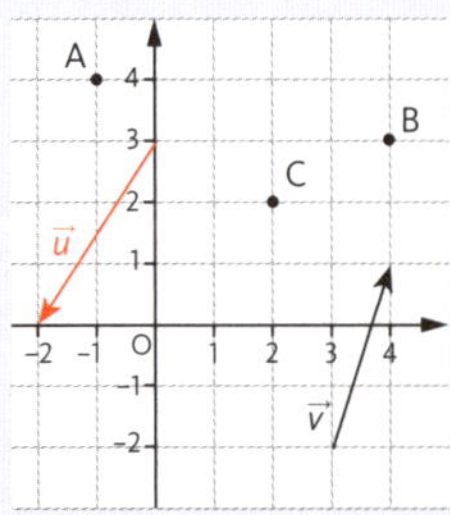

Dans le repère ci-contre :

1. les coordonnées du vecteur $\vec{u}$ sont :
❑ (2 ; 3) ❑ (− 2 ; − 3) ❑ (2 ; − 3)

2. les coordonnées du vecteur $\vec{v}$ sont :
❑ (1 ; 3) ❑ (3 ; 1) ❑ (− 1 ; 3)

3. les coordonnées du vecteur $\overrightarrow{AB}$ sont :
❑ (1 ; − 5) ❑ (5 ; − 1) ❑ (− 5 ; 1)

4. le point D tel que $\overrightarrow{AB} = \overrightarrow{CD}$ a pour coordonnées :
❑ (5 ; − 1) ❑ (7 ; 1) ❑ (1 ; 7)

5. le quadrilatère ABDC est un parallélogramme, car :
❑ $\overrightarrow{AB} = \overrightarrow{CD}$ ❑ $\overrightarrow{AB} = \overrightarrow{DC}$ ❑ AB = CD

→ corrigés p. 521

Effectuer la somme de deux vecteurs

46

Lue Relue Acquise

1 L'essentiel du cours

A Construction

Relation de Chasles

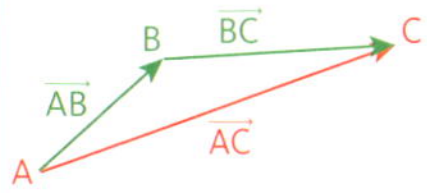

$\overrightarrow{AB} + \overrightarrow{BC} = \overrightarrow{AC}$

Règle du parallélogramme

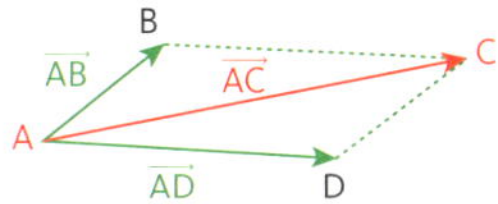

$\overrightarrow{AB} + \overrightarrow{AD} = \overrightarrow{AC}$
avec ABCD parallélogramme.

B Propriétés de calcul

Propriétés :

- $\vec{u} + \vec{v} = \vec{v} + \vec{u}$
- $\vec{u} + \vec{0} = \vec{0} + \vec{u} = \vec{u}$
- $(\vec{u} + \vec{v}) + \vec{w} = \vec{u} + (\vec{v} + \vec{w})$

C Coordonnées

Propriété : Dans un repère, on donne les vecteurs $\vec{u}(x\,;y)$ et $\vec{v}(x'\,;y')$. On a alors : $\vec{u} + \vec{v}\,(x + x'\,;y + y')$.

Réflexe à avoir

- Si, dans la somme des deux vecteurs, l'extrémité d'un vecteur est l'origine de l'autre : relation de Chasles.
- Si les vecteurs ont même origine : règle du parallélogramme.

2 Applications

EXO 1 **ABCD est le parallélogramme de centre O ci-dessous.**
1. **Construire le représentant d'origine E du vecteur $\overrightarrow{AB} + \overrightarrow{BO}$.**
2. **Construire le représentant d'extrémité E du vecteur $\overrightarrow{OD} + \overrightarrow{OC}$.**

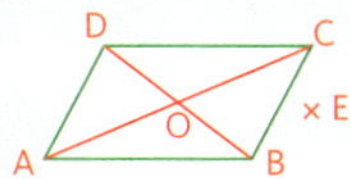

Solution

1. $\overrightarrow{AB} + \overrightarrow{BO} = \overrightarrow{AO}$.

2. $\overrightarrow{OD} + \overrightarrow{OC} = \overrightarrow{OF}$
avec OCFD parallélogramme.

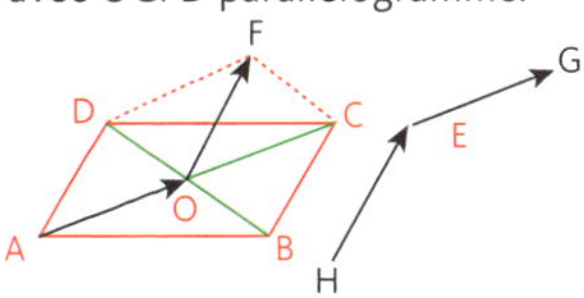

On utilise la règle du parallélogramme pour construire le vecteur demandé, puis on trace son représentant d'extrémité E.

$\overrightarrow{EG} = \overrightarrow{AO}$ et $\overrightarrow{HE} = \overrightarrow{OF}$.

Effectuer la somme de deux vecteurs

EXO 2 **Démontrer que, quels que soient les points M, N, P, Q et R, on a toujours :**

$$\overrightarrow{MP} + \overrightarrow{NQ} + \overrightarrow{PR} + \overrightarrow{QM} = \overrightarrow{NR}$$

Solution

$$\begin{aligned}\overrightarrow{MP} + \overrightarrow{NQ} + \overrightarrow{PR} + \overrightarrow{QM} &= \underbrace{\overrightarrow{MP} + \overrightarrow{PR}}_{} + \underbrace{\overrightarrow{NQ} + \overrightarrow{QM}}_{} \\ &= \overrightarrow{MR} + \overrightarrow{NM} \\ &= \overrightarrow{NM} + \overrightarrow{MR} \\ &= \overrightarrow{NR}\end{aligned}$$

On utilise la relation de Chasles pour simplifier au maximum les sommes.

EXO 3 **Dans un repère, on donne A(1 ; 2), B(– 3 ; 4), C(4 ; 5) et D(6 ; 7).**

1. Déterminer les coordonnées du vecteur $\overrightarrow{AB} + \overrightarrow{CD}$.

2. Déterminer les coordonnées du point E tel que ABEC est un parallélogramme.

Solution

1. $\overrightarrow{AB}(x_B - x_A\,;y_B - y_A)$ donc $\overrightarrow{AB}(-4\,;2)$ et $\overrightarrow{CD}\,(2\,;2)$. Ainsi, $\overrightarrow{AB} + \overrightarrow{CD}(-4+2\,;2+2)$. Finalement, $\overrightarrow{AB} + \overrightarrow{CD}(-2\,;4)$.

On utilise la propriété du cours sur les coordonnées. On peut penser à vérifier graphiquement.

2. ABEC est un parallélogramme donc $\overrightarrow{AB} = \overrightarrow{CE}$.
Or $\overrightarrow{AB}(-4\,;2)$ donc $\overrightarrow{CE}(-4\,;2)$.
Dès lors, $x_{\overrightarrow{CE}} = x_E - x_C = x_E - 4 = -4$ d'où $x_E = 0$,
et $y_{\overrightarrow{CE}} = y_E - y_C = y_E - 5 = 2$ d'où $y_E = 7$.
Ainsi, E(0 ; 7).

Mémo'Quiz

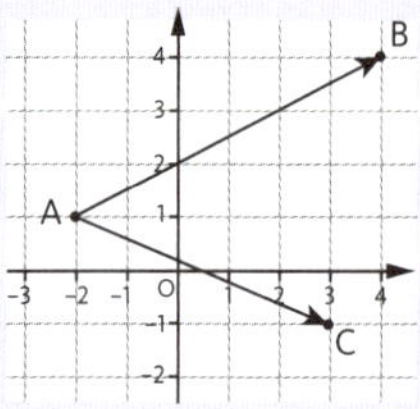

1. Les coordonnées du vecteur $\overrightarrow{AB}$ sont :
❑ (6 ; 3) ❑ (3 ; 6) ❑ (5 ; – 2)

2. Les coordonnées du vecteur $\overrightarrow{AB} + \overrightarrow{AC}$ sont :
❑ (11 ; 1) ❑ (11 ; 2) ❑ (6 ; 3)

3. Le quadrilatère ABDC est un parallélogramme si :
❑ D(9 ; 1) ❑ D(9 ; 2) ❑ D(– 5 ; – 1)

4. Le vecteur $\overrightarrow{OA} + \overrightarrow{BC} + \overrightarrow{DO} + \overrightarrow{AC}$ a pour coordonnées :
❑ (– 8 ; 3) ❑ (5 ; – 2) ❑ (– 7 ; – 8)

→ corrigés p. 521

Comprendre la colinéarité de deux vecteurs

47

Lue Relue Acquise

1 L'essentiel du cours

A Multiplication d'un vecteur par un réel

Définition : k désigne un réel non nul et $\overrightarrow{AB}$ un vecteur non nul.
Le vecteur $k\overrightarrow{AB}$ est le vecteur $\overrightarrow{AC}$ tel que :

- si $k > 0$ alors $C \in [AB)$ et $AC = k \times AB$;
- si $k < 0$ alors $C \in (AB)$, mais $C \notin [AB)$ et $AC = k \times AB$.

Exemples :

Avec $k = 2$ et $k' = 0{,}5$

$\overrightarrow{AC} = 2\overrightarrow{AB}$ et $\overrightarrow{AC'} = 0{,}5\overrightarrow{AB}$

Avec $k = -2$ et $k' = -0{,}5$

$\overrightarrow{AC} = -2\overrightarrow{AB}$ et $\overrightarrow{AC'} = -0{,}5\overrightarrow{AB}$

Propriété : k désigne un réel non nul et dans un repère, on donne $\vec{u}(x\,;y)$.
On a alors $k\vec{u}(k \times x\,; k \times y)$.

Remarques

- $k\vec{u} = \vec{0}$ si, et seulement si, $k = 0$ ou $\vec{u} = \vec{0}$.
- $-\vec{u} = (-1)\,\vec{u}$.

B Vecteurs colinéaires

Définition : Deux **vecteurs** $\vec{u}$ et $\vec{v}$ sont dits **colinéaires** lorsqu'il existe un réel k tel que $\vec{v} = k\vec{u}$.

Remarque

Le vecteur nul $\vec{0}$ est colinéaire à tout vecteur. En effet, $\vec{0} = 0\vec{u}$ pour n'importe quel $\vec{u}$.

2 Applications

EXO 1

$\vec{u}$ est le vecteur ci-contre. Construire les vecteurs $1{,}4\,\vec{u}$ et $-0{,}8\,\vec{u}$.

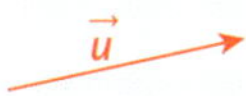

Solution

On sait d'après la définition que :
- si $k < 0$, alors $\vec{u}$ et $k\vec{u}$ sont de sens contraire ;
- si $k > 0$, alors $\vec{u}$ et $k\vec{u}$ sont de même sens.

Comprendre la colinéarité de deux vecteurs

EXO 2 **A, B, C, D sont quatre points situés sur l'axe gradué ci-dessous.**

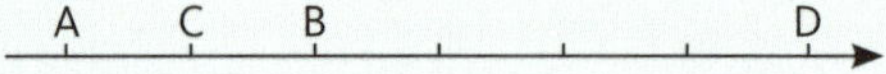

Déterminer le réel k dans chacun des cas suivants :

1. $\overrightarrow{AC} = k\overrightarrow{AB}$

2. $\overrightarrow{AD} = k\overrightarrow{AC}$

3. $\overrightarrow{DB} = k\overrightarrow{AB}$

Solution

1. $\overrightarrow{AB}$ et $\overrightarrow{AC}$ sont de même sens.
AB = 2 et AC = 1.
Donc $\overrightarrow{AC} = \frac{1}{2}\overrightarrow{AB}$ et $k = \frac{1}{2}$.

2. $\overrightarrow{AC}$ et $\overrightarrow{AD}$ sont de même sens.
AC = 1 et AD = 6.
Donc $\overrightarrow{AD} = 6\overrightarrow{AC}$ et $k = 6$.

3. $\overrightarrow{AB}$ et $\overrightarrow{DB}$ sont de sens contraire.
AB = 2 et DB = 4. Donc $\overrightarrow{DB} = -2\overrightarrow{AB}$ et $k = -2$.

> On doit s'intéresser ici à deux indications :
> • le sens des vecteurs : est-ce ou non le même ? ;
> • la longueur de chacun des vecteurs.

Mémo'Quiz

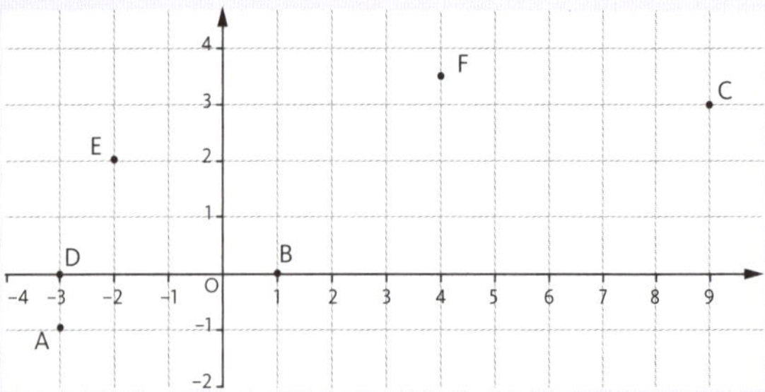

1. Les vecteurs $\overrightarrow{AB}$ et $\overrightarrow{CD}$ sont colinéaires. ❑ Vrai ❑ Faux

2. Les vecteurs $\overrightarrow{AB}$ et $\overrightarrow{AC}$ sont colinéaires. ❑ Vrai ❑ Faux

3. Il existe un réel k tel que $\overrightarrow{AC} = k\overrightarrow{BC}$. ❑ Vrai ❑ Faux

4. $\overrightarrow{EF} = 2\overrightarrow{CD}$. ❑ Vrai ❑ Faux

5. Le vecteur $-1{,}5\overrightarrow{CD}$ a pour coordonnées (18 ; 4,5). ❑ Vrai ❑ Faux

➜ corrigés p. 521

Étudier la colinéarité de deux vecteurs

48

Lue Relue Acquise

1 L'essentiel du cours

A Conditions de colinéarité

Propriété 1 : Deux vecteurs $\vec{u}$ et $\vec{v}$ non nuls sont colinéaires si, et seulement si, ils sont portés par des droites parallèles.

Propriété 2 : Dans un repère, on donne $\vec{u}(x\,;y)$ et $\vec{v}(x'\,;y')$. $\vec{u}$ et $\vec{v}$ sont colinéaires si, et seulement si, $xy' - x'y = 0$.

Exemple : Dans un repère, on donne $\vec{u}(2\,;3)$ et $\vec{v}(-5\,;-7)$.

On effectue le calcul $xy' - x'y = 2 \times (-7) - (-5) \times 3$
$= -14 + 15 = 1$

Donc $xy' - x'y \neq 0$. Les vecteurs $\vec{u}$ et $\vec{v}$ ne sont pas colinéaires.

Remarque

La définition de deux vecteurs colinéaires est indiquée en fiche 13.

Astuce du prof

On peut remplacer la condition $xy' - x'y = 0$ par : il existe un réel k tel que $\begin{cases} x' = k \times x \\ y' = k \times y \end{cases}$.

B Lien avec le parallélisme, l'alignement

Propriété 3 : Deux droites (AB) et (CD) sont parallèles si, et seulement si, les vecteurs $\overrightarrow{AB}$ et $\overrightarrow{CD}$ sont colinéaires.

Propriété 4 : Trois points A, B et C sont alignés si, et seulement si, les vecteurs $\overrightarrow{AB}$ et $\overrightarrow{AC}$ sont colinéaires.

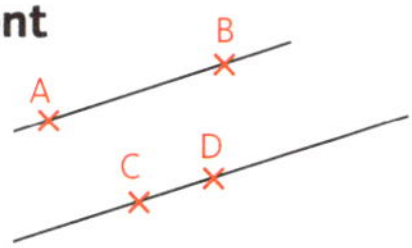

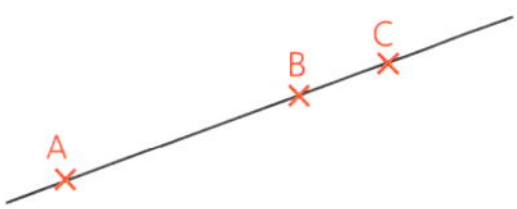

2 Applications

EXO 1 **Dans un repère, on donne $\vec{u}(-4\,;-m)$ et $\vec{v}(3m\,;6)$. Existe-t-il des réels m pour lesquels les vecteurs $\vec{u}$ et $\vec{v}$ sont colinéaires ?**

Solution

$\vec{u}$ et $\vec{v}$ sont colinéaires à condition que $-4 \times 6 - 3m \times (-m) = 0$, c'est-à-dire $-24 + 3m^2 = 0$ d'où $3m^2 = 24$, donc $m^2 = 8$.
Ainsi, $m = -\sqrt{8}$ ou $m = \sqrt{8}$.
Lorsque $m = -\sqrt{8}$ ou $m = \sqrt{8}$, les vecteurs $\vec{u}$ et $\vec{v}$ sont colinéaires.

- On utilise la propriété 2 du cours afin d'obtenir une équation en m que l'on résout.
- Attention, si $k > 0$, alors l'équation $x^2 = k$ a pour solutions $x = -\sqrt{k}$ et $x = \sqrt{k}$.

EXO 2 **Dans un repère, on donne A(– 3 ; 4), B(2 ; 5) et C(7 ; 6). Les points A, B et C sont-ils alignés ?**

Solution

- Les points A, B et C sont alignés si, et seulement si, les vecteurs $\overrightarrow{AB}$ et $\overrightarrow{AC}$ sont colinéaires.
- $\overrightarrow{AB}$ (5 ; 1) et $\overrightarrow{AC}$ (10 ; 2).
- $xy' - x'y = 5 \times 2 - 10 \times 1$
  $= 10 - 10$
  $= 0.$

Donc $\overrightarrow{AB}$ et $\overrightarrow{AC}$ sont colinéaires.
On en déduit que les points A, B et C sont alignés.

> • On utilise la propriété 4 du cours afin de relier la question à la colinéarité.
> • Puis on détermine les coordonnées des vecteurs utilisés.
> • Enfin, on vérifie s'ils sont colinéaires à l'aide de la propriété 2 du cours.

Mémo'Quiz

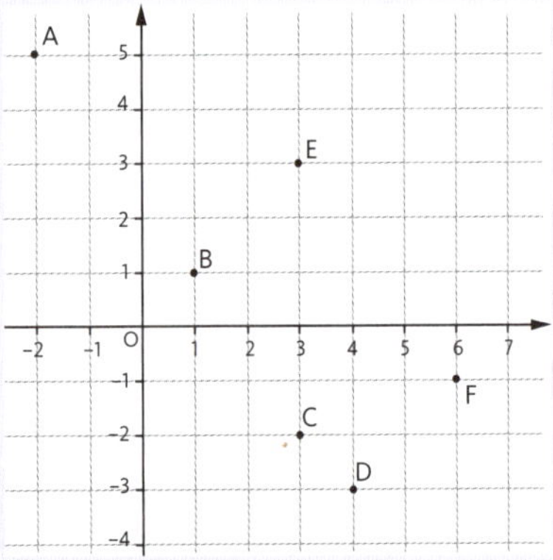

1. Les points A, B et C sont alignés. ❑ Vrai ❑ Faux
2. Les points A, B et D sont alignés. ❑ Vrai ❑ Faux
3. Les droites (AB) et (EF) sont parallèles. ❑ Vrai ❑ Faux
4. Le quadrilatère ABFE est un parallélogramme. ❑ Vrai ❑ Faux

→ corrigés p. 521

Connaître les figures usuelles 49

Lue Relue Acquise

1 L'essentiel du cours

A Les triangles

Propriété (Pythagore) : Si ABC est un triangle rectangle en B, alors $AC^2 = AB^2 + BC^2$.

Propriété (réciproque) : Si $AC^2 = AB^2 + BC^2$, alors ABC est un triangle rectangle en B.

Propriété : Un triangle ABC rectangle en B est inscriptible dans un cercle de diamètre [AC].

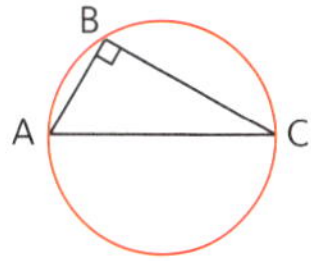

Propriété (Thalès) : Si A, M et B sont alignés, si A, N et C sont alignés et si (MN) // (BC), alors $\frac{AM}{AB} = \frac{AN}{AC} = \frac{MN}{BC}$.

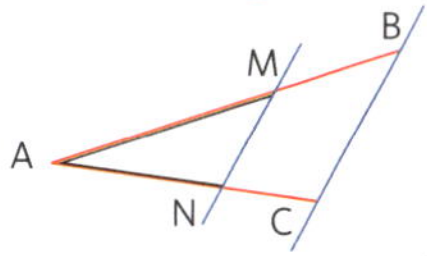

Propriété (réciproque) : Si A, M et B sont alignés, si A, N et C sont alignés dans le même ordre et si $\frac{AM}{AB} = \frac{AN}{AC}$, alors (MN) // (CB).

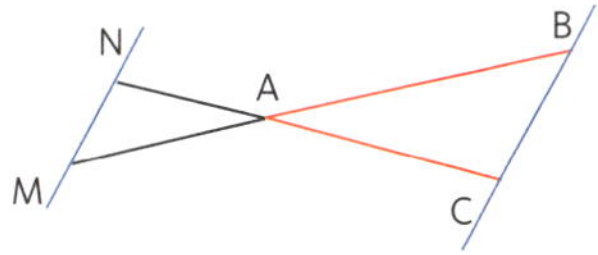

Aire d'un triangle :
$\mathcal{A} = \frac{\text{base} \times \text{hauteur}}{2}$

B Les quadrilatères

- **Parallélogramme :**

– côtés opposés parallèles ;
– côtés opposés de même longueur ;
– diagonales se coupant en leur milieu.

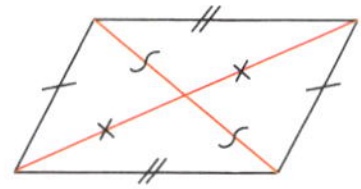

- **Rectangle :**

– parallélogramme à angles droits ;
– diagonales se coupant en leur milieu et de même longueur.

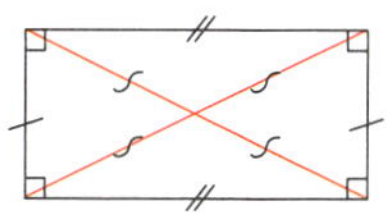

- **Losange :**

– quatre côtés de même longueur ;
– diagonales se coupant en leur milieu et perpendiculaires.

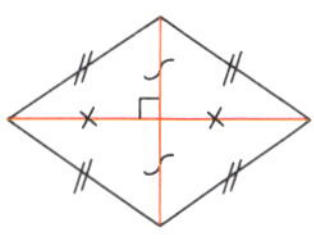

● **Carré :**
– rectangle à quatre côtés de même longueur ;
– losange à angles droits ;
– diagonales se coupant en leur milieu, de même longueur et perpendiculaires.

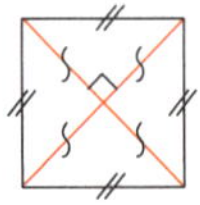

2 Application

EXO **ABCD est le parallélogramme de centre O ci-contre. I, J, K, L sont les milieux respectifs des côtés [AB], [BC], [CD] et [DA].**

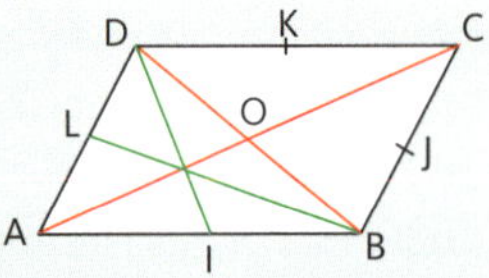

1. a. Que représentent les droites (AO) et (BL) pour le triangle ABD ?
b. On note G le point d'intersection des droites (AO) et (BL). Comment se nomme le point G ?
2. Montrer que les points I, G et D sont alignés.

Solution

1. a. ABCD est un parallélogramme, donc ses diagonales se coupent en leur milieu O. Ainsi, dans le triangle ABD, la droite (AO) est la médiane issue de A. De même, L est le milieu de [AD], donc dans le triangle ABD, la droite (BL) est la médiane issue de B.

b. G est l'intersection de deux médianes, donc G est le centre de gravité du triangle ABD.

> Dans un triangle, médianes (au centre de gravité), hauteurs (en l'orthocentre), médiatrices (au centre du cercle circonscrit) sont concourantes.

2. On sait que les trois médianes d'un triangle sont concourantes en le centre de gravité, or (ID) est la médiane issue de D dans le triangle ABD, donc I, G et D sont alignés.

Mémo'Quiz

ABC est le triangle ci-dessous. M ∈ [AB] et AM = 2,4 ; N ∈ [AC] et AN = 3. I est le point d'intersection de (MN) et (AH).

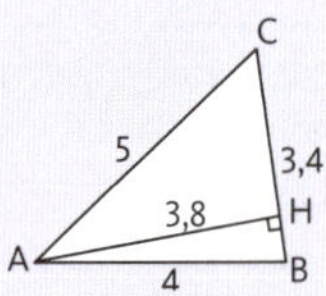

1. L'aire du triangle ABC est égale à 5. ❑ Vrai ❑ Faux
2. Les droites (BC) et (MN) sont parallèles. ❑ Vrai ❑ Faux
3. La longueur AI est égale à 2,28. ❑ Vrai ❑ Faux
4. L'aire du triangle AMN est égale à 2,3256. ❑ Vrai ❑ Faux

➜ corrigés p. 521

Utiliser le projeté orthogonal

50

Lue Relue Acquise

1 L'essentiel du cours

A Projeté orthogonal

Définitions :

- Le **projeté orthogonal** d'un point A sur une droite $\mathscr{D}$ est le point H de $\mathscr{D}$ tel que (AH) et $\mathscr{D}$ sont perpendiculaires.
- La longueur AH est appelée **distance du point A à la droite** $\mathscr{D}$.

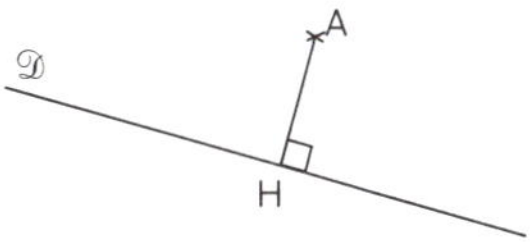

Remarque

Pour tout point M de $\mathscr{D}$, on a : $AH \leqslant AM$.
AH est la plus petite longueur entre A et un point M de $\mathscr{D}$.

B Distance entre deux droites parallèles

Définition : La **distance entre les droites $\mathscr{D}$ et $\mathscr{D}'$ parallèles** est la longueur HH′ où H est un point de $\mathscr{D}$ et H′ est le point de $\mathscr{D}$ tel que (HH′) et $\mathscr{D}$ sont perpendiculaires.

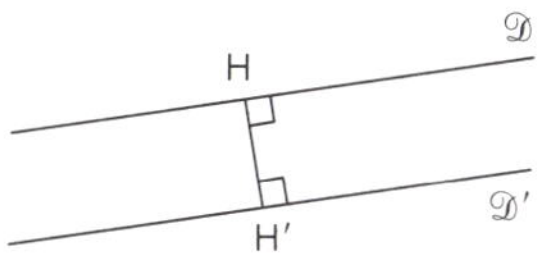

C Distance et cercle

Remarque : Le cercle $\mathscr{C}$ de centre A et de rayon R est l'ensemble des points M situés à une distance égale à R du point A, c'est-à-dire tels que $AM = R$.

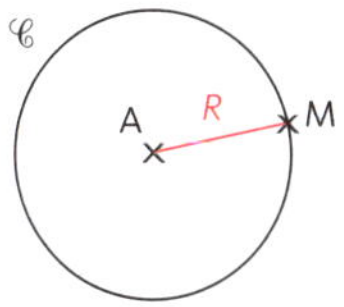

2 Application

EXO

1. **Tracer une droite $\mathscr{D}$ et construire :**
– un point A situé à 2 cm de $\mathscr{D}$;
– deux droites *d* et *d'* situées à 3 cm de $\mathscr{D}$.

2. **Placer les points situés à 4 cm de A et à 3 cm de $\mathscr{D}$.**

Solution

1.

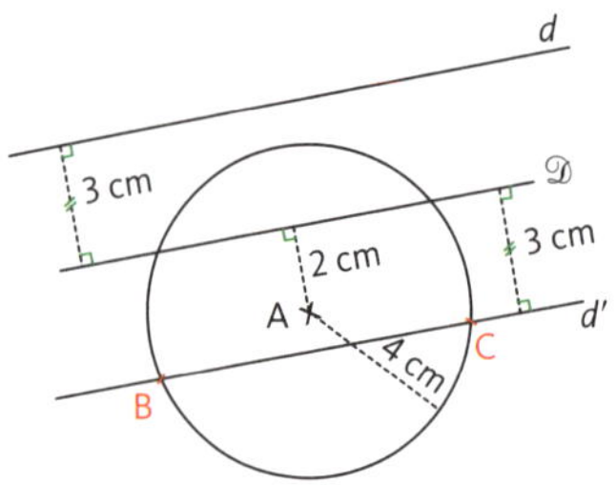

Il faut penser :
- au projeté orthogonal lorsqu'on parle de la distance d'un point à une droite ;
- aux droites parallèles lorsqu'on parle de la distance entre deux droites ;
- au cercle lorsqu'on parle de la distance entre deux points.

2. Les points B et C sont situés à 4 cm de A et à 3 cm de $\mathscr{D}$.

Mémo'Quiz

Sur la figure ci-dessous, les trois droites sont parallèles.

1. **La distance de O à d_3 est égale à 4 cm.**
❑ Vrai ❑ Faux

2. **La distance entre d_1 et d_3 est égale à 4 cm.**
❑ Vrai ❑ Faux

3. **La distance de P à O est égale à 5 cm.**
❑ Vrai ❑ Faux

4. **P est sur le cercle de centre M et de rayon 8 cm.**
❑ Vrai ❑ Faux

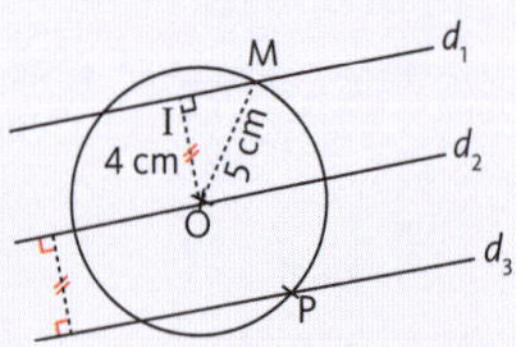

→ corrigés p. 521

Appliquer la trigonométrie dans le triangle rectangle

51

Lue Relue Acquise

1 L'essentiel du cours

Définition : ABC est un triangle rectangle en A.

$\cos(\widehat{ABC}) = \dfrac{AB}{BC}$ $\sin(\widehat{ABC}) = \dfrac{AC}{BC}$

$\tan(\widehat{ABC}) = \dfrac{AC}{AB}$

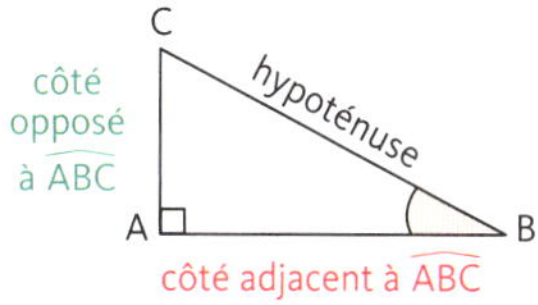

Remarques :

On a toujours :

$$0 \leqslant \cos(\widehat{ABC}) \leqslant 1$$

$$0 \leqslant \sin(\widehat{ABC}) \leqslant 1$$

$$0 \leqslant \tan(\widehat{ABC})$$

2 Applications

EXO 1 **MNP et MNQ sont les deux triangles rectangles en N et Q ci-contre.**

1. Calculer PN. Arrondir au dixième.

2. Calculer QN. Arrondir au dixième.

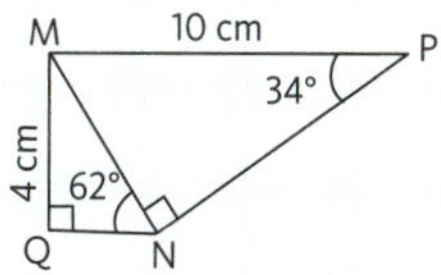

Solution

1. Dans le triangle MNP rectangle en N, $\cos(\widehat{MPN}) = \dfrac{PN}{10}$ donc $PN = 10\cos 34°$.
Ainsi, $PN \approx 8{,}3$ cm.

Il suffit de choisir la définition la mieux adaptée parmi le cosinus, le sinus ou la tangente.

2. Dans le triangle MNQ rectangle en Q :

$\tan(\widehat{MNQ}) = \dfrac{MQ}{QN}$

donc $QN = \dfrac{MQ}{\tan(\widehat{MNQ})} = \dfrac{4}{\tan 62°}$.

Ainsi, $QN \approx 2{,}1$ cm.

Penser à mettre la calculatrice en mode DEGRÉS.

EXO 2 **ABC et ABD sont les deux triangles rectangles en A ci-contre. Calculer une mesure arrondie au degré près :**

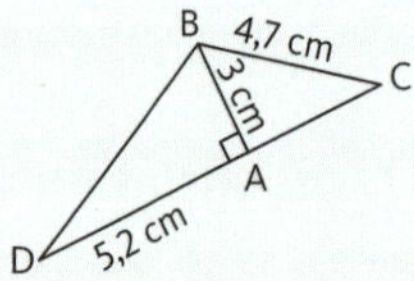

1. **de $\widehat{ACB}$** **2.** **de $\widehat{ADB}$**

Solution

1. Dans le triangle ABC rectangle en A :

$\sin(\widehat{ACB}) = \dfrac{AB}{BC} = \dfrac{3}{4{,}7}$.

À la calculatrice, on obtient $\widehat{ACB} \approx 39{,}7°$.

> Là encore, il faut choisir la formule la plus adaptée entre le cosinus, le sinus et la tangente.

2. Dans le triangle ABD rectangle en A :

$\tan(\widehat{ADB}) = \dfrac{AB}{AD} = \dfrac{3}{5{,}2}$.

À la calculatrice, on obtient $\widehat{ADB} \approx 30°$.

> Avec la calculatrice, il faut taper :
> **Casio** Asn ; Acs ou Atn
> **TI** $\cos^{-1}$; $\sin^{-1}$ ou $\tan^{-1}$ dans trigo

Mémo'Quiz

IJK et IKL sont les triangles rectangles ci-contre.

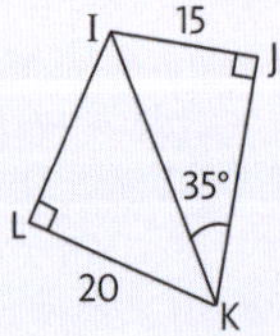

1. **JK est environ égale à :**

❑ 20,8 ❑ 21,4 ❑ 22

2. **KI est environ égale à :**

❑ 24,2 ❑ 25,2 ❑ 26,2

3. **$\widehat{LKI}$ est environ égal à :**

❑ 40° ❑ 41° ❑ 42°

4. **$\widehat{KIL}$ est environ égal à :**

❑ 48° ❑ 49° ❑ 50°

→ corrigés p. 521

Déduire un cosinus d'un sinus, et inversement

52

Lue Relue Acquise

1 L'essentiel du cours

A Formule reliant le cosinus et le sinus

Définition : On note x la mesure, en degrés, d'un angle aigu dans un triangle rectangle. On a :

$$\cos^2 x + \sin^2 x = 1$$

Notation

- $\cos^2 x = (\cos x)^2$;
- $\sin^2 x = (\sin x)^2$.

B Formule reliant le cosinus, le sinus et la tangente

Définition : On note x la mesure, en degrés, d'un angle aigu dans un triangle rectangle. On a :

$$\tan x = \frac{\sin x}{\cos x}$$

2 Applications

EXO 1 **x est la mesure, en degrés, d'un angle aigu tel que $\cos x = 0{,}3$. Calculer la valeur exacte, puis une valeur arrondie au centième :**

1. de $\sin x$

2. de $\tan x$

Solution

1. $\cos^2 x + \sin^2 x = 1$
équivaut à $0{,}3^2 + \sin^2 x = 1$
c'est-à-dire $\sin^2 x = 1 - 0{,}3^2$
$= 1 - 0{,}09 = 0{,}91$.

Ainsi, $\sin x = \sqrt{0{,}91} \approx 0{,}95$.

- Utiliser la propriété du paragraphe A.
- L'équation $X^2 = a$ a pour solutions $X = -\sqrt{a}$ ou $X = \sqrt{a}$ mais on sait que $\sin x \geqslant 0$.

2. $\tan x = \dfrac{\sin x}{\cos x}$

$= \dfrac{\sqrt{0{,}91}}{0{,}3} \approx 3{,}18$.

Utiliser la propriété du paragraphe B.

Déduire un cosinus d'un sinus, et inversement

EXO 2 **On donne $\cos 36° = \dfrac{1+\sqrt{5}}{4}$.**

1. Calculer la valeur exacte de $\sin 36°$.

2. Vérifier le résultat à la calculatrice.

Solution

1. $\cos^2 36° + \sin^2 36° = 1$

donc $\sin^2 36° = 1 - \cos^2 36°$.

On sait que $\sin 36° > 0$,

d'où $\sin 36° = \sqrt{1 - \cos^2 36°}$

$= \sqrt{1 - \left(\dfrac{1+\sqrt{5}}{4}\right)^2}$

$= \sqrt{1 - \dfrac{1+2\sqrt{5}+5}{16}}$

$= \sqrt{\dfrac{16-1-2\sqrt{5}-5}{16}}$

$= \dfrac{\sqrt{10-2\sqrt{5}}}{4}$.

- On utilise la formule $\cos^2 x + \sin^2 x = 1$, afin d'isoler $\sin x$.
- On sait que $\sin x > 0$.
- On complète les calculs à l'aide des identités remarquables.

2.

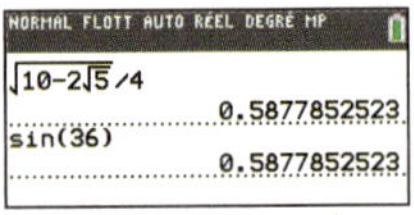

Mémo'Quiz

x est un angle aigu d'un triangle rectangle tel que $\sin x = 0{,}4$.

1. $\cos x$ est égal à : ❑ $\sqrt{0{,}84}$ ❑ $\sqrt{0{,}16}$ ❑ 0,6

2. $\tan x$ est environ égale à : ❑ 0,48 ❑ 0,67 ❑ 0,44

On sait que $\cos 60° = \dfrac{1}{2}$. On en déduit que :

3. $\sin 60°$ est égal à : ❑ $\dfrac{1}{2}$ ❑ $\dfrac{\sqrt{3}}{2}$ ❑ $\dfrac{\sqrt{2}}{2}$

4. $\tan 60°$ est égale à : ❑ $\dfrac{1}{\sqrt{3}}$ ❑ $\sqrt{3}$ ❑ 1

Puisque $\cos 45° = \sin 45°$, on en déduit que :

5. $\cos 45°$ est égal à : ❑ $\dfrac{1}{2}$ ❑ $\dfrac{\sqrt{3}}{2}$ ❑ $\dfrac{\sqrt{2}}{2}$

→ corrigés p. 521

Utiliser les vecteurs directeurs d'une droite

53

Lue Relue Acquise

1 L'essentiel du cours

A Vecteurs directeurs d'une droite

Définition : Un vecteur $\vec{u}$, non nul, est un **vecteur directeur** d'une droite $\mathscr{D}$ lorsqu'il existe deux points A et B de $\mathscr{D}$ tels que $\vec{u} = \overrightarrow{AB}$.

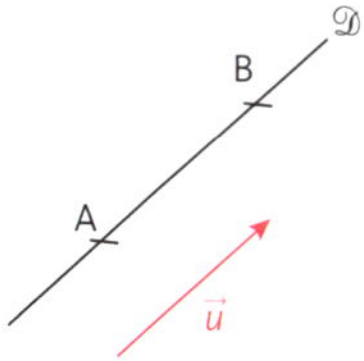

Remarque

Une droite possède une infinité de vecteurs directeurs.

Remarque : Si A et B sont deux points distincts du plan, alors les vecteurs $\overrightarrow{AB}$, $\overrightarrow{BA}$, $2\,\overrightarrow{BA}$, $-3\,\overrightarrow{AB}$... sont tous des vecteurs directeurs de la droite (AB).

Propriété : Les vecteurs directeurs d'une droite sont tous colinéaires entre eux.

B Droites parallèles, droites sécantes

$\mathscr{D}_1$ et $\mathscr{D}_2$ sont deux droites de vecteurs directeurs respectifs $\vec{u}_1$ et $\vec{u}_2$.

Propriété : $\mathscr{D}_1 \,//\, \mathscr{D}_2$ équivaut à $\vec{u}_1$ et $\vec{u}_2$ sont colinéaires.

Remarque : Lorsque deux droites ne sont pas parallèles, elles sont sécantes.

Exemple :

$\vec{u}_1(1\,;-2)$ est un vecteur directeur d'une droite $\mathscr{D}_1$.
$\vec{u}_2(4\,;-8)$ est un vecteur directeur d'une droite $\mathscr{D}_2$.
On vérifie si $\vec{u}_1$ et $\vec{u}_2$ sont colinéaires (grâce à la Fiche 14) :
$xy' - x'y = 1 \times (-8) - 4 \times (-2) = -8 + 8 = 0$
Ainsi, $\vec{u}_1$ et $\vec{u}_2$ sont colinéaires.
On en déduit que les droites $\mathscr{D}_1$ et $\mathscr{D}_2$ sont parallèles.

2 Applications

EXO 1 **Donner trois vecteurs directeurs pour chacune des droites $\mathscr{D}_1$, $\mathscr{D}_2$ et $\mathscr{D}_3$.**

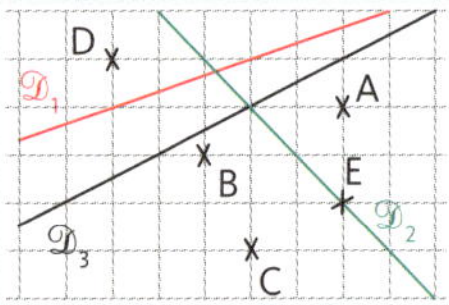

Solution

Pour $\mathscr{D}_1$: $\overrightarrow{BA}$, $\overrightarrow{AB}$, $5\overrightarrow{BA}$... Pour $\mathscr{D}_2$: $\overrightarrow{BD}$, $-2\overrightarrow{BD}$, $10\overrightarrow{DB}$...

Pour $\mathscr{D}_3$: $\overrightarrow{CE}$, $2\overrightarrow{EC}$, $-3\overrightarrow{EC}$...

EXO 2 **$\mathscr{D}$ est la droite passant par les points A(4 ; 3) et B(5 ; –1).**

1. **Déterminer les coordonnées d'un vecteur directeur de $\mathscr{D}$.**

2. **Les vecteurs $\vec{u}\,(-2\,;8)$ et $\vec{v}\,(-3\,;5)$ sont-ils d'autres vecteurs directeurs de la droite $\mathscr{D}$?**

Solution

1. $\mathscr{D}$ = (AB) donc $\overrightarrow{AB}\,(1\,;-4)$ est un vecteur directeur de la droite $\mathscr{D}$.

> Utiliser la remarque du paragraphe **A**.

2. • On vérifie si $\vec{u}$ et $\overrightarrow{AB}$ sont colinéaires : $1 \times 8 - (-4) \times (-2) = 8 - 8 = 0$, donc $\vec{u}$ et $\overrightarrow{AB}$ sont colinéaires, donc $\vec{u}$ est un autre vecteur directeur de $\mathscr{D}$.

> Vérifier si la propriété du paragraphe **A** s'applique, c'est-à-dire si $\vec{u}$ et $\overrightarrow{AB}$ sont ou non colinéaires en utilisant la Fiche 14.

• On vérifie si $\vec{v}$ et $\overrightarrow{AB}$ sont colinéaires : $1 \times 5 - (-4) \times (-3) = 5 - 12 = -7 \neq 0$, donc $\vec{v}$ et $\overrightarrow{AB}$ ne sont pas colinéaires, donc $\vec{v}$ n'est pas un vecteur directeur de $\mathscr{D}$.

Mémo'Quiz

d_1 est une droite de vecteur directeur $\vec{u}_1\,(5\,;-2)$ et d_2 est la droite passant par les points E(0 ; –3) et F(4 ; 2).

1. **$\vec{v}\,(15\,;-6)$ est un vecteur directeur de d_1.** ❑ Vrai ❑ Faux

2. **$\vec{w}\,(4\,;5)$ est un vecteur directeur de d_2.** ❑ Vrai ❑ Faux

3. **$\vec{a}\,(2\,;5)$ est un vecteur directeur de d_1.** ❑ Vrai ❑ Faux

4. **$\vec{b}\,(-8\,;-10)$ est un vecteur directeur de d_2.** ❑ Vrai ❑ Faux

5. **d_1 et d_2 sont parallèles.** ❑ Vrai ❑ Faux

→ corrigés p. 521

Déterminer une équation cartésienne de droite

54

Lue Relue Acquise

1 L'essentiel du cours

Propriétés – définition :

- Toute droite $\mathcal{D}$ possède une équation de la forme $ax + by + c = 0$, avec a, b et c des nombres réels fixés tels que $a \neq 0$ ou $b \neq 0$.
- $ax + by + c = 0$ est appelée **équation cartésienne** de la droite $\mathcal{D}$.
- L'ensemble des points $M(x\,;y)$ tels que $ax + by + c = 0$ (avec $a \neq 0$ ou $b \neq 0$) est une droite.

Propriétés : La droite $\mathcal{D}$ d'équation cartésienne $ax + by + c = 0$ a pour vecteur directeur $\vec{u}\,(-b\,;a)$.

Exemple : $2x + 5y - 10 = 0$ est une équation cartésienne d'une droite $\mathcal{D}$.
$\vec{u}\,(-5\,;2)$ est donc un vecteur directeur de $\mathcal{D}$.
$-7(2x + 5y - 10) = -7 \times 0$ donc $-14x - 35y + 70 = 0$ est une autre équation cartésienne de cette même droite $\mathcal{D}$.

Remarque
Une droite possède une infinité d'équations cartésiennes.

2 Applications

EXO 1 **Dans un repère, tracer la droite $\mathcal{D}$ d'équation cartésienne $x - 2y + 2 = 0$.**

Solution

Déterminer les coordonnées de deux points de $\mathcal{D}$ qui permettront de la tracer.

- On choisit $x_A = 2$:
$x_A - 2y_A + 2 = 0$ donc $-2y_A = -4$ et $y_A = 2$.
Ainsi, $A(2\,;2) \in \mathcal{D}$.
- On choisit $x_B = 0$:
$x_B - 2y_B + 2 = 0$ donc $-2y_B = -2$ et $y_B = 1$.
Ainsi, $B(0\,;1) \in \mathcal{D}$.

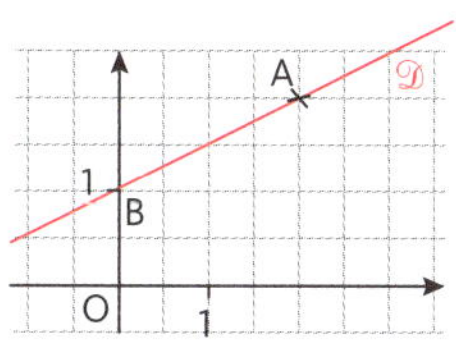

Déterminer une équation cartésienne de droite

EXO 2 **On donne $\mathscr{D} : 2x - 3y + 5 = 0$ et $\mathscr{D}' : -4x + y + 1 = 0$.**
Les droites $\mathscr{D}$ et $\mathscr{D}'$ sont-elles parallèles ?

Solution

$\vec{u}\,(3\,;2)$ est un vecteur directeur de $\mathscr{D}$. $\vec{v}\,(-1\,;-4)$ est un vecteur directeur de $\mathscr{D}'$.
Or $3 \times (-4) - 2 \times (-1) = -12 + 2 = -10 \neq 0$, donc $\vec{u}$ et $\vec{v}$ ne sont pas colinéaires, ainsi $\mathscr{D}$ et $\mathscr{D}'$ ne sont pas parallèles (elles sont sécantes).

> Déterminer un vecteur directeur de chaque droite.

> Utiliser la propriété du paragraphe 1 B de la Fiche 19.

EXO 3 **Déterminer une équation cartésienne :**
1. de la droite $\mathscr{D}$ passant par A(2 ; 1) et de vecteur directeur $\vec{u}\,(5\,;2)$.
2. de la droite (BC) où B(1 ; – 3) et C(4 ; 2).

Solution

1. $\vec{u}\,(5\,;2)$ donc $\mathscr{D}$ a pour équation $2x - 5y + c = 0$. Or $A(2\,;1) \in \mathscr{D}$, donc $2x_A - 5y_A + c = 0$, c'est-à-dire $2 \times 2 - 5 \times 1 + c = 0$ d'où $c = 1$.
Ainsi, $\mathscr{D}$ a pour équation cartésienne $2x - 5y + 1 = 0$.

> Utiliser la deuxième propriété du paragraphe 1. Pour trouver c, utiliser un point de la droite.

2. $\overrightarrow{BC}\,(3\,;5)$ est un vecteur directeur de la droite (BC). Donc (BC) a pour équation $5x - 3y + c = 0$. Or, $B(1\,;-3) \in (BC)$, donc $5x_B - 3y_B + c = 0$, c'est-à-dire $5 \times 1 - 3 \times (-3) + c = 0$ d'où $c = -14$.
Ainsi, (BC) a pour équation cartésienne $5x - 3y - 14 = 0$.

Mémo'Quiz

On donne $\mathscr{D} : 3x + 2y - 6 = 0$; A(2 ; 5) et B(–1 ; 3).

1. E est un point de $\mathscr{D}$ dont l'abscisse est égale à 4. Son ordonnée est alors égale à : ❑ 1 ❑ –3 ❑ –5

2. $\vec{u}$ est un vecteur directeur de la droite $\mathscr{D}$:
❑ $\vec{u}\,(-2\,;3)$ ❑ $\vec{u}\,(2\,;-3)$ ❑ $\vec{u}\,(3\,;2)$

3. $\vec{v}$ est un vecteur directeur de la droite (AB) :
❑ $\vec{v}\,(1\,;8)$ ❑ $\vec{v}\,(3\,;2)$ ❑ $\vec{v}\,(-3\,;-2)$

4. Une équation cartésienne de la droite (AB) est :
❑ $2x + 3y + 11 = 0$ ❑ $-2x + 3y - 11 = 0$ ❑ $3x + 2y - 16 = 0$

→ corrigés p. 521

Déterminer une équation réduite de droite

55

Lue Relue Acquise

1 L'essentiel du cours

Les droites considérées ici ont pour équation $y = ax + b$ avec $a \neq 0$ et $b \neq 0$.
On souhaite déterminer une équation de droite.

Remarque

Cette propriété reste valable en remplaçant $\mathcal{D}$ par une courbe quelconque.

Propriété 1 : Un point M $(x_M ; y_M)$ appartient à la droite $\mathcal{D}$ si, et seulement si, les coordonnées de M vérifient l'équation de la droite $\mathcal{D}$.

- **Conséquence :** $M(x_M ; y_M) \in \mathcal{D} \Leftrightarrow y_M = ax_M + b$.
- **Méthode :**

Notation

Le symbole ⇔ signifie « si, et seulement si ».

– Déterminer par le calcul l'équation de $\mathcal{D}$, c'est trouver la valeur des coefficients a et b.

– On choisit un point $A(x_A ; y_A)$ sur $\mathcal{D}$ et un point $B(x_B ; y_B)$ sur $\mathcal{D}$.

– D'après la propriété, on a alors le système :

$$\begin{cases} y_A = ax_A + b \\ y_B = ax_B + b \end{cases}$$

– On résout alors ce système (d'inconnues a et b) en utilisant l'une des méthodes rappelées en fiche 22.

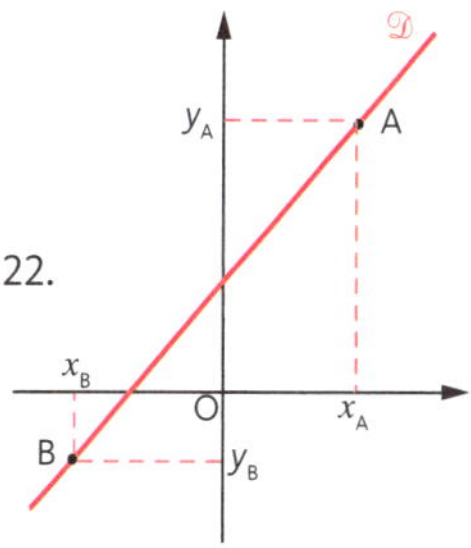

Propriété 2 : La droite (AB) a pour coefficient directeur $a = \dfrac{y_B - y_A}{x_B - x_A}$.

2 Applications

EXO 1

Lire graphiquement les équations des droites $\mathcal{D}_1$ et $\mathcal{D}_2$ représentées dans le repère ci-contre.

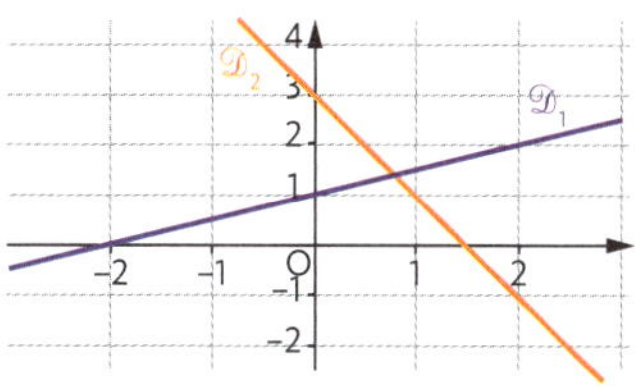

Solution

$\mathcal{D}_1$ a pour équation $y = \dfrac{1}{2}x + 1$.

$\mathcal{D}_2$ a pour équation $y = -2x + 3$.

EXO 2 **Dans un repère, on a tracé une droite $\mathscr{D}$. Déterminer, par le calcul, l'équation de $\mathscr{D}$.**

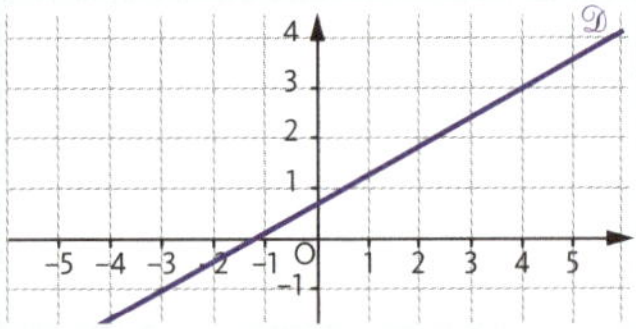

Solution

- On choisit A(4 ; 3) et B(− 3 ; − 1).
- A(4 ; 3) ∈ $\mathscr{D}$ donc $3 = 4a + b$;
B(− 3 ; − 1) ∈ $\mathscr{D}$ donc $-1 = -3a + b$.
- On obtient ainsi le système $\begin{cases} 4a + b = 3 \\ -3a + b = -1 \end{cases}$
- On résout ce système (ici par la méthode de substitution) :
$4a + b = 3$ donne $b = 3 - 4a$, d'où $-3a + b = -1$ donne $-3a + (3 - 4a) = -1$, c'est-à-dire $-3a + 3 - 4a = -1$. Ainsi, $-7a = -4$ et $a = \frac{4}{7}$.
Dès lors, $b = 3 - 4 \times \frac{4}{7} = \frac{5}{7}$. Finalement, $\mathscr{D}$ a pour équation $y = \frac{4}{7}x + \frac{5}{7}$.

> On suit pas à pas la méthode indiquée dans le paragraphe **1**.

Mémo'Quiz

Dans le repère ci-dessous, on a tracé deux droites $\mathscr{D}_1$ et $\mathscr{D}_2$ et placé les points A, B, C et D.

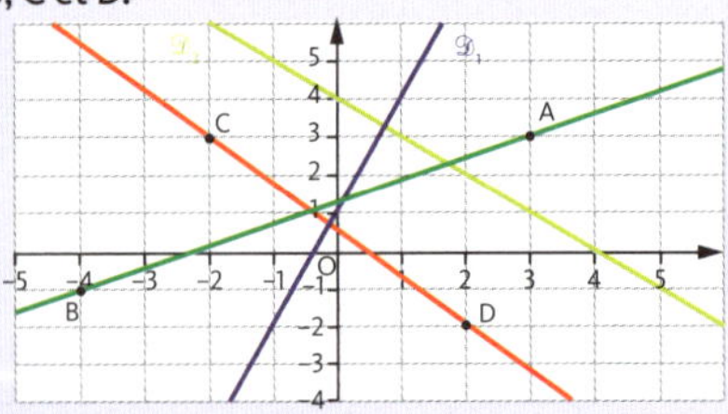

Par lecture graphique :

1. $\mathscr{D}_1$ a pour équation : ❑ $y = x + 3$ ❑ $y = 3x + 1$

2. $\mathscr{D}_2$ a pour équation : ❑ $y = -x + 4$ ❑ $y = 4x + 4$

Par le calcul :

3. (AB) a pour équation : ❑ $y = \frac{4}{7}x + \frac{9}{7}$ ❑ $y = \frac{1}{2}x + \frac{9}{7}$

4. (CD) a pour équation : ❑ $y = -\frac{5}{4}x + \frac{1}{2}$ ❑ $y = -1{,}2x + \frac{1}{2}$

➜ corrigés p. 521

Résoudre un système d'équations

56

Lue Relue Acquise

1 L'essentiel du cours

A Principe

- Un système linéaire de deux équations à deux inconnues x et y s'écrit sous la forme $\begin{cases} ax + by = c \\ dx + ey = f \end{cases}$ avec a, b, c, d, e, f des réels fixés.
- Résoudre un tel système, c'est trouver s'il existe au moins un (ou des) couple(s) $(x\,;y)$ solution.

B Méthodes de résolution

Il existe trois méthodes de résolution de ces systèmes :
– la méthode par substitution, présentée dans l'exercice 1 ;
– la méthode par combinaisons linéaires, présentée dans l'exercice 2 ;
– la méthode graphique, en lisant les coordonnées du point d'intersection des deux droites.

Astuce du prof

Résoudre un système d'équations est utile pour :
- trouver les coordonnées du point d'intersection de deux droites ;
- chercher l'équation d'une droite : voir fiche 21.

2 Les méthodes à connaître

EXO 1 **Résoudre, par la méthode de substitution, le système :**

$$\begin{cases} 2x + y = 2 \\ 3x + 4y = -2 \end{cases}$$

Solution

- De $2x + y = 2$,
on déduit que $y = 2 - 2x$.
- $3x + 4(2 - 2x) = -2$;
d'où $3x + 8 - 8x = -2$;
$-5x = -10$.
- Ainsi, $x = \dfrac{-10}{-5} = 2$
et $y = 2 - 2 \times 2 = -2$.
- Le couple $(2\,;-2)$ est la solution du système.

> • On commence par isoler y dans la première équation.
> • On remplace alors y par $2 - 2x$ dans la deuxième équation.
> • On déduit la valeur de x, puis celle de y.

Réflexe à avoir

Ne pas oublier de conclure.

Résoudre un système d'équations

EXO 2 **Résoudre, par la méthode de combinaisons linéaires, le système $\begin{cases} 2x - 3y = -9 \\ 5x + 4y = 35 \end{cases}$.**

Solution

- $\begin{cases} 5 \times (2x - 3y = -9) \\ 2 \times (5x + 4y = 35) \end{cases}$

donne $\begin{matrix} (L_1) \\ (L_2) \end{matrix} \begin{cases} 10x - 15y = -45 \\ 10x + 8y = 70 \end{cases}$

- $(L_1) - (L_2)$ donne $-23y = -115$.
- $y = \dfrac{-115}{-23} = 5$ et $2x - 3 \times 5 = -9$

d'où $x = 3$.

- On choisit d'éliminer l'une des inconnues (ici x) en utilisant les coefficients devant cette inconnue dans les deux équations.
- On additionne (ou on soustrait, comme ici) membre à membre les deux équations obtenues.
- On déduit la valeur de y, puis celle de x à partir de l'une des équations de départ.

- Le couple (3 ; 5) est la solution du système.
- Vérification (*non demandée*) :

$2 \times 3 - 3 \times 5 = 6 - 15 = -9$

et

$5 \times 3 + 4 \times 5 = 15 + 20 = 35$.

Astuce du prof

Pour déceler d'éventuelles erreurs de calculs, penser à vérifier que le couple solution trouvé est bien solution du système de départ.

Mémo'Quiz

1. (2 ; – 3) est solution du système $\begin{cases} 2x + 3y = 5 \\ -4x + y = 9 \end{cases}$

❑ Vrai ❑ Faux

2. Les couples (1 ; 0) et (10 ; 18) sont solutions du système $\begin{cases} -4x + 2y = -4 \\ y = 2x - 2 \end{cases}$

❑ Vrai ❑ Faux

3. Le système $\begin{cases} 2x + 7y = 12 \\ -3x + 2y = 7 \end{cases}$ a pour solution :

❑ (– 1 ; 2) ❑ (2 ; – 1)

4. Le système $\begin{cases} x + y + 1 = 0 \\ 5x + 5y = 5 \end{cases}$ n'a pas de solution.

❑ Vrai ❑ Faux

→ corrigés p. 521

Connaître la fonction carré, la fonction inverse

57

Lue Relue Acquise

1 L'essentiel du cours

A La fonction carré

Définition : La **fonction carré** est la fonction définie sur $\mathbb{R}$ par l'expression $f(x) = x^2$.

Propriétés :

- La fonction carré est croissante sur $[0\ ;+\infty[$ et décroissante sur $]-\infty\ ;0]$.
- Pour tout x de $\mathbb{R}$, $x^2 \geqslant 0$.

Tableau de variation

x	$-\infty$	0	$+\infty$
x^2	↘	0	↗

Représentation graphique

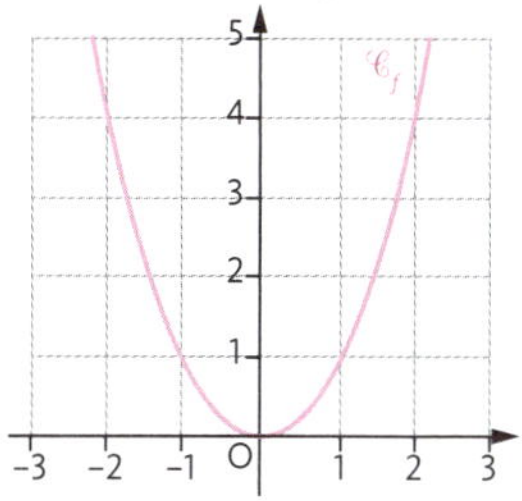

Remarque : Dans un repère orthonormé, cette courbe est appelée **parabole de sommet O**. Elle est symétrique par rapport à l'axe des ordonnées.

B La fonction inverse

Définition : La **fonction inverse** est la fonction définie sur $\mathbb{R}^*$ par l'expression $f(x) = \frac{1}{x}$.

Propriété : La fonction inverse est décroissante sur $]-\infty\ ;0[$ et sur $]0\ ;+\infty[$.

Notation

$\mathbb{R}^*$ désigne $\mathbb{R}$ privé de 0, c'est-à-dire $]-\infty\ ;0[\cup]0\ ;+\infty[$.

Tableau de variation

x	$-\infty$	0	$+\infty$
$\frac{1}{x}$	↘	‖	↘

Représentation graphique

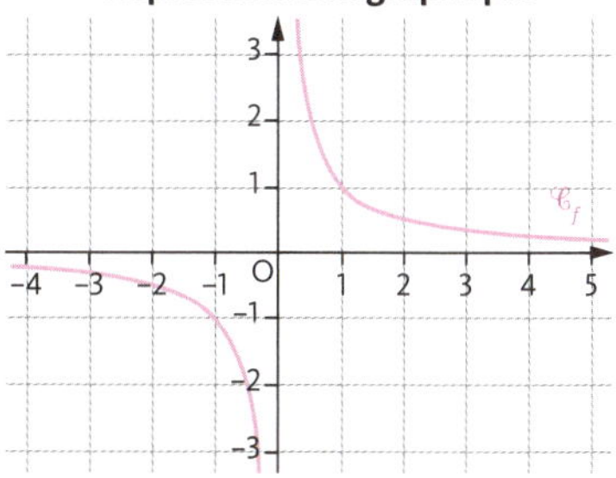

Définition : Dans un repère orthonormé, cette courbe est appelée **hyperbole**.
Elle est symétrique par rapport à l'origine O du repère.

2 Applications

EXO 1 **Utiliser la courbe représentative de la fonction carré pour résoudre l'inéquation $x^2 \leqslant 6$.**

Solution

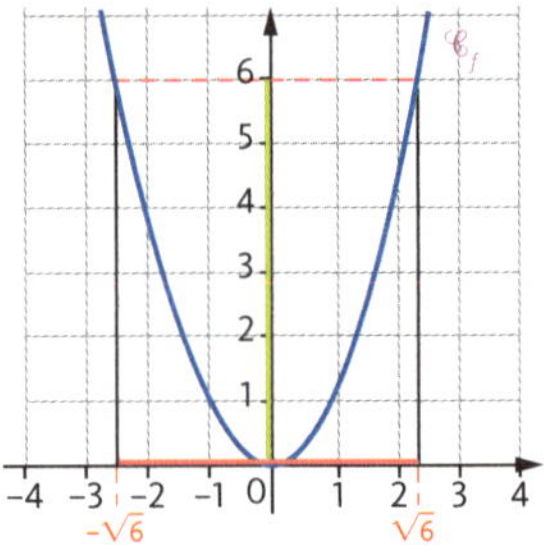

- On trace la parabole dans un repère orthogonal.
- On place 6 sur l'axe des ordonnées et les abscisses $-\sqrt{6}$ et $\sqrt{6}$.
- On localise (en vert) sur l'axe des ordonnées les nombres inférieurs ou égaux à 6.
- On localise (en rouge) sur l'axe des abscisses les nombres correspondants.

Ainsi, $x^2 \leqslant 6$ lorsque $x \in [-\sqrt{6}\,;\sqrt{6}]$.

EXO 2 **Utiliser les variations de la fonction inverse pour ranger par ordre croissant les nombres $\dfrac{1}{-2{,}15}$ et $\dfrac{1}{-2{,}16}$.**

Solution

–2,15 et –2,16 sont négatifs.
Or la fonction inverse est décroissante sur $]-\infty\,; 0[$ et $-2{,}16 < -2{,}15$, donc $\dfrac{1}{-2{,}16} > \dfrac{1}{-2{,}15}$.

- On commence par identifier le signe des nombres proposés.
- On utilise alors la décroissance de la fonction inverse sur $]-\infty\,; 0[$, puis sur $]0\,; +\infty[$.

Mémo'Quiz

Utiliser la représentation graphique de la fonction carré ou inverse pour répondre aux questions ci-dessous.

1. ❑ $2{,}135^2 > 3{,}205^2$ ❑ $2{,}135^2 < 3{,}205^2$ ❑ $2{,}135^2 = 3{,}205^2$

2. Lorsque $x \in]-5\,; 2]$: ❑ $x^2 \in [0\,; 25[$ ❑ $x^2 \in]-25\,; 4]$ ❑ $x^2 \in [4\,; 25[$

3. ❑ $\dfrac{1}{-0{,}3} < \dfrac{1}{0{,}2} < \dfrac{1}{0{,}3}$ ❑ $\dfrac{1}{-0{,}3} < \dfrac{1}{-0{,}2} < \dfrac{1}{0{,}3}$ ❑ $\dfrac{1}{-0{,}2} < \dfrac{1}{-0{,}3} < \dfrac{1}{0{,}3}$

4. L'inéquation $\dfrac{1}{x} > 2$ a pour solutions :

❑ $x \in \left[\dfrac{1}{2}\,; +\infty\right[$ ❑ $x \in \left]\dfrac{1}{2}\,; +\infty\right[$ ❑ $x \in \left]0\,; \dfrac{1}{2}\right[$

→ corrigés p. 521

Connaître la fonction cube, la fonction racine carrée

58

Lue Relue Acquise

1 L'essentiel du cours

A La fonction cube

Définition : La **fonction cube** est la fonction définie sur ℝ par l'expression $f(x) = x^3$.

Propriété : La fonction cube est strictement croissante sur ℝ.

Tableau de variation

x	$-\infty$ ↗ $+\infty$
x^3	↗

Représentation graphique

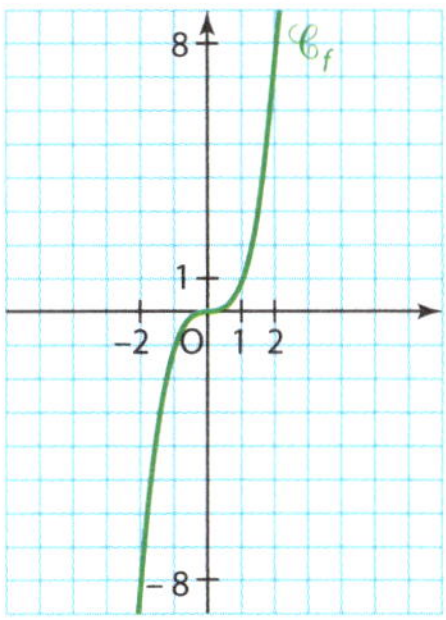

Remarque : Cette courbe est symétrique par rapport à l'origine O du repère.

B La fonction racine carrée

Définition : La **fonction racine carrée** est la fonction définie sur $[0\,;+\infty[$ par l'expression $f(x) = \sqrt{x}$.

Propriété :
- La fonction racine carrée est strictement croissante sur ℝ.
- Pour tout x de $[0\,;+\infty[$, $\sqrt{x} \geqslant 0$.

Tableau de variation

x	0 ↗ $+\infty$
$\sqrt{x}$	0 ↗

Représentation graphique

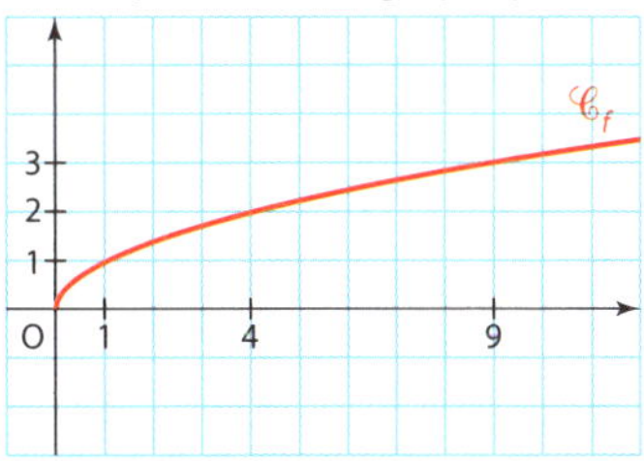

2 Applications

EXO 1 **Sans utiliser la calculatrice, ranger les nombres ci-dessous par ordre croissant.**
$A = 12{,}5^3$ $B = 27$ $C = -8$ $D = (-1{,}8)^3$

Solution

$A = 12{,}5^3$; $B = 27 = 3^3$; $C = -8 = (-2)^3$; $D = (-1{,}8)^3$.

Or la fonction cube est strictement croissante, donc des nombres et leurs cubes sont rangés dans le même ordre.

Or $-2 < -1{,}8 < 3 < 12{,}5$, donc $C < D < B < A$.

Écrire les nombres proposés sous la forme de cubes.
Puis utiliser les variations de la fonction cube.

EXO 2 **Utiliser la courbe représentative de la fonction racine carrée pour résoudre l'inéquation : $1 \leqslant \sqrt{x} \leqslant 3$.**

Solution

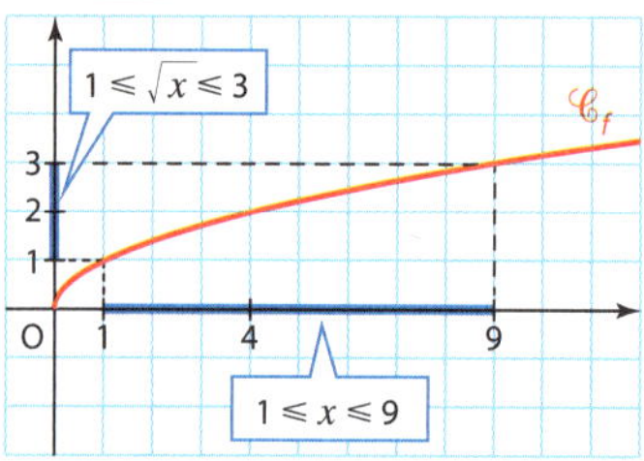

Il est conseillé de savoir tracer rapidement (à main levée) la courbe représentative des fonctions usuelles.

Ainsi, $1 \leqslant \sqrt{x} \leqslant 3$ lorsque $1 \leqslant x \leqslant 9$.

Mémo'Quiz

Cet exercice est à faire sans calculatrice.

1. $8{,}1^3 > (-1{,}8)^3$ ❑ Vrai ❑ Faux
2. 0 est l'image de 0 par la fonction cube. ❑ Vrai ❑ Faux
3. -9 a pour antécédent -3 par la fonction cube. ❑ Vrai ❑ Faux
4. $\sqrt{143{,}2} < \sqrt{151{,}1}$ ❑ Vrai ❑ Faux
5. 16 est l'image de 4 par la fonction racine carrée. ❑ Vrai ❑ Faux
6. $\sqrt{-4} = -2$ ❑ Vrai ❑ Faux

→ corrigés p. 521

Savoir lire sur un graphique

59

☐ Lue ☐ Relue ☐ Acquise

1 L'essentiel du cours

Définition : f est une fonction définie sur un intervalle I. Dans un repère, la **courbe représentative** de f notée $\mathscr{C}_f$ est l'ensemble de tous les points de coordonnées $(x\,;f(x))$ avec $x \in \mathrm{I}$.

A Savoir lire une image, un antécédent

Définitions :
- **L'image** de $x_0 \in \mathrm{I}$ par f est le réel y_0 tel que $f(x_0) = y_0$.
- S'il(s) existe(nt), un (ou des) **antécédent(s)** de y_1 par f est le (ou les) x tel(s) que $f(x) = y_1$.

B Savoir lire les solutions d'une équation

Les solutions de l'équation $f(x) = k$ sont les abscisses des points d'intersection de $\mathscr{C}_f$ et de la droite d'équation $y = k$.

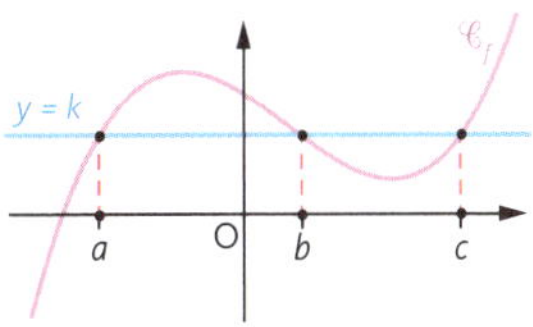

$f(x) = k$ lorsque $x = a$ ou $x = b$ ou $x = c$.

Les solutions de l'équation $f(x) = g(x)$ sont les abscisses des points d'intersection de $\mathscr{C}_f$ et de $\mathscr{C}_g$.

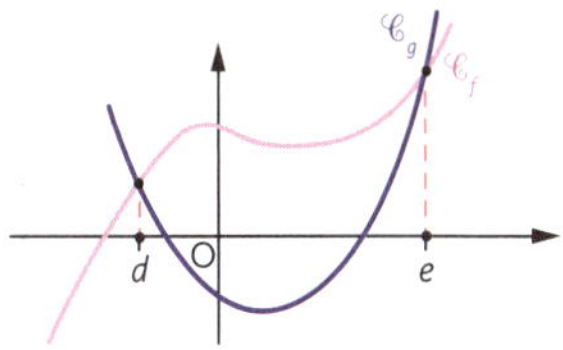

$f(x) = g(x)$ lorsque $x = d$ ou $x = e$.

C Savoir lire les solutions d'une inéquation

Les solutions de l'inéquation $f(x) > k$ sont les abscisses des points de $\mathscr{C}_f$ situés au-dessus de la droite d'équation $y = k$.

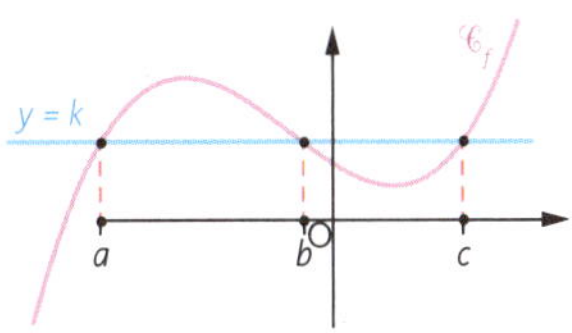

$f(x) > k$ lorsque $x \in \,]a\,;b[\, \cup \,]c\,;+\infty[$.

Les solutions de l'inéquation $f(x) > g(x)$ sont les abscisses des points de $\mathscr{C}_f$ situés au-dessus de ceux de $\mathscr{C}_g$.

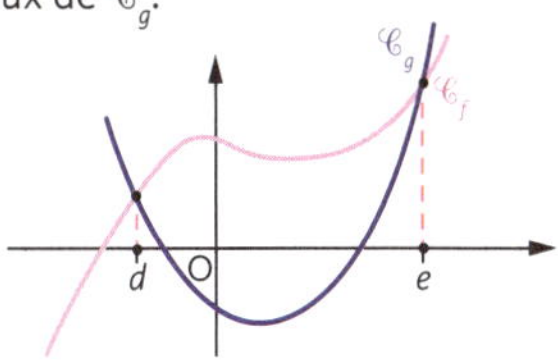

$f(x) > g(x)$ lorsque $x \in \,]d\,;e[$.

2 Application

EXO

f et *g* sont les fonctions définies sur [– 3 ; 5] et représentées par $\mathscr{C}_f$ et $\mathscr{C}_g$.
Lire graphiquement :
- l'image de – 3 par *f* ;
- les antécédents de – 3 par *f* ;
- la (ou les) solution(s) de l'équation $f(x) = g(x)$;
- les solutions de l'inéquation $f(x) > 0$.

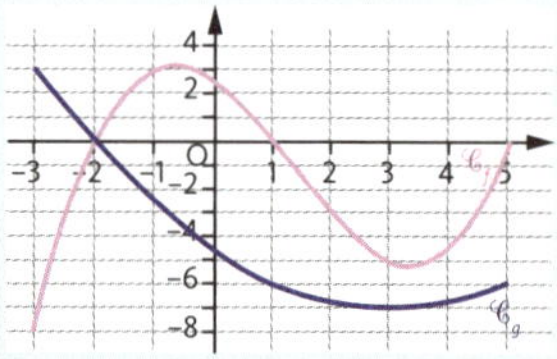

Solution

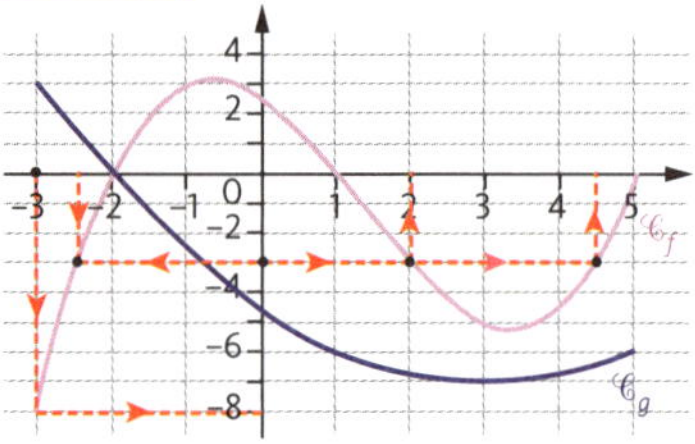

- L'image de – 3 par *f* est – 8.
- Les antécédents de – 3 par *f* sont – 2,5 ; 2 et 4,5.
- $f(x) = g(x)$ lorsque $x = -2$.
- $f(x) > 0$ lorsque $x \in]-2 ; 1[$.

- Pour lire l'image de – 3 par *f* : on place – 3 sur l'axe des abscisses, on se déplace jusqu'à $\mathscr{C}_f$, puis on reporte sur l'axe des ordonnées.
- Pour lire les antécédents de – 3 par *f* : on place – 3 sur l'axe des ordonnées, on se déplace jusqu'à $\mathscr{C}_f$, puis on reporte sur l'axe des abscisses.
- Pour les solutions de $f(x) = g(x)$, on utilise le **B** du cours.
- Pour les solutions de $f(x) > 0$, on utilise le **C** du cours avec $k = 0$.

Mémo'Quiz

g est la fonction définie sur [– 4 ; 8] représentée par $\mathscr{C}_g$.

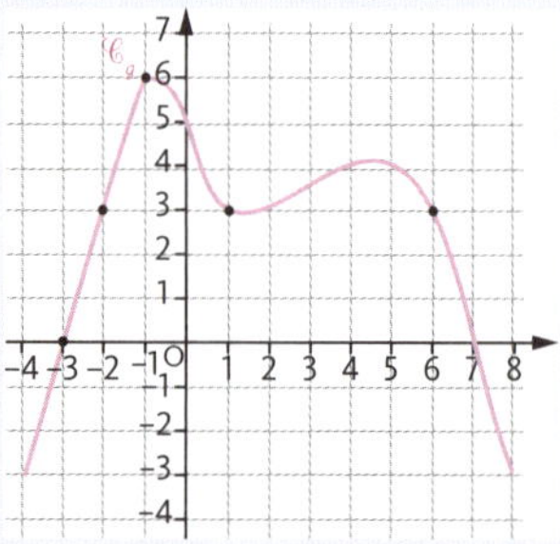

1. L'image de 6 par *g* est :
❑ – 1 ❑ 3 ❑ 6

2. Les antécédents de 0 par *g* sont :
❑ – 3 et 7 ❑ 5 et 0 ❑ 2 et – 2

3. $g(x) \leqslant 0$ lorsque x appartient à :
❑ [– 4 ; – 1] ❑ [– 4 ; – 3] ❑ [5 ; 8]

4. $g(x) = 3$ lorsque x est égal à :
❑ – 3 ❑ 4 ou 5 ❑ – 2 ; 1 ou 6

→ corrigés p. 521

Étudier la parité d'une fonction 60

Lue Relue Acquise

1 L'essentiel du cours

On note D le domaine de définition d'une fonction f.
Dans les paragraphes ci-dessous, D est symétrique par rapport à zéro.

Exemples : D = [– 5 ; 5] ; D =] – 1 ; 1[; D = $\mathbb{R}$

A Fonction paire

Définition : Une **fonction** f définie sur D est dite **paire** lorsque, pour tout x de D, $f(-x) = f(x)$.

Conséquence graphique : Dans un repère orthogonal, la courbe représentative de f est symétrique par rapport à l'axe des ordonnées.

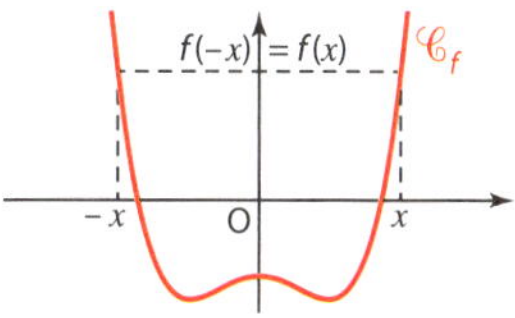

B Fonction impaire

Définition : Une **fonction** f définie sur D est dite **impaire** lorsque, pour tout x de D, $f(-x) = -f(x)$.

Conséquence graphique : Dans un repère orthogonal, la courbe représentative de f est symétrique par rapport à l'origine O du repère.

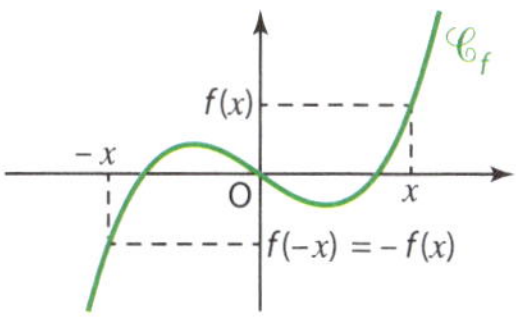

2 Applications

EXO 1 **Étudier la parité des fonctions f, g et h définies sur $\mathbb{R}$ par :**

1. $f(x) = 5x^2 + 1$ **2.** $g(x) = 1 + x + x^2$ **3.** $h(x) = x^3 + \sin x$.

Solution

1. Pour tout x de $\mathbb{R}$,
$f(-x) = 5(-x)^2 + 1 = 5x^2 + 1 = f(x)$.
Donc f est une fonction paire.

> Étudier la parité d'une fonction, c'est regarder si elle est paire ou impaire ou ni l'un, ni l'autre.

2. Pour tout x de $\mathbb{R}$,
$g(-x) = 1 + (-x) + (-x)^2 = 1 - x + x^2 \neq g(x)$.
Donc g n'est pas une fonction paire.

> Commencer par exprimer $f(-x)$, puis le comparer à $f(x)$ et à $-f(x)$.

De plus, $g(-x) \neq -g(x) = -1 - x - x^2$. Donc g n'est pas une fonction impaire. Ainsi, g est une fonction quelconque.

3. Pour tout x de $\mathbb{R}$,
$h(-x) = (-x)^3 + \sin(-x) = -x^3 - \sin x$
$= -(x^3 + \sin x) = -h(x)$.
Donc h est une fonction impaire.

Si la fonction n'est ni paire, ni impaire, alors on dit qu'elle est **quelconque**.

EXO 2 **f est une fonction définie sur [− 2 ; 2]. Dans chaque cas, compléter la courbe $\mathscr{C}_f$ représentative de f (donnée ci-contre) pour que :**
1. f soit paire
2. f soit impaire.

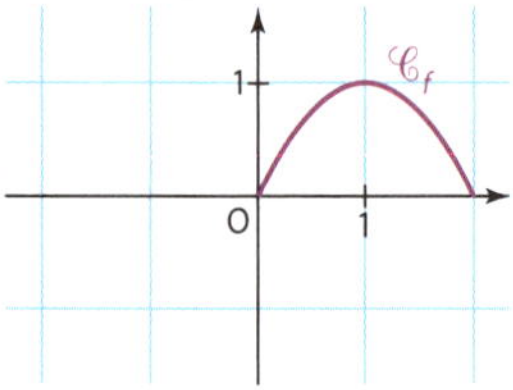

Solution

1.

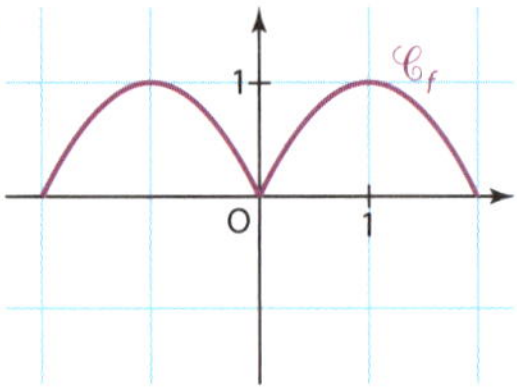

2.

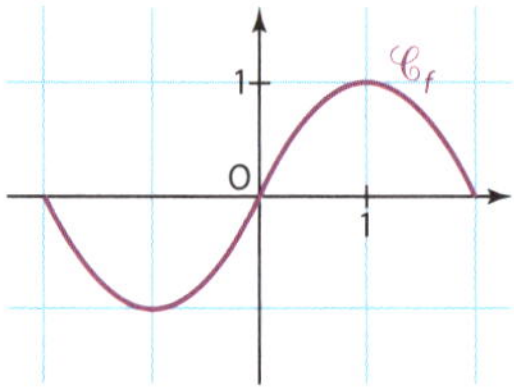

Utiliser les conséquences graphiques des paragraphes **1** **A** et **B**.

Mémo'Quiz

f, g et h sont les fonctions définies sur $\mathbb{R}$ par : $f(x) = \dfrac{1}{1+x^2}$; $g(x) = \dfrac{x^3}{1+x^2}$; $h(x) = 1 - x^5$.

1. ❑ f est paire ❑ f est impaire ❑ f est quelconque
2. ❑ g est paire ❑ g est impaire ❑ g est quelconque
3. ❑ h est paire ❑ h est impaire ❑ h est quelconque

→ corrigés p. 522

Comprendre le sens de variation

Lue Relue Acquise

61

1 L'essentiel du cours

f désigne une fonction définie sur un intervalle I.

A Fonction croissante

Définition : f est dite **croissante** sur I lorsque, pour tout a, b, de I :

$$\text{si } a < b, \text{ alors } f(a) \leqslant f(b)$$

- **Interprétation graphique**

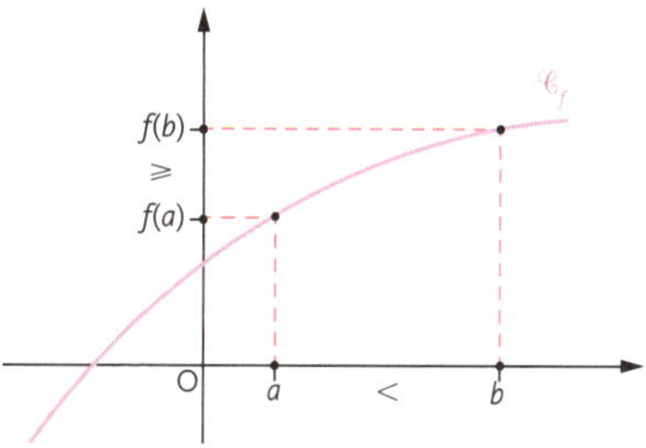

En parcourant le graphique de gauche à droite, $\mathscr{C}_f$ « monte ».

Remarque

On dit qu'une fonction croissante conserve l'ordre entre deux réels et leurs images.

B Fonction décroissante

Définition : f est dite **décroissante** sur I lorsque, pour tout a, b de I :

$$\text{si } a < b, \text{ alors } f(a) \geqslant f(b)$$

- **Interprétation graphique**

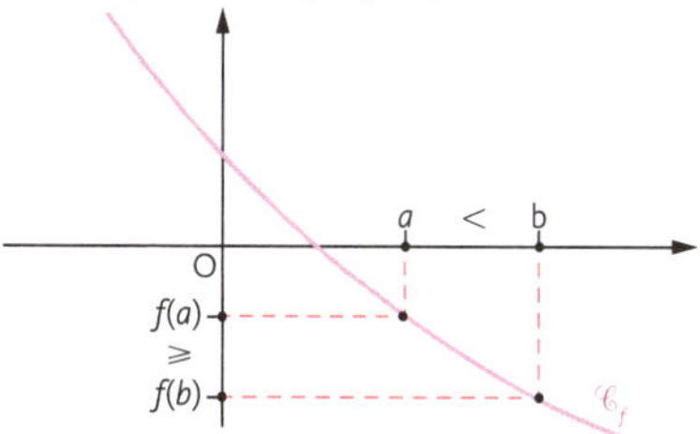

En parcourant le graphique de gauche à droite, $\mathscr{C}_f$ « descend ».

Remarque

On dit qu'une fonction décroissante renverse l'ordre entre deux réels et leurs images.

C Fonction constante

Définition : f est dite **constante** sur I lorsque, pour tout a, b de I :

$$\text{si } a < b, \text{ alors } f(a) = f(b)$$

- **Interprétation graphique**

$\mathscr{C}_f$ est alors une droite parallèle à l'axe des abscisses.

2 Applications

EXO 1 **Indiquer sur quel intervalle la fonction f définie sur $[-5\,;5]$, représentée ci-contre, est :**
- **croissante ;**
- **décroissante ;**
- **constante.**

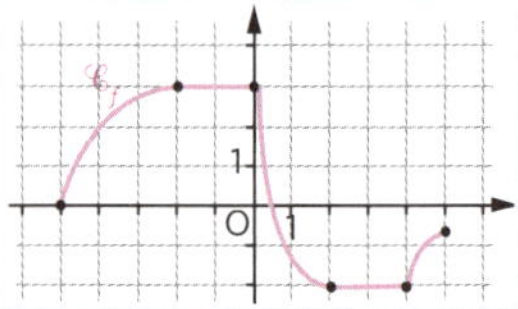

Solution

La fonction f est croissante sur les intervalles $[-5\,;-2]$ et $[4\,;5]$.
La fonction f est décroissante sur l'intervalle $[0\,;2]$.
La fonction f est constante sur les intervalles $[-2\,;0]$ et $[2\,;4]$.

> On observe le graphique et on utilise les interprétations graphiques du cours.

EXO 2 **Étudier le sens de variation des fonctions f et g définies par :**
1. $f(x) = -3x + 5$. **2.** $g(x) = 4x - 3$.

Solution

1. Pour tout a, b de $\mathbb{R}$, si $a < b$,
alors $-3a > -3b$,
donc $-3a + 5 > -3b + 5$ et ainsi $f(a) > f(b)$.
Finalement, si $a < b$, alors $f(a) > f(b)$.
f est donc décroissante sur $\mathbb{R}$.

2. Pour tout a, b de $\mathbb{R}$, si $a < b$,
alors $4a < 4b$, donc $4a - 3 < 4b - 3$
et ainsi $g(a) < g(b)$.
Finalement, si $a < b$, alors $g(a) < g(b)$.
g est donc croissante sur $\mathbb{R}$.

> On utilise la définition des variations d'une fonction.
> Attention : multiplier (ou diviser) les deux membres d'une inégalité par un même réel négatif change le sens de l'inégalité !

Mémo'Quiz

1. La fonction f définie sur $\mathbb{R}$ par $f(x) = 7x - 4$ est croissante sur $\mathbb{R}$. ❑ Vrai ❑ Faux

2. La fonction g définie sur $\mathbb{R}$ par $g(x) = -2x - 3$ est croissante sur $\mathbb{R}$. ❑ Vrai ❑ Faux

3. La fonction h définie sur $[1\,;10]$ par $h(x) = \dfrac{1}{2x}$ est décroissante sur $\mathbb{R}$. ❑ Vrai ❑ Faux

➜ corrigés p. 522

Dresser un tableau de variation

62

Lue Relue Acquise

1 L'essentiel du cours

f désigne une fonction définie sur un intervalle I.

- **Principe** : Le tableau de variation de f sert à schématiser la représentation graphique de f sur I. Il indique les variations de f sur I, les éventuels extrema, les valeurs de x pour lesquelles f n'est pas définie...
- **De la représentation graphique au tableau de variation (exemple)**

f est la fonction définie sur]−3 ; 3] et représentée ci-dessous.

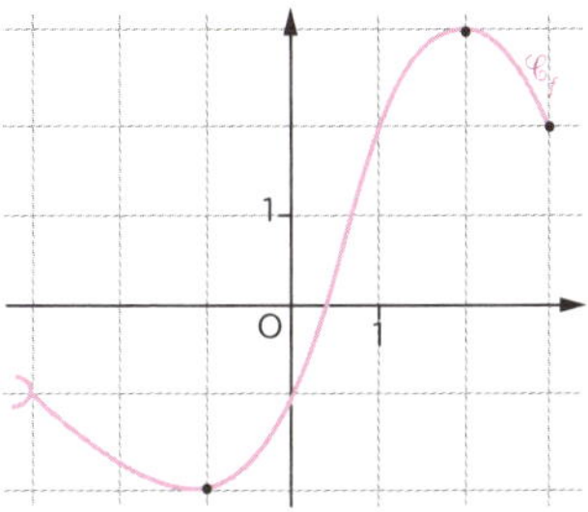

x	−3	−1	2	3
f	‖	↘ −2	↗ 3	↘ 2

Remarques :

- On place un crochet sur le graphique et une double barre dans le tableau pour signifier que f n'est pas définie lorsque $x = -3$.
- On lit par exemple que f est croissante sur l'intervalle [−1 ; 2].
- On lit par exemple que f admet un minimum sur]−3 ; 3] égal à −2 et que ce minimum est atteint pour $x = -1$.

Piège à éviter

Il ne faut pas confondre les variations de f avec le signe de f (qui n'est pas indiqué dans le tableau).

2 Application

EXO

1. **Dresser le tableau de variation de la fonction f définie sur [−4 ; 8[et représentée dans le repère ci-après.**
2. **En déduire les extrema de f sur [−4 ; 8[.**
3. **Pour quelles valeurs de x a-t-on $f(x) \geqslant 0$?**

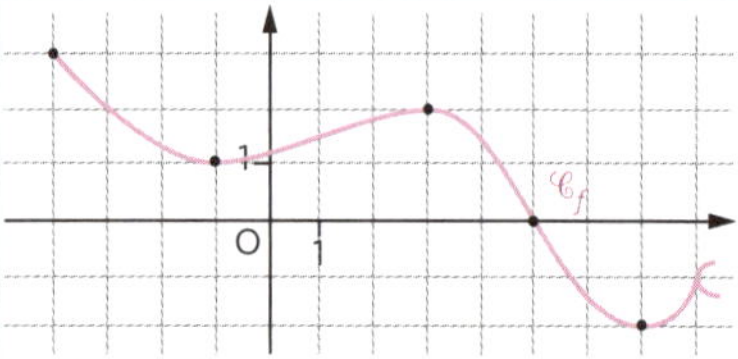

Solution

1.

x	-4		-1		3		7		8
f	3	↘	1	↗	2	↘	-2	↗	‖

f n'est pas définie en $x = 8$, il ne faut pas oublier la double barre.

2. Sur l'intervalle $[-4 ; 8[$:

- *f* admet un maximum égal à 3 (atteint pour $x = -4$) ;
- *f* admet un minimum égal à -2 (atteint pour $x = 7$).

On peut lire les extrema de *f* sur le graphique ou dans le tableau de variation.

3. $f(x) \geqslant 0$ lorsque $x \in [-4 ; 5]$.

$f(x) \geqslant 0$ lorsque $\mathscr{C}_f$ est située au-dessus de l'axe des abscisses.

Mémo'Quiz

Le tableau de variation d'une fonction *f* définie sur $[-10 ; 10]$ est donné ci-contre.

x	-10		-5		2		8		10
f		↘	-3	↗	0	↗	7	↘	4

1. La fonction *f* est croissante sur :

❑ $[-10 ; 10]$ ❑ $[-5 ; 8]$ ❑ $[-3 ; 7]$

2. La fonction *f* est décroissante sur :

❑ $[7 ; 4]$ ❑ $[8 ; 10]$ ❑ $[-10 ; 2]$

3. Le minimum de *f* sur $[-10 ; 10]$ est :

❑ -5 ❑ 8 ❑ -3

4. $f(x) \geqslant 0$ sur l'intervalle :

❑ $[2 ; 10]$ ❑ $[0 ; 10]$ ❑ On ne peut pas savoir.

→ corrigés p. 522

Utiliser les évolutions en pourcentage

63

Lue Relue Acquise

1 L'essentiel du cours

A Pourcentage d'évolution et coefficient multiplicateur

Définition – Propriété : Une grandeur subit une évolution entre sa valeur initiale (non nulle), notée V_0, et sa valeur finale, notée V_1.

- Entre la valeur V_0 et la valeur V_1, cette grandeur a subi une **évolution en pourcentages**, notée t, qui vérifie :

$$V_1 = V_0\left(1 + \frac{t}{100}\right)$$

- Le **coefficient multiplicateur** de V_0 à V_1 est le nombre, noté CM, égal à :

$$\text{CM} = 1 + \frac{t}{100}$$

B Conséquences

Du paragraphe A on déduit facilement d'autres formules à connaître.

Propriétés :

- $\text{CM} = \dfrac{V_1}{V_0}$
- $t = \dfrac{V_1 - V_0}{V_0} \times 100 = (\text{CM} - 1) \times 100$

Remarque : Lorsque, en passant de V_0 à V_1, la grandeur subit :

une **augmentation**	$V_1 > V_0$	$t > 0$	$\text{CM} > 1$
une **diminution**	$V_1 < V_0$	$t < 0$	$\text{CM} < 1$

C Variation absolue – variation relative

Définitions : La **variation absolue** entre V_0 et V_1 est le nombre $V_1 - V_0$.

La **variation relative** entre V_0 et V_1 est le nombre $\dfrac{V_1 - V_0}{V_0}$.

2 Applications

EXO 1 **En 1989, la France comptait 57,7 millions d'habitants. En 2019, la France comptait 67 millions d'habitants. Calculer :**

1. **la variation absolue sur ces trente années ;**

2. **la variation relative sur ces trente années ;**

3. **l'évolution en pourcentage sur ces trente années.**

Solution

Dans cet exercice, $V_0 = 57{,}7$ et $V_1 = 67$.

> Il suffit d'identifier la valeur initiale V_0 et la valeur finale V_1, puis d'appliquer les formules du cours.

1. $V_1 - V_0 = 67 - 57{,}7 = 9{,}3$ millions d'habitants.

2. $\dfrac{V_1 - V_0}{V_0} = \dfrac{67 - 57{,}7}{57{,}7} \approx 0{,}161$.

3. $t = \dfrac{V_1 - V_0}{V_0} \times 100 = 0{,}161 \times 100 \approx 16{,}1\ \%$.

> Attention, la variation relative n'a pas d'unité.

Entre 1989 et 2019, la population française a augmenté d'environ 16,1 %.

EXO 2 **En 2019, le nombre d'inscrits sur un réseau social était de 8,9 millions. Un an plus tard, le nombre d'inscrits a baissé de 23 %.**
Calculer le coefficient multiplicateur et le nombre d'inscrits un an plus tard.

Solution

$V_0 = 8{,}9$ et $t = -23\ \%$.

Ainsi, $\text{CM} = 1 + \dfrac{-23}{100} = 0{,}77$.

$V_1 = V_0 \times \text{CM} = 8{,}9 \times 0{,}77 = 6{,}853$

Un an plus tard, il y avait 6,853 millions d'inscrits.

> Associer les données de l'énoncé, puis les questions posées aux données du cours : V_0, V_1, CM ou t. Appliquer les formules.

Mémo'Quiz

1. On donne $V_0 = 3$ et $\text{CM} = 1{,}4$.

❑ $V_1 = 4{,}4$ ❑ $V_1 = 4{,}2$ ❑ $V_1 = 1{,}7$

2. On donne $\text{CM} = 0{,}89$.

❑ $t = -0{,}11\ \%$ ❑ $t = -11\ \%$ ❑ $t = 11\ \%$

3. On donne $V_0 = 7$ et $V_1 = 10$.

❑ $t \approx 43\ \%$ ❑ $t \approx 3\ \%$ ❑ $t \approx 30\ \%$

4. On donne $V_0 = 180$ et $V_1 = 237{,}6$. La variation relative entre V_0 et V_1 est égale à :

❑ 1,32 ❑ 32 % ❑ 0,32

→ corrigés p. 522

Appliquer des évolutions successives ou réciproques

64

Lue Relue Acquise

1 L'essentiel du cours

A Évolutions successives

Définition – Propriété : Une grandeur passe d'une valeur V_0 à une valeur V_1 en subissant une évolution de t_1 % ; puis elle passe de la valeur V_1 à une valeur V_2 en subissant une évolution de t_2 %.

On note t l'**évolution globale,** en pourcentages, qui permet de passer de V_0 à V_2.

On a alors : $1+\frac{t}{100}=\left(1+\frac{t_1}{100}\right)\left(1+\frac{t_2}{100}\right)$,

c'est-à-dire $CM_{global} = CM_1 \times CM_2$.

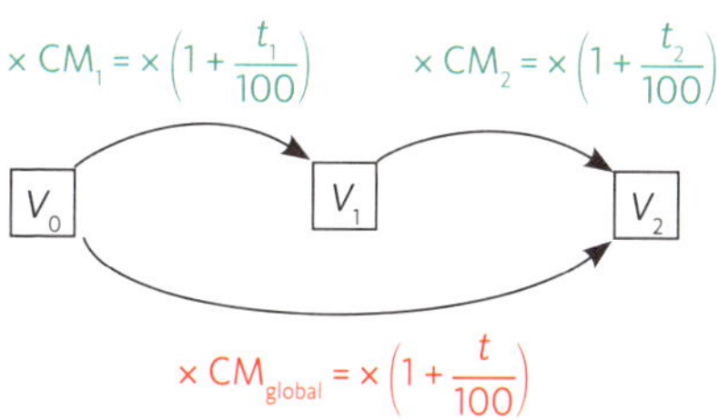

Piège à éviter

$t \neq t_1 + t_2$

B Évolution réciproque

Définition – Propriété : Une grandeur passe d'une valeur V_0 à une valeur V_1 en subissant une évolution de t %.

On note t' l'**évolution réciproque**, en pourcentages, qui permet de passer de V_1 à V_0.

Piège à éviter

$t' \neq -t$

On a alors : $1+\frac{t'}{100}=\frac{1}{1+\frac{t}{100}}$

c'est-à-dire $CM' = \frac{1}{CM}$.

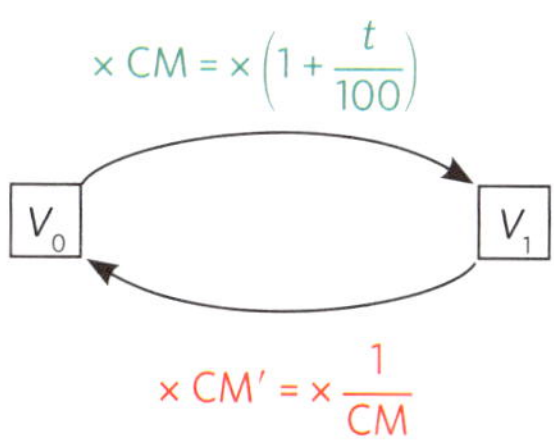

2 Applications

EXO 1 **Voici les différents chiffres d'affaires d'une entreprise, en millions d'euros.**

1. Calculer les évolutions en pourcentages :
a. entre 2018 et 2019 ; b. entre 2019 et 2020.
2. En déduire l'évolution du chiffre d'affaires entre 2018 et 2020.

Année	Chiffre d'affaires
2018	2,5
2019	2,7
2020	2,8

Solution

1. a. $V_0 = 2,5$ et $V_1 = 2,7$

donc $t_1 = \dfrac{2,7 - 2,5}{2,5} \times 100 = 8\ \%$.

b. $V_1 = 2,7$ et $V_2 = 2,8$ donc $t_2 = \dfrac{2,8 - 2,7}{2,7} \times 100 \approx 3,7\ \%$.

2. $CM_{global} = CM_1 \times CM_2 \approx 1,08 \times 1,037 \approx 1,12$.

Donc $t = (CM_{global} - 1) \times 100 \approx 12\ \%$.

> Appliquer la propriété du paragraphe 1 A et revoir la Fiche 29.

EXO 2 **Un tee-shirt soldé à 20 % coûte désormais 44,80 €. Calculer l'évolution réciproque et en déduire le prix du tee-shirt non soldé.**

Solution

$$CM' = \frac{1}{CM} = \frac{1}{1 + \frac{-20}{100}} = 1,25$$

Donc l'évolution réciproque est $t' = (CM' - 1) \times 100 = 25\ \%$.

Ainsi, le prix non soldé est $V_1 = V_0 \times \left(1 + \dfrac{t'}{100}\right) = 44,80 \times \left(1 + \dfrac{25}{100}\right) = 56$ €.

> Attention à ne pas écrire que le prix non soldé était de $44,80 \times \left(1 + \dfrac{20}{100}\right)$ € !

Mémo'Quiz

1. Une valeur subit deux augmentations successives de 10 %. Ces deux augmentations correspondent à une augmentation globale de 20 % exactement. ❑ Vrai ❑ Faux

2. Une valeur initiale V_0 subit une baisse de 35 % pour arriver à une valeur finale V_1. Pour retrouver V_0, il faut que V_1 subisse une hausse d'environ 53,8 %. ❑ Vrai ❑ Faux

→ corrigés p. 522

Calculer une moyenne, un écart-type

65

Lue Relue Acquise

1 L'essentiel du cours

Pour calculer la moyenne ou l'écart-type d'une série statistique, il faut que :

- les valeurs soient quantitatives ;
- si les valeurs sont exprimées sous forme de classes (c'est-à-dire sous forme d'intervalles), alors il faut remplacer chaque classe $[a ; b[$ par son centre $\frac{a+b}{2}$ afin de se ramener au cas précédent (voir exo 2).

A Moyenne et écart-type

On considère la série statistique ci-dessous.

Valeur	x_1	x_2	...	x_k	Effectif total
Effectif	n_1	n_2	...	n_k	N

Réflexe à avoir

La moyenne est exprimée dans la même unité que les valeurs.

Définitions :

- La **moyenne** de cette série statistique est le réel, noté $\bar{x}$, égal à :

$$\bar{x} = \frac{n_1 \times x_1 + n_2 \times x_2 + ... + n_k \times x_k}{N}$$

- L'**écart-type** de cette série statistique est le réel, noté σ, égal à $\sigma = \sqrt{V}$ où la **variance** V est :

$$V = \frac{1}{N}[n_1(x_1 - \bar{x})^2 + ... + n_k(x_k - \bar{x})^2]$$

B Utilisation de la calculatrice

Il est impératif de savoir utiliser sa calculatrice afin d'effectuer ces calculs, notamment le paramétrage en listes (1 et 2). Ces manipulations sont détaillées sur les rabats de couverture en début d'ouvrage pour les Texas Instruments et en fin d'ouvrage pour les Casio.

2 Applications

EXO 1 **Utiliser la calculatrice afin de calculer une valeur arrondie au centième de l'aire moyenne associée à la série statistique ci-dessous.**

Aire (en cm²)	104	107	108	111	112	113	114
Effectif	5	13	12	23	11	24	23

Solution

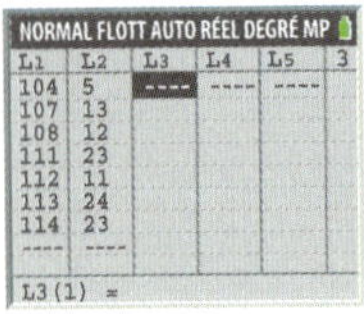

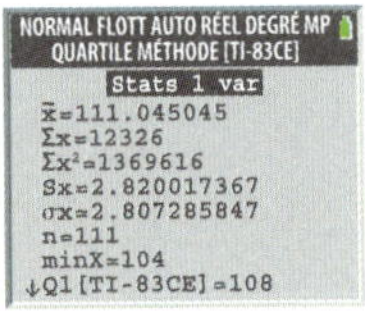

Ainsi, l'aire moyenne est d'environ 111,045 cm^2 et l'écart-type d'environ 2,807 cm^2.

EXO 2 **Calculer la moyenne de la série statistique ci-dessous.**

Classe	[50 ; 100[	[100 ; 150[	[150 ; 200[	[200 ; 250[
Fréquence	0,2	0,1	0,4	0,3

Solution

Par exemple $\dfrac{50+100}{2} = 75$ et $\dfrac{100+150}{2} = 125$.

Centre	75	125	175	225
Fréquence	0,2	0,1	0,4	0,3

$\overline{x} = 0{,}2 \times 75 + 0{,}1 \times 125 + 0{,}4 \times 175 + 0{,}3 \times 225$

$\overline{x} = 15 + 12{,}5 + 70 + 67{,}5$

$\overline{x} = 165.$

On commence par remplacer chacune des classes par son centre.

Dans un tableau, on peut avoir : effectifs, fréquences ou pourcentages. Les formules sont identiques.

Mémo'Quiz

On considère la série statistique représentée par l'histogramme ci-contre.

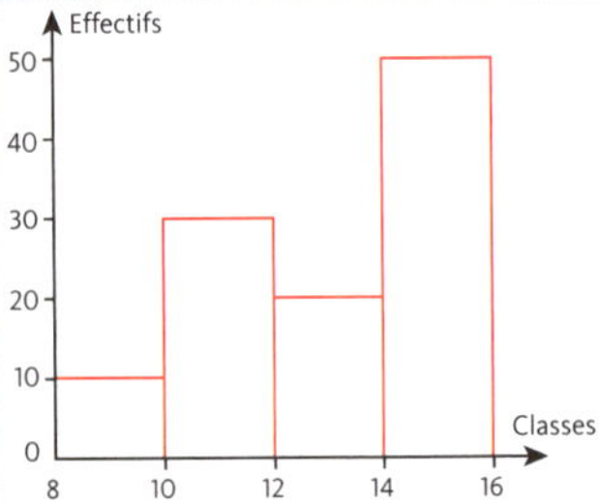

1. **Le centre de la deuxième classe est :**
❑ 10 ❑ 11 ❑ 12

2. **La moyenne de cette série statistique est :**
❑ 11 ❑ 12 ❑ 13

3. **L'écart-type de cette série statistique est environ :**
❑ 2,089 ❑ 110 ❑ 4,364

→ corrigés p. 522

Calculer une médiane, des quartiles

66

Lue Relue Acquise

1 L'essentiel du cours

A La médiane

Définition : La **médiane** d'une série statistique est le réel, noté Me, tel qu'au moins 50 % des valeurs de la série soient inférieures ou égales à Me et au moins 50 % des valeurs de la série soient supérieures ou égales à Me.

Remarque
Lorsque les valeurs sont données sous formes de classes (d'intervalles), on parle de **classe médiane**.

- **Procédé de calcul**

On range les valeurs de la série statistique (par ordre croissant ou décroissant) et on note N l'effectif total.

– Si N est impair, alors $N = 2k + 1$ et la médiane est la $(k+1)^e$ valeur.

– Si N est pair, alors $N = 2k$ et la médiane est égale à :

$$\frac{\text{la } k^e \text{ valeur} + \text{la } (k+1)^e \text{ valeur}}{2}$$

B Les quartiles

Définitions : Le **premier** [resp. le **troisième**] quartile d'une série statistique, noté Q_1 [resp. noté Q_3], est la valeur de la série telle qu'au moins 25 % [resp. au moins 75 %] des valeurs de la série soient inférieures ou égales à Q_1 [resp. à Q_3].

Remarque
Q_1 et Q_3 sont des valeurs de la série statistique, alors que ce n'est pas toujours le cas pour Me.

- **Procédé de calcul**

On range les valeurs de la série statistique par **ordre croissant** et on note N l'effectif total.

– Si $\frac{25}{100} \times N = k$ avec k un entier naturel, alors Q_1 est la k^e valeur.

– Si $\frac{25}{100} \times N$ n'est pas entier, alors on note k le plus petit entier supérieur à $\frac{25}{100} \times N$ et Q_1 est la k^e valeur.

Astuce du prof
Le calcul de Q_3 est identique : il suffit de remplacer 25 % par 75 %.

Vocabulaire
- L'écart **interquartiles** est le réel $Q_3 - Q_1$.
- **L'intervalle interquartiles** est $[Q_1 ; Q_3]$.

C Schéma récapitulatif

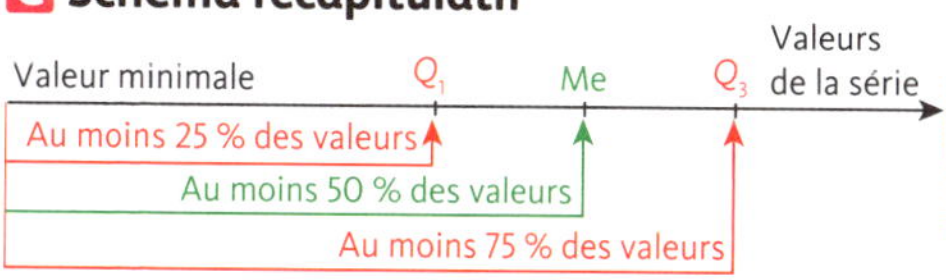

Piège à éviter
Il est indispensable de ranger les valeurs par ordre croissant.

2 Application

EXO **On considère la série statistique ci-dessous.**
Calculer la médiane et les quartiles de cette série statistique.

Valeur	10	8	12	15	5
Effectif	2	7	13	4	9

Solution

Valeur	5	8	10	12	15
Effectif	9	7	2	13	4

L'effectif total est $N = 9 + 7 + 2 + 13 + 4 = 35$.

- $N = 35 = 2 \times 17 + 1$.
Donc la médiane est la $(17 + 1)^e = 18^e$ valeur.
Me = 10.

- $\frac{25}{100} \times N = \frac{25}{100} \times 35 = 8{,}75 \notin \mathbb{N}$.
Donc le 1er quartile est la 9e valeur.
$Q_1 = 5$.

- $\frac{75}{100} \times N = \frac{75}{100} \times 35 = 26{,}25 \notin \mathbb{N}$.
Donc le 3e quartile est la 27e valeur.
$Q_3 = 12$.

- Les valeurs ne sont pas rangées : on commence par les ranger par ordre croissant.
- On calcule l'effectif total.
- On applique les procédés de calcul indiqués dans le cours.

Réflexe à avoir

Il est indispensable de savoir utiliser sa calculatrice pour vérifier ou effectuer ces calculs.

Mémo'Quiz

Une série statistique est représentée par le diagramme en bâtons ci-contre.

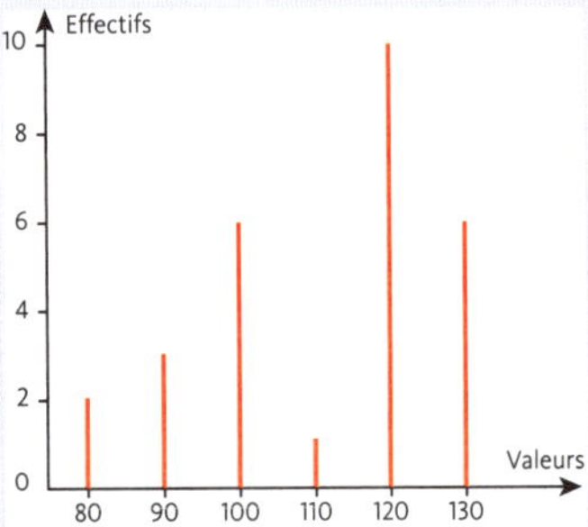

1. **L'effectif total est :**
❑ 130 ❑ 28 ❑ 30

2. **Le premier quartile est :**
❑ 7 ❑ 100 ❑ 110

3. **La médiane est :**
❑ 14 ❑ 110 ❑ 120

4. **Le troisième quartile est :**
❑ 21 ❑ 120 ❑ 130

→ corrigés p. 522

Modéliser une expérience aléatoire

67

Lue Relue Acquise

1 L'essentiel du cours

A Loi de probabilité sur un univers fini

Définitions :

- Une **expérience** est dite **aléatoire** lorsqu'elle a plusieurs résultats possibles, appelés **issues**, et qu'il n'est pas possible de prévoir lequel de ces résultats sera obtenu.
- L'ensemble des issues x_i est appelé **univers** $\mathcal{U}$.

On note $\mathcal{U} = \{x_1, x_2, ..., x_k\}$.

Exemple : On lance une pièce équilibrée.
Il s'agit d'une expérience aléatoire à deux issues notées x_1 = P (pile) et x_2 = F (face).

Remarque

Aléatoire signifie : basée sur le hasard.

Vocabulaire

Un univers fini est un univers n'ayant qu'un nombre fini d'issues.

Définition :

Définir la loi de probabilité d'une expérience aléatoire, c'est associer à chaque issue x_i un nombre p_i appelé **probabilité** de x_i tel que :

- $0 \leqslant p_i \leqslant 1$;
- $p_1 + p_2 + ... + p_k = 1$.

Remarque

En Seconde, on présente souvent une loi de probabilité sous forme de tableau.

Exemple : La loi de probabilité du lancer d'une pièce équilibrée est donnée par le tableau ci-dessous.

Issue	P	F
Probabilité	$\frac{1}{2}$	$\frac{1}{2}$

On vérifie que $0 \leqslant \frac{1}{2} \leqslant 1$ et que $\frac{1}{2} + \frac{1}{2} = 1$.

Réflexe à avoir

Penser à vérifier que la somme des probabilités est égale à 1.

B Loi de probabilité équirépartie

Définition :

Une **loi** de probabilité est dite **équirépartie** lorsque toutes les issues ont la même probabilité.

Exemple : La loi de probabilité du lancer d'une pièce équilibrée est équirépartie puisque la probabilité que la pièce retombe sur pile est la même que celle qu'elle retombe sur face, soit $\frac{1}{2}$.

2 Applications

EXO 1 **On lance un dé équilibré à 6 faces.**
1. Déterminer l'univers de cette expérience aléatoire.
2. Définir la loi de probabilité de cette expérience aléatoire.

Solution

1. $\mathcal{U} = \{1, 2, 3, 4, 5, 6\}$.

On identifie toutes les issues possibles, sans en oublier.

2.

Issue	1	2	3	4	5	6
Probabilité	$\frac{1}{6}$	$\frac{1}{6}$	$\frac{1}{6}$	$\frac{1}{6}$	$\frac{1}{6}$	$\frac{1}{6}$

On associe, dans un tableau, à chaque issue la probabilité qui lui correspond.

EXO 2 **On lance deux fois de suite une pièce équilibrée.**
1. Déterminer l'univers de cette expérience aléatoire.
2. Définir la loi de probabilité de cette expérience aléatoire.

Solution

1. $\mathcal{U} = \{(P, P) ; (P, F) ; (F, P) ; (F, F)\}$.

2.

Issue	(P, P)	(P, F)	(F, P)	(F, F)
Probabilité	$\frac{1}{4}$	$\frac{1}{4}$	$\frac{1}{4}$	$\frac{1}{4}$

Face ne peut pas être une issue de cette expérience aléatoire : les issues sont des couples du type (Face, Pile). Attention, il faut distinguer (Face, Pile) de (Pile, Face).

Remarque : Pour ces deux exos, les lois de probabilité sont équiréparties.

Mémo'Quiz

On tire au hasard une boule de l'urne ci-contre et on note sa couleur. (Les boules sont indiscernables au toucher.)

1. $\mathcal{U}$ = {Noire ; Rouge ; Verte}.
❑ Vrai ❑ Faux

2. Il y a autant de chance de tirer une boule verte que de tirer une boule rouge. ❑ Vrai ❑ Faux

3. La loi de probabilité est équirépartie. ❑ Vrai ❑ Faux

4. La loi de probabilité est la suivante : ❑ Vrai ❑ Faux

Issue	Noire	Rouge	Verte
Probabilité	$\frac{7}{16}$	$\frac{5}{16}$	$\frac{1}{4}$

→ corrigés p. 522

Calculer des probabilités d'événements

68

Lue   Relue   Acquise

1 L'essentiel du cours

A Probabilité d'un événement

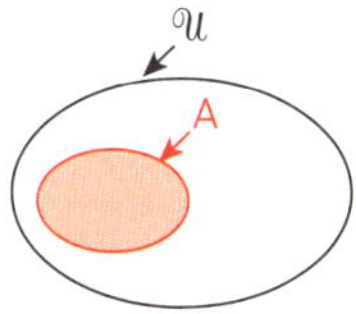

Définition : Un **événement** A est une partie d'un univers $\mathcal{U}$ d'une expérience aléatoire.

Conséquence : A est un ensemble constitué d'issues de $\mathcal{U}$.

Définition : La **probabilité de l'événement** A est le réel, noté P(A), égal à la somme des probabilités des issues de $\mathcal{U}$ qui se trouvent dans A.

B Propriété

Propriété 1 : $P(\varnothing) = 0$; $P(\mathcal{U}) = 1$; $0 \leqslant P(A) \leqslant 1$.

C Contraire, intersection, réunion

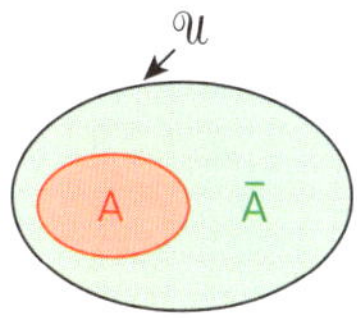

Définition : L'**événement contraire** de A, noté $\overline{A}$, est l'événement constitué de toutes les issues de $\mathcal{U}$ qui ne sont pas dans A.

Propriété 2 : $P(\overline{A}) = 1 - P(A)$.

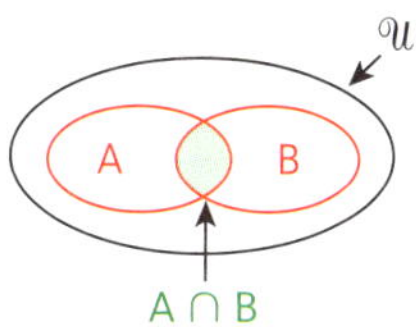

Définition : L'**intersection des événements** A et B, notée $A \cap B$, est l'événement constitué de toutes les issues de $\mathcal{U}$ qui sont dans A **et** dans B.

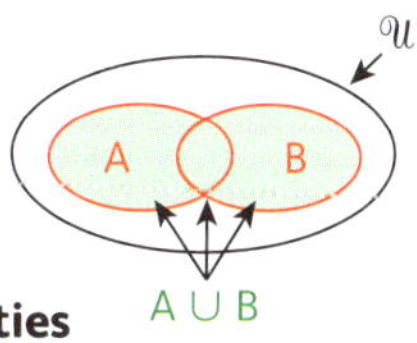

Définition : La **réunion des événements** A et B, notée $A \cup B$, est l'événement constitué de toutes les issues de $\mathcal{U}$ qui sont dans A **ou** dans B.

Propriété 3 : $P(A \cup B) = P(A) + P(B) - P(A \cap B)$.

D Les cas particuliers des lois équiréparties

Propriété : Dans le cas d'une loi équirépartie :

$$P(A) = \frac{\text{nombre d'issues dans A}}{\text{nombre d'issues dans } \mathcal{U}}$$

Remarque

Les lois équiréparties sont définies à la fiche 33.

2 Application

EXO On tire une carte au hasard dans un jeu de 32 cartes.

1. Définir la loi de probabilité de cette expérience aléatoire.

2. On note : A l'événement « la carte tirée est un as » ;
B l'événement « la carte tirée est un trèfle ».

a. Calculer P(A), puis $P(\overline{A})$.

b. Calculer P(B), puis $P(A \cap B)$. En déduire $P(A \cup B)$.

Solution

1.

Issue	7♥	7♠	7♦	7♣	…	As♣
Probabilité	$\frac{1}{32}$	$\frac{1}{32}$	$\frac{1}{32}$	$\frac{1}{32}$	…	$\frac{1}{32}$

On identifie toutes les issues possibles et on présente les résultats sous forme de tableau.

2. a. $P(A) = \frac{4}{32} = \frac{1}{8}$. $P(\overline{A}) = 1 - P(A) = \frac{7}{8}$.

b. $P(B) = \frac{8}{32} = \frac{1}{4}$.

$A \cap B$ est l'événement « la carte tirée est un as **et** un trèfle », donc $A \cap B$ est l'issue « la carte tirée est l'as de trèfle ». $P(A \cap B) = \frac{1}{32}$.

$P(A \cup B) = P(A) + P(B) - P(A \cap B)$

$= \frac{1}{8} + \frac{1}{4} - \frac{1}{32} = \frac{11}{32}$.

Comme il s'agit d'une loi équirépartie, on compte le nombre d'issues dans les événements et on divise par le nombre total d'issues : 32.

On utilise les propriétés 2 et 3 du cours.

Mémo'Quiz

Sur 30 élèves d'une classe de Seconde d'un lycée de Saint-Nazaire, 10 pratiquent le tennis, 16 pratiquent un sport nautique et 7 pratiquent les deux. On note T l'événement « l'élève choisi pratique le tennis » et N l'événement « l'élève choisi pratique un sport nautique ».
Pour chaque question, il y a 2 réponses correctes.

1. La probabilité qu'un élève choisi au hasard ne pratique que le tennis est :

❑ $P(T \cap \overline{N})$ ❑ $P(T \cup N)$ ❑ $\frac{1}{10}$ ❑ $\frac{1}{3}$

2. La probabilité qu'un élève choisi au hasard pratique les deux sports est :

❑ $P(T \cup N)$ ❑ $P(T \cap N)$ ❑ $\frac{7}{30}$ ❑ $\frac{26}{30}$

3. La probabilité qu'un élève choisi au hasard pratique au moins l'un des deux sports est :

❑ $P(T \cup N)$ ❑ $P(T \cap N)$ ❑ $\frac{17}{30}$ ❑ $\frac{19}{30}$

→ corrigés p. 522

Estimer une proportion à partir d'un échantillon

69

Lue Relue Acquise

1 L'essentiel du cours

A Cadre d'étude

On s'intéresse à un caractère présent chez certains individus d'une population.

- En prélevant, au hasard et avec remise, n individus de cette population, on obtient un **échantillon de taille n**.
- La **fréquence f du caractère** de l'échantillon est alors connue.
- La **proportion p du caractère** sur toute la population est, en général, inconnue.

Remarque : Cette proportion p est aussi la probabilité qu'un individu, choisi au hasard dans la population, présente le caractère étudié.

Définition : Suivant l'échantillon qui est prélevé, la fréquence f peut changer. Ce phénomène, dû au hasard, est appelé **fluctuation d'échantillonnage**.

B Loi des grands nombres

Principe : Pour une expérience aléatoire donnée, les distributions des fréquences obtenues, lorsqu'on répète l'expérience un grand nombre de fois, se rapprochent de la probabilité associée.

Exemple : En lançant 3 fois une pièce, on peut obtenir 2 fois pile ; en la lançant 50 fois, on peut obtenir 23 fois pile ; ... ; en la lançant 1 000 fois, on peut obtenir 509 fois pile : on se rapproche peu à peu de la probabilité $\frac{1}{2}$ d'obtenir pile.

Remarque

Ce principe, à la base des probabilités et utile pour l'échantillonnage, n'est pas à connaître par cœur, mais il est nécessaire de le comprendre.

Remarques :
Il faut retenir deux choses :
- la fréquence f observée dans l'échantillon permet de donner une estimation de p ;
- plus la taille n de l'échantillon est grande, plus l'estimation de p est précise.

2 Applications

EXO 1 **On interroge, au hasard et avec remise, 250 individus d'un village et on leur demande s'ils pratiquent un sport en club. 79 d'entre eux répondent « oui ». Estimer la proportion d'habitants de ce village qui pratiquent un sport en club.**

Solution

La taille de l'échantillon est $n = 250$. La fréquence de « oui » observée est $f = \frac{79}{250} = 0{,}316$. On peut alors estimer que la proportion d'habitants qui pratiquent un sport en club est $p = 0{,}316$.

Identifier la taille de l'échantillon, puis calculer la fréquence observée f afin de donner une estimation de la proportion.

EXO 2 **On a testé un dé à six faces pour savoir s'il était ou non truqué, en le lançant 1000 fois. Que peut-on penser de ce dé ?**

Numéro obtenu	1	2	3	4	5	6
Nombre de lancers	165	170	168	172	112	213

Solution

Pour le numéro 6, la fréquence observée est $f = \frac{213}{1000} = 0{,}213$. La probabilité d'obtenir 6 avec ce dé est donc proche de 0,213 et assez éloignée de $\frac{1}{6}$. Ce dé est très certainement truqué.

Mémo'Quiz

Trois candidats, notés A, B et C, se présentent à une élection. On a interrogé un échantillon de votants et on leur a demandé pour qui ils allaient voter.

Candidat	A	B	C
Nombre de voix dans l'échantillon	214	312	274

1. La taille de l'échantillon est :
❑ 214 ❑ 1 ❑ 800

2. La fréquence observée du caractère A est :
❑ 0,2675 ❑ 0,365 ❑ 0,05

3. La proportion de votants pour le candidat C est proche de :
❑ 0,24 ❑ 0,34 ❑ 0,44

➜ corrigés p. 522

Connaître les instructions élémentaires avec Python

70

Lue Relue Acquise

1 L'essentiel du cours

A Notion de variable

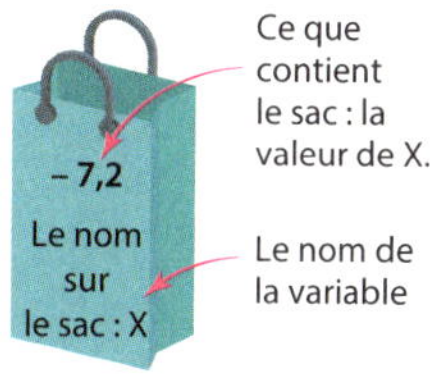

Dans un programme, une **variable** est repérée par son nom (par exemple X) et elle possède une valeur (par exemple −7) qui peut évoluer au cours du programme.

Il existe différents types de variables :

- un nombre entier : avec Python **int()**
- un nombre flottant, c'est-à-dire à virgule : avec Python **float()**
- une liste d'objets : avec Python **L = []**
- un nombre aléatoire entre 0 et 1 : avec Python **random**
- un nombre entier aléatoire entre *a* et *b* : avec Python **randint(a,b)**.

B Les instructions élémentaires

	Algorithme	Python
Entrée	Saisir un nombre A	`A=float(input())`
Affectation	X ← −7,2	`X=-7.2`
Sortie	Afficher A et X	`print(A,X)`

Remarque

Affectation signifie que l'on donne à la variable *X* la valeur −7,2.

Remarques :

- Pour qu'un texte s'affiche lorsqu'on fait fonctionner le programme, il suffit de le mettre entre guillemets.
- En langage Python, a^k s'écrit *a**k*.

2 Applications

EXO 1 **Écrire l'algorithme ci-contre en langage Python.**

N est un nombre entier aléatoire compris entre 2 et 7. X ← 5 × N Afficher « la valeur de X est : » Afficher X

Solution

```
from random import*
N=randint(2,7)
X=5*N
print("La valeur de X est :",X)
```

Penser à utiliser le bon type de variable.

Certains types de variable, comme ici un nombre aléatoire, nécessitent d'utiliser une bibliothèque, ici from random import*.

EXO 2 **Écrire en langage Python un algorithme qui donne l'aire d'un triangle lorsqu'on indique la hauteur *h* et la base correspondante *b*.**

Solution

```
h=float(input())
b=float(input())
A=b*h/2
print("L'aire du triangle est :",A)
```

Ici, il faut saisir deux variables, la hauteur *h* et la base *b*, et utiliser une troisième variable qui donne l'aire, *A*.

Mémo'Quiz

f est la fonction définie sur $\mathbb{R}$ par $f(x) = 5x^2 + 1$.

```
from math import*
x=float(input())
y=5*x**2+1
print(y)
```

1. Le programme ci-contre affiche la valeur de l'image d'un nombre X par la fonction f.

❑ Vrai ❑ Faux

2. X est la seule variable du programme.

❑ Vrai ❑ Faux

3. Lorsqu'on saisit 1,5 en entrée, le programme affiche 12,25 en sortie.

❑ Vrai ❑ Faux

4. Lorsque le programme affiche 6 en sortie, c'est qu'on a saisi 1 en entrée.

❑ Vrai ❑ Faux

➜ corrigés p. 522

Utiliser une condition ou une boucle avec Python

71

Lue Relue Acquise

1 L'essentiel du cours

A La structure « Si… alors… sinon… »

- On fait effectuer une action ou un calcul **si** une certaine condition est vérifiée ; si elle n'est pas vérifiée **alors** : soit l'action ou le calcul s'arrête soit, à l'aide du **sinon**, on fait effectuer une autre action ou un autre calcul.
- En langage Python, on écrit :

```
if condition :
    action ou calcul
else:
    action ou calcul
```

Piège à éviter

Attention à bien respecter les espaces et les décalages !

B La boucle « Pour… allant de… à… »

- On fait **répéter** une action un **nombre de fois décidé à l'avance**.
- Si on a besoin de faire répéter une action 10 fois, on écrira par exemple : « Pour *i* allant de 1 à 10 » ou « Pour *i* allant de 0 à 9 ».
- En langage Python, on écrit :

```
for i in range (1,n+1):
```

Piège à éviter

Pour que *i* aille de 1 à *n*, il faut écrire : range (1,n+1).

C La boucle « Tant que… faire… »

- On fait **répéter** une action **tant qu'une** certaine **condition**, fixée à l'avance, **reste vraie**. Dès que la condition devient fausse, l'action s'arrête.
- En langage Python, on écrit :

```
while condition:
```

Remarque

Contrairement à la boucle bornée « Pour », on ne sait pas ici combien de fois l'action sera répétée.

2 Applications

EXO 1 ABC est un triangle dont on connaît les trois longueurs : $l = AB$, $m = BC$ et $n = AC$.

1. Écrire un algorithme qui affiche en sortie si le triangle ABC est ou non rectangle en B.

2. Programmer cet algorithme en langage Python.

Solution

1.

```
Saisir les nombres l, m, n.
Si n² = l² + m² alors
  Afficher « ABC est
  rectangle en B »
Sinon
  Afficher « ABC n'est pas
  rectangle en B »
Fin Si
```

2.

```
from math import*
l=float(input())
m=float(input())
n=float(input())
if n**2==l**2+m**2:
    print("ABC est rectangle en B")
else:
    print("ABC n'est pas rectangle en B")
```

En langage Python, la condition $A = B$ s'écrit A==B.

EXO 2 **Une entreprise a constaté que, chaque année, elle perd 5 % de ses clients de l'année et elle fait signer de nouveaux contrats à 60 nouveaux clients.**
Cette année, elle compte 2 000 clients.
Compléter cet algorithme pour qu'il affiche en sortie le nombre de clients de l'entreprise dans dix ans.

```
C ← [     ]
Pour i allant de [   ]
  C←C × 0,95 + 60
Fin Pour
Afficher C
```

Solution

Dans le premier cadre vert, il faut écrire **2 000** (on initialise C à 2 000).
Dans le second cadre vert, il faut écrire **1 à 10** (on fait répéter dix fois, c'est-à-dire dix ans, cette opération).

```
from math import*
C=2000
for i in range(1,11):
    C=C*0.95+60
print(C)
```

Mémo'Quiz

Le nombre d'individus d'une espèce animale baisse de 4 % chaque année. Cette année, on dénombre 2 500 individus. On estime que l'espèce sera gravement en danger lorsqu'elle comptera moins de 500 individus.
On a traduit cette situation en langage Python.

```
from math import*
N=[   ]
i=0
while [     ]
    N=N-4/100*N
    i=i+1
print(i)
```

1. Dans le cadre rouge, il faut écrire : 2 500.
❑ Vrai ❑ Faux

2. Dans le cadre vert, il faut écrire : N ⩾ 500. ❑ Vrai ❑ Faux

3. En sortie, le programme indique dans combien d'années l'espèce sera gravement en danger. ❑ Vrai ❑ Faux

➜ corrigés p. 522

Histoire

Sommaire

Histoire

Lue · Relue · Apprise

Le monde méditerranéen : empreinte de l'Antiquité et du Moyen Âge

Un nouveau rapport au monde, un temps de mutation intellectuelle

L'État à l'époque moderne : France et Angleterre

Sommaire

Lue Relue Apprise

Dynamiques et ruptures dans les sociétés des XVIIe et XVIIIe siècles

La Méditerranée antique : l'empreinte grecque

72

Lue Relue Apprise

L'Antiquité grecque a marqué la culture européenne. Depuis la philosophie des Lumières, les cités grecques, en particulier Athènes, ont inspiré des modèles politiques.

1 La démocratie athénienne

A Un régime fondé progressivement

● **La démocratie athénienne s'est construite par étapes** : le pouvoir de l'aristocratie a progressivement été étendu à l'ensemble des citoyens. Par leurs réformes aux VIIe et VIe siècles av. J.-C., Solon et Clisthène ont contribué à diminuer la domination des aristocrates sur les paysans.

● Les **guerres médiques** (490-479 av. J.-C.), menées par les Grecs contre l'expansionnisme perse en Méditerranée, ont permis de **renforcer le rôle des citoyens pauvres dans l'armée** et de leur donner des droits politiques.

● **Au Ve siècle av. J.-C., le peuple (*demos*) compte 40 000 citoyens** (hommes libres nés de deux parents athéniens), soit à peine 10 % de la population totale. **Le principe d'isonomie garantit à chacun d'entre eux une participation égale au pouvoir.**

Lexique

Aristocratie (de *aristos*, « meilleur », et *kratos*, « pouvoir ») : groupe social dominant et souvent le plus riche, considérant qu'il est le plus à même de posséder le pouvoir.

Isonomie : égalité devant la loi.

B Une démocratie directe

● **Le pouvoir est exercé directement dans l'Ecclésia**, une assemblée réunie tous les dix jours sur la Pnyx (colline athénienne). Durant cette réunion sont organisés des débats, le vote des lois ou de la guerre…

● **Chaque année a lieu la désignation, par tirage au sort, des magistrats** (dont 6 000 juges et 500 bouleutes) et l'élection des 10 stratèges dirigeant l'armée.

● La parole est libre. **Le tirage au sort permet à n'importe quel citoyen d'exercer une fonction.** Grâce au *misthos*, même les citoyens les plus pauvres peuvent participer aux réunions.

Lexique

Bouleute : conseiller rédigeant les lois et préparant le travail de l'Ecclésia.

Misthos : indemnité compensant une journée non travaillée.

2 Une cité impérialiste

A Athènes et les autres cités au ve siècle av. J.-C.

- Pendant les guerres médiques, **Athènes prend la tête d'une alliance de cités grecques (Ligue de Délos) et réussit à repousser la menace perse** (victoires de Marathon en 490 av. J.-C. et de Salamine en 480 av. J.-C.).
- Après le conflit, cette alliance est maintenue, mais **Athènes détourne son trésor** pour reconstruire et embellir la ville. Athènes se trouve alors à la tête d'un véritable empire qui s'appuie sur une flotte maritime dont l'entretien et les patrouilles permettent de donner du travail aux plus modestes, qui soutiennent la démocratie.
- **Certaines cités alliées contestent la domination athénienne**, mais leurs révoltes sont réprimées. À partir de 429 av. J.-C., Athènes est aux prises avec Sparte qui la défait en 404 av. J.-C. (guerre du Péloponnèse), amenant une brève disparition de la démocratie.

Lexique

Ligue de Délos : alliance de cités grecques contre les Perses, menée par Athènes qui en contrôle le trésor.

Guerre du Péloponnèse : guerre liée à une révolte de cités grecques contre la domination d'Athènes. Sparte, située dans le Péloponnèse, est la principale cité menant la révolte.

B Le siècle de Périclès

- **Issu de l'aristocratie mais favorable à la démocratie, Périclès domine la vie politique athénienne au ve siècle av. J.-C.** Il parvient à se faire élire 30 fois stratège, dont 15 fois de suite.
- **Périclès instaure le *misthos*** et l'obligation pour les citoyens riches de financer le théâtre, rendu gratuit pour les plus pauvres. Les sujets des pièces de théâtre sont une façon de **prolonger le débat démocratique** entre les citoyens : les tragédies glorifient l'Athènes démocratique, tandis que les comédies critiquent la démocratie.
- Mais Périclès est aussi celui qui puise dans le trésor de la Ligue de Délos, notamment pour **reconstruire l'Acropole**, détruite par les Perses. Il fait appel au sculpteur Phidias (v. 500-v. 430 av. J.-C.) pour la construction du **Parthénon**, temple principal dédié à la déesse protectrice de la cité, Athéna.
- Périclès meurt de la peste au début de la guerre du Péloponnèse, en 429 av. J.-C.

La Méditerranée antique : l'empreinte romaine

73

Lue Relue Apprise

Rome et son Empire forment le second modèle qui a pu influencer la culture européenne.

1 Auguste, fondateur de l'Empire

A Un pouvoir impérial mettant un terme aux guerres civiles

- L'expansion territoriale de Rome amène cette cité du centre de l'Italie à **contrôler le bassin méditerranéen** et donne une **importance croissante à l'armée et ses généraux** dans la vie politique. Au Ier siècle av. J.-C., Rome est secouée régulièrement par des tensions qui culminent en une **guerre civile**.
- **Octave**, héritier de Jules César, en sort victorieux. Concentrant autour de sa personne les **pouvoirs militaires** (**empereur**), **politiques** et **religieux**, il instaure le **principat**.
- Devenu **Auguste**, il fonde une **dynastie** où les empereurs désignent leur successeur.

lexique

Empereur : *imperator*, chef des armées.

Principat : régime politique attribuant le pouvoir à une personne, le *princeps* ou « premier » dans l'ordre des responsabilités politiques.

B Un empire vaste et organisé

- **Si le pouvoir est centralisé à Rome, l'Empire est divisé en provinces** dirigées au nom de l'empereur par des gouverneurs. Les légions romaines, aidées de troupes locales, protègent le ***limes***. Au IIe siècle apr. J.-C., la ***pax romana*** assure ordre et prospérité des rives de l'Atlantique au Proche-Orient.
- À la fin du IVe siècle, l'Empire est organisé en deux parties : l'**Occident** et l'**Orient**.
- Dans l'Empire, la citoyenneté donne surtout des droits civils et économiques. **Rome octroie largement ce statut prestigieux** : d'abord réservé aux élites municipales, il est finalement accordé à tous les hommes libres de l'Empire avec l'**édit de Caracalla** en 212.
- La **romanisation** des populations passe aussi par l'urbanisme, les modes de vie, le culte de l'empereur.

lexique

Limes : frontière entre l'Empire romain et les Barbares.

Pax romana : « paix romaine ».

Romanisation : processus de transformation culturelle dû à l'influence de Rome sur ses provinces.

2 De l'Empire romain à l'empire chrétien

A Un empire cosmopolite

- L'Empire connaît un vaste processus d'**échanges culturels** qui ne se limitent pas à la romanisation. Le **polythéisme** romain permet facilement de cumuler les cultes. À côté du latin qui se diffuse, le grec reste la langue dominante de l'Orient.
- Venu d'Orient, le **monothéisme** se divise, à partir du Ier siècle apr. J.-C., en deux courants : le **judaïsme** et le **christianisme**. Le christianisme est la religion qui se diffuse le plus dans l'Empire, aussi bien auprès des esclaves que des élites. Mais le refus de rendre un culte à l'empereur rend cette religion suspecte aux yeux des Romains. Des **persécutions** commencent dès le Ier siècle apr. J.-C.

Lexique

Persécutions : traitement injuste et violent appliqué systématiquement à un individu ou un groupe.

B La christianisation de l'Empire

- Dans un contexte de lutte pour le pouvoir impérial et de menaces barbares, l'empereur **Constantin** (272-337) contrôle seul l'Occident après avoir remporté la bataille du pont Milvius en 312, puis tout l'Empire à partir de 324. **Il veut bâtir une nouvelle Rome à Constantinople.**
- À partir de Constantin, c'est la tolérance qui prévaut : par la promulgation de l'**édit de Milan** en 313, l'empereur romain instaure la **liberté de culte**. Devenu empereur grâce au soutien des chrétiens, Constantin se convertit lui-même, se faisant **protecteur de l'Église**.
- Avec l'**édit de Thessalonique** proclamé en 380 par l'empereur **Théodose** (347-395), **le christianisme devient la religion officielle de l'Empire**. En 392, le christianisme devient la seule religion autorisée. Désormais, les persécutions touchent les **païens**.
- **Le christianisme reste surtout le fait des villes** et pénètre plus difficilement dans les campagnes. Par ailleurs, **il connaît des débats et des variations**, notamment chez les Barbares qui se convertissent eux aussi. Cela pousse les évêques à fixer un **dogme** lors de **conciles** souvent présidés par l'empereur lui-même, comme le fait Constantin lors du concile de Nicée en 325.

Lexique

Païen : adepte d'une autre religion que le christianisme.

Dogme : ensemble de règles reconnues comme des vérités incontestables.

Concile : assemblée des évêques, chefs locaux de l'Église.

La Méditerranée médiévale : un espace de contacts

74

Lue Relue Apprise

Au Moyen Âge, trois civilisations se partagent la Méditerranée. Leurs contacts peuvent être conflictuels sur le plan politique, ce qui n'empêche pas des échanges économiques et culturels.

1 Trois civilisations rivales

A La Méditerranée au XIIe siècle, un carrefour de civilisations

- **En Occident chrétien, l'Empire romain a été remplacé par des monarchies barbares** donnant naissance aux États européens actuels. Au XIIe siècle, cet espace est traversé par plusieurs dynamiques : la **féodalité** morcelle le pouvoir politique aux mains des seigneurs, tandis que les campagnes ainsi que les villes, et donc le commerce, connaissent un nouvel essor.
- **En Orient, l'Empire byzantin perpétue l'Empire romain**. En 1054, les divisions au sein du christianisme conduisent à un **schisme** entre les catholiques fidèles au pape en Occident et les orthodoxes en Orient.
- **Le sud de la Méditerranée est sous le contrôle de l'islam**. Cette religion, fondée en Arabie au VIIe siècle, a su constituer un empire s'étendant des portes de la Chine et de l'Inde jusqu'en Espagne. Si un **calife** le dirige, l'Empire, très vaste, est morcelé.

lexique

Féodalité : système social créant des liens de fidélité entre puissants (suzerains) et vassaux, fondés sur l'obtention d'un fief (terre).

Schisme : rupture religieuse.

Calife : successeur du prophète Mahomet.

B Des conflits nombreux

- **L'Empire byzantin recule** face aux avancées de l'islam. Les relations sont également tendues avec les catholiques, notamment les marchands italiens présents à Constantinople.
- Dans la péninsule Ibérique, **la *Reconquista***, appuyée par des chevaliers francs, **fait reculer les musulmans** jusqu'en Andalousie.
- **En 1095, le pape lance un appel à la croisade** pour reconquérir les lieux saints occupés par les musulmans. Jérusalem est prise en 1099 et des États latins sont créés sur la côte du Proche-Orient. Sa reprise par Saladin en 1187 pousse les chrétiens à organiser d'autres croisades, mais celles-ci échouent et n'empêchent pas la disparition progressive des États latins au XIIIe siècle.

lexique

Reconquista : reconquête territoriale menée par les monarchies hispaniques du nord de la péninsule Ibérique vers le sud.

Croisade : guerre sainte menée au nom du Christ.

- Moine, abbé de Clairvaux et réformateur de l'ordre cistercien, **Bernard de Clairvaux** (1090-1153) **appelle à la deuxième croisade en 1147**. Valorisant la violence guerrière au nom de la guerre sainte, il est soutenu par la papauté.

2 Des échanges enrichissants

A Un commerce méditerranéen florissant

- **Le commerce qui existait à l'époque de l'Empire romain a repris autour de la Méditerranée.** Les routes, terrestres et surtout maritimes, relient Occident et Orient jusqu'en Asie.
- **Constantinople** joue un rôle de plaque tournante, tandis que les **cités italiennes** aux portes de l'Occident acquièrent progressivement le contrôle du commerce international.
- **Les civilisations échangent des produits spécifiques** : blé, bois, métaux, draps d'Occident, soie, épices d'Orient... L'Orient contrôle les marchandises les plus coûteuses.
- **Les croisades perturbent ponctuellement ce commerce international** mais le redynamisent aussi avec l'installation des États latins d'Orient sur les côtes orientales de la Méditerranée.

B Des échanges intellectuels intenses

- Malgré les conflits, **les civilisations connaissent de réels échanges scientifiques et culturels**.
- L'Empire byzantin est un **héritier de la culture gréco-latine** que la science arabe, aussi en contact avec l'Inde et la Chine, récupère, conserve et fait progresser.
- **Par l'intermédiaire des savants musulmans, l'Occident découvre ces savoirs à son tour.** De nombreux progrès sont ainsi réalisés dans les domaines de la philosophie, de la médecine ou encore des mathématiques (introduction des chiffres arabes), en particulier grâce aux contacts qui existent en Espagne. Mais l'Église catholique veille sur le dogme et interdit vite certains écrits, notamment ceux d'Aristote.
- Philosophe, théologien, juriste mais aussi médecin, **Averroès** (1126-1198), originaire de Cordoue en Andalousie, est surtout connu pour ses **commentaires d'Aristote**, permettant la redécouverte de celui-ci en Occident. Ses idées lui valent toutefois d'être condamné dans le monde musulman.

Points de passage et d'ouverture : le monde méditerranéen

75

Lue Relue Apprise

La figure d'Auguste est centrale dans la transformation de Rome, devenu un empire à l'échelle de toute la Méditerranée. Au Moyen Âge, l'Italie joue en revanche un rôle surtout commercial dans cet espace, à l'image de Venise.

1 Le principat d'Auguste

A D'Octave à Auguste

- Né en 63 av. J.-C., Octave est le neveu et le fils adoptif de Jules César, qui en fait son héritier. Dans la guerre civile romaine, il devient le chef du parti qui s'oppose à Marc Antoine, allié à Cléopâtre. **Après sa victoire sur celui-ci à Actium en 31 av. J.-C., Octave reste seul maître du pouvoir à Rome.**
- Évitant l'erreur de Jules César, qui avait été assassiné pour avoir voulu prendre le titre de roi de Rome, **Octave sauvegarde les apparences de la République.**
- **Il cumule les fonctions romaines traditionnelles** : consul, tribun, grand pontife, *imperator*, etc. En **27 av. J.-C.**, Octave est aussi proclamé ***princeps***, c'est-à-dire premier membre du Sénat, et reçoit le titre d'**Auguste**, terme signifiant « le plus illustre ». Certaines de ces fonctions lui sont attribuées à vie comme celle d'*imperator*, chef des armées, terme dont découle le mot français « empereur ».

Lexique

Consul : originellement, deux consuls dirigent la République à Rome. Ils sont renouvelés chaque année.

Tribun : traditionnellement, chef du peuple. Il a un droit de veto sur le Sénat.

Pontife : chef de la religion romaine.

B La concentration des pouvoirs

- **Toutes ces fonctions accumulées permettent à l'empereur d'être le chef absolu de Rome**, dirigeant tous les domaines : politique, religieux, militaire… Si le Sénat fait les lois, c'est le Prince qui nomme les sénateurs. Par ailleurs, **le retour à la paix**, après des décennies de troubles et de guerres civiles, **permet à Auguste d'obtenir le soutien du peuple**.
- **À sa mort en 14 apr. J.-C., Auguste est divinisé et un culte lui est rendu.** Il a pu désigner Tibère comme son successeur, fondant une dynastie. Les empereurs qui dirigent désormais Rome jouiront des mêmes pouvoirs et du même culte. Ils dirigent un empire vaste qui s'étend autour du bassin méditerranéen et dont ils essayent de préserver l'unité, l'ordre et la prospérité.

2 Venise, au cœur des échanges méditerranéens

A Une cité au carrefour des routes commerciales

- Située au nord-est de la péninsule italienne, construite sur une lagune et des îles de la mer Adriatique, **Venise émerge au cours du Moyen Âge comme une cité commerciale primordiale**, à l'image de Gênes ou Florence.
- **Venise échange des céréales, des tissus, de la soie, des pierres précieuses et des métaux**, mais aussi des produits travaillés sur place qui font naître un **artisanat** important et de qualité comme la verrerie. Le commerce maritime fait fonctionner une importante activité de **construction navale**.
- En contact direct avec l'Occident par ses routes terrestres et avec le monde byzantin et l'Orient par ses routes maritimes, **Venise représente l'interface entre l'Orient et l'Occident**. La cité obtient des **privilèges commerciaux** auprès du Saint-Empire romain germanique, de l'Empire byzantin, des États latins d'Orient.

> **lexique**
> **Interface** : zone de contacts entre deux espaces différents.

- En 1204, Venise parvient à détourner la quatrième croisade à son profit pour prendre temporairement le contrôle de Constantinople et d'une partie de l'Empire byzantin.

B Des marchands actifs

- **Les marchands vénitiens sont présents partout** : sur les marchés d'Occident (foires de Champagne), à Constantinople, sur les rives du monde arabo-musulman...
- **À Venise même, le marché du Rialto est le centre de la vie économique et politique de la ville.** Le doge est élu par les riches familles marchandes.

> **lexique**
> **Doge** : duc qui dirige la cité de Venise.

- **Les marchands vénitiens participent au développement du commerce et de nouvelles techniques qui fondent le capitalisme moderne** : change des monnaies, assurances sur le transport des marchandises, banque, lettres de change, etc.

Le monde méditerranéen

Révision EXPRESS

Les points essentiels

- Deux civilisations de la Méditerranée antique marquent particulièrement l'histoire et la culture des Européens : la **Grèce** et **Rome**.
- **En Grèce**, les cités qui divisent le pays connaissent des régimes politiques divers. **Athènes** est la première où apparaît la **démocratie**, qui donne le pouvoir à l'ensemble de ses citoyens. Ceux-ci l'exercent directement dans les réunions de l'**Ecclésia**, qui délègue aussi des fonctions. **Périclès** domine la vie démocratique athénienne du Vᵉ siècle av. J.-C.
- **Rome**, cité italienne, est devenue au fil des siècles un **empire** qui contrôle tout le bassin méditerranéen. Cela suscite des tensions et une guerre civile dont sort victorieux **Octave**. Il devient sous le titre d'**Auguste** le premier empereur, concentrant **tous les pouvoirs** mais ouvrant une ère de ***pax romana***, assurant retour à l'ordre, prospérité et romanisation.
- Les influences culturelles sont réciproques : l'Empire devient progressivement **chrétien**, d'abord grâce à la **politique de tolérance** de **Constantin**, puis par le choix du christianisme comme **religion officielle**.
- **Au Moyen Âge, l'unité romaine s'est brisée** : seul perdure en Orient l'**Empire byzantin**, soumis à la pression de l'**islam** apparu au sud. En Occident, les Barbares ont fondé des **monarchies chrétiennes**.
- Les relations entre les trois civilisations peuvent être **conflictuelles**, mais il y a aussi des **échanges** commerciaux et intellectuels.

Les dates-clés

-490	Victoire athénienne de Marathon sur les Perses
-429	Mort de Périclès
-27	Octave devient Auguste
14	Mort et divinisation d'Auguste
313	Édit de tolérance de Constantin envers les chrétiens
380	Le christianisme devient la religion officielle de l'Empire
VIIᵉ siècle	Apparition et expansion de l'islam
1095	Appel à la croisade
1147	Bernard de Clairvaux appelle à la 2ᵉ croisade
1187	Reprise de Jérusalem par Saladin
1204	Venise détourne la 4ᵉ croisade sur Constantinople

Mémo'Quiz

Vrai ou faux ? Cochez la bonne réponse.

La Méditerranée antique : l'empreinte grecque

1. À Athènes, l'assemblée démocratique s'appelle l'Ecclésia.

❑ Vrai ❑ Faux

2. La Ligue de Délos est dirigée par Sparte contre Athènes.

❑ Vrai ❑ Faux

La Méditerranée antique : l'empreinte romaine

1. Octave devient Auguste en prenant le titre de roi.

❑ Vrai ❑ Faux

2. L'empereur Constantin lance les persécutions contre les chrétiens.

❑ Vrai ❑ Faux

3. L'Empire romain devient officiellement chrétien à la fin du IVe siècle.

❑ Vrai ❑ Faux

La Méditerranée médiévale : un espace de contacts

1. L'Empire byzantin est l'héritier de l'Empire romain d'Occident.

❑ Vrai ❑ Faux

2. L'Espagne médiévale est un centre d'échanges culturels.

❑ Vrai ❑ Faux

3. Venise détourne la quatrième croisade vers Constantinople.

❑ Vrai ❑ Faux

→ Corrigés p. 522

Les Grandes Découvertes et leurs conséquences

76

Lue Relue Apprise

Les Grandes Découvertes bouleversent l'économie et la vision du monde de nombreuses sociétés, notamment des Européens, mais aussi des Amérindiens et des Africains.

1 De nouveaux empires atlantiques

A La découverte d'un nouveau continent

- **À partir du xve siècle, les Portugais explorent la voie maritime** permettant de contourner l'Afrique et d'atteindre directement l'Asie sans passer par le monde musulman.
- **Christophe Colomb** (1451-1506), un marin génois, convainc les Espagnols d'emprunter la route de l'ouest à travers l'Atlantique. **En 1492, son expédition atteint les îles des Caraïbes.**

B La conquête des Amériques

- Par le traité de Tordesillas (1494), **Espagnols et Portugais se partagent le Nouveau Monde**. Des ***conquistadores*** (Cortés, Pizarro) font tomber les empires aztèque au Mexique et inca au Pérou.
- En Amérique centrale, l'Espagne nomme « Castille d'Or » la province qui lui en fournit le plus. **Cet afflux de métaux précieux fait de l'Espagne la première puissance européenne pendant le « Siècle d'Or ».**

lexique

Conquistador **:** « conquérant » espagnol du Nouveau Monde.

2 Une nouvelle dynamique économique

A L'économie coloniale

- **En Amérique se met en place une économie exploitant les ressources des colonies**, avec la création de mines (or, argent) et de plantations (canne à sucre, cacao, tabac, coton).
- **L'économie de plantation sucrière** (exploitation de grande taille nécessitant une main-d'œuvre très nombreuse et dont la production est destinée à l'exportation) **sert de modèle.**
- La main-d'œuvre est fournie par le système de l'***encomienda*****,** qui permet de **faire travailler gratuitement les Indiens** résidant sur un territoire soumis à l'autorité d'un *conquistador*. Mais le **choc microbien**, qui fait disparaître 90 % des Indiens, oblige à chercher des esclaves ailleurs.

lexique

Choc microbien : phénomène biologique désignant la forte mortalité due à l'arrivée dans une population de microbes inconnus jusque là.

B Le commerce triangulaire

- Le **commerce triangulaire** désigne les relations commerciales qui relient l'Europe, l'Afrique et l'Amérique, les produits échangés étant spécifiques à chaque étape.
- **Les Européens s'insèrent dans la traite négrière** déjà existante en Afrique et y installent des comptoirs où ils se fournissent en esclaves contre armes et pacotilles (mot d'origine espagnole désignant des marchandises sans valeur : bijoux, tissus, ustensiles de cuisine...).

> **lexique**
> **Traite négrière :** commerce des esclaves africains.

- **Plus de 10 millions d'Africains sont déportés** jusqu'au XVIIIe siècle en Amérique, avec 10 % de morts durant la traversée. Ils travaillent dans les plantations, dans des conditions inhumaines.
- **Les bateaux finissent leur voyage d'une année en ramenant les matières premières** américaines dans les grands ports européens (Liverpool, Nantes, Séville...).

3 L'élargissement de l'horizon des Européens

A Le contact avec d'autres civilisations

- Avec violence mais aussi curiosité, **les Européens découvrent des populations aux cultures différentes** (religion, langue, mode de vie...). Ils se confrontent à l'**altérité**, tendant un miroir à leur propre culture et ouvrant réflexion et débats.
- Lors de la controverse de Valladolid (1550-1551), **Bartolomé de Las Casas**, un ancien colon devenu clerc, **défend l'humanité des Indiens**, ce qui ouvre la voie à l'**évangélisation** du continent mais aussi à la traite négrière.

> **lexique**
> **Altérité :** caractère de ce qui est autre, différent de soi.
> **Évangélisation :** conversion au christianisme.

B Une nouvelle vision du monde

- Persuadé d'avoir atteint l'Asie en 1492, Christophe Colomb n'a pas compris qu'il avait découvert un nouveau continent. **L'« Amérique » est identifiée par le navigateur florentin Amerigo Vespucci, puis baptisée de son nom en 1507** par le cartographe Waldseemüller.
- La connaissance du monde, de ses terres et de ses océans, ou encore de ses espèces animales et végétales, progresse considérablement à partir du XVIe siècle. **Les échanges d'hommes et de produits ouvrent une première phase de mondialisation.**

Renaissance, humanisme et réformes religieuses

77

Lue Relue Apprise

Avec la redécouverte des textes antiques et l'invention de l'imprimerie, l'Europe connaît une véritable « renaissance » intellectuelle au XVIe siècle. Celle-ci se double d'une rupture religieuse, avec la fondation du protestantisme par Martin Luther.

1 L'humanisme, une nouvelle vision de l'Homme

A Une révolution intellectuelle

- **À partir du XVe siècle, la culture européenne est bouleversée par l'apport de connaissances extérieures** : redécouverte des textes antiques par le biais des savants musulmans d'Espagne, puis des savants byzantins fuyant la chute de Constantinople, découverte des Amériques...
- **Un appétit pour tous les savoirs et l'échange structure le monde des savants.** Ceux-ci s'interrogent sur la **nature de l'être humain**, dont ils proposent une vision optimiste : l'Homme peut s'améliorer pour mieux atteindre Dieu. **Érasme** (1467-1536), qui établit une version plus fidèle de la Bible, est surnommé le « Prince des humanistes ».

B Des savants dans leur temps

- **Pour transmettre leur savoir, les savants utilisent l'imprimerie**, mise au point par le graveur **Gutenberg** (1400-1468) vers 1450 en Allemagne. **Les ouvrages**, auparavant rares et coûteux car copiés à la main un par un dans des monastères, **deviennent accessibles au plus grand nombre.**
- Les savants sont souvent confrontés à l'immobilisme médiéval d'une Université aux mains de l'**Église, réticente face aux idées nouvelles**. Galilée en fait l'expérience lorsqu'il tente de proclamer l'**héliocentrisme**, mais doit reculer lors d'un procès face au pape.
- Les savants sont cependant **protégés par des alliés puissants** (ducs, rois, etc.) par le biais du **mécénat**.

lexique

Héliocentrisme : théorie affirmant que le Soleil est au centre de l'Univers.

Mécénat : soutien matériel et politique apporté par un puissant à un savant ou un artiste.

C Une révolution artistique

- **L'art connaît aussi des transformations humanistes** : références à l'Antiquité (d'où l'idée de « Renaissance »), apport de l'anatomie dans la compréhension du corps humain, nouveaux sujets célébrant la beauté de la Nature et de l'Homme...
- **La peinture en particulier bénéficie de nouvelles techniques.** La **géométrie** permet l'étude des proportions, de la perspective.

2 Des réformes religieuses

A Naissance du protestantisme

- En 1517, s'opposant à la pratique des indulgences que le pape utilise pour financer la rénovation de Rome, **le moine allemand Martin Luther préconise une réforme du catholicisme** dans 95 propositions.
- La réaction du pape (rejet puis excommunication) le pousse au schisme : **la religion protestante est fondée en 1521**. Luther organise lui-même cette réforme sous la protection de Frédéric III, prince de Saxe.

Lexique

Indulgences : pardon des péchés accordé en échange d'une somme d'argent.

Excommunication : expulsion d'un fidèle de l'Église.

Schisme : division d'une religion en deux Églises.

- Influencé par l'humanisme, Luther veut une religion instaurant un **lien plus direct entre Dieu et l'Homme**, en passant par la Bible plutôt que par l'Église.
- **Il inspire d'autres courants réformateurs en Europe** : le **calvinisme** sous l'action de Jean Calvin (1509-1564) en France puis en Suisse, l'**anglicanisme** sous le règne d'Henri VIII dans le royaume d'Angleterre...

B La Contre-Réforme

- En réponse à la Réforme protestante, **l'Église catholique organise un important concile à Trente**, en Italie. Ce concile, qui débute en 1545 et s'achève en 1563, confirme les **dogmes catholiques** (usage du latin pour la messe et la Bible, obtention du salut par la foi mais aussi par les œuvres telles que les indulgences, les pèlerinages ou les prières aux saints...) ainsi que le **rôle du pape**.

Lexique

Concile : assemblée des évêques réunie par le pape pour discuter du dogme.

- Fondé dans ce contexte, **l'ordre religieux des jésuites exige une formation et une discipline très strictes**. Son objectif est d'évangéliser non seulement les régions gagnées au protestantisme, mais aussi le Nouveau Monde.
- La **reconquête catholique** passe aussi bien par l'éducation et la propagande que par l'**art baroque** qui, par sa monumentalité et sa magnificence, se veut l'expression artistique de la grandeur de l'Église.
- L'Église catholique incite également les souverains à lutter contre les « prétendus Réformés ». Des **guerres de religion** déchirent le Saint-Empire romain germanique, puis la France (massacre de la Saint-Barthélemy en 1571), et enfin l'Europe tout entière (guerre de Trente Ans de 1618 à 1648).

Points de passage et d'ouverture : un nouveau rapport au monde

78

Lue Relue Apprise

Pour les Européens, le XVIe siècle est un siècle de bouleversements sur le plan culturel et religieux. Ces bouleversements touchent aussi d'autres peuples de la planète.

1 La controverse de Valladolid

A Les Indiens ont-ils une âme ?

- **Bartolomé de Las Casas** (1484-1566), ancien colon espagnol devenu moine, défend la cause des Indiens réduits en esclavage après la conquête de l'Amérique.
- Il intervient en ce sens lors de la **controverse de Valladolid** (1550-1551), convoquée par le roi d'Espagne et présidée par un **légat** du pape. Dans ce débat, **Bartolomé de Las Casas défend l'humanité des Indiens** face à Juan de Sepùlveda, qui les considère comme des sauvages **païens** et cannibales.

lexique

Légat : envoyé représentant le pape.

Païen : qui n'a pas de religion.

B Une décision qui bouleverse le destin des peuples

- Suite à cette controverse, **l'Église reconnaît l'humanité des Indiens et interdit leur esclavage**. Ils seront évangélisés. Mais ils sont décimés par les maladies apportées par les Européens.
- Pour se pourvoir en esclaves, les Européens se tournent alors vers le marché africain, déjà très actif, et organisent la **traite négrière transatlantique**.

2 Michel-Ange et la chapelle Sixtine

- **Influencés par les idées humanistes** et profitant des nouvelles connaissances, les artistes de la Renaissance développent de nouvelles techniques et s'intéressent à de nouveaux thèmes.
- **Ils sont aussi sous la protection de mécènes** riches et puissants. Au début du XVIe siècle, le pape Jules II, souhaitant rénover et embellir la ville de Rome, fait ainsi appel à de nombreux artistes, dont Michel-Ange.

lexique

Mécène : protecteur des savants et des artistes, leur donnant les moyens matériels de travailler.

● En repeignant le plafond de la chapelle Sixtine, Michel-Ange donne à voir de nombreuses **scènes inspirées de la Bible**, rappelant que les humanistes veulent célébrer la créature de Dieu à travers l'Homme : par son index tendu, Dieu crée l'Homme et lui donne la vie (Doc.).

3 Luther et la Réforme protestante

A Un schisme chrétien

● Au début du XVIe siècle, **l'Église catholique fait régulièrement l'objet de critiques**. Les dépenses du pape, financées par le commerce des indulgences, font scandale.

● En 1517, **le moine allemand Martin Luther** (1483-1546) **propose une réforme du christianisme** en 95 propositions. Ces propositions sont rejetées par le pape, qui décide l'excommunication de Luther en 1521.

B Une religion de l'humanisme ?

● Luther fonde alors le **protestantisme**, une nouvelle Église qui établit une **relation plus directe entre l'homme et Dieu** par l'intermédiaire de la Bible, mettant en avant davantage la foi que les actes. La nécessité de lire directement la Bible permet une meilleure instruction des fidèles.

● **De nombreux dogmes catholiques sont rejetés**, comme la croyance en la Vierge Marie et les saints. Les cérémonies religieuses et le clergé sont limités au minimum.

Doc. *La Création d'Adam*, une œuvre humaniste

Michel-Ange (1511), *La Création d'Adam*,
plafond de la chapelle Sixtine, palais du Vatican, Rome.

Un nouveau rapport au monde

Révision EXPRESS

Les points essentiels

- Explorant des voies maritimes pour contourner le monde musulman et établir un commerce direct avec l'Orient, **les Européens font des découvertes géographiques qui bouleversent leur connaissance du monde**, en particulier lorsqu'ils découvrent un nouveau continent : l'Amérique.
- S'ensuit un processus de conquêtes. Dans les nouveaux empires, **une économie coloniale d'exploitation des mines et des terres se met en place**, appuyée sur la traite négrière qui voit la déportation de 10 millions d'Africains en trois siècles.
- **Le XVIe siècle est aussi l'époque de la Renaissance et de l'humanisme.** Cette nouvelle vision de l'Homme, plus optimiste, bouleverse le champ culturel, artistique et scientifique de toute l'Europe. De grands artistes, tels que Léonard de Vinci, Raphaël ou Michel-Ange, signent des chefs-d'œuvre fondateurs. Les savants font progresser les sciences, même si l'Église s'oppose parfois à ce progrès des connaissances, comme en astronomie avec Galilée.
- **Des tensions au sein du catholicisme débouchent sur un schisme qui voit la naissance d'un nouveau courant chrétien**, baptisé **protestantisme**, sous l'impulsion du moine allemand Luther. Des guerres de religion déchirent alors catholiques et protestants. Les papes sont obligés de mener une Contre-Réforme.

Les dates-clés

1453	Prise de Constantinople par les Ottomans
1456	Bible imprimée de Gutenberg
1492	Découverte de l'Amérique par Christophe Colomb
1511	Michel-Ange achève le plafond de la chapelle Sixtine
1517	Publication des *95 thèses* de Luther
1521	Luther fonde la religion protestante
1545-1563	Concile de Trente
1550-1551	Controverse de Valladolid
1598	Édit de Nantes par Henri IV
1618-1648	Guerre de Trente Ans

Mémo'Quiz

Vrai ou faux ? Cochez la bonne réponse.

Les Grandes Découvertes et leurs conséquences

1. Les Espagnols atteignent l'Inde par la voie du sud, en contournant l'Afrique.

❏ Vrai ❏ Faux

2. Le continent américain doit son nom à un cartographe.

❏ Vrai ❏ Faux

3. Les esclaves indiens remplacent les esclaves africains en Amérique.

❏ Vrai ❏ Faux

4. L'or est la principale richesse qui provient du Nouveau Monde.

❏ Vrai ❏ Faux

Renaissance, humanisme et réformes religieuses

1. L'humanisme a le soutien de l'Église.

❏ Vrai ❏ Faux

2. L'humanisme s'inspire de l'Antiquité.

❏ Vrai ❏ Faux

3. Le protestantisme est une religion qui multiplie les cérémonies et les actes religieux.

❏ Vrai ❏ Faux

4. La France a connu des guerres de religion.

❏ Vrai ❏ Faux

→ Corrigés p. 522

L'affirmation de l'État en France

79

Lue Relue Apprise

Avec la mise en place progressive d'une monarchie qui tend vers l'absolutisme, le pouvoir royal se renforce en France au cours du XVIIe siècle.

1 Une monarchie absolue qui rencontre des résistances

A Une monarchie déstabilisée par les guerres de religion et certaines oppositions

- De 1562 à 1598, **huit guerres de religion opposent catholiques et protestants**. Ces guerres affaiblissent le pouvoir du roi, qui perd le contrôle d'une partie du territoire.
- Ces guerres entraînent une réflexion sur la nécessité de **confier à l'État le monopole de la violence**. Elles prennent fin avec la promulgation de l'**édit de Nantes** en 1598 par Henri IV, qui défend la **tolérance religieuse**.
- Durant l'enfance de Louis XIV, **la noblesse**, qui voit son pouvoir restreint, **mène un soulèvement armé appelé la Fronde**.

B Une monarchie de droit divin qui se renforce au XVIIe siècle

- **La monarchie française est dite « de droit divin »** car le roi doit traditionnellement son trône à la volonté de Dieu. Les lois du royaume lui imposent ainsi d'être catholique.
- Les souverains s'appuient sur le **gallicanisme** pour contrôler l'Église de France. Depuis le **concordat de Bologne** signé avec le pape en 1516, **la nomination des évêques revient au roi**. La monarchie lutte contre les courants religieux jugés dissidents, tels que les jansénistes et les protestants en 1685.
- **Le long règne de Louis XIV** (1638-1715) **permet un renforcement du pouvoir royal** : la France devient une **monarchie absolue**. Le souverain s'appuie sur son pouvoir militaire et la France ne connaît que quinze années de paix sous son règne. Les assemblées sont marginalisées et les derniers **états généraux** sont convoqués en 1614. Les membres des parlements qui défendent leur **droit de remontrance** sont emprisonnés par Louis XV en janvier 1771.

Lexique

Gallicanisme : doctrine réservant au pouvoir royal le gouvernement de l'Église de France, le pape conservant le pouvoir spirituel.

Monarchie absolue : régime politique dans lequel le souverain détient tous les pouvoirs et gouverne sans contrôle.

États généraux : assemblée des trois ordres du royaume.

Droit de remontrance : droit de contester une décision royale.

● **Versailles**, devenue résidence royale en 1682, **est également un outil de domestication de la noblesse et un symbole de la monarchie de droit divin.** Symboliquement, le roi Louis XIV y est au centre : ses appartements sont placés à la croisée de tous les axes de circulation. Sa chambre fait face à Apollon (dieu du Soleil) dans son lever triomphal. Ainsi est mise en scène la figure du Roi-Soleil.

2 Un État puissant et modernisé

A Un absolutisme administratif

● Pour moderniser l'État, **le roi s'entoure d'officiers bien formés et issus de la bourgeoisie**. Ils passent de 4 000 en 1515 à 50 000 sous Louis XV. Certains, comme Jean-Baptiste Colbert, sont anoblis. Ils achètent leur **office** et peuvent même le léguer à partir de 1604.

● Il existe également des **intendants** envoyés dans les provinces pour **contrôler le fonctionnement de l'État**. On dit qu'ils sont « les oreilles et les yeux du roi », auquel ils rapportent directement leurs observations.

> **lexique**
> **Office :** charge publique.
> **Intendant :** haut fonctionnaire représentant le pouvoir royal dans les provinces.

B Le rôle essentiel de la fiscalité

● **Les impôts directs** (la taille) **et indirects** (la **gabelle**) **ne cessent d'augmenter** afin de financer la guerre et le fonctionnement de l'État. Louis XIV, qui a constamment besoin de ressources financières, en confie une partie à des fermiers généraux qui avancent l'argent et perçoivent par la suite eux-mêmes l'impôt.

> **lexique**
> **Gabelle :** impôt indirect sur le sel.

● **Ce système**, qui facilite les abus et génère une fiscalité de plus en plus lourde, **donne lieu à de nombreuses révoltes fiscales**, dont celle des **Bonnets rouges** en 1675, très durement réprimée par le pouvoir.

C Un État qui se préoccupe d'économie

● **Colbert** (1619-1683), ministre des Finances de Louis XIV, œuvre dans ce domaine en mettant en place une politique **mercantiliste** destinée à enrichir le royaume, facteur indispensable de puissance selon lui.

● Dans ce but, il multiplie les **manufactures** royales (par exemple, celle des Gobelins qui produit des tapisseries). Il crée également des **compagnies de commerce**.

> **lexique**
> **Mercantilisme :** doctrine économique prônant l'intervention de l'État et visant la prospérité par les exportations permises par une base industrielle solide.
> **Manufacture :** établissement industriel fondé par le roi.

Les révolutions anglaises et leurs conséquences

80

Lue Relue Apprise

Comme d'autres monarchies, l'Angleterre connaît au début du XVIIe siècle une tendance vers l'absolutisme. Mais depuis 1215, la Grande Charte limite les pouvoirs royaux par la présence d'un Parlement.

1 Aux origines des révolutions

A La première révolution anglaise et le « moment Cromwell » (1642-1660)

- Le roi Charles Ier d'Angleterre (1625-1649) est partisan de la **monarchie absolue de droit divin** appuyée sur l'**Église anglicane**. Mais depuis le XIIIe siècle, **un Parlement contrôle les impôts et garantit les libertés**. Ce Parlement est organisé en deux chambres :
– la **chambre des Lords**, nommée par le roi et composée de grands nobles et d'évêques anglicans ;
– la **chambre des Communes**, dont les députés sont élus par les propriétaires anglais.

- **Charles Ier refuse de gouverner avec le Parlement** et cela entraîne la guerre civile (1642-1648). Le Parlement remporte la bataille de Naseby en 1645. Charles Ier est alors jugé puis exécuté en janvier 1649.

- **Le nouveau gouvernement abolit la royauté et fonde la république. Oliver Cromwell**, un parlementaire issu de la petite noblesse rurale, **se fait proclamer « Lord Protecteur »** mais établit en réalité une dictature. Il impose également le **puritanisme** et l'ordre anglais. En avril 1653, **il dissout le Parlement** et certains l'accusent de vouloir rétablir à son profit la monarchie.

- À la mort de Cromwell en 1658, son fils lui succède, mais il doit renoncer au pouvoir quelques mois plus tard. En 1660, le Parlement rappelle le fils de Charles Ier, qui règne alors sous le nom de Charles II (1660-1685). C'est la **restauration monarchique**.

lexique

Monarchie absolue de droit divin : régime dans lequel le pouvoir du souverain est considéré comme étant la volonté de Dieu. Son pouvoir n'est donc pas partagé et il n'admet aucune limite, sauf celle de Dieu.

Église anglicane : Église officielle d'Angleterre qui se proclame chrétienne, catholique et réformée. Elle n'obéit pas au pape puisque son chef est le souverain britannique.

Puritain : personne qui prétend pratiquer un christianisme pur, appuyé sur une lecture littérale de la Bible.

B La restauration monarchique et la seconde révolution anglaise (1660-1689)

- Après la restauration de 1660, le Parlement vote en 1679 la loi d'***Habeas Corpus***, qui a pour but d'**éviter les arrestations et détentions arbitraires**. Cette loi est rapidement considérée comme un modèle en Europe et dans les colonies britanniques, même si les abus restent encore nombreux.
- À la mort de Charles II en 1685, son frère Jacques II lui succède, mais il se heurte rapidement au Parlement. Diverses personnalités prennent alors contact avec **Guillaume d'Orange**, époux de Marie, la fille aînée du roi, qui se propose de **préserver les droits politiques et religieux des Anglais**. Guillaume débarque en novembre 1688 et provoque la fuite de Jacques II.

2 La mise en place d'un régime parlementaire

A Le *Bill of Rights* : une limitation du pouvoir royal

- En janvier 1689, le Parlement est prêt à transmettre la couronne à Guillaume et Marie d'Orange, mais ceux-ci doivent au préalable accepter de signer la **Déclaration des droits** (ou ***Bill of Rights***) qui **limite leur pouvoir**.
- Le *Bill of Rights* est non seulement un **texte essentiel de l'histoire politique et juridique britannique**, mais aussi une **référence dans l'histoire européenne** tant il a influencé les penseurs des Lumières.

B L'émergence de la puissance britannique

- **Le système politique et juridique britannique** devient une référence dans l'histoire européenne et **influence le mouvement philosophique des Lumières.** En Angleterre, les Lumières (***Enlightenment***) ne se manifestent pas par une lutte contre l'Église, ni par de fortes oppositions idéologiques. À l'image de Newton, de nombreux scientifiques et intellectuels souhaitent l'aide de l'esprit divin pour mieux comprendre le cheminement de la raison humaine.
- **L'essor économique du royaume est favorisé par la fondation de la Banque d'Angleterre en 1694.** Le *Stock Exchange* (la Bourse) est créé en 1773 et les activités commerciales et financières sont alors étroitement liées. La **City** de Londres se spécialise dans les activités commerciales et financières.

lexique

Enlightenment : expression anglaise désignant les idées nouvelles qui naissent en Angleterre à partir du XVIIe siècle.

City : quartier central de Londres qui concentre les activités financières et commerciales.

La naissance des États-Unis d'Amérique

81

Lue Relue Apprise

La révolte des Treize colonies anglaises d'Amérique du Nord permet l'émergence d'un nouvel État outre-Atlantique. Celui-ci se dote d'une Constitution à l'origine d'un régime républicain porteur de libertés, mais qui connaît aussi des limites.

1 La révolution américaine

A La révolte des Treize colonies

- Au XVIIIe siècle, les Treize colonies anglaises de la côte nord-est de l'Amérique connaissent une grande prospérité. **À partir de 1763, le gouvernement anglais crée de nouveaux impôts sur le sucre et le thé.** Il impose aux colons de ne faire du commerce qu'avec l'Angleterre (**régime de l'exclusif**) et leur interdit de s'installer plus à l'ouest, de peur de déclencher de nouvelles guerres contre les Indiens.

lexique

Régime de l'exclusif : système commercial qui contraint une colonie à ne commercer qu'avec sa métropole.

- Pour les colons, **ces décisions violent le droit des sujets britanniques de ne pas être taxés sans consentement de leurs représentants** (en référence à la Déclaration des droits de 1689), les colonies n'étant pas représentées au Parlement britannique à Londres.
- En décembre 1773, pour protester contre cette situation, **les colons organisent la *Boston Tea Party*** : quelques habitants, nommés les « Fils de la Liberté », montent à bord de trois navires déguisés en Amérindiens et jettent à la mer des caisses de thé taxées. **Cet événement symbolise le début de la révolte**, mais les colons sont divisés entre ceux qui prônent l'indépendance, les **insurgents**, et ceux qui souhaitent demeurer britanniques, les **loyalistes**.

B L'indépendance des États-Unis d'Amérique

- **Le 4 juillet 1776, les délégués des Treize colonies adoptent la Déclaration d'indépendance.** Ce texte évoque la force des libertés individuelles et proclame que « tous les hommes sont créés égaux ». Il s'oppose également à toute forme de tyrannie.
- **L'Angleterre réagit par la force et envoie des troupes mater la rébellion.** Commandés par **George Washington** et aidés militairement et financièrement par la France depuis 1778, les Américains remportent la victoire de Yorktown en octobre 1781. **Par le traité de Paris signé en 1783, l'Angleterre reconnaît l'indépendance des États-Unis.**

2 Un régime porteur de libertés mais comportant des limites

A Enjeux et limites de l'application des principes démocratiques

- La **Constitution de 1787** ménage la volonté d'indépendance des treize États mais met en place un **pouvoir fédéral** compétent dans les domaines du commerce extérieur, de la défense, de la politique extérieure et des relations entre les États fédérés. Afin que les grands États ne dominent pas trop les plus petits, il est décidé que chaque État disposera de deux sièges de sénateurs, alors que la représentation serait proportionnelle à leur population à la Chambre des représentants.
- La **séparation des pouvoirs** exécutif, législatif et judiciaire est instituée et semble concrétiser un cadre juridique fondé sur la **démocratie** et l'**égalité en droit**. Le pouvoir législatif est ainsi détenu par le **Congrès**, formé de la **Chambre des représentants** et du **Sénat**. Le **président**, élu pour quatre ans, incarne le pouvoir exécutif et dispose d'un droit de véto sur les lois décidées par le Congrès.
- Cependant, **la Constitution élaborée en 1787 comporte d'importantes limites**. Ainsi, la référence au « peuple des États-Unis » exclut les Indiens, les noirs, les femmes et même les serviteurs blancs. **L'esclavage n'est pas aboli et la Constitution ne prévoit pas de suffrage universel.** En outre, la séparation des pouvoirs établie est en partie incomplète, puisque le président dispose d'un droit de véto sur les lois et nomme les juges à la Cour suprême.

B L'influence des révolutions atlantiques

- **L'indépendance américaine se nourrit des idées venues d'Angleterre et de France** (les Lumières), et en propose une application concrète. L'insurrection américaine est particulièrement bien accueillie en France, surtout auprès de la bourgeoisie et de l'aristocratie, à l'instar du marquis de La Fayette qui participe au conflit.
- Mais au même moment, la France vit encore sous un régime absolutiste et **le vent de liberté venu d'Amérique va y avoir de grandes conséquences**.

Points de passage et d'ouverture : l'État à l'époque moderne

82

Lue Relue Apprise

À l'époque moderne, les États français et britannique représentent des modèles politiques différents : la France de l'Ancien Régime est une monarchie qui tend vers l'absolutisme, alors que l'Angleterre inaugure une monarchie limitée très influente. Cependant, ces régimes connaissent des oppositions et des évolutions qui inaugurent l'ère des révolutions atlantiques.

1 L'*Habeas Corpus* et le *Bill of Rights* : le refus de l'arbitraire royal

A L'*Habeas Corpus* (1679) : garantir les libertés individuelles

- Depuis le XIIIe siècle, le Parlement anglais souhaite particulièrement empêcher les arrestations sans motif et sans contrôle d'un juge. Après la restauration de 1660, le Parlement vote en 1679 la loi d'***Habeas Corpus***, qui a pour but d'**éviter les arrestations et détentions arbitraires**.
- **Cette loi fixe un délai bref pour la présentation de tout prisonnier à son juge et impose la libération sous caution du détenu dans l'attente de son jugement**, à l'exception des auteurs des crimes les plus graves. Des sanctions sont prévues pour punir ceux qui ne respecteraient pas la nouvelle loi.

B Le *Bill of Rights* (1689) : établir le régime parlementaire

- Après la seconde révolution de 1688-1689, Guillaume et Marie d'Orange, pressentis comme souverains, doivent au préalable accepter de signer la **Déclaration des droits** (ou ***Bill of Rights***) qui **limite leur pouvoir**.
- Désormais, **les lois ne pourront être adoptées qu'après avoir été votées par les chambres et sanctionnées par le roi**, qui ne peut ni les faire seul ni les suspendre. Le Parlement devient souverain en matière de « levée d'argent » et de « levée des armées ». Il doit être « fréquemment réuni » et ses membres jouissent d'une totale liberté d'expression dans son enceinte. Enfin, le peuple anglais dispose du **droit de pétition** et du **droit de voter librement**.

Lexique

Droit de pétition : droit de s'adresser au gouvernement pour exprimer une protestation ou une demande.

2 Voltaire, l'Angleterre et la publication des *Lettres philosophiques*

● En 1726, à la suite d'une querelle avec un noble, **Voltaire s'exile en Angleterre jusqu'en 1729**. Il y découvre les libertés parlementaires et est surtout impressionné par l'esprit de **liberté** et de **tolérance** qui règne au sein de cette société. Il admire l'*Habeas Corpus*, alors qu'en France existent encore les **lettres de cachet**.

> **lexique**
> **Lettre de cachet :** document juridique non public transmettant un ordre du roi, permettant notamment d'enfermer n'importe quel sujet du royaume sans procès.

● Après avoir pu observer au plus près le développement économique britannique, Voltaire en déduit que **l'intensité des échanges marchands et intellectuels augmente en proportion de l'aspiration des peuples à plus de liberté et de tolérance**.

● Maîtrisant la langue anglaise, Voltaire rencontre des écrivains, des philosophes et des savants. **Il entreprend alors de célébrer le régime anglais pour indirectement critiquer celui de la France.** C'est à Londres qu'il commence à rédiger en anglais un ouvrage où il expose ses observations sur l'Angleterre. Il le fera paraître en 1734 en France, sous le titre de ***Lettres philosophiques***. Il y évoque la question religieuse, mais décrit également le gouvernement et le commerce britanniques. **Les *Lettres philosophiques* favorisent une diffusion de l'influence anglaise en France.**

3 George Washington, premier président des États-Unis d'Amérique

● **George Washington** (1732-1799) **est un riche planteur de Virginie qui s'engage dans l'armée continentale**, dont il devient le commandant en chef au moment de la guerre d'indépendance américaine, entre 1775 et 1783.

● Grâce à l'aide du marquis de La Fayette et de la France, les Américains remportent la victoire de Yorktown en octobre 1781. **Avec la signature du traité de Paris en 1783, l'Angleterre reconnaît l'indépendance des États-Unis.**

● **En 1787, une Convention constitutionnelle se réunit**, sous la présidence de George Washington, pour organiser les institutions du nouvel État. **George Washington est élu premier président des États-Unis d'Amérique** et accomplit presque deux mandats entre 1789 et 1796.

L'État à l'époque moderne : France et Angleterre

Révision EXPRESS

Les points essentiels

- À l'époque moderne, **le pouvoir royal français se renforce avec la mise en place d'une monarchie absolue. Monarchie de droit divin**, l'État ne tolère pas les protestants ou ceux qui remettent en cause son autorité. **La monarchie mène de nombreuses guerres et les finance par l'impôt**, ce qui entraîne des révoltes qui limitent le pouvoir royal.
- **L'Angleterre connaît également une tendance vers l'absolutisme au début du XVIIe siècle.** Deux révolutions finissent par **limiter le pouvoir du souverain au profit du Parlement**. L'***Habeas Corpus*** et la **Déclaration des droits** témoignent de cette évolution. Pour autant, l'expérience républicaine est très courte et l'Angleterre devient une monarchie limitée.
- N'acceptant plus la domination de la métropole britannique, **les colonies anglaises d'Amérique déclarent leur indépendance en 1776**. Commandés par **George Washington**, les Américains battent les Britanniques, qui **reconnaissent l'indépendance des Treize colonies en 1783**. Ces dernières se transforment en un nouvel État fédéral : les États-Unis.

Les dates-clés

- **En France :**

1643-1715	Règne de Louis XIV
1675	Révolte fiscale des Bonnets rouges
1685	Révocation de l'édit de Nantes

- **En Angleterre :**

1642-1648	Première révolution anglaise
1679	*Habeas Corpus*
1689	*Bill of Rights*

- **En Amérique :**

4 juillet 1776	Déclaration d'indépendance
3 septembre 1783	Traité de Paris : reconnaissance de l'indépendance des Treize colonies
17 septembre 1787	Constitution des États-Unis

Mémo'Quiz

Cochez la bonne réponse.

L'affirmation de l'État en France

1. Le gallicanisme est :

❏ une langue régionale du nord de la France.
❏ une doctrine économique.
❏ une doctrine plaçant le gouvernement de l'Église de France sous les ordres du roi.

2. Pour être obéi dans les provinces, le roi nomme :

❏ des intendants. ❏ des religieux. ❏ des gestionnaires.

3. La révolte des Bonnets rouges est :

❏ une émeute de protestants. ❏ une révolte fiscale.
❏ une guerre menée contre les Anglais.

4. Le mercantilisme, qui veut développer les exportations, a été créé par :

❏ Mazarin. ❏ Colbert. ❏ Louis XIV.

Les révolutions anglaises et leurs conséquences

La première révolution anglaise a eu lieu :

❏ de 1642 à 1648. ❏ de 1688 à 1689. ❏ de 1773 à 1776.

La naissance des États-Unis d'Amérique

La Constitution américaine de 1787 met en place :

❏ un État fédéral et républicain. ❏ un État centralisé.
❏ une monarchie limitée.

→ Corrigés p. 522

Les Lumières et le développement des sciences

83

Lue Relue Apprise

Les XVIIe et XVIIIe siècles voient naître un essor intellectuel et scientifique sans précédent. Les progrès de la raison et de la technique vont à jamais transformer l'Europe.

1 Les Lumières, le siècle de la raison

A Des idées nouvelles

- **Les Lumières rejettent la superstition** ainsi que les excès de la religion et **luttent pour la tolérance**. Elles s'opposent à l'**absolutisme** en défendant l'idée d'une monarchie soucieuse du respect des libertés et de la séparation des pouvoirs. On considère qu'elles portent en germe les idées de la **Révolution**, mais aussi de la **démocratie**.

Lexique

Tolérance : fait d'accepter ce qui est différent de soi, notamment sur le plan religieux.

Absolutisme : régime politique dans lequel le roi détient tous les pouvoirs.

- Les penseurs des Lumières, appelés **philosophes**, veulent **« éclairer les hommes »** et **propager la connaissance**. Voltaire s'illustre par sa lutte contre la superstition et sa défense du modèle politique britannique. Denis Diderot et Jean-Jacques Rousseau vont même plus loin en affirmant la souveraineté du peuple.

B La diffusion de la connaissance

- **La connaissance se diffuse grâce à l'imprimerie**, qui permet de distribuer les ouvrages scientifiques à grande échelle. L'***Encyclopédie*** de Diderot et d'Alembert compile ainsi tout le savoir disponible à cette époque. Les meilleurs spécialistes y contribuent. Les techniques et les métiers sont à l'honneur dans l'ouvrage, avec des planches très détaillées.

Lexique

***Encyclopédie* :** grand dictionnaire rédigé sous la forme d'articles détaillés.

Académie : institution royale créée pour les sciences ou les arts.

- Les **académies**, les **salons** (voir p. 40) et les **cafés** s'imposent comme des **lieux de discussion et de débat**. Ce mouvement intellectuel touche d'abord les élites de l'Ancien Régime : la noblesse, la bourgeoisie et les habitants des villes.

C La physiocratie

- La **physiocratie** est un courant très important né en France dans les années 1750, dont le chef de file est **François Quesnay**.

Lexique

Physiocratie : école de pensée qui met la nature (*physis* en grec) au centre de l'économie.

- Pour les physiocrates, **la nature et l'agriculture sont à l'origine des richesses**. Par conséquent, il faut supprimer toutes les barrières qui limitent la liberté de produire et de vendre. **Ce courant est un des fondements de la pensée économique en France.**

2 Une révolution scientifique

A Un nouvel esprit scientifique

- À partir du XVIIe siècle émerge une **nouvelle vision du monde**, basée sur l'expérience et les mathématiques, en rupture avec la tradition issue des textes antiques et religieux. Les **sciences**, favorisées par les souverains qui créent des académies, prennent alors leur envol dans une Europe en plein bouillonnement intellectuel.

> **Lexique**
> **Science** : connaissance fondée sur une méthode.

- **Galilée** est le premier à proposer une explication du monde fondée sur l'**observation** et les **mathématiques** (voir p. 37).
- **Newton** révolutionne la vision du monde avec la **théorie de la gravité**. Il est le premier à donner une explication de la chute des corps (la fameuse pomme qui tombe sur le sol), du mouvement des marées, mais aussi de celui des astres dans le ciel. Il faudra cependant plusieurs décennies pour que la théorie de la gravité soit comprise et diffusée (voir p. 38).
- **Les hommes de science multiplient les expériences**, comme Franklin qui invente le paratonnerre avec ses recherches sur la foudre, ou Lavoisier qui révèle l'existence du dioxyde de carbone en 1785.

B Une révolution technique

- Au XVIIIe siècle, les sciences s'organisent et l'intérêt pour les instruments et les **techniques** se confirme. La science est intimement liée au développement de nouveaux instruments d'observation et de mesure, comme la lunette astronomique de Galilée ou la pompe à air de Lavoisier.

> **Lexique**
> **Technique** : savoir-faire permettant la fabrication d'objets utiles à l'homme.
> **Pompe à feu** : machine qui s'active à partir d'une chaudière.

- En 1712, **Thomas Newcomen** (1664-1729) invente la **pompe à feu**, qui a pour but d'évacuer l'eau des mines. Elle permet de créer et multiplier l'énergie à partir du charbon et de la vapeur.
- Mais l'invention la plus déterminante est celle de la **machine à vapeur**. D'abord développée en France par Papin et Cugnot, elle va entraîner une révolution des transports et de la production avec le dépassement de la force animale et humaine. **C'est le début de la révolution industrielle.**

Tensions, mutations et crispations de la société d'ordres

84

Lue Relue Apprise

L'Ancien Régime est un système très complexe sur le plan politique et surtout social. Cette société d'ordres est fondée sur les inégalités et la hiérarchie liée à la naissance. Elle connaît cependant des tensions internes importantes.

1 Une société d'ordres et ses tensions

A Une société d'ordres et de privilèges

- Sous l'**Ancien Régime**, une personne se définit d'abord par l'appartenance à l'un des **trois ordres** de la société : la **noblesse**, le **clergé** et le **tiers état**.
- Les membres du clergé et de la noblesse sont dits **privilégiés** : ils ne paient pas d'impôts. Le privilège permet aussi aux nobles d'accéder à certains emplois réservés dans l'armée.
- La noblesse, **classe dominante**, est l'objet de toutes les **ambitions**, mais elle concentre aussi les **rancœurs** des membres du tiers état.

Lexique

Ancien Régime : système politique et social antérieur à la Révolution.

Noblesse : ordre privilégié et groupe social dominant de l'Ancien Régime.

Tiers état : sous l'Ancien Régime, ordre regroupant les personnes qui vivent de leur travail.

B Les visages de la noblesse

- **La noblesse ne constitue que 1,5 % de la population française**, mais elle représente l'élite du pays. Elle bénéficie de grands domaines qui lui assurent des revenus importants. Les « gentilshommes » sont souvent **seigneurs** en leurs terres.
- Les membres de la noblesse n'ont théoriquement pas le droit de travailler, mais **ils exercent des fonctions importantes** dans l'Église (haut clergé), dans l'armée, dans les institutions du royaume ou au service du roi.
- **La noblesse est un ordre très hétérogène** : les membres de l'**aristocratie** titrée (duc, marquis...) côtoient une noblesse plus pauvre dans les campagnes.

Lexique

Seigneur : maître et possesseur d'une terre.

Aristocratie : partie supérieure de la noblesse.

C Le monde paysan

- Sous l'Ancien Régime, **la France est essentiellement composée de paysans**. Leurs conditions de vie s'améliorent nettement dans la deuxième moitié du XVIIIe siècle.

- **C'est un milieu très hétérogène** : il y a de forts écarts entre le riche laboureur du bassin parisien et le simple journalier qui se fait embaucher à la journée.
- Le monde paysan est touché par une **série de révoltes** (voir p. 39).

2 Des mutations sociales importantes

A L'essor du monde urbain

- Au XVIIIe siècle, **les villes françaises prennent leur essor** grâce au développement du commerce et des fonctions de production (voir p. 40).
- La ville est un **lieu de rivalités** entre les deux élites : la **bourgeoisie** et la **noblesse**. La noblesse occupe de hauts postes dans les cours souveraines, comme le **Parlement**. Cependant, nobles et **bourgeois** fréquentent généralement les mêmes collèges et les mêmes salons, et sont souvent sensibles aux mêmes idées.

lexique

Parlement : cour de justice de l'Ancien Régime.

Bourgeois : personne qui tire sa richesse de son travail.

B L'affirmation de la bourgeoisie

- Au XVIIIe siècle, **la bourgeoisie est en pleine ascension sociale**. Très présente dans les professions juridiques (avocats, greffiers...), elle tente d'imiter le mode de vie de la noblesse.
- Les bourgeois supportent de plus en plus mal d'être **privés de privilèges** et **éloignés du pouvoir politique** alors qu'ils ont le pouvoir économique.
- **Leur ascension sociale est difficile.** Elle passe par l'**anoblissement**, qui se fait par la décision du roi ou par l'achat de charges et l'exercice de fonctions prestigieuses dans l'administration royale.

C Les femmes sous l'Ancien Régime

- Sous l'Ancien Régime, **les femmes souffrent d'une infériorité sociale et des préjugés de l'époque**. Elles sont vues comme d'éternelles mineures. Pourtant, beaucoup travaillent dans les champs (à la campagne) ou dans les boutiques (en ville).
- Le sort des femmes de l'aristocratie et de la haute bourgeoisie est plus enviable. Cependant, **l'accès à de hautes fonctions dans les affaires, l'administration ou les académies leur est interdit**.
- Il existe néanmoins **quelques parcours de femmes très influentes** dans le monde de la Cour, des sciences ou des salons (voir p. 38).

lexique

Préjugé : idée que l'on se fait avant même de la vérifier, idée reçue.

Points de passage et d'ouverture : les Lumières et les sciences

85

Lue Relue Apprise

Galilée et Mme du Châtelet sont deux figures qui incarnent l'essor de l'esprit scientifique et sa difficile diffusion en Europe aux XVIIe et XVIIIe siècles.

1 Galilée, symbole de la rupture scientifique au XVIIe siècle

A Une nouvelle vision du monde

- Par ses observations, **Galilée** (1564-1662), physicien et astronome italien, confirme l'**héliocentrisme** proposé par Nicolas Copernic avant lui. Il s'oppose ainsi au **géocentrisme** défendu par l'Église.
- Sa méthode repose sur une observation du monde à l'aide de la **lunette astronomique** qu'il met au point. Elle lui permet de constater que le monde d'en haut n'est pas parfait, contrairement à ce qui est alors admis : le Soleil a des taches, la Lune a des montagnes et les satellites de Jupiter sont en mouvement. **Le monde céleste semble obéir aux mêmes lois que celui d'en bas.**

Lexique

Héliocentrisme : théorie affirmant que le Soleil est au centre de l'Univers.

Géocentrisme : théorie affirmant que la Terre est au centre de l'Univers.

B La naissance de la méthode expérimentale

- **Galilée remet en question l'explication de la chute des corps** proposée par Aristote en mesurant l'accélération d'une boule sur un plan gradué et incliné.
- Il ose proposer une lecture contraire aux **Anciens** et à la Bible. **C'est la naissance de l'esprit scientifique et de la méthode expérimentale.**

Lexique

Anciens : auteurs de l'Antiquité dont le plus réputé est Aristote.

C Un scientifique menacé et protégé

- En contestant le géocentrisme, **Galilée menace le message de l'Église**, qui place la Terre (et donc l'Homme) au centre de l'Univers. Il est alors convoqué à Rome par le tribunal de l'**Inquisition** en 1633. **Pour éviter le bûcher, il doit abjurer sa découverte**, c'est-à-dire y renoncer publiquement.
- Galilée travaille sous la protection de plusieurs **grands-ducs de Toscane**. Lors de son procès, il doit sa survie au **pape Urbain VIII**.

Lexique

Inquisition : tribunal de l'Église catholique.

2 Madame du Châtelet, femme de sciences et héroïne des Lumières

A Une femme dans un monde d'hommes

- Fille d'aristocrates cultivés, **Émilie Le Tonnelier de Breteuil** (1706-1749) reçoit la même éducation que ses frères dans sa jeunesse : un précepteur lui enseigne les mathématiques et les langues, notamment l'anglais, l'allemand et le latin, qui est la langue des sciences.

lexique

Précepteur : professeur particulier des enfants de la bourgeoisie et de l'aristocratie.

- Mariée en 1725 avec le marquis du Châtelet, **elle accède aux plus hautes sphères**, notamment la Cour à Versailles, où elle se lie d'amitié avec les plus grands penseurs comme Voltaire ou Fontenelle.
- Bien que mariée, Mme du Châtelet conserve toute sa vie une grande liberté, mais **elle doit s'imposer dans un monde intellectuel réservé aux hommes** : elle est ainsi obligée de se déguiser en homme pour accéder au café Gradot, lieu de réflexion intense.

B Une femme de sciences

- Aristocrate française, femme de lettres et de sciences, Mme du Châtelet représente l'une des plus grandes **figures scientifiques** de son temps.
- Elle participe activement à la réception et à la **diffusion des idées de Newton** en France, et notamment de sa théorie de la gravité. Ces idées ne sont alors connues et comprises que par une infime minorité de gens. Elle rédige en 1745 une traduction de son livre, au départ rédigé en latin, et l'enrichit de commentaires tout en proposant une synthèse avec les autres théoriciens de son temps.

lexique

Théorie de la gravité : théorie de Newton qui explique la chute des corps et la rotation des astres.

C Une figure centrale des Lumières

- Si l'Histoire n'a retenu que des noms d'hommes lorsqu'on évoque les sciences et la philosophie des Lumières, réduisant souvent les femmes au rôle d'animatrices de salons, Mme du Châtelet représente pourtant une des plus grandes **figures de la connaissance** de son temps.
- Maîtresse et **protectrice de Voltaire**, cette femme hors du commun illustre à la perfection la figure des **« passeurs »** capables de **rendre des théories très complexes accessibles au plus grand nombre**, et ce notamment grâce à la révolution de l'imprimerie.

lexique

Salon : lieu de réunion qui se définit aussi par ses membres. D'abord littéraires, les salons deviennent plus philosophiques au XVIIIe siècle.

Points de passage et d'ouverture : la société d'ordres

86

Lue Relue Apprise

Aux XVIIe et XVIIIe siècles, la société française est soumise à des tensions sociales fortes tant dans les campagnes que dans les villes à cause des inégalités économiques et de la pression des impôts. Un essor économique et intellectuel touche cependant les villes et les ports.

1 La révolte des Va-nu-pieds et la condition paysanne

● Sous l'Ancien Régime, **les Français des campagnes représentent 4/5e de la population**, dont l'essentiel est composé de simples paysans. Un grand nombre de paysans sont propriétaires de leurs terres, mais des charges importantes pèsent sur eux. Ils ont du mal à supporter les **droits féodaux** et les nouveaux impôts décidés par la monarchie.

● **La révolte des Va-nu-pieds éclate en Normandie en 1639.** Les habitants de la région entrent en rébellion à cause de la mise en place par le roi d'une nouvelle taxe sur le sel pour financer la guerre. Il s'agit cependant d'une révolte fiscale plutôt que d'une vraie remise en cause de la monarchie.

lexique

Droits féodaux : droits du seigneur qui remontent au Moyen Âge (percevoir des taxes et exercer la justice).

Révolte : soulèvement qui ne débouche pas sur un changement majeur.

2 Riches et pauvres à Paris

● En 1789, **Paris compte 600 000 habitants**, ce qui en fait la plus grande ville d'Europe. Bien que le roi soit à Versailles, **Paris reste la capitale du royaume** et concentre les fonctions administratives, judiciaires et économiques.

● **La ville est un lieu de rivalités entre les bourgeois et les nobles.** La noblesse, qui est l'**élite** politique de l'Ancien Régime, occupe les hauts postes du régime. La bourgeoisie, en pleine ascension, occupe les fonctions marchandes et les professions juridiques. Elle gagne le pouvoir économique mais reste privée du pouvoir politique. Ces classes aisées vivent à l'ouest de la capitale.

● **La population de Paris est composée pour l'essentiel de petites gens** (artisans, domestiques, petits métiers ou même mendiants) qui vivent concentrés dans le centre et l'est de la capitale, et notamment dans les **faubourgs** Saint-Antoine et Saint-Marcel.

lexique

Élite : groupe social dominant dans une société.

Faubourg : quartier construit en dehors des murs.

3 Les salons au XVIIIe siècle

- **Les salons sont un haut lieu des Lumières** où le vent des idées nouvelles souffle et où les femmes s'illustrent avec un rôle central.
- Tout au long du XVIIIe siècle, et plus particulièrement au milieu du siècle sous le règne de Louis XV, **les dames de l'aristocratie reçoivent des hommes de pouvoir et de lettres, des scientifiques et des étrangers de passage** dans des cercles de discussion qui prennent très vite une orientation philosophique, voire politique.
- Parmi les salons les plus célèbres, on peut citer ceux de **Mme de Tencin**, de **Mme du Deffand**, de **Mme Geoffrin**, ou encore de **Mlle de Lespinasse**. Lieux de rencontre, ces salons voient se côtoyer toutes les élites éclairées, qu'elles soient aristocratiques ou bourgeoises.

4 Les ports français et le développement de l'économie de plantation et de la traite

- Dans l'ouest de la France, **les ports connaissent un essor spectaculaire au XVIIIe siècle**. Ils représentent l'un des trois pôles du **commerce triangulaire** et sont le point de départ de vastes expéditions. On y charge de la marchandise qui est échangée contre des esclaves en Afrique, qui sont eux-mêmes vendus dans les colonies des Antilles : c'est la **traite négrière**. Les esclaves servent de main-d'œuvre dans les plantations. Les navires rapportent enfin les **produits coloniaux** en métropole, qui sont alors vendus à prix d'or.
- **Les plus grands ports sont Nantes, Bordeaux puis La Rochelle**, mais également Le Havre en Normandie, ainsi que Lorient et Saint-Malo en Bretagne. Nantes domine le classement en organisant près de 43 % de ces expéditions.
- **La traite enrichit les ports et les armateurs**, qui profitent de la liberté de commerce instaurée au début du XVIIIe siècle par le pouvoir royal. Ils peuvent réinvestir leurs bénéfices dans l'achat de somptueux bâtiments en ville ou de terres, mais aussi investir dans une industrie naissante, comme les Say à Nantes avec les raffineries de sucre.

Lexique

Commerce triangulaire : commerce entre l'Europe, l'Afrique et l'Amérique.

Produits coloniaux : sucre, café, tabac ou indigo.

Armateur : propriétaire d'un bateau ou investisseur dans une expédition.

Dynamiques et ruptures

Révision EXPRESS

Les points essentiels

- **Les sociétés européennes connaissent de profondes transformations** intellectuelles, économiques, sociales et territoriales aux XVIIe et XVIIIe siècles.
- **Elles sont tout d'abord touchées par une révolution intellectuelle**, provoquée par les **Lumières** et associée à l'essor ainsi qu'à la diffusion de l'esprit scientifique. Une nouvelle explication du monde, basée sur les mathématiques et la rationalité, commence à transformer les esprits. Les philosophes, l'aventure de l'*Encyclopédie*, le monde des salons et les villes sont au cœur de cette mutation culturelle.
- Particulièrement important au XVIIIe siècle, **l'essor économique entraîne un mouvement d'urbanisation** très visible à Paris et dans les ports à l'ouest de la France. La **bourgeoisie**, nouvelle élite fondée sur l'argent, vient concurrencer l'ancienne noblesse. Le creusement des **inégalités économiques** en ville contribue à des tensions sociales importantes. Dans les campagnes, les paysans rejettent de plus en plus les impôts à travers des révoltes.
- **Toutes ces dynamiques font imploser les cadres de l'Ancien Régime.** L'autorité de l'Église et de la monarchie absolue est contestée. Mais c'est surtout la hiérarchie de la société, fondée sur les ordres et les privilèges, qui est rejetée.

Les dates-clés

1633	Procès de Galilée
1639	Révolte des Va-nu-pieds
1687	Publication des découvertes de Newton
1712	Thomas Newcomen construit sa « machine atmosphérique », considérée comme la première machine à vapeur
1740-1780	Âge d'or des salons philosophiques à Paris
1745	Traduction et commentaires de Newton par Mme du Châtelet
Années 1750	« Âge d'or » des traites négrières dans les ports français
1751	Parution du premier volume de l'*Encyclopédie*

Mémo'Quiz

Cochez la ou les bonne(s) réponse(s).

Les Lumières et le développement des sciences

1. L'éditeur de l'*Encyclopédie* est :

❑ Voltaire. ❑ Denis Diderot. ❑ Jean-Jacques Rousseau.

2. Les physiocrates sont :

❑ des penseurs des Lumières.
❑ les partisans de la monarchie absolue.
❑ des personnes qui affirment que la nature est le fondement de toute richesse.

3. Galilée est :

❑ un grand mathématicien italien.
❑ l'inventeur de la pompe à feu.
❑ l'homme qui a prouvé que la Terre est plate.
❑ l'homme qui a confirmé la théorie de l'héliocentrisme.

Tensions, mutations et crispations de la société d'ordres

1. De quelle année date la révolte des Va-nu-pieds ?

❑ 1639 ❑ 1645 ❑ 1789

2. Sous l'Ancien Régime, les nobles ne travaillent pas.

❑ Vrai ❑ Faux

3. À la fin du XVIIIe siècle, Paris compte :

❑ 200 000 habitants. ❑ 600 000 habitants.
❑ 2 millions d'habitants.

4. Mme du Châtelet a tenu le salon le plus connu de Paris au XVIIIe siècle.

❑ Vrai ❑ Faux

5. Le plus grand port négrier français au XVIIIe siècle est :

❑ La Rochelle. ❑ Nantes. ❑ Le Havre.

→ Corrigés p. 523

Géographie

Sommaire

Géographie

Lue / Relue / Apprise

Les risques naturels et technologiques

87

Lue Relue Apprise

L'humanité occupe et transforme différents milieux, de façon de plus en plus intensive avec la croissance démographique. Ce faisant, elle accroît les risques de toutes natures : aujourd'hui, deux tiers de la population mondiale sont soumis à un risque.

1 La diversité des milieux habités par l'Homme

A Une humanité en forte croissance

- Depuis plus de deux siècles, **la population humaine est entrée dans une phase de transition démographique qui s'est accompagnée d'une forte croissance** : on dénombre 1 milliard d'êtres humains au début du XIXe siècle, 2 milliards à l'entrée du XXe siècle, et près de 8 milliards aujourd'hui.
- **Cette croissance a accéléré l'anthropisation des espaces** dans tous les milieux. S'il reste un lien entre la densité de population et les contraintes liées aux milieux (un milieu plus contraignant sera plus faiblement peuplé), **les capacités techniques ont permis de faire reculer les limites des espaces habitables.**

Lexique

Transition démographique : passage d'un régime démographique traditionnel (forts taux de natalité et de mortalité) à un régime moderne (faibles taux de natalité et de mortalité).

Anthropisation : transformation de l'espace naturel par l'Homme.

B Des milieux diversement habités

- **Certains milieux possèdent de fortes contraintes pour la vie humaine** : espaces polaires, déserts où l'aridité est permanente, hautes montagnes... Ces milieux sont pourtant habités, même faiblement, avec des modes de vie adaptés où le **nomadisme** domine souvent.
- **D'autres milieux présentent plus de facilités et des densités plus fortes :** espaces au climat tempéré ou au climat tropical avec saison humide, littoraux, plaines... Ce sont souvent les milieux où a commencé la révolution agricole du Néolithique, début de l'anthropisation des espaces.

Lexique

Nomadisme : mode de vie de populations sans habitat fixe, se déplaçant donc régulièrement.

2 Des sociétés face aux risques

A La multiplication des risques

- Plusieurs risques peuvent toucher les sociétés. Ces risques peuvent être causés ou aggravés par l'activité humaine, ou sans rapport avec celle-ci :

– les **aléas géologiques** (séismes, éruptions...) sont indépendants de l'activité humaine ;

– les **risques naturels**, surtout climatiques (tempêtes, cyclones, inondations, sécheresses...), peuvent en revanche être amplifiés par l'activité humaine ;

– enfin, les **risques anthropiques** (risques industriels, technologiques ou sanitaires, pollutions...) sont les conséquences directes de l'activité humaine et augmentent avec le niveau de développement.

● **L'exposition au risque peut être locale** (cyclone, éruption, accident...) **ou avoir une portée à l'échelle mondiale** : on parle alors de risque **systémique**. Sont par exemple classés parmi les risques systémiques l'éruption du Krakatoa en Indonésie qui a provoqué des hivers rigoureux en Europe à la fin du XIXe siècle, ou encore le nuage radioactif de la catastrophe de Tchernobyl qui a couvert l'Europe en 1986.

Lexique

Systémique : ensemble des éléments en interaction les uns avec les autres et leur environnement.

B Des sociétés et des espaces plus ou moins vulnérables

● **Les risques n'existent qu'à partir du moment où l'espace qui y est soumis est peuplé**. Ainsi, un séisme au milieu de l'Antarctique n'est pas un risque mais un événement naturel.

● **Toutes les sociétés ne sont pas également préparées aux risques**. Les pays développés connaissent des catastrophes de moindre ampleur en termes de morts et de dégâts matériels par rapport aux pays les plus pauvres. Le séisme de 2011 au Japon a fait dix fois moins de morts que celui, comparable en intensité, de Haïti l'année précédente. 90 % des victimes de catastrophes se situent dans les pays en développement du Sud.

C Se protéger des risques ?

● **La protection face aux risques nécessite une bonne connaissance de ceux-ci** (ne pas construire en zone inondable, par exemple), mais aussi des moyens techniques à mettre en œuvre pour se protéger (systèmes de surveillance et d'alerte, bâtiments adaptés, digues...).

● **Une protection totale face à tous risques semble illusoire**. Les sociétés cherchent plutôt à rendre leurs territoires flexibles ou **résilients**, quitte à détruire d'anciens aménagements ou à utiliser la nature pour laisser celle-ci se déployer (replantage d'arbres pour lutter contre la sécheresse, par exemple).

Lexique

Résilience : capacité d'adaptation d'un territoire.

Les ressources : eau et énergies

88

Lue Relue Apprise

L'humanité puise des ressources dans la nature pour satisfaire ses besoins et se développer. Ces ressources ne sont pas inépuisables et posent la question des modèles de développement ainsi que celle de la transformation des espaces.

1 L'eau, une ressource vitale

A Une ressource illimitée ?

- On surnomme la Terre la planète bleue : l'existence de la vie y est liée à la présence d'eau. Toutefois, 97 % de cette eau, salée, est contenue dans les océans. **Seule l'eau douce, soit les 3 % restants, est utile à l'humanité.** Or, une grande proportion de cette eau est piégée dans les glaces ou dans les eaux souterraines.
- **Les besoins en eau de l'humanité n'ont cessé de croître** à cause de la croissance démographique mais aussi du développement économique et technique, même si l'agriculture compte encore pour 70 % de la consommation d'eau.

B Des inégalités face à l'eau

- Le cycle de l'eau ne connaît pas la même intensité sur tout le globe et des milieux sont plus humides que d'autres. **La répartition de l'eau est inégale** : 10 pays (Brésil, République démocratique du Congo...) contrôlent 60 % de l'eau douce, tandis que les zones arides connaissent des situations de stress hydrique voire de pénurie.
- **Les inégalités sont liées au niveau de développement** et donc à la capacité à développer des techniques pour capter l'eau, allant du simple puits au barrage géant ou aux usines de dessalement de l'eau de mer du Moyen-Orient. Le gaspillage de l'eau amène à développer des techniques plus économes.

Lexique

Cycle de l'eau : phénomène atmosphérique qui amène par évaporation l'eau des océans vers les continents.

Stress hydrique : disponibilité en eau faible, couvrant à peine les besoins.

C Des tensions liées à l'eau

- **À l'échelle locale, les conflits d'usage se multiplient**, par exemple entre les agriculteurs et les acteurs du tourisme au Maghreb. Les paysages peuvent être particulièrement transformés, voire dégradés (vallées ennoyées, terres érodées par l'irrigation intensive...).

Lexique

Conflit d'usage : rivalité entre différents usagers pour l'utilisation d'une ressource.

● **À l'échelle régionale, le partage d'une même ressource en eau peut susciter des tensions.**

● **À l'échelle mondiale, la question du statut de l'eau est posée** : faut-il en faire un bien marchand pour mieux réguler ses usages et son approvisionnement ou un bien commun et gratuit, comme le propose l'ONU qui promeut un « **droit à l'eau** » ?

2 S'approvisionner en énergies

A Des besoins croissants

● **La consommation d'énergie s'accroît** sous l'effet de la croissance démographique, de l'urbanisation du monde et du développement économique et technologique, qui multiplie les usages.

● L'énergie est essentielle aux activités économiques (industries), aux déplacements et à la vie quotidienne des ménages. Les ressources utilisées s'appuient essentiellement (90 %) sur des **énergies fossiles, non renouvelables** : charbon, **hydrocarbures**, uranium.

Lexique

Hydrocarbures : pétrole et gaz naturel.

B Une source d'inégalités et de tensions

● **Toutes les sociétés n'ont pas accès aux mêmes sources d'énergie.** Beaucoup de ressources se trouvent dans les pays pauvres, qui n'ont pas pu les utiliser pour asseoir leur développement et les exportent. Les inégalités peuvent aussi se retrouver au sein d'une même société (un Français sur cinq est en situation de précarité énergétique).

● **Le contrôle des ressources est devenu un enjeu stratégique.** Le pétrole est considéré comme un des facteurs de conflits du Moyen-Orient.

C Vers une transition énergétique ?

● **L'exploitation des énergies fossiles contribue au réchauffement climatique** par le rejet de gaz à effet de serre (CO_2). Dans le cadre de l'ONU, les États se sont entendus pour limiter à 2 °C l'élévation des températures d'ici 2100.

● **Cela nécessite le développement de nouvelles sources d'énergie, renouvelables et « propres »** : **hydroélectricité**, éoliennes, énergie solaire... La transition énergétique passe aussi par l'échelle locale : engagement des métropoles, des individus dans leurs consommations et leurs déplacements.

Lexique

Hydroélectricité : énergie électrique produite en utilisant le fort débit des rivières.

● **La transition énergétique reste compliquée** : les inégalités de développement favorisent les pays du Nord alors que les pays du Sud peuvent y voir un frein à leur développement.

La France : des milieux entre valorisation et protection

89

Lue Relue Apprise

Par son étendue continentale comme mondiale, la France offre des milieux variés dont elle peut exploiter les potentiels pour diversifier ses activités, mais qu'elle doit aussi protéger.

1 Des milieux variés et valorisés

A Les atouts du territoire français

- **L'étendue du territoire français lui permet de disposer de milieux variés**, aussi bien à l'échelle continentale que mondiale. La France couvre les milieux tempérés des plaines et des plateaux océaniques et continentaux, mais aussi les milieux méditerranéens et montagnards.
- Plusieurs fleuves forment des bassins qui irriguent le territoire, tandis que **des littoraux ouvrent la France sur le monde** par l'océan Atlantique, la Manche et la mer Méditerranée.
- **Outre-mer, la France dispose dans tous les océans de territoires essentiellement tropicaux et insulaires**, bien qu'il existe quelques exceptions comme la Guyane, qui est un morceau de l'Amazonie, ou Saint-Pierre-et-Miquelon, qui est sous influence polaire. Ces possessions héritées de la colonisation lui permettent de contrôler la **2e ZEE mondiale**.

Lexique

ZEE (zone économique exclusive) : espace maritime possédé par un État au large de ses côtes et dont il peut exploiter les ressources.

B Des milieux aménagés

- **Cette diversité donne à la France des potentialités en termes d'activités économiques** : commerce international par ses ports, pêche et autres ressources liées à la ZEE, potentiel en énergie éolienne, diversité des terres et cultures agricoles, diversité du tourisme...
- **Les aménagements ont transformé de longue date les milieux naturels**, qui ont pratiquement disparu du sol français : même l'Amazonie guyanaise et le glacier du Mont-Blanc sont soumis à l'anthropisation.
- **Les activités rurales ont formé des paysages qui s'intègrent aux identités régionales** : les bassins miniers aujourd'hui abandonnés ont soutenu l'industrialisation et l'urbanisation, les axes de communication suivent les vallées et sont connectés aux réseaux européens et mondiaux, y compris par des tunnels (sous le Mont-Blanc, sous la Manche...), les littoraux et les montagnes se sont couverts de stations touristiques au cours du XXe siècle.

2 La protection des milieux

A Des espaces soumis aux risques

- **Le territoire français est lui aussi soumis aux risques.** Les risques naturels sont réels, aussi bien outre-mer (cyclones, volcanisme, séismes…) qu'en métropole (tempêtes, inondations, avalanches…). La tempête Xynthia a ainsi fait 50 morts en Vendée en 2010.
- **Ces risques naturels ont parfois pu être aggravés par les aménagements humains** (artificialisation des sols ou implantations accentuant les inondations). Les effets du réchauffement climatique accentuent également ces risques naturels. Par ailleurs, l'étalement urbain grignote les espaces ruraux, agricoles et forestiers.
- **Le haut niveau de développement s'est accompagné de risques anthropiques** : accidents industriels (comme l'incendie de l'usine Lubrizol en Normandie en 2019) dans des espaces de forte densité urbaine, mortalité routière…

B Des efforts de protection

- **Les aménagements doivent tenir compte de ces facteurs pour s'inscrire dans une logique de développement durable**, protectrice de l'environnement mais aussi des habitants.
- **En France, l'État a été un des premiers acteurs de cette politique de protection** : création de parcs nationaux dès les années 1960, du Conservatoire du littoral en 1975… La législation crée des contraintes environnementales que doivent respecter aussi bien les entreprises que les collectivités territoriales (régions, départements, communes). Grâce à la politique de **décentralisation**, ces dernières sont habilitées à mener aussi des actions en matière d'environnement : parcs naturels régionaux (54 parcs en 2019), **Agendas 21** communaux, etc.
- **Une politique environnementale est également menée à l'échelle de l'UE** à travers le réseau **Natura 2000**, qui couvre 13 % du territoire français.

Lexique

Décentralisation : politique menée depuis 1982 pour déléguer une partie des pouvoirs de l'État vers les collectivités territoriales.

Agenda 21 : calendrier d'actions pour le XXIe siècle en matière de développement durable, initié par le sommet de la Terre à Rio en 1992.

Natura 2000 : réseau de plus de 27 000 sites naturels et de biodiversité à protéger, identifiés par l'UE.

Études de cas : sociétés et environnements

90

Lue Relue Apprise

1 L'Arctique, un nouvel eldorado ?

A Un milieu contraignant et fragile

- **L'Arctique correspond à l'espace centré sur le pôle Nord.** Marqué par le froid polaire et la banquise de l'océan glacial, cet espace est bordé par les littoraux septentrionaux de l'Amérique et de l'Eurasie, dominés par le permafrost.
- **Les densités humaines y sont très faibles.** Sa flore est pauvre mais sa faune est abondante et spécifique, regroupant des espèces qui se sont adaptées au froid mais qui sont aujourd'hui menacées.
- **Cet espace subit des transformations et des dégradations accélérées.** Elles peuvent être dues aux pollutions locales, mais elles s'expliquent aussi par des interactions à échelle mondiale : le réchauffement climatique y est plus rapide qu'ailleurs, la banquise ne cesse de reculer et la fonte de l'inlandsis alimente la montée du niveau des océans.

Lexique

Banquise : eau de mer gelée.

Permafrost : sol gelé en permanence dans les régions polaires.

Inlandsis : calotte de glace qui couvre une terre émergée.

B Un espace convoité

- **L'espace arctique dispose de ressources qui attirent les convoitises :** des réserves d'hydrocarbures (dans un contexte de marché pétrolier tendu), des minerais, des zones de pêche... Les États riverains se disputent la délimitation de l'espace maritime.
- Au large du Canada et de la Russie, **le recul de la banquise ouvre de nouvelles routes maritimes** entre les pôles de puissance de la mondialisation. Ces routes sont plus courtes que celles empruntées actuellement, ce qui permettrait une connexion de cet espace au réseau mondial. Cependant, cela créerait également de nouveaux risques anthropiques.

2 Los Angeles et le réchauffement climatique

A Une ville qui participe au réchauffement

- Mégapole de 18 millions d'habitants située en Californie et s'étalant dans un rayon de plus de 100 km, **Los Angeles est l'une des villes les plus polluées au monde**.
- Les températures y ont augmenté de 5 °C en un siècle et on compte 300 jours de smog par an.

Lexique

Mégapole : très grande ville.

Smog (contraction de *smoke* et *fog*) **:** brouillard dû à la pollution.

B Une ville qui subit le réchauffement

- **Les épisodes de sécheresse se succèdent à Los Angeles**, le climat devenant de plus en plus aride. Des incendies ravageurs, parfois mortels, menacent régulièrement les quartiers de la ville, aussi bien aisés que périphériques, à proximité de la forêt. Les restrictions d'eau sont régulières en période de sécheresse, bien que la ville soit une très grande consommatrice d'eau.
- **Face au réchauffement climatique, les politiques municipales sont limitées.** L'omniprésence de la voiture, dans une ville aussi vaste et dans la culture américaine, rend difficile la réorganisation des modes de déplacement.

3 Les Alpes françaises, valorisées mais vulnérables

A Des contraintes transformées en richesse

- Pentes, froid et neige ont rendu répulsives les montagnes. **C'est un espace fragmenté, isolé, traditionnellement de faible densité.**
- Toutefois, à partir de la fin du XIXe siècle, **certaines de ces contraintes ont été transformées en atouts dans les Alpes**, avec le développement d'une petite industrie grâce à l'hydroélectricité et la construction de stations de sports d'hiver.
- **Les aménagements restent cependant complexes** (notamment pour les réseaux de communication) et doivent tenir compte des risques spécifiques (avalanches, torrents...).

B Un espace à protéger

- **Les densités alpines sont relativement fortes**, en particulier au nord (Grenoble est la 11e ville de France), et l'espace est devenu attractif. Cela s'accompagne de **pollutions** importantes (le tunnel du Mont-Blanc en particulier) et les **conflits d'usage** sont fréquents entre résidents et usagers extérieurs (routiers, touristes...).
- **Le réchauffement climatique frappe durement cet espace** avec une hausse deux fois plus forte des températures, **condamnant les stations de moyenne altitude à la fermeture ou à la reconversion**. De nombreux parcs naturels nationaux couvrent les massifs et maintiennent une dynamique touristique.

Sociétés et environnements : des équilibres fragiles

Révision EXPRESS

Les points essentiels

- **La forte croissance démographique que connaît l'humanité depuis plus de deux siècles a accentué la transformation des milieux naturels** pour satisfaire ses besoins. Cette forte anthropisation a aussi accentué les **risques naturels** (cyclones, séismes...) et **anthropiques** (accidents industriels). La protection des espaces aménagés face aux risques ne peut être totale et nécessite plutôt de les prévenir et de s'adapter.
- **Les milieux naturels sont aussi exploités pour leurs ressources.** À ce titre, l'**eau**, abondante à la surface de la Terre mais mal répartie, et les **énergies** sont indispensables à la survie et au développement de l'humanité. La croissance démographique met en tension ces ressources, qui deviennent des enjeux géopolitiques à toutes les échelles. Elles sont au cœur des réflexions sur le développement durable.
- **La France présente une grande diversité de milieux** (climats, reliefs, sols, littoraux...) qu'elle a aménagés et valorisés pour en exploiter les potentiels : agriculture diversifiée, différentes formes de tourisme, réseaux de transports à échelle nationale et internationale, vaste ZEE... **Le territoire français est cependant soumis aux risques et aux dégradations environnementales**, qui obligent à penser ces aménagements dans le cadre du développement durable intégrant une meilleure protection de l'environnement et des habitants.

Les chiffres-clés

- L'eau douce disponible ne représente que **3 % de l'eau** présente sur Terre.
- **60 % des ressources en eau** sont concentrées par **10 pays** des zones tempérées et intertropicales.
- **90 % des victimes de risques** se situent dans les pays pauvres.
- L'Amazonie absorbe **15 % du CO_2** émis.
- La hauteur moyenne de neige dans les Alpes a chuté de **1,20 m à 0,5 m** depuis 1950.
- La France possède la **2e ZEE** au monde avec **10 millions de km^2**.
- Il existe **10 parcs nationaux** en France.
- **100 000 hectares du littoral français** appartiennent au Conservatoire du littoral.

Mémo'Quiz

Vrai ou faux ? Cochez la bonne réponse.

Les risques naturels et technologiques

1. La croissance démographique de l'humanité s'est accélérée depuis la fin du XVIIIe siècle.

❑ Vrai ❑ Faux

2. Les déserts et l'espace polaire sont par définition inhabités.

❑ Vrai ❑ Faux

3. Les risques naturels sont augmentés par l'activité humaine.

❑ Vrai ❑ Faux

4. Tout événement naturel (séisme, volcanisme...) est un risque.

❑ Vrai ❑ Faux

Les ressources : eau et énergies

1. Les inégalités dans l'accès à l'eau sont dues aux différences de développement.

❑ Vrai ❑ Faux

2. 90 % de l'énergie est fournie par des énergies renouvelables.

❑ Vrai ❑ Faux

La France : des milieux entre valorisation et protection

1. L'étendue du territoire français lui offre des milieux variés.

❑ Vrai ❑ Faux

2. La France est protégée des risques naturels.

❑ Vrai ❑ Faux

→ Corrigés p. 523

Des trajectoires démographiques différenciées

91

Lue Relue Apprise

La croissance démographique, moins forte qu'au siècle passé, s'est intensifiée dans les régions du monde les moins développées, accentuant ainsi les inégalités de peuplement à toutes les échelles.

1 Une population mondiale toujours plus nombreuse

A Une croissance démographique désormais moins rapide

- Au XXe siècle, **la population mondiale est passée de 1,6 à 6 milliards d'habitants**, pour atteindre **7,6 milliards en 2019**. Elle poursuit actuellement sa croissance à un rythme moins soutenu (1 % par an).
- Le cap des 8 milliards d'êtres humains sera théoriquement dépassé dès 2025, celui des **10 milliards vers 2050**.

B L'impact de la transition démographique

- **La transition démographique est responsable de la croissance de la population mondiale.** En effet, la diminution de la mortalité (progrès médicaux et alimentaires, meilleures conditions d'hygiène...) précède en général la diminution de la fécondité.
- Achevé de longue date dans les pays du Nord, ce processus est encore à l'œuvre dans les pays en voie de développement. L'accroissement naturel y demeure à un niveau élevé, ce qui entraîne une **forte augmentation de la population**.

lexique

Transition démographique : passage d'une situation où la fécondité et la mortalité sont élevées et s'équilibrent à peu près à une situation où elles sont plus faibles et s'équilibrent également.

2 Des situations et des évolutions démographiques contrastées

A L'Asie et l'Afrique, des foyers de peuplement qui s'affirment

- **L'Asie est le continent le plus peuplé de la planète** (4,5 milliards d'habitants). C'est également celui qui enregistre l'augmentation la plus forte de sa population (42 millions par an).
- **Le nombre d'habitants progresse de plus en plus rapidement en Afrique.** 12 États de ce continent figurent dans le classement des vingt

plus fortes croissances absolues. Leur **trajectoire démographique** est liée au maintien d'une fécondité élevée qui s'établit à 5,9 enfants par femme en Afrique centrale, soit plus du double de la moyenne mondiale.

> **lexique**
> **Trajectoire démographique** : évolution dans le temps et dans l'espace des caractéristiques d'une population.

B L'essoufflement démographique du Nord

- **La croissance de la population européenne est très limitée** (1 million par an). La fécondité se situe à un niveau inférieur au **seuil de remplacement des générations**.
- **Le vieillissement de la population s'accentue dans l'ensemble des pays industrialisés** sous l'effet conjugué d'une faible natalité et de l'allongement de l'espérance de vie. Il engendre une diminution progressive du nombre d'habitants.

> **lexique**
> **Seuil de remplacement des générations** : niveau de fécondité nécessaire au maintien d'une population donnée.

3 Faire face aux défis du nombre et du vieillissement

A Trajectoires et politiques démographiques

- 43 pays ont une fécondité supérieure à 4 enfants par femme. Les moins avancés n'ont pas la possibilité d'appliquer une **politique antinataliste** efficace.
- **En Inde, la promotion de la contraception et l'essor de la planification familiale ont réduit la fécondité à 2,3 enfants par femme.** Les progrès en matière de scolarisation et l'amélioration de l'offre de soins ont contribué au succès de cette politique.
- En 2015, affolée par le vieillissement de sa population, **la Chine a mis fin à la politique de l'enfant unique** adoptée en 1979. De nombreux couples rechignent à avoir un second enfant en raison de l'envol des prix de l'immobilier et du coût de l'éducation.

> **lexique**
> **Politique antinataliste** : mesures destinées à maîtriser la trajectoire démographique d'un État.

B Les enjeux du vieillissement de la population

- Les pays industrialisés comptent en moyenne **18 % de plus de 65 ans**, soit le double de la moyenne mondiale. Ce taux atteint même 28 % au Japon et 23 % en Italie.
- **Ce processus affecte peu à peu les pays en voie de développement.** La part des plus de 65 ans devrait y quadrupler avant la fin du XXIe siècle.
- **La rapidité du vieillissement est un défi supplémentaire pour le Sud.** Les systèmes de retraite et de protection sociale y sont en effet encore assez peu performants.

Développement et inégalités

92

Lue Relue Apprise

Démographie et développement s'inscrivent dans une relation dynamique : le poids et la structure de la population ont une influence sur la croissance économique et sociale, et inversement.

1 Un monde inégalement développé

A Le développement : des sociétés en transition

- **Le développement constitue une transition majeure dans l'histoire des sociétés.** Il repose sur le passage d'une économie agricole et d'une société majoritairement rurale où la pauvreté est généralisée à une économie de services et à une société urbaine où la pauvreté devient minoritaire.

> **lexique**
>
> **Développement** : amélioration des conditions et de la qualité de vie d'une population donnée. On peut l'assimiler à la notion de progrès.

- **Les trajectoires de développement des États ne sont ni homogènes ni linéaires.** Elles dépendent de leurs choix stratégiques et de la conjoncture internationale. Elles peuvent être affectées par des conflits, des épidémies, des catastrophes naturelles.

B Mesurer les inégalités de développement et leur évolution

- **L'indicateur de développement humain (IDH) associe trois critères pour évaluer le niveau de développement d'une société :** vivre une vie longue et en bonne santé, pouvoir acquérir des connaissances et jouir d'un niveau de vie décent.
- Selon les Nations unies, **sa valeur a augmenté de plus de 20 % dans le monde de 1990 à 2017.** Mais l'écart entre l'IDH le plus élevé et l'IDH le plus faible ne se réduit pas : un Norvégien vit toujours en moyenne 22 ans de plus qu'un Nigérian.

2 Des écarts qui se creusent

A À l'échelle mondiale

- **Les inégalités ont augmenté partout sur la planète au fil des dernières décennies.** La fortune des milliardaires a progressé de 2,5 milliards de dollars par jour en 2018, tandis que la richesse de la moitié la plus pauvre de l'humanité reculait de 11 %.

- Ce processus entraîne l'impossibilité d'accéder à l'école pour plus de 260 millions d'enfants dans le monde et le décès de 10 000 personnes par jour faute de soins.

B À l'échelle régionale ou locale

- **L'aggravation des inégalités est également perceptible d'un continent ou d'un État à un autre**. Si le revenu médian des pays émergents progresse de manière spectaculaire, celui des Chinois ou des Indiens les plus pauvres augmente moins vite que la moyenne et beaucoup moins que celui des plus riches.

Lexique

Revenu médian : valeur du revenu séparant une population en deux moitiés égales (l'une ayant un revenu inférieur à cette valeur, l'autre un revenu supérieur).

- **L'Afrique subsaharienne s'est encore appauvrie par rapport aux autres régions du monde**. Un habitant sur trois n'y a pas accès à une source d'eau améliorée ; deux sur trois ne disposent pas d'un réseau électrique fiable.

3 Pourquoi et comment réduire les inégalités ?

A Les inégalités, obstacles au développement

- **Dans les pays les moins avancés (PMA), l'ampleur et l'aggravation des inégalités ont un impact dévastateur**. Les perspectives de développement sont entravées par les multiples handicaps qu'elles induisent : faible espérance de vie, vulnérabilité économique, insuffisances des systèmes éducatif et sanitaire, etc.
- En outre, des maladies plus présentes, une motivation au travail moins importante et de violentes crises politiques caractérisent les sociétés les plus inégalitaires.

Lexique

PMA : ensemble des 47 pays les plus pauvres de la planète qui bénéficient d'un soutien commercial, technique ou financier de la communauté internationale.

B Le développement durable, une perspective d'espoir

- **Investir dans l'éducation** pour que chacun puisse trouver sa place, **redistribuer les richesses** par des mesures sociales et fiscales en faveur des plus modestes, **préserver l'environnement** sont de puissants leviers de développement.
- **Le nombre d'êtres humains vivant sous le seuil de pauvreté a d'ores et déjà diminué d'un milliard de personnes en 30 ans**. Mais pour permettre un développement durable et équitable de plus grande envergure, encore faudrait-il que les institutions internationales et les États adoptent sans délai les mesures adéquates.

Dynamiques démographiques et inégalités socio-économiques en France 93

Lue Relue Apprise

La population française vieillit. Si la richesse du pays augmente, les trajectoires démographiques se différencient et les inégalités socio-économiques s'aggravent dans et entre les régions.

1 Une double spécificité démographique

A Une population qui croît faiblement...

- **En 2019, la France compte près de 67 millions d'habitants, dont 2,1 millions en outre-mer**. La population augmente peu et principalement du fait de l'accroissement naturel, qui se situe pourtant à un niveau historiquement bas.
- **La fécondité est en recul.** Avec près de 1,9 enfant par femme, le pays reste l'un des plus féconds en Europe, mais **le renouvellement des générations n'est plus assuré**.

B ...et qui vieillit de manière continue

- **La gérontocroissance s'accentue : un Français sur cinq a 65 ans ou plus**, soit une part plus importante que la population des moins de 15 ans.
- L'affirmation de la « **France ridée** » est liée au vieillissement des générations issues du baby-boom, à l'augmentation de l'espérance de vie et à la baisse de la fécondité.

lexique

Gérontocroissance : augmentation significative du nombre ou de la part des personnes âgées dans une population donnée.

2 La France, pays « inégalitaire » ?

A Des écarts de richesse réels

- Globalement, **le revenu moyen des Français continue à augmenter :** 32 900 euros par habitant en 2018, contre 31 400 euros en 2007.
- **Mais 14 % des Français vivent avec moins de 60 % du revenu médian.** La pauvreté touche ainsi 700 000 habitants de plus qu'en 2000, compte tenu de la croissance démographique du pays.

B Des inégalités de patrimoine particulièrement fortes

- **Les inégalités de patrimoine entre les Français continuent de se creuser.** Entre 1998 et 2015, il n'a quasiment pas évolué pour les plus modestes, alors qu'il a progressé de 530 000 euros pour les plus favorisés.
- **82 % des Français de cette catégorie sont propriétaires de leur résidence principale, contre 56 % pour les autres.** Ils possèdent au total 74 % du patrimoine national.

3 Des territoires « en transition »

A Des espaces dynamiques…

- **La population française est très inégalement répartie.** La région capitale, les littoraux et les vallées fluviales sont densément peuplés.
- L'arc qui s'étend de la Bretagne à l'Alsace, en incluant les marges méridionales du pays, attire de plus en plus de Français. La concentration des richesses et des fonctions de commandement renforce le **rayonnement des métropoles régionales**.

B …et d'autres qui le sont moins

- **Parallèlement, la perte de vitalité de la « diagonale du vide » s'accentue.** Le chômage, la fermeture des commerces et la vacance des logements plongent de nombreuses villes, petites et moyennes, dans une crise profonde.
- Dans ces territoires marginalisés, les effets de la dépopulation et de la paupérisation se conjuguent. Ils accentuent la **fragmentation de l'espace français**.

Lexique

Fragmentation : morcellement territorial lié à l'aggravation des inégalités.

4 Aménager le territoire pour atténuer les contrastes

A Des initiatives nationales…

- **En France, des mécanismes budgétaires et sociaux assurent une redistribution massive des revenus entre individus et territoires.** Le principe de cohésion sociale, base de toute politique d'aménagement du territoire, repose sur ce transfert de richesse.
- **Toutes les dépenses de l'État ont un impact social et territorial**, mais les priorités sont difficiles à établir dans un contexte de rigueur budgétaire.

B …et européennes

- **L'Union européenne (UE) intervient également pour réduire les inégalités socio-spatiales au sein des États membres.** Les fonds structurels qu'elle mobilise visent notamment à renforcer la cohésion du territoire métropolitain.
- **Mais l'UE agit aussi pour limiter le poids de l'isolement, de l'enclavement et de l'éloignement des territoires d'outre-mer.** Depuis 1992, le statut de « régions ultrapériphériques » leur permet de bénéficier d'aides spécifiques.

Études de cas : territoire, développement, population

94

Lue Relue Apprise

1 Développement et inégalités au Brésil

A Un État entre extrême richesse et extrême pauvreté

- **Le Brésil est un pays de contrastes.** Les inégalités y sont comparables à celles de la France du XIXe siècle.
- **Les inégalités territoriales et sociales sont très marquées.** Elles opposent notamment le sud au nord du pays, mais sont tout aussi nettes à l'échelle locale. La population noire et métisse (plus de 50 % des Brésiliens) gagne près de moitié moins que la population blanche.

B Quelles perspectives de développement ?

- **Une période d'incertitude s'est ouverte en 2019** avec l'arrivée au pouvoir d'un président d'extrême droite. Dans un climat économique défavorable, les marges de manœuvre de l'État pour réduire les inégalités sont limitées.
- **L'immensité du territoire, l'abondance des ressources agricoles et l'indépendance énergétique sont autant d'atouts** qui peuvent permettre au Brésil de renouer avec une trajectoire de développement ascendante.

2 Les modalités du développement en Inde

A L'Inde, une puissance en construction

- **L'Union indienne deviendra le pays le plus peuplé de la planète vers 2024.** Avec 1,37 milliard d'habitants aujourd'hui, elle est à peine devancée par la Chine (1,39 milliard d'habitants).
- **Le volume du produit intérieur brut (PIB) est plus élevé que celui de la France.** Mais le PIB par habitant y est 20 fois moins important. La pauvreté d'une majorité d'habitants et l'ampleur des inégalités maintiennent le pays dans une situation de transition, celle de **pays émergent**.
- **La moitié de la population indienne a moins de 25 ans.** Pour maîtriser sa croissance démographique, l'Inde déploie depuis longtemps une politique antinataliste.

B De nouvelles inégalités sociales et spatiales

- **L'essor économique de l'Inde repose surtout sur son ouverture internationale.** Les investissements étrangers et la diminution des droits de douane favorisent le développement de nombreux secteurs d'activités.
- **Seules quelques régions bénéficient de l'intégration aux échanges mondiaux**. Ailleurs, **les difficultés socio-économiques s'accentuent**.

3 Développement et inégalités en Russie

A Trois décennies de mutations profondes

- **La Russie est une puissance économique intermédiaire.** Son PIB la classe au 10e rang mondial, loin derrière les États-Unis ou la France.
- La disparition du bloc soviétique s'est accompagnée d'une multitude de réformes. Elles ont entrainé une **dégradation des conditions de vie** de la majorité de la population et le **déclin démographique** du pays.

B L'un des pays les plus inégalitaires au monde

- **La paupérisation des Russes s'accentue.** Le nombre de personnes vivant sous le seuil de pauvreté a augmenté de 15 % en 2 ans, tandis que 10 % des Russes les plus aisés détiennent plus de 80 % de la richesse du pays.
- **Les inégalités entre et à l'intérieur des régions russes sont particulièrement fortes.** Les territoires ruraux, situés à l'écart des métropoles et des principaux gisements énergétiques du pays, cumulent pauvreté et faiblesse des infrastructures.

Lexique

Paupérisation : phénomène d'appauvrissement progressif d'une population ou de certaines de ses catégories.

4 Les enjeux du vieillissement au Japon

A Le pays le plus « âgé » du monde

- **Aujourd'hui, sur 127 millions de Japonais, 35 millions ont plus de 65 ans.** Une vie plus longue qu'ailleurs, un niveau de fécondité très modeste et une politique migratoire restrictive expliquent l'ampleur du vieillissement du pays.
- La dépopulation du Japon pourrait **réduire le nombre d'habitants à 88 millions dans 50 ans.**

B Les défis du vieillissement

- L'État multiplie les initiatives pour adapter les logements, les espaces publics et les technologies aux besoins des personnes âgées afin d'**améliorer leur qualité de vie.**
- **Mais le système social japonais représente déjà le tiers des dépenses nationales.** La question du paiement des retraites devient de plus en plus sensible. Le vieillissement remet en cause l'**avenir géopolitique** du pays et pèse sur les **capacités d'innovation** de la société japonaise.

Territoire, développement, population : quels défis ?

Révision EXPRESS

Les points essentiels

- **Si la croissance démographique est moins forte qu'au siècle passé, elle s'est intensifiée dans certaines régions du monde**, souvent les moins développées, accentuant les inégalités économiques et sociales à toutes les échelles. La fin annoncée de la **transition démographique** va diffuser le processus de **vieillissement de la population** dans le monde, bien au-delà des pays industrialisés.
- **La croissance économique est très variable dans et entre les États du monde.** Les **inégalités de développement** s'en trouvent amplifiées à toutes les échelles. Les inégalités entre individus et entre territoires sont des obstacles au développement. Mais un **développement durable et équitable** est possible si les mesures économiques, sociales et environnementales nécessaires sont rapidement adoptées.
- La population française augmente à un rythme modéré. **Les Français vieillissent de plus en plus rapidement.** La trajectoire démographique du pays n'a pas vraiment d'effet sur l'évolution globale des inégalités socio-économiques. Les **disparités** entre régions dynamiques et régions en difficulté s'aggravent et concourent à la **fragmentation** du territoire.

Les chiffres-clés

- La Terre compte plus de **7,6 milliards d'habitants**. On estime qu'il y aura **10 milliards d'êtres humains en 2050**.
- Le Brésil est un « champion des inégalités » : **1 % des plus riches détient 55 % du revenu national**. La crise de 2015 a infléchi la trajectoire de développement du pays, entraînant une forte hausse du chômage et du nombre de personnes pauvres.
- L'Inde est la **6e puissance économique mondiale**. Sa croissance se poursuit à un rythme soutenu, mais les contrastes entre territoires et entre individus s'aggravent.
- En Russie, **le nombre de personnes pauvres a augmenté de 15 % en 2 ans**. C'est l'un des pays les plus inégalitaires du monde.
- Au Japon, près de **30 % de la population a 65 ans ou plus**. Ce « record mondial » oblige l'État et la société à affronter de nombreux défis pour assurer l'avenir du pays.

Mémo'Quiz

Cochez la bonne réponse.

Des trajectoires démographiques différenciées

1. Combien d'habitants l'Asie compte-t-elle ?

❑ 2,2 milliards ❑ 3,7 milliards ❑ 4,5 milliards

2. À partir de quelle année la Chine a-t-elle appliqué la politique dite de « l'enfant unique », à laquelle elle a renoncé en 2015 ?

❑ 1979 ❑ 1989 ❑ 1999

Développement et inégalités

1. Lequel de ces domaines n'est pas pris en considération dans le calcul de l'indicateur de développement humain (IDH) ?

❑ La santé ❑ L'éducation ❑ L'urbanisation

2. Quelle est la part approximative de la population africaine qui n'a pas accès à une source d'eau améliorée ?

❑ Un habitant sur deux ❑ Un habitant sur trois
❑ Un habitant sur quatre

Dynamiques démographiques et inégalités socio-économiques en France

1. Quelle est, en nombre d'enfants par femme, la valeur de l'indice de fécondité en France ?

❑ 1,9 ❑ 2,3 ❑ 5,9

2. Depuis quand les territoires d'outre-mer de l'UE bénéficient-ils du statut de « régions ultrapériphériques » ?

❑ 1957 ❑ 1992 ❑ 2005

→ Corrigés p. 523

Les migrations internationales 95

Lue Relue Apprise

Plus de 250 millions de personnes dans le monde ont migré, c'est-à-dire ont quitté leur pays d'origine. Ce phénomène connaît plusieurs origines et est souvent révélateur des inégalités spatiales de la planète.

1 L'exemple du bassin migratoire méditerranéen

A Bien définir les termes

- En géographie, tout déplacement dans l'espace est qualifié de **mobilité**. Une **migration** concerne un déplacement de plus ou moins longues distance et durée, impliquant une installation dans un autre espace.
- Ce mouvement est qualifié d'**émigration** quand il s'agit de désigner le départ d'un pays, d'**immigration** quand on parle de l'arrivée dans un autre pays.
- Un **bassin migratoire** désigne un espace où s'effectuent ces déplacements migratoires.

B La Méditerranée, un des principaux bassins migratoires

- Depuis l'Antiquité, la Méditerranée a connu de nombreux mouvements migratoires. Aujourd'hui, ces mouvements sont essentiellement des migrations liées au **différentiel économique** entre une rive Sud moins développée et une rive Nord aux IDH élevés.
- Toutefois, **la rive Sud est aussi devenue une étape** depuis des origines plus lointaines (Afrique subsaharienne, Asie). **L'Europe surveille étroitement les points de passage** (détroits comme Gibraltar, îles grecques) pour contrôler les flux migratoires. Il existe près de **350 centres de rétention et de tri des migrants** sur le sol européen. Par ailleurs, la question des migrants a engendré une véritable crise politique au sein de l'Union européenne, les pays se divisant sur la façon de traiter ces flux, entre accueil et fermeture.
- **La Méditerranée est également une destination touristique majeure**, les flux étant internes au Nord (vers les rives de l'Espagne, la France, l'Italie), mais aussi en direction du Sud (Tunisie, Turquie...), moins cher. Le tourisme méditerranéen est donc aussi symptomatique des inégalités Nord/Sud. Par ailleurs, **ces flux ont des effets spatiaux** : aménagements des espaces touristiques qui engendrent des transformations voire des dégradations des paysages et de l'environnement, conflits d'usage pour l'espace...

2 À l'échelle du monde

A Migrations liées aux situations économiques

- La mondialisation permet la **libre circulation** sur la planète des marchandises mais aussi, partiellement (avec plus de contrôles), des personnes. Les **flux aériens** portent des touristes, mais aussi des hommes d'affaires, des scientifiques en congrès, des expatriés partis travailler pour quelques années à l'étranger, etc.
- Mais la plupart du temps, **l'émigration est liée à une situation contrainte**, en particulier la recherche de meilleures conditions de vie. Les migrants ne sont pas nécessairement les plus pauvres (nécessité d'un petit capital pour partir, le phénomène suscitant aussi des trafics de passeurs illégaux).
- **Les pays du Nord et quelques pays dynamiques du Sud** (pays pétroliers, pays émergents) **sont les principaux foyers d'immigration.** Les politiques d'accueil (plus ou moins d'ouverture, sélection) diffèrent selon les besoins. L'Amérique du Nord essaye de contrôler les flux par des quotas d'accueil mais tend aussi à se fermer (États-Unis de Donald Trump). Les pays du Golfe organisent l'immigration depuis le reste du monde musulman pour travailler sur les champs de pétrole ou les chantiers de construction (Dubaï).

B Le cas des réfugiés

- **Un autre type d'émigration contrainte est lié aux questions géopolitiques** : fuite d'une dictature, d'une guerre. Cela concerne 25 millions de migrants, qui trouvent refuge majoritairement dans les pays voisins. L'ONU, par le biais du **HCR**, intervient pour aider ces **réfugiés**. Actuellement, les principaux flux de réfugiés proviennent de pays en conflits (Syrie, Somalie, Afghanistan...) ou de dictatures (Érythrée).
- Enfin, on parle de plus en plus des **réfugiés climatiques**, victimes des conséquences du réchauffement planétaire. Si le flux est surtout interne aux pays, il peut aussi devenir international. Les organisations mondiales (Banque mondiale, ONU) estiment que, d'ici 2050, entre **140 et 250 millions** de personnes pourraient être amenées à quitter leurs pays pour des raisons liées au réchauffement climatique.

Lexique

HCR : Haut Commissariat des Nations unies pour les réfugiés. Agence de l'ONU créée en 1945.

Réfugié : personne fuyant son pays pour chercher refuge dans un autre, même temporairement.

Diverses mobilités à l'échelle internationale

96

Lue Relue Apprise

La mondialisation par l'ouverture des frontières et la modernisation des réseaux de transports a suscité des flux de plus en plus nombreux et variés.

1 Les mobilités intereuropéennes

A L'espace Schengen

- En 1985, les membres de la Communauté européenne signent les accords de Schengen. Mis en application à partir de 1995, ils ont pour but de **faciliter le déplacement des personnes**.
- Aujourd'hui, **26 pays ont ouvert leurs frontières**, dont 22 de l'UE – certains membres comme le Royaume-Uni et l'Irlande ayant refusé. Si ces accords facilitent les échanges culturels et le tourisme, ils concernent aussi des millions de travailleurs.

B Un marché du travail européen ?

- Chaque année, environ 4 millions de personnes immigrent dans un pays membre de l'UE, la moitié venant d'un autre pays de l'UE. Au total, **20 millions d'Européens vivent dans un autre pays membre de l'UE que celui où ils sont nés**.
- **Cette libre circulation crée toutefois des débats** liés aux différences de salaires et de protection sociale entre les pays européens. L'entrée dans l'UE des pays d'Europe centrale avait fait craindre un afflux massif de travailleurs.
- La mise à l'écart de l'espace Schengen de pays comme la Roumanie et la Bulgarie, souvent justifiée ainsi, est surtout liée à leur faible capacité à gérer la **frontière extérieure créée aussi par les accords Schengen**.

C Un programme pour l'éducation : Erasmus+

- Nommé ainsi en hommage à l'humaniste Érasme, **Erasmus+ regroupe plusieurs anciens programmes ouverts aux jeunes** (de 13 à 30 ans) et à leurs enseignants, du primaire au supérieur en passant par la formation, et incluant la jeunesse et les sports. **Il leur permet de séjourner et étudier ailleurs en Europe.**
- Chaque année, le financement de ce programme dépasse les 2 milliards d'euros. **Depuis 1987, plus de 5 millions d'étudiants et d'enseignants en ont bénéficié.**

lexique

Erasmus+ : EuRopean Action Scheme for the Mobility of University Students.

2 Les mobilités touristiques

A Plus d'un milliard de touristes internationaux

• Le **tourisme international** désigne les touristes qui partent séjourner dans un autre pays, à distinguer du **tourisme interne**. Par exemple, les 800 millions de touristes qui parcourent l'Inde chaque année sont à 95 % des Indiens ! **Le tourisme international a triplé ces trente dernières années**, passant de 0,4 à 1,3 milliard de personnes.

• **On peut distinguer différentes formes de tourisme** : le tourisme peut être **récréatif** (stations balnéaires des littoraux ensoleillés et des mers tempérées ou chaudes, stations de ski, parcs d'attraction) ou **patrimonial** (villes et sites historiques, mémoriels, parcs et sites naturels, notamment ceux classés au patrimoine mondial de l'Unesco).

Lexique

Unesco : Organisation des Nations unies pour l'éducation, la science et la culture, créée en 1945. Organisme de l'ONU actif dans le domaine de la culture.

B Vers un rééquilibrage Nord/Sud ?

• **Les flux sont massivement internes aux pays du Nord** (entre l'Europe, l'Amérique du Nord et le Japon).

• **Le Sud commence à émerger comme destination**, parfois depuis plusieurs décennies (Afrique du Nord, Kenya, Thaïlande, Caraïbes) ou bien plus récemment (Dubaï, Chine), grâce à des coûts plus compétitifs, transport compris.

• **Le Sud est aussi un espace émettant des touristes**, provenant essentiellement des pays émergents (Chine) ou pétroliers (péninsule arabique).

C Une activité nécessitant des infrastructures

• **Le tourisme international s'appuie sur différents réseaux de transports mondialisés.** Le réseau aérien est le plus emprunté à l'échelle mondiale, mais les réseaux terrestres (routiers, ferroviaires) sont aussi utilisés, auxquels on peut également ajouter le cas des croisières maritimes.

• L'afflux de touristes demande des **aménagements nombreux** (hôtels, espaces de loisirs...) pouvant parfois bouleverser les sociétés locales, qui peuvent se sentir « dépossédées » de leur espace. Des **conflits d'usage**, pour l'espace ou la ressource en eau, peuvent avoir lieu entre les habitants (par exemple, les agriculteurs) et les entreprises, locales ou étrangères, qui cherchent à développer le tourisme.

La France : mobilités et réseaux

97

Lue Relue Apprise

Pays développé, la France se caractérise par une grande intensité et une grande diversité des mobilités sur son territoire à toutes les échelles, ce qui demande un aménagement permanent des réseaux de communication.

1 Des mobilités variées

A Des mobilités quotidiennes

- **40 km chaque jour** : c'est la moyenne des déplacements entre le domicile et le lieu de travail d'un Français. À ces déplacements, on peut ajouter des **mobilités sociales** (loisirs, activités associatives...), les courses, etc.
- Pour ce type de mobilité, on parle de **migrations pendulaires**, liées à l'étalement urbain mais aussi aux faibles densités rurales. Pour les **navetteurs**, ces mobilités peuvent se faire d'une région à l'autre, voire à l'échelle de la France.
- **Les mobilités révèlent des inégalités socio-économiques** selon les revenus, les professions, les âges, l'espace d'habitat... Par exemple, la dépendance aux transports est plus forte dans les zones rurales et périurbaines qu'en centre-ville, espace mieux connecté aux réseaux.

lexique

Migration pendulaire : aller-retour quotidien, en général entre le domicile et le lieu de travail.

Navetteur : personne effectuant un déplacement domicile/lieu de travail sur une longue distance, souvent en train.

B Des mobilités sur l'ensemble du territoire

- **Un Français sur dix déménage chaque année**, essentiellement dans la même aire résidentielle, parfois à travers la France.
- **Le tourisme offre une forme de mobilité saisonnière** qui s'étale sur toute l'année. 90 % des Français partant en vacances restent en France. Les principales destinations sont les stations balnéaires l'été et les stations de ski l'hiver. Par ailleurs, le tourisme patrimonial (villes, parcs naturels) est en croissance.
- **Ces mobilités révèlent des dynamiques régionales diverses.** Les régions du sud et de l'ouest sont les plus attractives (on parle d'**héliotropisme**), tant par leur dynamisme économique et leurs emplois que leur potentiel touristique. À l'inverse, les régions du nord et de l'est perdent de la population.

lexique

Héliotropisme : attractivité des régions ensoleillées.

- **L'aire urbaine parisienne connaît un double mouvement massif** d'arrivées (étudiants, jeunes travailleurs) et de départs (familles, retraités). **Paris reste la ville la plus visitée** (12 millions de touristes internationaux).

2 Réseaux et aménagements

A Un territoire mis en réseaux

- **Le territoire français est sillonné de réseaux de communication.** Le **réseau routier** est l'un des plus denses au monde. Le **réseau ferroviaire**, qui facilite l'interconnexion des métropoles grâce au TGV, est également beaucoup emprunté. En revanche, le **réseau fluvial**, canaux compris, est moins utilisé.
- **La modernisation de ces réseaux** (autoroutes, TGV) **peut susciter des inégalités** : abandon de lignes ferroviaires dans les zones rurales de très faible densité, importance de Paris dans des réseaux en étoile qui commencent à se diversifier, comme pour les autoroutes...
- **Les réseaux français sont très bien connectés à l'extérieur**, que ce soit l'UE (la France est un **carrefour européen**) ou le monde, par la prolongation des réseaux terrestres mais aussi par les aéroports et les ports. Ces derniers sont essentiels pour les territoires ultramarins qui souffrent de l'éloignement, étant situés à plusieurs milliers de kilomètres de la métropole.

B Les mobilités, facteurs d'aménagements locaux

- **Les réseaux suscitent des aménagements**, que ce soit sur leurs axes ou leurs nœuds (**plates-formes multimodales**). Ceux-ci permettent parfois de **dynamiser** des quartiers (Euralille, Lyon Part-Dieu), mais suscitent aussi des débats et des **conflits d'usage** (tracé d'un TGV, aménagement d'un aéroport). La création d'un aéroport dans la commune de Notre-Dame-des-Landes a ainsi rencontré une très forte opposition, se soldant par l'abandon définitif du projet en 2018.

> **Lexique**
>
> **Plate-forme multimodale** : espace connectant différents réseaux de transports entre eux (gare, aéroport...).

- **L'enjeu du développement durable concerne aussi la question des mobilités.** La prédominance du véhicule routier (plus de 80 %) dans les transports en France, hommes et marchandises compris, est difficilement contrebalancée par le développement de transports collectifs et moins polluants (redéveloppement du tramway en ville ou encore développement des déplacements en deux-roues, par exemple).

Études de cas : les mobilités

98

Lue Relue Apprise

1 Les États-Unis, pôle du tourisme mondial

A Un espace visité

- **Les États-Unis accueillent environ 75 millions de touristes internationaux** (2016), provenant pour les deux tiers des pays voisins, le Canada et le Mexique. Le reste vient essentiellement d'autres pays du Nord (Europe, Royaume-Uni en tête, Asie développée), même si là aussi le Sud émerge (Chine, Brésil).
- **Il ne faut pas négliger le tourisme interne**. Cependant, le tourisme compte pour moins de 3 % du PIB américain.

B Diversité des espaces touristiques

- Les premiers sites touristiques se sont appuyés sur l'imaginaire de la conquête de l'Ouest par le biais de **parcs naturels** (Yellowstone dès 1872, le Grand Canyon...).
- Le climat des littoraux sud (Floride, Californie) et d'Hawaï a permis le développement du **tourisme balnéaire**, présent aussi au nord-est. Les Rocheuses disposent de **stations de sports d'hiver**. Miami est devenu le **premier port de croisières mondial**. Le tourisme récréatif est particulièrement développé, avec les **parcs d'attractions** (Disney World à Orlando) ou les **villes de jeux** (Las Vegas).
- Le **tourisme urbain**, même sans grand patrimoine historique, témoigne de l'attraction des métropoles américaines (New York, Los Angeles, San Francisco...) servant de modèles à travers le monde.

2 Dubaï, pôle touristique et migratoire mondial

A Dubaï, symbole de la mondialisation

- Sur le littoral des Émirats arabes unis, **Dubaï a connu en 30 ans une croissance et une mutation spectaculaires**. Située à proximité de routes maritimes fréquentées, la ville a exploité ses atouts, d'abord son port puis son climat ensoleillé.
- De gigantesques chantiers, financés par le pétrole, transforment cet espace (îles artificielles, plus haute tour du monde) qui essaye de construire et de vendre son image de **métropole du XXIe siècle**.

B Un espace d'immigration

- Ces chantiers ont nécessité l'emploi d'une **main-d'œuvre immigrée, provenant en grande partie du monde arabo-musulman** (Pakistan, Yémen, etc.). Ces flux existaient déjà, mais à destination des exploitations pétrolières. Dubaï compte aujourd'hui plus de 2 millions d'habitants, dont **plus de 80 % d'immigrés** !
- **Les conditions de travail et de résidence des travailleurs non-qualifiés sont régulièrement dénoncées par les ONG** : passeports retenus, horaires et salaires proches de l'exploitation, pas de droits syndicaux...

lexique

ONG : organisation non gouvernementale.
Les ONG sont comparables aux associations en France.

C Un espace touristique majeur

- **Dubaï est devenu un hub dans le réseau aéroportuaire mondial** (près de 90 millions de passagers), grâce à la compagnie Emirates.
- Une partie de ces flux est liée aux **activités touristiques** (hôtels haut de gamme et plages, shopping de luxe, golfs et pistes de ski...). Elles attirent un public occidental et les classes aisées des pays proches (golfe Persique, Iran, Inde...), soit **16 millions de touristes en 2017**.
- C'est dans la perspective de renforcer cette image de pôle attractif que Dubaï a obtenu l'organisation de l'**Exposition universelle de 2020**, pour laquelle 25 millions de visiteurs sont attendus !

lexique

Hub : nœud dans les réseaux de communication, redistribuant les flux.

Doc. **Dubaï, une métropole dans la mondialisation**

Les mobilités

Révision EXPRESS

Les points essentiels

- **Les migrations internationales sont des déplacements** sur de plus ou moins longues distance et durée **qui impliquent une installation dans un autre pays (immigration)**. Majoritairement contraintes, **elles sont surtout liées à la recherche de meilleures conditions de vie**, d'abord pour des raisons économiques mais aussi géopolitiques.
- **Les mobilités concernent tout déplacement dans l'espace**, qu'il soit quotidien (**migration pendulaire**) ou ponctuel (déménagement, voyage d'affaires...). Le **tourisme** fait partie de ces mobilités, qui peuvent être internes à un pays mais concernent chaque année plus d'un milliard de personnes à l'échelle internationale.
- **Les inégalités de développement peuvent transparaître dans les migrations** (attractivité des pays riches du Nord) **ou dans les mobilités** (régions plus dynamiques que d'autres).
- Enfin, **migrations et mobilités favorisent le développement de réseaux de transports**, en perpétuelle évolution pour satisfaire les besoins et s'adapter à la mondialisation (réseaux aérien, maritime, fluvial, routier, ferroviaire...).

Les chiffres-clés

- En 2017, on compte **250 millions de migrants** (soit 3 % de la population mondiale), dont **25 millions de réfugiés** ayant fui leur pays.
- **20 millions d'Européens** habitent dans un autre pays de l'UE que leur pays d'origine.
- En 30 ans, **plus de 5 millions d'étudiants et d'enseignants** ont bénéficié du programme Erasmus+.
- La population de Dubaï compte **80 % d'émigrés**.
- On dénombre **1,3 milliard de touristes internationaux** en 2017. Les États-Unis occupent la 1re place en termes de chiffre d'affaires touristique (**205 milliards de dollars** en 2017), mais la France est la 1re destination touristique (**90 millions de touristes** en 2018).
- En France, la moyenne des déplacements entre le domicile et le lieu de travail est de **40 km par jour**.

Mémo'Quiz

Vrai ou faux ? Cochez la bonne réponse.

Les migrations internationales

1. Les migrations de travail viennent majoritairement des pays du Sud de la planète.

❏ Vrai ❏ Faux

2. Les réfugiés fuyant des guerres viennent majoritairement en Europe ou en Amérique du Nord.

❏ Vrai ❏ Faux

3. La Méditerranée connaît des flux migratoires nombreux et variés.

❏ Vrai ❏ Faux

Diverses mobilités à l'échelle internationale

1. L'espace Schengen permet une ouverture totale des frontières extérieures.

❏ Vrai ❏ Faux

2. Le programme Erasmus+ n'est destiné qu'aux étudiants.

❏ Vrai ❏ Faux

La France : mobilités et réseaux

1. Chaque année, un Français sur dix déménage.

❏ Vrai ❏ Faux

2. Les mobilités en France empruntent de façon équilibrée différents réseaux.

❏ Vrai ❏ Faux

3. La France est le premier pays touristique mondial.

❏ Vrai ❏ Faux

→ Corrigés p. 523

L'Afrique australe : transition et développement

99

Lue Relue Apprise

L'Afrique australe couvre un immense territoire au sud du continent africain. On peut considérer que cet espace est composé de dix pays : l'Afrique du Sud, l'Angola, le Botswana, l'Eswatini, le Lesotho, le Malawi, le Mozambique, la Namibie, la Zambie et le Zimbabwe.

1 Un espace hétérogène intégré à la mondialisation

A L'importance des ressources minières

- L'unité de cet ensemble régional repose sur des profils économiques assez semblables : il s'agit de pays aux **ressources naturelles minières très importantes**, ce qui génère une économie de rente extravertie.
- **Cette « Afrique minière » concentre parmi les plus importants gisements** d'or et de platine (Afrique du Sud et Zimbabwe), de diamants (Botswana, Angola, Afrique du Sud et Lesotho), de cuivre (Namibie et Zambie), d'uranium et de charbon (Afrique du Sud et Mozambique), d'hydrocarbures (Angola et Mozambique)...

lexique

Économie de rente : économie fondée sur l'exploitation d'une ressource.

Économie extravertie : économie tournée vers l'extérieur.

B Une inégale intégration à la mondialisation

- Près de 20 ans après la fin du régime de l'apartheid, **l'Afrique du Sud fait figure de modèle de développement sur le continent africain**. Détentrice du 33e PIB mondial, elle est le seul pays émergent de l'Afrique et produit 15 % de la richesse du continent.
- Les **différences économiques** et l'**inégale intégration à la mondialisation** sont très marquées en Afrique australe :

– les **petits pays**, comme le Lesotho et l'Eswatini, se distinguent par leur **faible PIB** et sont encore largement agricoles. Le Lesotho, le Malawi et le Mozambique ont un **IDH faible** et sont classés par l'ONU parmi les **PMA** (pays les moins avancés) ;

– les États **de plus grande superficie** parviennent plus facilement à s'insérer dans la **mondialisation**. C'est notamment le cas de l'Angola grâce à ses ressources en pétrole. Ces pays bénéficient d'**investissements massifs** de la part des pays émergents, la Chine en tête mais aussi le Brésil.

lexique

Apartheid : système politique et économique de l'Afrique du Sud de 1948 à 1991, fondé sur une ségrégation (séparation) raciale et spatiale.

C Des milieux à valoriser et à ménager

● **L'Afrique est le continent le plus touché par le réchauffement climatique.** L'Afrique australe est particulièrement vulnérable à la sécheresse, qui déplace les zones de végétation et diminue les récoltes, avec des conséquences dramatiques sur les populations comme sur la faune.

● Les économies de la région reposent en grande partie sur les **ressources naturelles**, dont l'exploitation génère de nombreuses **pollutions irréversibles**.

2 Un espace en transition

A La transition démographique et les défis sanitaires

● À l'image du continent tout entier, la **démographie** de l'Afrique australe offre une image très **contrastée** :
– certains pays ont terminé leur transition démographique et affichent un **indice de fécondité bas** en 2018, comme l'Afrique du Sud (2,29) ou le Lesotho (2,63) ;
– d'autres pays affichent parmi les **plus forts taux de fécondité au monde**, comme l'Angola (6,16).

Lexique

Indice de fécondité : nombre moyen d'enfants par femme en âge de procréer.

Pandémie : épidémie couvrant un espace vaste.

● **La mortalité infantile reste forte** dans certains pays de l'Afrique australe comme l'Angola (83 ‰ en 2017), même si elle régresse fortement.

● **Les progrès dans la lutte contre les grandes pandémies** comme le paludisme, **ceux de l'hygiène et le recul du sida** (même si l'Afrique australe est la région la plus touchée au monde) **contribuent à renforcer la croissance démographique**.

B La transition urbaine

● **L'Afrique est le continent le moins urbanisé** (43 % de la population africaine vit aujourd'hui en ville), mais c'est aussi celui qui s'urbanise le plus vite.

● En Afrique australe, **les pays les plus urbanisés** que sont l'Afrique du Sud et l'Angola (65 % d'urbains environ) **contrastent avec les petits pays ruraux** comme le Malawi, le Lesotho ou l'Eswatini.

● **L'Afrique australe opère sa transition urbaine**, c'est-à-dire que les populations migrent massivement vers les villes, mais surtout qu'elles en adoptent le fonctionnement et le modèle d'organisation.

L'Afrique australe : des mobilités complexes

100

Lue Relue Apprise

Plus que toute autre région du continent, l'Afrique australe connaît des mobilités complexes du fait de sa meilleure intégration à la mondialisation.

1 Des mobilités croissantes

A Des mobilités régionales

- **L'Afrique australe est à elle seule un système migratoire** puisque le différentiel économique génère des flux nombreux entre les pays pauvres et les plus riches (Doc.).
- La croissance démographique et le développement économique de certains pays de la zone, notamment l'Afrique du Sud, jouent le rôle d'aimant pour des populations africaines pauvres ou fuyant des zones de combat. **Aux migrants économiques s'ajoutent donc des réfugiés et des demandeurs d'asile.** Les migrants clandestins sont aussi très nombreux.

B Des mobilités internationales

- **En 2017, l'Afrique australe accueillait 4 millions de migrants internationaux.** L'Afrique du Sud et l'Angola peuvent être des pays d'immigration, mais aussi de transit avant un exil plus lointain, en Europe notamment.
- **Ces migrations internationales renforcent le poids des métropoles locales**, qui concentrent les populations immigrées de la région, mais aussi les **diasporas** chinoises et indiennes.
- Par le biais des remises et des transferts de fonds, ces migrations permettent d'évoquer un moteur du développement : le **« développement par l'exil »**.

Lexique

Diaspora : dispersion d'une communauté à travers le monde.

2 Le tourisme, une activité ancienne qui se renforce

A Un potentiel exceptionnel

- **Le potentiel touristique de l'Afrique australe est immense.** Certains de ses sites, comme le delta de l'Okavango, les chutes Victoria ou le désert du Namib, sont mondialement connus. La richesse de sa faune a très tôt attiré les chasseurs, les amoureux des animaux et les amateurs de **safaris**.

Lexique

Safari : à l'origine, expédition de chasse aux gros animaux sauvages organisée en Afrique subsaharienne. Aujourd'hui, expédition organisée pour observer et photographier ces gros mammifères.

L'Afrique australe : des mobilités complexes

- Forte de ses paysages et de sa faune, **l'Afrique du Sud est le pays le plus visité** : elle a développé très tôt son potentiel et a créé des réserves protégées (on compte à ce jour 18 parcs nationaux et plus de 300 réserves naturelles), consciente des enjeux à sauvegarder les espèces menacées.
- Ainsi, les **parcs** et **réserves naturelles** permettant des safaris se développent en Afrique du Sud, Zimbabwe, Botswana et Mozambique, tandis que la Namibie se spécialise dans le **tourisme d'aventure**. Plus en retrait dans l'activité touristique, l'Angola commence cependant à valoriser son potentiel.

B Des recettes touristiques non négligeables

- **Les touristes viennent essentiellement d'Europe et d'Amérique du Nord**, même si on observe aujourd'hui de plus en plus de touristes africains, en lien avec l'émergence d'une classe moyenne aisée.
- **Cette manne touristique** (plus de 10 millions de touristes en Afrique du Sud en 2017) **est un levier de développement pour les économies locales.** Aujourd'hui, les projets d'**écotourisme** sont privilégiés.
- Cependant, **le manque d'infrastructures et l'insécurité ralentissent cet élan touristique.** De plus, l'activité touristique entraîne souvent la dégradation de l'environnement et de l'habitat de certains peuples.

> **Lexique**
>
> **Écotourisme :** tourisme fondé sur la découverte de la nature et des cultures locales dans le respect de l'environnement.

Doc. Des migrations d'abord régionales

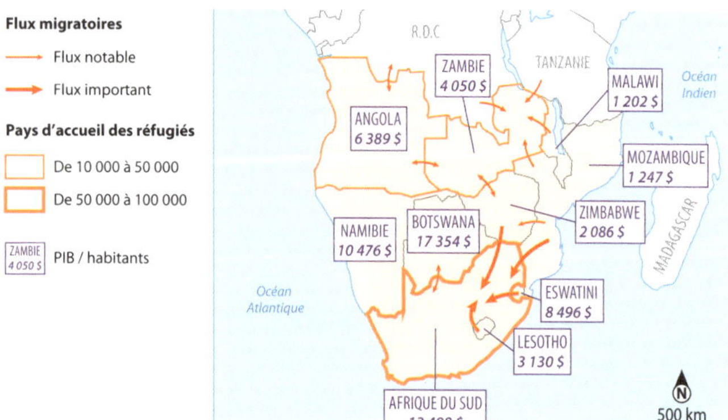

Source : Banque mondiale, 2017.

L'Afrique australe

Révision EXPRESS

Les points essentiels

- **L'Afrique australe désigne la région située au sud du continent africain.** On considère le plus souvent qu'elle regroupe dix pays : l'Afrique du Sud, l'Angola, le Botswana, l'Eswatini, le Lesotho, le Malawi, le Mozambique, la Namibie, la Zambie et le Zimbabwe.
- L'Afrique australe est l'une des régions du monde les plus riches en or, diamants, platine, cuivre... **On la surnomme l'« Afrique minière ».**
- **L'intégration dans la mondialisation est très inégale en Afrique australe.** L'Afrique du Sud est le seul pays émergent de la région. À l'opposé, le Lesotho, le Malawi et le Mozambique sont classés parmi les PMA.
- **L'Afrique australe est particulièrement sensible au réchauffement climatique** et l'exploitation de ses nombreuses ressources naturelles se fait souvent au détriment de l'environnement.
- **L'Afrique australe présente un visage très contrasté sur le plan démographique** : certains pays ont terminé leur transition démographique (Afrique du Sud, Lesotho) alors que d'autres affichent des indices de fécondité parmi les plus hauts du monde (Angola).
- **La transition démographique s'accompagne d'une transition urbaine** : l'Afrique australe se couvre de mégapoles peuplées d'une nouvelle classe moyenne.
- Du fait de sa position géographique et de son intégration à la mondialisation, **l'Afrique australe est à la fois terre d'émigration** (vers l'Europe notamment) **et d'immigration** (des pays voisins).
- **Aux mobilités économiques s'ajoutent des mobilités touristiques**, ce qui dégage des revenus non négligeables.

Les chiffres-clés

- Les dix pays de l'Afrique australe sont peuplés par plus de **173 millions d'habitants** en 2018.
- L'Angola, l'Afrique du Sud et le Botswana font partie des **5 producteurs de diamants** les plus importants du monde.
- En 2017, l'Afrique australe a accueilli plus de **4 millions de migrants internationaux**.
- On compte plus de **20 millions de touristes** en Afrique australe en 2018.

Mémo'Quiz

Cochez la bonne réponse.

L'Afrique australe : transition et développement

1. L'Afrique australe correspond à la région située à l'est de l'Afrique.

❏ Vrai ❏ Faux

2. L'Afrique du Sud est le pays d'Afrique australe le mieux intégré à la mondialisation.

❏ Vrai ❏ Faux

3. L'Afrique australe connaît des problèmes environnementaux et elle est très touchée par la pollution.

❏ Vrai ❏ Faux

4. L'Afrique australe est la région du monde la plus touchée par le virus du sida.

❏ Vrai ❏ Faux

5. Le taux d'urbanisation de l'Afrique est de :

❏ 43 %. ❏ 55 %. ❏ 78 %.

L'Afrique australe : des mobilités complexes

1. Les principales ressources de l'Afrique australe sont :

❏ les ressources minières, l'agriculture et la pêche.

❏ l'agriculture, le tourisme et la pêche.

❏ les ressources minières et le tourisme.

2. L'Afrique australe est une région :

❏ d'émigration uniquement.

❏ d'immigration uniquement.

❏ d'émigration et d'immigration.

→ Corrigés p. 524

Physique-Chimie

Sommaire

Lue Relue Acquise

Physique-Chimie

Constitution et transformations de la matière

Sommaire

Lue Relue Acquise

Mouvements et interactions

Ondes et signaux

Identification d'une espèce chimique

101

Lue Relue Acquise

■ Il est possible d'identifier une espèce chimique de différentes façons.

1 Corps purs et mélanges

- Un **corps pur** est une substance constituée d'une seule espèce chimique.

  Exemples : le dioxygène, le cuivre.

- **Un mélange** est une substance constituée de plusieurs espèces chimiques.
- **Un mélange homogène** est un mélange pour lequel on ne peut pas distinguer les différents constituants à l'œil nu.
- **Un mélange hétérogène** est un mélange pour lequel il est possible de distinguer les différents constituants à l'œil nu.

  Exemples : l'eau du robinet ou l'air sont des mélanges homogènes ; une roche ou une nappe d'hydrocarbure sur l'océan sont des mélanges hétérogènes.

remarque

L'eau du robinet n'est pas un corps pur car elle contient de l'eau mais aussi des minéraux et des ions.

2 Identification d'une espèce chimique

A Température de changement d'état

- **La température de fusion** d'une espèce chimique est la température à laquelle l'espèce se transforme de l'état solide à l'état liquide.
- **La température d'ébullition** d'une espèce chimique est la température à laquelle l'espèce se transforme de l'état liquide à l'état gazeux.

  Exemples de quelques températures de fusion et d'ébullition à pression atmosphérique normale :

Corps pur	θ_{Fusion} (en °C)	$\theta_{\text{Ébullition}}$ (en °C)
Eau	0	100
Or	1 064	2 808

- Il est possible d'**identifier une espèce chimique dans un corps pur** en mesurant la température de l'un de ses changements d'état et en comparant la valeur mesurée à une valeur de référence.

remarque

Une température d'ébullition dépend fortement de la pression.

attention

Une température de changement d'état ne permet de caractériser que les seuls corps purs.

B Masse volumique

● **La masse volumique** ρ (en $kg \cdot m^{-3}$) d'une espèce chimique est le **quotient de la masse *m*** (en kg) d'un échantillon de cette espèce chimique **par le volume *V*** (en m^3) de cet échantillon :

$$\rho = \frac{m}{V}$$

Exemple : la masse volumique de l'eau est

$\rho_{Eau} = 1{,}0 \times 10^3\ kg \cdot m^{-3} = 1{,}0\ kg \cdot L^{-1} = 1{,}0\ g \cdot mL^{-1}$

● **La masse volumique** d'une espèce chimique permet de caractériser cette espèce : on mesure expérimentalement la masse volumique de l'échantillon et on compare la valeur mesurée à la valeur de référence.

point Maths

La masse volumique est une grandeur quotient. En multipliant les deux membres de l'égalité $\rho = \frac{m}{V}$ par *V*, on établit : $m = \rho \times V$.

C Tests chimiques

● Une espèce chimique peut être identifiée par un test mettant en jeu une transformation chimique, appelé **test chimique**.

● **Interprétation d'un test chimique** : certaines espèces réagissent de manière caractéristique et visuelle (ou sonore) avec un réactif donné, ce qui atteste de la présence de ces espèces dans le milieu étudié.

Espèce chimique à identifier	Nom du test	Résultat du test positif
Eau (H_2O)	Sulfate de cuivre anhydre	Couleur bleue
Dioxygène (O_2)	Buchette incandescente	Ravive l'incandescence
Dihydrogène (H_2)	Allumette enflammée	Détonation
Dioxyde de carbone (CO_2)	Eau de chaux	Trouble, précipité blanc

D Chromatographie sur couche mince

● La chromatographie sur couche mince (CCM) permet de **séparer et d'identifier** les constituants d'un mélange homogène.

● **Lecture verticale (séparation) :** lorsque le dépôt d'un échantillon se sépare en plusieurs taches, il s'agit d'un mélange.

● **Lecture horizontale (identification) :** lorsque deux taches sont à la même hauteur sur la plaque, elles correspondent à la même espèce chimique.

remarque

Lorsque les espèces chimiques sont incolores, il faut procéder à une révélation afin de faire apparaître des taches sur la plaque.

Composition d'un mélange

102

Lue Relue Acquise

Dans les mélanges, les différentes espèces chimiques sont le plus souvent présentes dans des proportions différentes.

1 Proportions en volumes ou en masses

A Composition d'un mélange

- Pour **caractériser la composition d'un mélange**, il est nécessaire de donner une information (volume, masse, proportions, etc.) relative à chacune des espèces chimiques pures qui le composent.

B Proportions

- La composition d'un mélange précise les **proportions en volumes ou en masses** de chaque espèce chimique pure dans les mêmes conditions de température et de pression.

  Exemple : alliage intermétallique titane–aluminium constitué de 50 % en masse de titane et de 50 % en masse d'aluminium ou, sous forme fractionnaire, de $\frac{1}{2}$ de titane et de de $\frac{1}{2}$ d'aluminium.

aide

Ces proportions correspondent le plus souvent à des pourcentages ou des fractions.

2 Exemple d'un mélange solide

- **La fonte** est un **mélange homogène** de fer et de carbone. Certaines fontes contiennent ainsi 95 % de fer et 5 % de carbone en masse.
- Pour en déduire la **composition** de la fonte **sous forme fractionnaire**, on utilise le raisonnement suivant :

$$95\ \% = \frac{95}{100} = \frac{9,5}{10} \text{ et } 5\ \% = \frac{5}{100} = \frac{0,5}{10}$$

La fonte est constituée de $\frac{9,5}{10}$ de fer et de $\frac{0,5}{10}$ de carbone.

remarque

Ces fractions peuvent aussi s'écrire $\frac{19}{20}$ et $\frac{1}{20}$ pour obtenir des numérateurs entiers.

3 L'air

A Composition

- L'air est constitué d'approximativement de $\frac{1}{5}$ de dioxygène (O_2) et de $\frac{4}{5}$ de diazote (N_2).

- **Pour en déduire la composition de l'air** sous forme de pourcentage, il est possible de suivre le raisonnement suivant :

$$\frac{1}{5} = \frac{1 \times 20}{5 \times 20} = \frac{20}{100} = 20\ \% \text{ et } \frac{4}{5} = \frac{4 \times 20}{5 \times 20} = \frac{80}{100} = 80\ \%$$

L'air est constitué d'approximativement **80 % de diazote** et de **20 % de dioxygène**.

- **L'ordre de grandeur de la masse volumique** de l'air à 20 °C et sous la pression atmosphérique normale (au niveau de la mer) est :

$$\rho_{Air} = 1\ g \cdot L^{-1} = 1\ kg \cdot m^{-3}$$

piège à éviter

L'ordre de grandeur n'est pas une valeur exacte, il est la puissance de dix la plus proche de la grandeur exprimée.

4 Masse volumique et pourcentage volumique

- **Dans un mélange**, les différentes espèces chimiques ont le plus souvent des **masses volumiques différentes**.
- Dans **un mélange homogène**, la **masse volumique du mélange** peut être reliée à sa composition par une relation mathématique ou une approche expérimentale.

Exemple : alcool pharmaceutique à 70 % en volume.

Doc. Variation de la masse volumique d'un mélange eau-éthanol en fonction du pourcentage volumique en éthanol

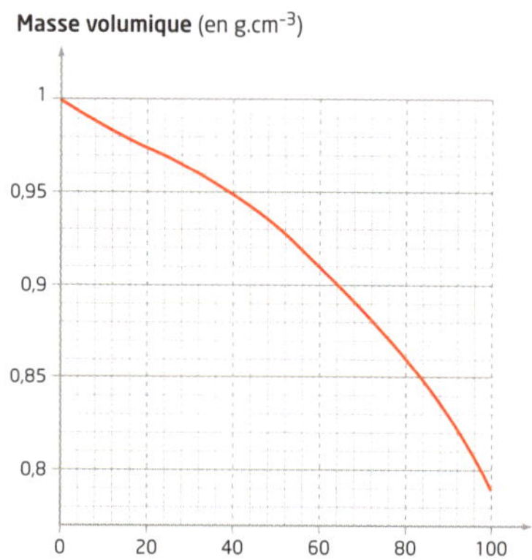

Pour ce flacon d'alcool pharmaceutique, on déduit de la courbe ci-dessus que la masse volumique sera d'approximativement 0,89 $g \cdot mL^{-1}$.

Solutions aqueuses

103

Lue Relue Acquise

La chimie des solutions aqueuses est particulièrement importante du fait de la place singulière de l'eau dans notre environnement et dans la matière vivante.

1 Les solutions

- **Une solution** est un mélange liquide homogène dans lequel une espèce chimique est très majoritaire devant les autres espèces présentes.
- **Le solvant** est l'espèce chimique majoritaire dans la solution.

  Exemple : lorsque le solvant est l'eau, la solution est une solution aqueuse.

- **Les solutés** sont les espèces chimiques minoritaires de la solution.

  Exemple : une eau minérale est une solution aqueuse, les différents minéraux et les ions dissous dans l'eau sont les solutés.

2 Concentration en masse d'un soluté

A Définition

- **Les masses de solutés** dans un volume de solution donné conditionnent les propriétés (goût, couleur, masse volumique...) de la solution. **La concentration en masse du soluté** est une grandeur très utile dans la chimie des solutions.
- Si une solution de volume V contient un soluté de masse m, alors la concentration en masse c_m de soluté dans la solution est :

$$C_m = \frac{m}{V}$$

Unités usuelles
C_m en gramme par litre ($g \cdot L^{-1}$)
m en gramme (g)
V en litre (L)

remarque

En système international d'unités, la concentration en masse est exprimée en $kg \cdot m^{-3}$, unité équivalente au $g.L^{-1}$.

B Concentration en masse maximale

- Il existe une masse maximale de soluté qui peut se dissoudre dans une solution. La **solution** est alors dite **saturée** de ce soluté.
- Une solution dont la concentration en masse en soluté est **maximale** ne peut pas dissoudre plus de soluté.

C Préparation d'une solution par dissolution

- Une solution peut être obtenue par **dissolution** dans le solvant d'un soluté initialement solide, liquide ou gazeux.

  Exemple : obtention d'une solution pour perfusion par dissolution de glucose solide dans de l'eau.

- **La concentration en masse c_m** d'une solution est une grandeur quotient :

$$c_m = \frac{m}{V}$$

En multipliant par V les deux membres de l'égalité, on obtient :

$$c_m \times V = m$$

On en déduit que pour préparer une solution de volume V contenant un soluté en concentration en masse c_m, la masse de soluté à dissoudre est :

$$m = c_m \times V$$

Unités usuelles
- m en gramme (g)
- c_m en gramme par litre ($g \cdot L^{-1}$)
- V en litre (L)

point Maths

En divisant par c_m les deux membres de l'égalité obtenue ci-contre, on obtient également : $V = \frac{m}{c_m}$.

D Préparation d'une solution par dilution

- Une solution peut être obtenue par dilution d'une solution plus concentrée, **la solution mère**, en lui ajoutant du **solvant**, afin d'obtenir **une solution fille** moins concentrée.

- Lors d'une dilution, le prélèvement de la solution mère doit être effectué avec **le plus de précision possible**. On utilise le plus souvent des **pipettes jaugées**. Le prélèvement est ensuite placé dans une **fiole jaugée** avant l'ajout du solvant.

- **La masse de soluté** présente dans la solution fille est identique à la masse de soluté prélevée dans la solution mère puisque l'on ajoute uniquement du solvant dans la dilution :

$$m_{\text{Soluté dans solution fille}} = m_{\text{Soluté dans solution mère}}$$

$$c_{m_{\text{Solution mère}}} \times V_{\text{Prélèvement}} = c_{m_{\text{Solution}}} \times V_{\text{Solution fille}}$$

$$c_{m_{\text{Solution fille}}} = \frac{V_{\text{Prélèvement}}}{V_{\text{Solution fille}}} \times c_{m_{\text{Solution mère}}}$$

L'astuce du prof

Dans cette dernière relation, les deux volumes doivent être exprimés dans les mêmes unités. Il est donc possible de les exprimer tous les deux en millilitre (mL).

Dosage par étalonnage

104

Lue Relue Acquise

Les dosages par étalonnage permettent de déterminer la concentration en masse inconnue d'un soluté dans une solution.

1 Principe

- De nombreuses **propriétés physiques** des solutions, comme leur couleur ou leur masse volumique, dépendent de la concentration en masse du soluté.
- Dans un dosage par étalonnage, on réalise une **gamme étalon** de quelques solutions contenant le même soluté que la solution inconnue et de concentrations en masse connues.
- **Le choix des concentrations en masse de soluté** de la gamme étalon implique de connaître un ordre de grandeur ou une valeur approchée de la concentration en masse inconnue.
- On réalise ensuite une mesure de la grandeur physique considérée pour chaque solution de la gamme étalon et on construit le plus souvent une **courbe d'étalonnage**, représentant cette grandeur physique en fonction de la concentration en masse de soluté des solutions de la gamme.
- Lorsque la gamme étalon est faite de solutions colorées, celle-ci constitue une **échelle de teintes**. Dans ce cas particulier, en intercalant « à l'œil » la solution de concentration en masse inconnue entre deux solutions de l'échelle de teinte, on peut déduire un encadrement de la concentration en masse recherchée.

Doc. Échelle de teinte

L'astuce du prof

Dans de nombreux cas pratiques, la solution inconnue doit être diluée avant la mesure. Il faudra donc tenir compte ensuite de cette dilution.

Exemple : dans ce document, la coloration de la solution inconnue s'intercale entre les solutions de concentrations en masse 0,3 g · L^{-1} et 0,4 g · L^{-1}. On en déduit :

$$0{,}3\ g \cdot L^{-1} < c_m < 0{,}4\ g \cdot L^{-1}$$

2 Dosage par étalonnage à partir de la masse volumique

A Gamme étalon

- Pour déterminer la **masse volumique** des solutions, on peut déterminer la masse d'une fiole jaugée de volume *V* à vide, puis placer précisément le volume *V* de la solution dans la fiole jaugée et enfin déterminer sa masse *m* de solution.
- On calcule la masse volumique : $\rho = \frac{m}{V}$.
- On appelle **courbe d'étalonnage** l'évolution de la masse volumique de la solution en fonction de la concentration en masse de soluté.

B Exploitation de la gamme étalon

- **Pour mesurer la masse volumique inconnue**, on procède de la même manière que pour les solutions de la gamme étalon mais avec la solution inconnue.

  Exemple : dosage par étalonnage d'une solution de produit d'entretien contenant du carbonate de sodium. On mesure $\rho_X = 1{,}07\ kg \cdot L^{-1}$.

- **Pour déterminer la concentration en masse inconnue**, on exploite la courbe d'étalonnage en y reportant la mesure de la masse volumique effectuée pour la solution de concentration en masse inconnue, puis on en déduit cette concentration en masse.

  Exemple : dans l'exemple précédent du produit d'entretien, on obtient :

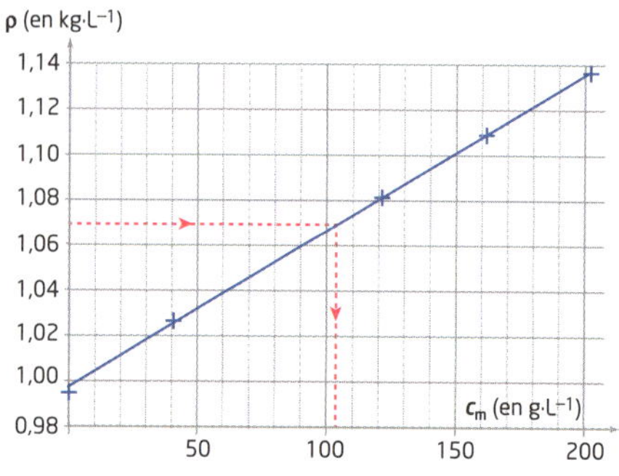

On en déduit ainsi $c_m = 102\ g \cdot L^{-1}$.

L'astuce du prof

Dans cet exemple, l'axe vertical a $0{,}98\ kg \cdot L^{-1}$ pour origine et non $0\ kg \cdot L^{-1}$. Cela permet de dilater l'échelle verticale pour plus de précision.

De l'espèce chimique à l'entité chimique

105

Lue Relue Acquise

Comment décrire la constitution de la matière à l'échelle microscopique ?

1 Changement d'échelle

- **À l'échelle macroscopique**, une espèce chimique désigne un ensemble d'un nombre élevé d'entités chimiques identiques.

  Exemple : molécules d'eau dans le corps humain.

- **À l'échelle microscopique**, une entité chimique peut être un atome, une molécule ou un ion.

  Exemples : atome d'oxygène ; molécule d'eau H_2O ; ion sodium Na^+ ; ion chlorure Cl^-.

piège à éviter

En SVT, l'échelle microscopique (différente de celle utilisée en physique-chimie) désigne l'échelle des objets observables au microscope optique. Ce n'est pas le cas des atomes.

2 Entités chimiques

- **Un atome** est la plus petite entité chimique électriquement neutre qui identifie un élément chimique.

  Exemples : carbone, hydrogène, azote.

- **Une molécule** est une entité chimique électriquement neutre constituée d'au moins deux atomes.

  Exemple : une molécule de glucide est constituée d'atomes de carbone, d'hydrogène et d'oxygène.

- **Un ion** est une entité chimique porteuse d'une charge électrique :
  - un **cation** est un ion porteur d'une charge électrique positive ;
  - un **anion** est un ion porteur d'une charge électrique négative.

  Exemple : le squelette des mammifères contient des cations calcium Ca^{2+} et des anions fluorure F^-.

l'astuce du prof

Le vocabulaire est important (ne pas confondre ion, atome et molécule). Si besoin, mémoriser un exemple de chacune de ces entités.

3 Composés ioniques

A Principe d'électroneutralité de la matière

- Tout échantillon de matière est **électriquement neutre**.

  Exemple : un litre d'eau est un échantillon électriquement neutre.

B Composé ionique

- D'après le principe d'électroneutralité de la matière, des espèces ioniques (cations et anions) s'associent pour former un **composé ionique de charge électrique totale nulle**.
- **En conséquence :** dans un composé ionique, la somme des charges électriques des cations et des anions est nulle.

  Exemple : dans le solide ionique sulfate de cuivre, de formule $CuSO_4$, la charge électrique du cation Cu^{2+} est composée par la charge électrique de l'anion SO_4^{2-}.
- **Dans un composé ionique à l'état solide**, les ions forment un réseau régulier dont la charge totale est nulle. Ce réseau est démantelé lorsque le composé ionique est dissous dans l'eau, et la solution aqueuse obtenue est électriquement neutre.

Doc. Désert de sel (échelle macroscopique)

Doc. Chlorure de sodium : composé ionique de formule NaCl constitué d'un réseau ordonné de cations Na^+ et d'anions Cl^-

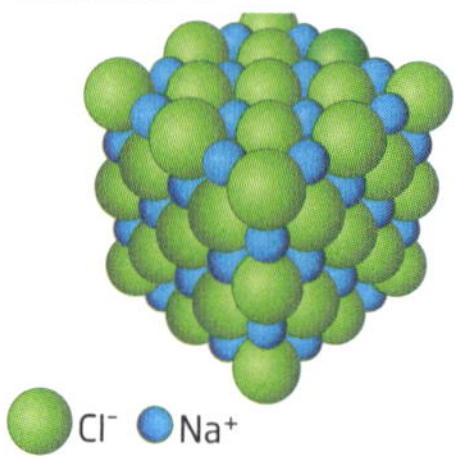

- **La formule d'un composé ionique** est établie en écrivant les symboles des cations, puis ceux des anions, avec en indice le plus petit nombre entier de chacun d'entre eux (sauf s'il est égale à 1), **afin que la charge globale soit nulle**.

Doc. Formules d'espèces ioniques

Cation	Anion	Composé ionique
Na^+	Cl^-	$NaCl$
Mg^{2+}	S^{2-}	MgS
Ca^{2+}	F^-	CaF_2
Al^{3+}	NO_3^-	$Al(NO_3)_3$
NH_4^+	CO_3^{2-}	$(NH_4)_2CO_3$

L'atome et son noyau

Lue Relue Acquise

■ De quelles particules sont constitués les atomes ?

1 Composition et taille d'un atome

● **Un atome** est constitué d'un **noyau** et d'**électrons**.

● **L'ordre de grandeur** de la taille d'un atome est de **10^{-10} m**. Pour observer un atome, il faut utiliser des microscopes spécifiques, les microscopes optiques ne le permettent pas.

piège à éviter

Bien distinguer dans le vocabulaire atome, noyau et électrons.

● **Le noyau atomique contient des nucléons** : ce sont des **neutrons** (particules de charges électriques nulles) et des **protons** (particules de charges électriques positives).

Doc. **Caractéristiques des constituants de l'atome**

		Masse (en kg)	Charge électrique (en C)
Nucléons	Protons	$1{,}673 \times 10^{-27}$	$+1{,}6 \times 10^{-19}$
	Neutrons	$1{,}675 \times 10^{-27}$	0
Électrons		$9{,}1 \times 10^{-31}$	$-1{,}6 \times 10^{-19}$

● **La charge électrique élémentaire**, notée *e*, est la charge électrique du proton. Un électron a une charge électrique $-e$.

● **Un atome est électriquement neutre** : il contient autant d'électrons que de protons (qui possèdent des charges électriques opposées).

2 Écritures conventionnelles et composition d'un noyau atomique

● **Un noyau atomique** d'un élément chimique *X* peut être symbolisé par l'écriture $^{A}_{Z}X$ avec :
A : le **nombre de masse**, il représente le nombre total de nucléons dans le noyau.
Z : le **numéro atomique** (ou encore nombre de charges), il représente le nombre total de protons dans le noyau.

remarque

Le symbole *X* de l'élément chimique est lui-même associé à un numéro atomique *Z*. On peut ainsi parfois utiliser une écriture conventionnelle allégée, ^{A}X.

Exemple : $^{39}_{19}K$ est un noyau de potassium (symbole *K*), son nombre de masse est $A = 39$ et son numéro atomique $Z = 19$. Ce noyau contient 39 nucléons dont 19 protons.

● **Pour connaître le nombre de neutrons dans un noyau**, on effectue le calcul suivant : il y a $A - Z$ neutrons dans un noyau.

Exemple : dans le noyau de potassium de l'exemple précédent, $^{39}_{19}K$, il y a 39 – 19 = 20 neutrons.

3 Noyau atomique

A Masse

● Un proton et un neutron **ont sensiblement la même masse**, environ 2000 fois plus élevée que celle d'un électron.

● **En conséquence**, lors du calcul de la masse approchée d'un atome, on considère que le neutron et le proton ont une masse identique et on néglige la masse des électrons devant celle des nucléons. **La masse d'un atome est presque égale à la masse de son noyau :**

$$m_{\text{Atome}} \approx m_{\text{Noyau}}$$

remarque

C'est une valeur approchée. On utilisera parfois une valeur plus précise (physique nucléaire) en tenant compte des électrons et de la différence de masse entre les nucléons.

B Taille

● **L'ordre de grandeur** de la taille d'un noyau est de **10^{-15} m**.

● Pour comparer la taille d'un noyau et la taille d'un atome, on calcule le **quotient de leur ordre de grandeur** :

$$\frac{\text{Ordre de grandeur de la taille de l'atome}}{\text{Ordre de grandeur de la taille du noyau}} = \frac{10^{-10}}{10^{-15}} = 10^{5}.$$

La taille d'un noyau est environ 100 000 fois inférieure à celle d'un atome.

L'astuce du prof

On peut aussi calculer le quotient dans l'autre sens, on trouvera 10^{-5}.

C Charge électrique

● Un noyau contient Z protons portant chacun une charge électrique $+e$. Les neutrons ne portent pas de charge électrique.

● **La charge électrique totale du noyau est $Z \times e$.**

Exemple : le noyau de carbone ($Z = 6$) porte une charge électrique égale à $6e$.

piège à éviter

Ne pas confondre atome et noyau : la charge électrique d'un atome est toujours nulle.

Cortège électronique

107

Lue Relue Acquise

La configuration des électrons dans un atome est décrite par la mécanique quantique qui est, à ce jour, le meilleur modèle permettant la description de la matière à cette échelle.

1 Configuration électronique d'un atome

- **Le cortège électronique d'un atome** est l'ensemble des électrons de l'atome.
- **L'état fondamental d'un atome** est celui pour lequel son cortège électronique est de plus bas niveau d'énergie possible.
- **Les électrons** d'un atome sont nommés en fonction de leur énergie.
- **Pour les atomes de numéros atomiques $Z < 18$,** les électrons sont nommés *ns* et *np* avec $n = 1, 2$ ou 3.

remarque

n est un « nombre quantique ».

- L'écriture de l'ensemble des noms de tous les électrons de l'atome correspond à la **configuration électronique d'un atome à l'état fondamental**. On indique le nombre d'électrons *s* et *p* par des exposants.

Exemple : configuration électronique de l'atome de phosphore ($Z = 15$) dans l'état fondamental, $(1s)^2(2s)^2(2p)^6(3s)^2(3p)^3$

Le nombre total d'électrons pour l'atome de phosphore est :
$2 + 2 + 6 + 2 + 3 = 15 = Z$

Nom de l'électron	1s	2s	2p	3s	3p
Nombre d'électrons *ns* ou *np*	2	2	6	2	3

- Dans la configuration électronique à l'état fondamental d'un atome tel que $Z \leqslant 18$, les électrons *ns* et *np* associés à la plus grande valeur de *n* sont appelés **électrons de valence**.

Exemple : l'atome de phosphore de l'exemple précédent possède $2 + 3 = 5$ électrons de valence.

piège à éviter

Il faut comptabiliser l'ensemble des électrons associés à la plus grande valeur de *n*.

2 Configuration électronique et tableau périodique

- Un élément chimique est défini par **son numéro atomique *Z***, donc par le **nombre de protons dans son noyau**.

Exemple : l'élément chimique carbone ($Z = 6$) possèdera toujours 6 protons dans son noyau quelle que soit sa forme.

- **Le tableau périodique** (cf. rabats) regroupe les éléments chimiques qui y sont rangés par numéros atomiques croissants. La configuration électronique d'un atome à l'état fondamental permet d'y déterminer la **position de l'élément chimique** correspondant.

remarque

On ne considère pas en Seconde les éléments chimiques pour lesquels $Z > 18$.

- La valeur de *n* des électrons de valence permet de déterminer la **ligne occupée**.
  - $n = 1$ pour la première ligne ;
  - $n = 2$ pour la deuxième ligne ;
  - $n = 3$ pour la troisième ligne.

- Le chiffre des unités du **numéro de la colonne** est égal au nombre d'électrons de valence.

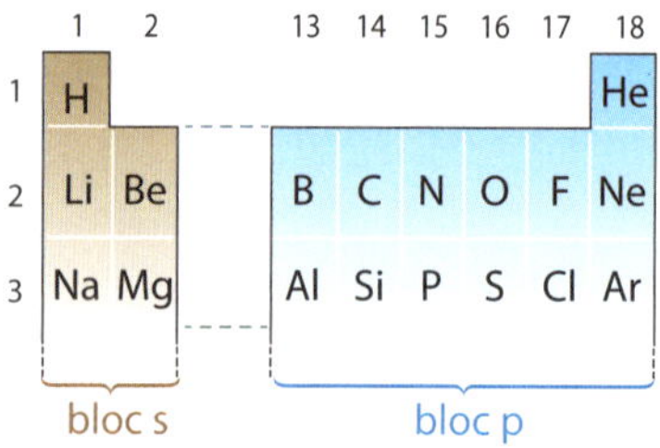

Les **colonnes 1 et 2** du tableau périodique constituent le **bloc *s*** du tableau. Les **colonnes 13 à 18** constituent le **bloc *p***.

L'astuce du prof

Les atomes des éléments chimiques des deux premières colonnes du tableau périodique ne possèdent qu'un ou deux électrons de valence.

Exemple : la configuration électronique de l'atome de phosphore (P) est $(1s)^2(2s)^2(2p)^6(3s)^2(3p)^3$
– $n = 3$ pour les électrons de valence, l'élément chimique phosphore est sur la troisième ligne du tableau ;
– 2 + 3 = 5, l'atome de phosphore possède 5 électrons de valence et l'élément chimique phosphore est dans la 15e colonne (dans le bloc *p*)

3 Familles chimiques

- Les éléments chimiques d'une même colonne du tableau périodique constituent une **famille chimique**. Ces éléments ont alors :
  - **des propriétés chimiques communes** ;
  - **le même nombre d'électrons de valence**.

- Les éléments de la colonne 18 (dernière colonne) constituent la famille des **gaz nobles**.

Exemple : l'élément chimique Néon, de symbole Ne, est un gaz noble.

Des atomes aux entités plus stables

108

Lue Relue Acquise

De nombreux atomes ne sont pas stables et se transforment en d'autres entités plus stables. Comment prévoir et expliquer la formation de ces entités ?

1 Ions monoatomiques courants

- **Un ion monoatomique** est un ion constitué d'un seul atome.

  Exemples : Fe^{2+}, O^{2-}, K^{+}.

- **Les atomes des éléments des colonnes 1, 2 et 3** du tableau périodique tendent à perdre des électrons pour former un ion monoatomique (**cation**) ayant autant d'électrons que l'atome de gaz noble le plus proche en numéro atomique.

  Exemple : le lithium (Li, $Z = 3$) a tendance à perdre 1 électron pour former le cation Li^{+} qui possède $Z - 1 = 2$ électrons, soit autant d'électrons que les atomes d'helium (gaz noble le plus proche de l'élément lithium dans le tableau périodique).

- **Les atomes des éléments des colonnes 15, 16 et 17** du tableau périodique tendent à gagner des électrons pour former un ion monoatomique (**anion**) ayant autant d'électrons que l'atome de gaz noble le plus proche en numéro atomique.

  Exemple : l'oxygène (O, $Z = 8$) a tendance à gagner 2 électrons pour former l'anion O^{2-} qui possède $Z + 2 = 10$ électrons, soit autant d'électrons que les atomes de néon (gaz noble le plus proche de l'élément oxygène dans le tableau périodique).

- **Voici les ions monoatomiques à connaître** (noms et formules) :

Formule de l'ion	H^{+}	Na^{+}	K^{+}	Mg^{2+}	Ca^{2+}	Cl^{-}	F^{-}
Nom de l'ion	hydrogène	sodium	potassium	magnésium	calcium	chlorure	fluorure

2 Schéma de Lewis d'une molécule

- Dans le modèle de Lewis, la mise en commun d'électrons de valence entre deux atomes constitue une **liaison de valence**. Celle-ci peut être **simple**, **double** ou **triple**.

- Les électrons se regroupent par paires pour former des **doublets d'électrons**. Une liaison de valence est **constituée d'un, deux ou trois doublets liants**.

- **Le schéma de Lewis** d'une molécule est une représentation de tous les électrons de valence de tous les atomes qui la constituent.
- Les électrons de valence non engagés dans des liaisons de valence sont appariés en **doublets non liants**.

Exemple : schéma de Lewis de la molécule d'eau.

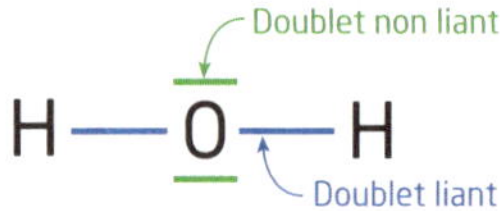

Exemple : schémas de Lewis de molécules présentant des liaisons simples, doubles ou triple.

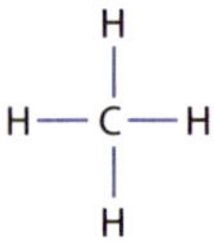

Méthane

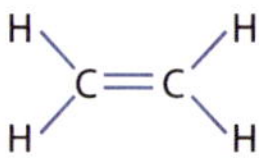

Éthène

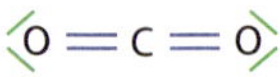

Dioxyde de carbone

Diazote

- Dans le schéma de Lewis de nombreuses molécules, les atomes (sauf l'hydrogène) sont **entourés de quatre doublets d'électrons**, soit huit électrons de valence, comme les atomes de gaz nobles.
- **Une molécule est une entité plus stable** que les atomes qui la constituent.

piège à éviter

Les électrons des doublets liants sont mis en commun entre les atomes qui forment une liaison de valence, contrairement aux électrons des doublets non liants.

L'astuce du prof

Dans les molécules, les atomes d'hydrogène sont toujours entourés de deux électrons de valence et forment un et un seul doublet liant.

3 Énergie de liaison

- **L'énergie de liaison** entre deux atomes liés dans une molécule est l'énergie que doit recevoir cette molécule pour rompre la liaison *AB*, chaque entité *A* et *B* formée gardant avec elle la moitié des électrons des doublets liants rompus.

Exemple : liaison C–H, énergie de liaison de $6{,}84 \times 10^{-19}$ J

Liaison	C–C	C=C	O–H
Énergie de liaison (J)	$5{,}74 \times 10^{-19}$	$1{,}02 \times 10^{-18}$	$7{,}62 \times 10^{-19}$

Masse d'une entité chimique 109

Lue Relue Acquise

Comment estimer la masse d'une entité chimique et le nombre de ces entités dans un échantillon ?

1 Calcul de la masse d'une entité chimique

- **La masse d'une entité chimique** s'obtient en additionnant la masse de tous les atomes qui la constitue.

Exemples :

Atome	H	C	O	Na
Masse (en kg)	$1{,}66 \times 10^{-27}$	$1{,}99 \times 10^{-26}$	$2{,}66 \times 10^{-26}$	$3{,}82 \times 10^{-26}$

1. Calcul de la masse d'une molécule d'eau **H_2O** avec :

$m_{H_2O} = 2 \times 1{,}66 \times 10^{-27} + 2{,}66 \times 10^{-26} = 2{,}99 \times 10^{-26}$ kg.

2. Calcul de la masse d'une molécule de benzoate de sodium **$C_7H_5NaO_2$** avec :

$m_{C_7H_5NaO_2} = 7 \times 1{,}99 \times 10^{-26} + 5 \times 1{,}66 \times 10^{-27} + 3{,}82 \times 10^{-26} + 2 \times 2{,}66 \times 10^{-26}$

$m_{C_7H_5NaO_2} = 2{,}39 \times 10^{-25}$kg

piège à éviter

Dans la formule brute d'une molécule, le nombre d'atomes figure en indice à droite de cet atome et non à gauche.

Doc. **Le benzoate de sodium, un conservateur alimentaire référencé sous le code E211**

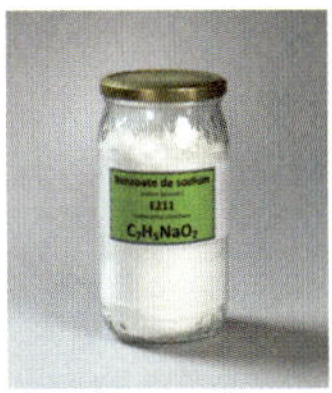

- **La masse d'un ion** est approximativement égale à la masse de l'entité équivalente non chargée électriquement.

Exemple : l'ion hydroxyde HO^- possède un électron excédentaire par rapport à l'entité HO.

Calcul de la masse d'un ion HO^- :

$m_{HO^-} = m_H + m_O + m_{e^-}$

$m_{HO^-} = 1{,}66 \times 10^{-27} + 2{,}66 \times 10^{-26} + 9{,}1 \times 10^{-31}$

$m_{HO^-} = 2{,}9 \times 10^{-26}$ kg

rappel

La masse d'un électron est négligeable devant la masse du reste de l'atome (notamment celle du noyau)

Calcul de la masse d'une entité HO :

$m_{HO} = m_H + m_O = 1{,}66 \times 10^{-27} + 2{,}66 \times 10^{-26}$

$m_{HO^-} = 2{,}9 \times 10^{-26}$ kg

Les masses de HO⁻ et de HO sont bien égales si elles sont exprimées avec deux chiffres significatifs.

remarque

On parle d'une entité et non d'une molécule pour HO car cet édifice est moins stable que les atomes qui la constituent.

2 Nombre d'entités chimiques dans un échantillon

- **La matière qui nous entoure** est constituée d'entités microscopiques de dimensions très petites et de masses très faibles.
- **Dans un échantillon de corps pur** de masse m constitué d'entités de masse $m_{Entité}$, le nombre N d'entités présentes dans l'échantillon est :

$$N = \frac{m}{m_{Entité}}$$

Unités :
N sans unité
m et $m_{Entité}$ dans la même unité

point Maths

N est une grandeur quotient : en multipliant les deux membres de l'égalité par $m_{Entité}$, on obtient $m = N \times m_{Entité}$.

- **À l'échelle humaine** (échelle macroscopique), les échantillons de matière contiennent un très grand nombre d'entités microscopiques.

Exemples :

1. Dans une alliance en platine, de masse m = 9,8 g, combien y a-t-il d'atomes de platine de masse $m_{Pt} = 3{,}24 \times 10^{-25}$ kg ?

Doc. **Alliance en platine**

$$N = \frac{m}{m_{Pt}} = \frac{9{,}8 \times 10^{-3}\ \text{kg}}{3{,}24 \times 10^{-25}\ \text{kg}} = 3{,}0 \times 10^{22}$$

2. Si on constituait un ruban en alignant les molécules de benzoate de sodium contenues dans un échantillon d'un gramme, on obtiendrait une chaîne dont la longueur serait d'approximativement 250 fois la distance Terre-Soleil !

Quantité de matière

110

Lue Relue Acquise

Comment définir une unité de quantité de matière utilisable à notre échelle ?

1 Définitions

- **La quantité de matière** est la grandeur utilisée pour compter un nombre d'entités microscopiques. Elle s'exprime en **mole** de symbole **mol**.
- Voici **les sous-multiples de la mole** fréquemment utilisés :

Millimole (symbole mmol)	1 mmol = 1×10^{-3} mol
Micromol (symbole µmol)	1 µmol = 1×10^{-6} mol

vocabulaire

Les entités microscopiques dénombrées sont des atomes, des molécules, des ions, des particules ou des groupes de particules.

- **Une mole d'entités** correspond exactement à un « paquet » de $6{,}022\,140\,76 \times 10^{23}$ entités.
- **Le nombre d'entités microscopiques** dans une mole est colossal. La mole est une unité adaptée à l'échelle macroscopique de la matière.

Exemples : **1.** Il y a une mole de molécules d'eau dans 18 g d'eau ou encore environ 55 mol de molécules d'eau dans un litre d'eau.

2. Sous conditions normales de température et de pression, un volume de 22,4 L de dioxygène contient une mole de molécules de ce gaz.

3. Un échantillon de 12 g de carbone contient une mole d'atomes de carbone.

remarque

La mole est l'une des sept unités de base du système international d'unités.

2 Constante d'Avogadro

- **Le nombre d'entités par mole** est une constante, appelée la **constante d'Avogadro** et notée N_A.

Sa valeur est : $N_A = 6{,}022\,140\,76 \times 10^{23}$ mol^{-1} ou, en valeur aprochée : $N_A = 6{,}02 \times 10^{23}$ mol^{-1}

- La constante d'Avogadro représente le nombre d'entités **par ou pour une mole** : l'unité est ainsi mol^{-1}.

biographie

Amedeo Avogadro (1776-1856) est un scientifique italien dont les travaux ont notamment contribué à la distinction entre atomes et molécules.

3 Quantité de matière et nombre d'unités

● **Le nombre N** d'entités microscopiques et leur **quantité de matière n** dans un échantillon sont liés par l'expression :

$$n = \frac{N}{N_A}$$

$n = \frac{N}{N_A}$	**Unités du système international** n en mol N sans unité N_A en mol^{-1}

piège à éviter

Les quantités de matière sont le plus souvent notées en utilisant la lettre n. Il est nécessaire de bien différencier N (nombre d'entités) et n (nombre de moles).

Exemples :

1. La quantité de matière d'atomes de platine présente dans une alliance contenant $N = 3{,}0 \times 10^{22}$ atomes de platine est :

$$n = \frac{N}{N_A} = \frac{3{,}0 \times 10^{22}}{6{,}02 \times 10^{23}\ mol^{-1}} = 5{,}0 \times 10^{-2}\ mol = 50\ mmol$$

2. La quantité de matière de molécule d'eau dans un verre contenant $N = 8{,}0 \times 10^{24}$ molécules d'eau est :

$$n = \frac{N}{N_A} = \frac{8{,}0 \times 10^{24}}{6{,}02 \times 10^{23}\ mol^{-1}} = 13\ mol$$

● **La quantité de matière est une grandeur quotient** : en multipliant les deux membres de l'égalité par N_A, on établit la relation $N = N_A \times n$.

remarque

N_A est le coefficient de proportionnalité entre N et n.

Exemple : un échantillon d'eau contenant $n = 2{,}00$ mol de molécules d'eau contient un nombre N de molécules d'eau :

$N = 6{,}02 \times 10^{23}\ mol^{-1} \times 2{,}00 = 1{,}20 \times 10^{24}$.

● En utilisant la relation $N = \frac{m}{m_{Entité}}$ et en la combinant à la relation $N = N_A \times n$, on obtient : $n = \frac{m}{m_{Entité} \times N_A}$ avec $m_{Entité} \times N_A$ qui correspond à **la masse d'une mole d'entité** (souvent exprimée en **$g \cdot mol^{-1}$**.

Exemples : quelques masses d'une mole d'entités :

Atome	H	He	C	N	O	S
Masse d'une mole (en $g.mol^{-1}$)	1,0	4,0	12,0	14,0	16,0	32,1

vocabulaire

Si les entités sont des atomes, la masse d'une mole d'entités est nommée masse molaire atomique et souvent notée M.

Changements d'état de la matière

111

Lue   Relue   Acquise

Comment définir et interpréter les transformations physiques de la matière ?

1 Changement d'état physique dans l'environnement

- La matière existe sous **trois états physiques** : solide (s), liquide (ℓ) et gazeux (g).
- Une transformation d'un système d'un état physique à un autre qui conserve les espèces chimiques est un **changement d'état**. Chacun des **six changements d'état** a un nom particulier :

piège à éviter

Dans un changement d'état, l'espèce chimique initiale est nécessairement présente après la transformation. Dans le cas contraire, la transformation est une transformation chimique et non un changement d'état.

Doc. **Les six changements d'état**

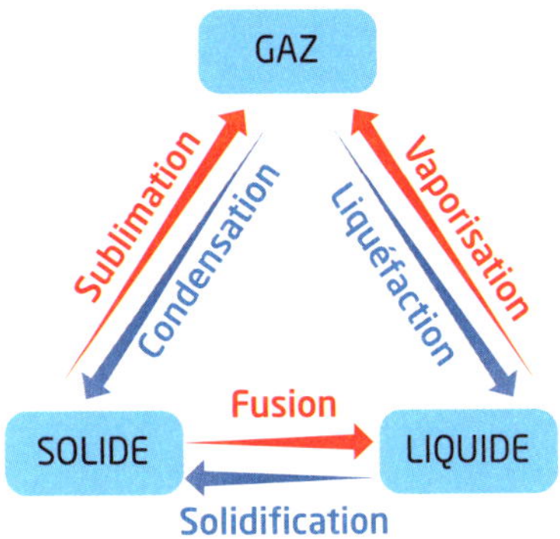

remarque

D'autres noms sont parfois donnés à certains de ces changements d'état, comme par exemple l'ébullition à la place de la vaporisation.

- **Dans la vie courante ou dans l'environnement**, on peut citer :
  - des liquéfactions (buée se formant sur une vitre froide) ;
  - des vaporisations (évaporation de l'eau liquide du linge après lavage) ;
  - des fusions (formation du magma dans le manteau terrestre) ;
  - des solidifications (lave devenant une roche solide après une éruption).

Exemple : dans les sources d'eau chaude en Islande, l'eau chaude liquide de la source se vaporise dans l'atmosphère et se liquéfie ensuite en fines goutelettes au contact de l'air froid.

2 Écriture symbolique d'un changement d'état

- **Un changement d'état d'un corps pur** est modélisé par une réaction dont l'équation utilise le même formalisme que pour une transformation chimique.

- **L'état physique de l'espèce chimique avant et après** la transformation physique est précisé par une lettre entre parenthèses.

Exemples :

1. La fusion du gallium : $Ga\ (s) \rightarrow Ga\ (\ell)$

2. La vaporisation de l'eau : $H_2O\ (\ell) \rightarrow H_2O\ (g)$

3. La solidification du saccharose :
$C_{12}H_{22}O_{11}\ (\ell) \rightarrow C_{12}H_{22}O_{11}\ (s)$

L'astuce du prof

Dans les écritures symboliques des changements d'états, l'équation ne comporte qu'un seul terme à gauche et à droite de la flèche.

3 Distinction entre fusion et dissolution

- **Dans une dissolution**, une espèce chimique est mise en solution grâce à un **solvant**. La solution obtenue n'est pas un corps pur.

Exemple : dissolution d'un sucre dans du café.

- **Dans une équation de dissolution**, lorsque le solvant est **l'eau**, la formule de l'espèce chimique dissoute est suivie de **(aq) pour aqueux**.

Exemple : dissolution de saccharose dans de l'eau :

$C_{12}H_{22}O_{11}\ (s) \rightarrow C_{12}H_{22}O_{11}\ (aq)$

piège à éviter

Contrairement à la fusion, la dissolution ne peut pas se faire sans l'intervention d'une deuxième espèce (le solvant).

- **Dans une fusion**, il y a transformation physique de l'état solide à l'état liquide, c'est un changement d'état. Si l'espèce initiale est un corps pur, elle le demeure après fusion.

Exemple : fusion de l'or en orfèvrie, $Au\ (s) \rightarrow Au\ (\ell)$.

Énergie de changement d'état

112

Lue Relue Acquise

Quelle est l'évolution de l'énergie d'un système lors d'un changement d'état ?

1 Modélisation microscopique

- **L'état gazeux** est un état de la matière **dispersé**.

  Exemple : la distance moyenne entre deux molécules de dioxygène à l'état gazeux (température de 20 °C) est 3 nm.

> **remarque**
> Le nanomètre est un sous-multiple du mètre, il est égal à un milliardième de mètre : 1 nm = 1×10^{-9} m.

- **Les états liquide et solide sont condensés :** les distances entre les entités chimiques sont du même ordre de grandeur que les dimensions de ces entités.

  Exemple : la distance moyenne entre deux molécules de dioxygène à l'état liquide ou solide (température inférieure à –183 °C) est de 0,3 nm à 0,4 nm.

- **Le changement d'état d'un corps pur** a lieu à température constante si la pression est maintenue constante.

Doc. Évolution de la température d'un corps pur lors d'un apport régulier d'énergie par transfert thermique à pression constante

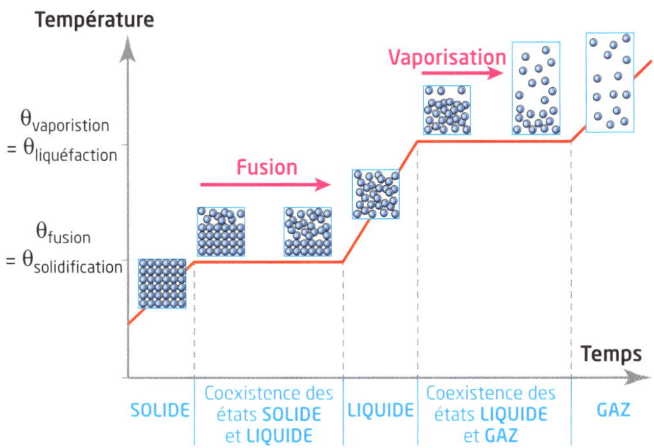

2 Transformations endothermiques et exothermiques

- Un changement d'état d'un système (à température constante) est **endothermique** si le système étudié reçoit de l'énergie par transfert thermique :

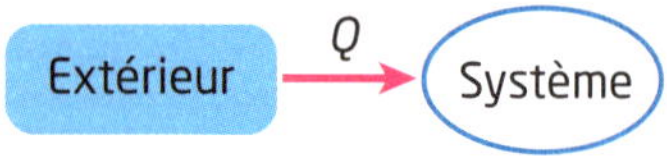

Exemples : vaporisation, fusion, sublimation à température constante.

piège à éviter

On considère l'énergie du système étudié et non celle du milieu extérieur.

- Un changement d'état d'un système (à température constante) est **exothermique** si le système étudié cède de l'énergie par transfert thermique :

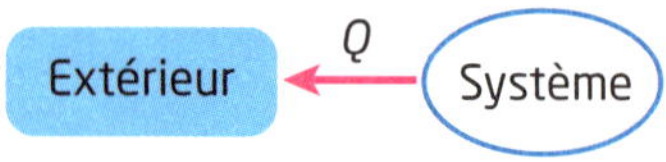

Exemples : solidification, liquéfaction et condensation à température constante.

vocabulaire

Le mot « système » désigne la portion de matière qui est étudiée. Le système est délimité par une frontière réelle ou imaginaire.

3 Énergie massique de changement d'état

- **L'énergie Q échangée par transfert thermique** lors d'un changement d'état est proportionnelle à la masse m du système qui change d'état.
- **L'énergie massique de changement d'état** est la grandeur quotient notée ℓ telle-que :

$$\ell = \frac{Q}{m}$$

Unités S.I. :
- ℓ en joule par kilogramme ($J \cdot kg^{-1}$)
- Q en joule (J)
- m en kilogramme (kg)

Exemple : énergie massique de fusion de la glace $\ell_{Fusion} = 334\ kJ \cdot kg^{-1}$.

- **L'énergie massique reçue par un système** lors d'un changement d'un état 1 vers un état 2 est égale à l'énergie massique cédée par le système lors d'un changement d'état dans le sens opposé.

Réaction chimique

113

Lue Relue Acquise

Comment décrire et exploiter une réaction chimique ?

1 Modèle de la réaction chimique

- **Au cours d'une transformation chimique**, il y a redistribution des atomes des réactifs pour former des produits.

Exemple : le dioxyde de carbone gazeux est le produit de la combustion du carbone solide (atomes de carbone schématisés en noir ci-dessous) dans le dioxygène gazeux (atomes d'oxygène schématisés en rouge ci-dessous).

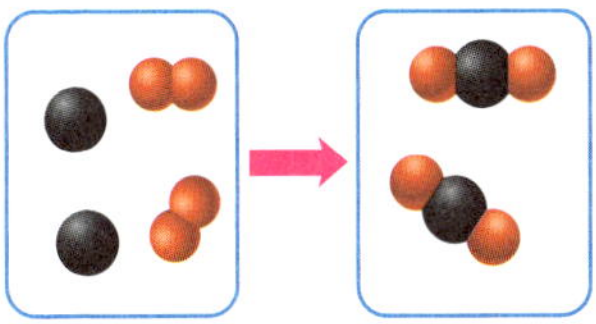

piège à éviter

Ne pas confondre transformation chimique et changement d'état. Dans la transformation chimique, il y a changement de la composition du système.

- La réaction chimique est la **modélisation**, à l'échelle macroscopique, d'une transformation chimique. **L'équation de réaction** est l'écriture symbolique de cette réaction chimique.

Exemple : l'équation de réaction de la combustion du carbone dans le dioxygène est : $C\ (s) + O_2\ (g) \rightarrow CO_2\ (g)$.

- Dans une équation de réaction les **éléments chimiques et la charge électrique se conservent**. Il est ainsi nécessaire d'avoir :
  - **le même nombre d'éléments** pour chaque élément chimique présent dans les réactifs et les produits ;
  - **la même charge électrique** de part et d'autre de la flèche.

- Il faut ajuster l'équation de la réaction pour respecter les lois de conservation des élements et de la charge électrique en faisant précéder chaque formule chimique par un nombre : **le nombre stœchiométrique**.

- **Lorsque le nombre stœchiométrique est 1**, on ne l'écrit pas.

- Les nombres stœchiométriques sont des **entiers positifs les plus petits possibles**.

Exemple : la combustion du méthane a pour équation de réaction :
$CH_4\ (g) + 2\ O_2\ (g) \rightarrow CO_2\ (g) + 2\ H_2O\ (g)$.

Élément	Nombre d'éléments dans les réactifs	Nombre d'éléments dans les produits
Carbone (C)	1 élément carbone C dans la molécule de méthane	1 élément carbone C dans la molécule de dioxyde de carbone
Oxygène (O)	$2 \times 2 = 4$ dans les molécules de dioxygène	$1 \times 2 + 2 \times 1 = 4$ **1** : nombre stoechiométrique devant CO_2 **1 :** nombre d'éléments O dans la molécule d'eau
Hydrogène	$1 \times 4 = 4$ **1** : nombre stoechiométrique devant CH_4	$2 \times 2 = 4$ dans les molécules d'eau

2 Stœchiométrie et réactif limitant

- **L'état initial** est l'instant (fictif) pour lequel l'ensemble des réactifs ont été introduits dans le mélange sans que la transformation chimique n'ait encore commencé.

- Un réactif qui est entièrement consommé à la fin d'une transformation chimique totale est appelé **réactif limitant**. Son identification :
  - peut se faire à partir de l'équation de réaction et de l'état initial (quantités de matière initiales des réactifs) ;
  - dans la réaction d'équation $aA + bB \rightarrow$ produits, avec $n_i(A)$ et $n_i(B)$ les quantités de matière initiales des réactifs :
    - si $\frac{n_i(A)}{n_i(B)} > \frac{a}{b}$ alors le réactif B est limitant ;
    - si $\frac{n_i(A)}{n_i(B)} < \frac{a}{b}$ alors le réactif A est limitant ;
    - si $\frac{n_i(A)}{n_i(B)} = \frac{a}{b}$ alors les réactif A et B sont tous les deux limitants, on dit que le mélange initial était dans les **proportions stœchiométriques**.

Exemple : $CH_4\,(g) + 2\,O_2\,(g) \rightarrow CO_2\,(g) + 2\,H_2O\,(g)$

– si $\frac{n_i(CH_4)}{n_i(O_2)} > \frac{1}{2}$ alors le dioxygène O_2 est limitant ;

– si $\frac{n_i(CH_4)}{n_i(O_2)} < \frac{1}{2}$ alors le méthane CH_4 est limitant ;

– si $\frac{n_i(CH_4)}{n_i(O_2)} = \frac{1}{2}$ alors le dioxygène O_2 et le méthane CH_4 sont limitants (proportions stœchiométriques).

Effet thermique d'une transformation

114

Lue Relue Acquise

Comme pour les transformations physiques, la plupart des transformations chimiques s'accompagnent d'une variation d'énergie du système chimique.

1 Transformations chimiques exothermiques ou endothermiques

- Une transformation chimique réalisée dans un récipient empêchant le transfert thermique d'énergie peut s'accompagner d'une **variation de température du système chimique** :
  - si la transformation chimique est **exothermique**, alors la température du sytème augmente ;

  Exemple : lors d'un feu d'artifice, la transformation chimique entre la poudre et le dioxygène est exothermique (elle produit aussi de la lumière).
  - si la transformation chimique est **endothermique**, alors la température du système chimique diminue.

piège à éviter

Ne pas confondre transformation chimique et changement d'état. Dans la transformation chimique, il y a changement de la composition du système.

- **Si on ne fait varier que la quantité de matière de réactif limitant**, on constate que la variation de température observée augmente avec cette quantité.

  Exemple : lors de la réaction chimique entre l'oxyde de calcium solide CaO (s) et l'eau d'équation chimique $CaO\ (s) + H_2O\ (\ell) \rightarrow Ca(OH)_2\ (s)$, tant que l'oxyde de calcium est limitant, l'élévation de température observée dans un calorimètre augmente avec la masse de solide initiale.

2 Synthèse d'une espèce chimique

- **La synthèse** est la production d'une espèce chimique en laboratoire par une transformation chimique. Elle est en général suivie par des manipulations qui visent à l'isoler, la purifier et l'identifier.
- **Le chauffage à reflux** est un dispositif qui permet de chauffer un milieu réactionnel afin de diminuer la durée de la transformation chimique sans pertes de matière grâce au réfrigérant à eau.

Effet thermique d'une transformation

Doc. **Chauffage à reflux**

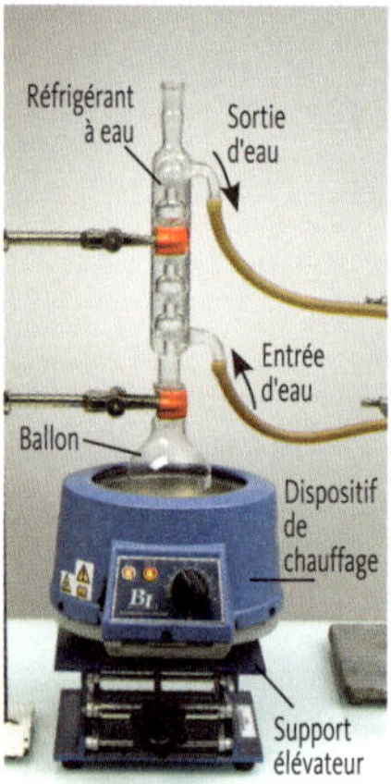

Doc. **Schéma d'un montage à reflux**

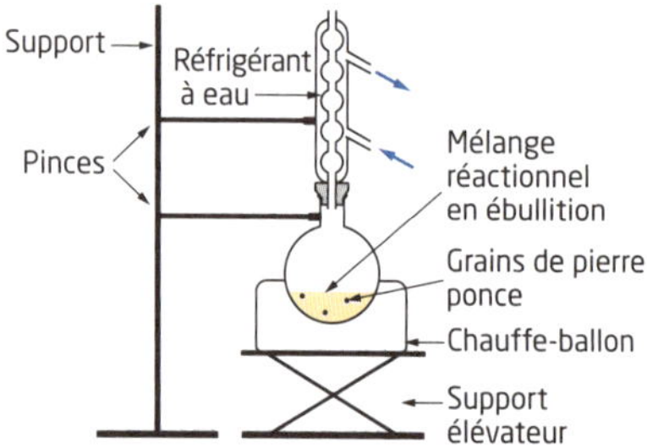

L'astuce du prof

Dans les réfrigérants à eau, l'eau entre par l'ouverture la plus basse pour ressortir par l'ouverture la plus haute.

Exemple : la synthèse de l'acétate de linalyle :

$C_{10}H_{18}O\ (\ell) + C_4H_6O_3\ (\ell) \rightarrow C_{12}H_{20}O_2\ (\ell) + C_2H_4O_2\ (\ell)$.

● **Plusieurs techniques d'identification** sont possibles suivant les synthèses. Il est par exemple souvent possible de réaliser une chromatographie sur couche mince (CCM) avec un extrait du produit obtenu que l'on compare à une référence.

Doc. **Plaque de CCM**

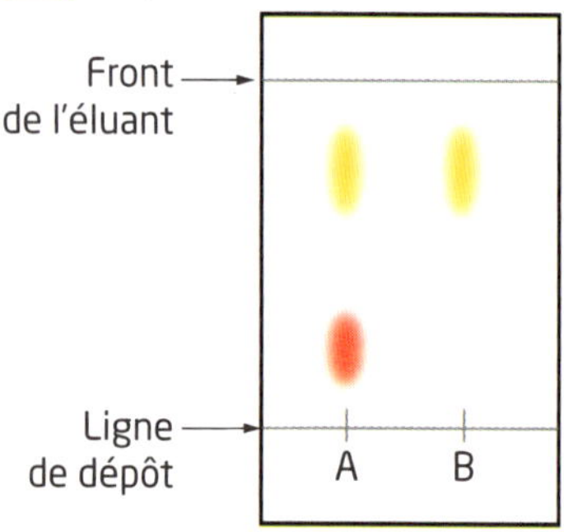

Les différents types de transformations

115

☐ Lue ☐ Relue ☐ Acquise

Comment définir une transformation nucléaire et la différencier des transformations physiques et chimiques ?

1 Noyaux isotopes

- **Deux noyaux sont isotopes** s'ils ont le même nombre de protons mais pas le même nombre de neutrons. En conséquence, deux noyaux isotopes **appartiennent nécessairement au même élément chimique** (même symbole *X* et même numéro atomique *Z*) **mais diffèrent par leur nombre de masse *A***.

  Exemple : le carbone 14 (^{14}C) et le carbone 12 (^{12}C) sont des isotopes de l'élément carbone, de numéro atomique $Z = 6$. Ils contiennent tous les deux 6 protons mais $14 - 6 = 8$ neutrons pour le carbone 14, et $12 - 6 = 6$ neutrons pour le carbone 12.

histoire des sciences

Sir Joseph John Thomson (1856-1940), physicien britannique, découvrit les isotopes à la suite d'une expérience dans laquelle il montra que deux atomes d'un même élément peuvent avoir des masses différentes.

- Plus de 2800 noyaux différents sont connus à ce jour dont seuls 256 sont **stables**. Les autres noyaux peuvent se transformer spontanément pour **former un autre noyau**.

Doc. **Représentation des isotopes connus**

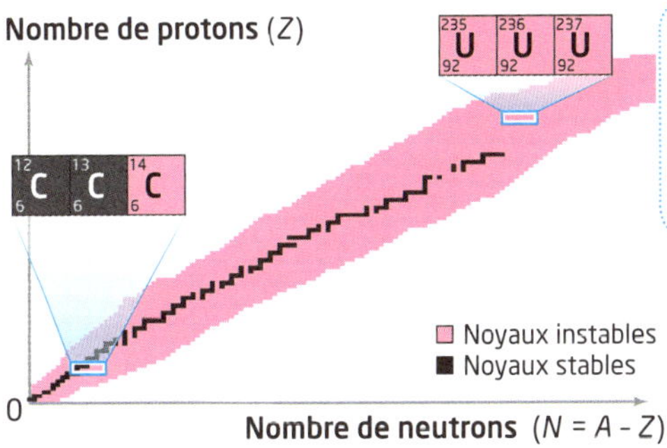

remarque

Isotope vient du grec *iso*, même, et *topos*, lieu. Les isotopes sont nommés ainsi car ils occupent la même place dans le tableau périodique.

2 Transformations nucléaires

- **Pour rappel, lors d'une transformation :**
  - **physique**, il y a conservation des espèces chimiques et modification de l'état physique du système ;
  - **chimique**, il y a conservation des éléments chimiques et modification des espèces chimiques.

Doc. Comment identifier la nature d'une transformation ?

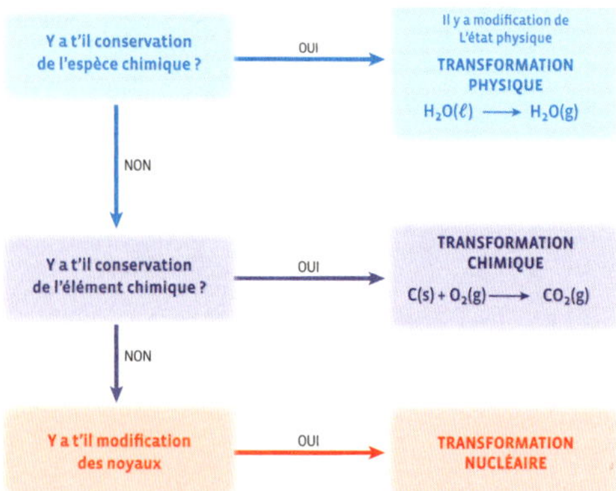

- **Lors d'une transformation nucléaire**, il y a modification de la composition des noyaux. En conséquence, les éléments chimiques ne sont pas conservés dans une transformation nucléaire.

  Exemple : ${}^{56}_{27}Co \rightarrow {}^{56}_{26}Fe + {}^{0}_{1}e$, l'élément chimique cobalt (Co) n'est pas conservé car le noyau de cobalt est transformé dans cette transformation nucléaire.

vocabulaire

Nucléaire vient du latin *nucleus*, noyau. Une transformation nucléaire est liée à la transformation du noyau atomique.

- Les transformations nucléaires **font souvent intervenir des particules**, notamment :

	A	Nombre de charges	Notation
Proton	1	1	${}^{1}_{1}p$
Électron	0	-1	${}^{0}_{-1}e$
Neutron	1	0	${}^{1}_{0}n$
Positron	0	1	${}^{1}_{1}e$

remarque

Le positron est l'antiparticule de l'électron, il possède notamment la même masse que l'électron mais une charge électrique opposée.

Énergie et transformations

116

Lue Relue Acquise

Les énergies mises en jeu par les différents types de transformations sont-elles du même ordre ?

1 Écriture symbolique d'une réaction nucléaire

- Une transformation nucléaire est modélisée par une **réaction nucléaire**, à laquelle est associée une **équation de réaction**.

- Voici les **règles de conservation** dans une équation de réaction $^{A_1}_{Z_1}X_1 + ^{A_2}_{Z_2}X_2 \rightarrow ^{A_3}_{Z_3}Y_3 + ^{A_4}_{Z_4}Y_4$ associée à une transformation nucléaire :
  - conservation du nombre de masse : $\boldsymbol{A_1 + A_2 = A_3 + A_4}$
  - conservation du nombre de charge : $\boldsymbol{Z_1 + Z_2 = Z_3 + Z_4}$

Exemples : **1. Dans l'équation de réaction** $^{56}_{27}Co \rightarrow ^{56}_{26}Fe + ^{0}_{1}e$, il y a conservation du nombre de masse car 56 = 56 + 0, et conservation du nombre de charge car 27 = 26 + 1

2. Dans l'équation d'un réaction de fusion $^{2}_{1}H + ^{3}_{1}H \rightarrow ^{4}_{2}He + ^{1}_{0}n$, il y a conservation du nombre de masse car 2 + 3 = 4 + 1, et conservation du nombre de charge car 1 + 1 = 2 + 0.

remarque

Une fusion est une transformation nucléaire au cours de laquelle deux noyaux atomiques légers s'assemblent pour former un noyau plus lourd.

3. Dans l'équation d'une réaction de fission

$^{235}_{92}U + ^{1}_{0}n \rightarrow ^{140}_{55}Cs + ^{93}_{37}Rb + 3\,^{1}_{0}n$, il y a conservation du nombre de masse car 235 + 1 = 140 + 93 + 3 × 1, et conservation du nombre de charge car 92 + 0 = 55 + 37 + 3 × 0.

- Une transformation nucléaire peut être :
  - **spontanée** (radioactivité) : dans ce cas, un noyau instable X_1 se transforme pour former un noyau Y_3 et une particule Y_4 :
    $^{A_1}_{Z_1}X_1 \rightarrow ^{A_3}_{Z_3}X_3 + ^{A_4}_{Z_4}Y_4$;
  - **provoquée** : la colision entre un noyau et un autre noyau (ou une particule) forme un ou plusieurs noyaux ou particules.

Exemples : **1.** La désintégration du cobalt 56 d'équation de réaction associée $^{56}_{27}Co \rightarrow ^{56}_{26}Fe + ^{0}_{1}e$ est une transformation nucléaire spontanée (radioactivité du type β^+).

2. La réaction de fission de l'uranium 235 est une transformation nucléaire provoquée par le choc de neutrons sur des noyaux d'uranium instables : ${}^{235}_{92}U + {}^{1}_{0}n \rightarrow {}^{140}_{55}Cs + {}^{93}_{37}Rb + 3\,{}^{1}_{0}n$.

2 Énergie libérée lors d'une transformation

- Toute transformation de la matière s'accompagne d'un **transfert d'énergie**.
- L'énergie mise en jeu dans les transformations nucléaires est **beaucoup plus grande** que pour des transformations physiques ou chimiques à masses comparables.

Liquéfaction d'un gramme d'eau	Transformation physique (changement d'état)	Libère une énergie d'environ 2 kJ
Combustion d'un gramme de butane	Transformation chimique	Libère une énergie d'environ 50 kJ
Fission d'un gramme d'uranium 235	Transformation nucléaire	Libère une énergie d'environ 80 millions de kJ
Fusion d'un gramme de deutérium et tritium	Transformation nucléaire	Libère une énergie d'environ 400 millions de kJ

- L'énergie libérée par la fission de l'uranium est **convertie en énergie électrique** dans les centrales nucléaires.

Doc. **Une centrale nucléaire**

- **L'énergie libérée** par les réactions de fusion nucléaire à l'intérieur d'une étoile la maintient à une température très élevée. Une partie de cette énergie est également libérée sous forme de **rayonnements**.

Constitution et transformations de la matière

Révision EXPRESS

Mémo'Quiz

Vrai ou faux ? Cochez la bonne réponse.

• Description macroscopique de la matière

1. Une substance constituée de plusieurs espèces chimiques est un mélange.

❏ Vrai ❏ Faux

2. La température de fusion d'un mélange permet d'identifier l'espèce chimique qu'il contient.

❏ Vrai ❏ Faux

3. La masse volumique est la grandeur quotient définie par : $\rho = \frac{V}{m}$.

❏ Vrai ❏ Faux

4. Dans un test chimique, une espèce chimique peut être identifiée par une transformation chimique.

❏ Vrai ❏ Faux

5. Une chromatographie sur couche mince permet d'identifier et de séparer les constituants d'un mélange homogène.

❏ Vrai ❏ Faux

• Solutions aqueuses : des exemples de mélanges

6. Dans une solution, l'espèce chimique majoritaire est le soluté.

❏ Vrai ❏ Faux

7. La concentration en masse d'un soluté en solution est égale à la masse volumique de la solution.

❏ Vrai ❏ Faux

8. La concentration en masse d'un soluté peut s'exprimer en $g \cdot L^{-1}$.

❏ Vrai ❏ Faux

9. Pour préparer une solution de volume V de concentration en masse C_m en soluté, il faut prélever une masse $m = \frac{C_m}{V}$ du soluté.

❏ Vrai ❏ Faux

10. Dans une dilution, la masse de soluté est inchangée.

❏ Vrai ❏ Faux

• Identité de la matière à l'échelle microscopique

11. À l'échelle microscopique, une entité chimique peut être un ion.

❑ Vrai ❑ Faux

12. Une molécule est une entité chimique porteuse d'une charge électrique.

❑ Vrai ❑ Faux

13. Un composé ionique est une association d'anions et de cations électriquement neutre.

❑ Vrai ❑ Faux

14. L'ordre de grandeur de la taille d'un atome est de 10^{-10} m.

❑ Vrai ❑ Faux

15. Un noyau ${}^{A}_{Z}X$ contient Z électrons.

❑ Vrai ❑ Faux

• Cortège électronique d'une entité chimique

16. Les électrons de valence d'un atome sont les électrons associés à la plus petite valeur de n.

❑ Vrai ❑ Faux

17. Pour une configuration électronique $(1s)^2(2s)^2(2p)^2$, l'élément chimique est dans la seconde ligne et la quatorzième colonne du tableau périodique.

❑ Vrai ❑ Faux

18. Les gaz nobles occupent la première colonne du tableau périodique.

❑ Vrai ❑ Faux

19. L'ion potassium a pour formule P^+.

❑ Vrai ❑ Faux

20. Les liaisons de valence sont constituées de doublets non liants.

❑ Vrai ❑ Faux

21. Les énergies de liaison de toutes les liaisons sont égales.

❑ Vrai ❑ Faux

• Mole et quantités de matière

22. Le nombre N d'entités dans un échantillon de masse m est donné par $N = \frac{m_{\text{entité}}}{m}$.

❑ Vrai ❑ Faux

23. La masse m d'un échantillon contenant N entités vérifie $m = N \times m_{entité}$

❏ Vrai ❏ Faux

24. La constante d'Avogadro N_A est le nombre d'entités microscopiques présentes dans une mole.

❏ Vrai ❏ Faux

25. Une mole contient un petit nombre d'entités microscopiques.

❏ Vrai ❏ Faux

26. La quantité de matière n est liée au nombre d'entités microscopiques par : $n = \frac{N_A}{N}$.

❏ Vrai ❏ Faux

27. Le nombre N d'entités microscopiques contenues dans n moles est : $N = \frac{n}{N_A}$.

❏ Vrai ❏ Faux

• Transformation physique

28. Une transformation d'un système d'un état physique à un autre qui ne conserve pas les espèces chimiques est un changement d'état.

❏ Vrai ❏ Faux

29. H_2O (s) → H_2O (g) est l'équation d'un changement d'état nommé fusion.

❏ Vrai ❏ Faux

30. Un sucre se désagrège dans l'eau suite à sa fusion.

❏ Vrai ❏ Faux

31. Un changement d'état à température constante est endothermique si le système cède de l'énergie par transfert thermique.

❏ Vrai ❏ Faux

32. L'énergie massique de changement d'état ℓ vérifie : $\ell = m \times Q$.

❏ Vrai ❏ Faux

• Transformation chimique

33. La réaction chimique est la modélisation à l'échelle microscopique d'une transformation chimique.

❏ Vrai ❏ Faux

34. Pour ajuster une équation de réaction, on modifie les formules des espèces chimiques.

❑ Vrai ❑ Faux

35. L'équation de réaction $HO^-(aq) + Cu^{2+}(aq) \rightarrow CuOH(s)$ est correctement écrite (équilibrée).

❑ Vrai ❑ Faux

36. Un réactif entièrement consommé à la fin d'une transformation chimique totale est appelé réactif limitant.

❑ Vrai ❑ Faux

37. Dans un récipient empêchant les transferts thermiques, la température du système augmente si la transformation est exothermique.

❑ Vrai ❑ Faux

• Transformation nucléaire et énergies des transformations

38. Deux noyaux isotopes possèdent le même nombre de nucléons mais pas le même nombre de protons.

❑ Vrai ❑ Faux

39. L'équation de réaction $3\ UO_2(s) + O_2(g) \rightarrow U_3O_8(s)$ modélise une transformation chimique.

❑ Vrai ❑ Faux

40. L'équation ${}^{235}_{92}U + 2\,{}^{1}_{0}n \rightarrow {}^{140}_{55}Cs + {}^{93}_{37}Rb + 3\,{}^{1}_{0}n$ respecte les lois de conservation.

❑ Vrai ❑ Faux

41. Une centrale nucléaire produit de l'énergie électrique grâce à la conversion de l'énergie libérée par la fission nucléaire.

❑ Vrai ❑ Faux

42. L'énergie libérée au cœur d'une étoile provient de la fission nucléaire.

❑ Vrai ❑ Faux

43. L'énergie mise en jeu dans une transformation nucléaire est beaucoup plus grande que pour des transformations chimiques à masses comparables.

❑ Vrai ❑ Faux

➜ Corrigés p. 524

Relativité du mouvement

117

Lue Relue Acquise

La nature du mouvement d'un corps peut-elle être différente suivant les observateurs ?

1 Système

- **Un système** est un objet ou un groupe d'objets que l'on distingue volontairement du milieu extérieur afin d'en faire l'étude (un marteau, le corps humain par exemple).
- **Dans un système indéformable**, la distance entre deux points quelconques d'un objet (un marteau par exemple) reste constante.

Contre-exemple : le corps humain, car la distance entre deux points quelconques de l'être humain varie.

- **La modélisation du système** désigne la simplification de l'étude de son mouvement en le remplaçant par **un point**. **En conséquence** : l'étude du système modélisé par un point est évidemment plus simple, mais entraîne le plus souvent la perte de certaines informations sur son mouvement.

remarque

Dans la plupart des cas, le point du système est celui dont le mouvement est le plus simple, il se nomme le centre d'inertie.

Exemple : si on modélise un ballon de basket par un point en son centre, l'étude du système permet de connaître globalement les caractéristiques du mouvement du ballon, mais on n'accède plus aux informations sur la rotation du ballon.

2 Définition du référentiel

- **Un référentiel** est un solide de référence, choisi pour étudier les mouvements de différents systèmes.
- À un référentiel sont associés :
  - **un repère d'espace** afin de pouvoir indiquer la position du système ;
  - **un repère de temps** (horloge et origine des dates) afin d'associer une date à chaque position repérée dans le référentiel.

piège à éviter

Le corps de référence est nécessairement un corps indéformable. Les solides sont par définition indéformables.

Exemple : un repère cartésien avec une horloge déterminée et un choix $t = 0$ (origine des dates) lorsque le point du système étudié est à l'origine du repère.

3 Choix du référentiel

● Du choix du référentiel peut dépendre la nature du mouvement. Il est donc indispensable de préciser le référentiel d'étude. On dit qu'il y a **relativité du mouvement**.

Exemple : la route est en mouvement par rapport au cycliste (1) et le cycliste est en mouvement par rapport à la route (2).

remarque
Si un corps *A* est en mouvement par rapport à un corps *B*, alors le corps *B* est en mouvement par rapport au corps *A*.

● **Les critères de choix du référentiel** dépendent des expériences réalisées, des systèmes étudiés, de la durée des phénomènes mais aussi de l'interprétation que l'on souhaite en faire.

Exemple : On ne choisira pas le même référentiel si on s'intéresse au mouvement de l'ensemble {cycliste + vélo} ou si on étudie la déformation du cadre du vélo pendant le pédalage.

● **Le référentiel terrestre**, constitué par la Terre ou tout solide immobile par rapport au sol terrestre, permet l'étude des mouvements des objets situés sur Terre ou au voisinage de la Terre.

Exemple : le mouvement d'un vélo ou d'un ballon de basket.

● **Le référentiel géocentrique**, constitué par le centre de la Terre, permet principalement l'étude du mouvement de la Lune ou des satellites artificiels autour de la Terre.

● **Le référentiel héliocentrique**, dans lequel le solide de référence est le centre du Soleil, permet notamment l'étude des mouvements des corps célestes autour du Soleil mais aussi des sondes et autres dispositifs expédiés sur d'autres planètes.

Description du mouvement

118

Lue Relue Acquise

Quels « outils » utiliser pour décrire le mouvement d'un objet dans un référentiel donné ?

1 Trajectoire

- Une trajectoire est l'ensemble des positions successives occupées par un point au cours du temps. La trajectoire d'un système dépend du référentiel d'étude. C'est une courbe qui peut être :
  - **une droite** (mouvement rectiligne) ;
  - **une courbe** plus complexe (mouvement curviligne) ;
  - **un cercle ou un arc de cercle** (mouvement curviligne particulier nommé mouvement circulaire).

  Exemple : en première approche, le mouvement du centre de la Lune dans le référentiel géocentrique est un mouvement circulaire.

- **Les différents points d'un solide ont souvent des trajectoires différentes.** Il existe cependant toujours un point (le centre d'inertie du système) dont la trajectoire est plus simple (souvent le centre de symétrie).

2 Vitesse d'un point

A Vecteur déplacement d'un point

- **Le vecteur déplacement $\overrightarrow{MM'}$ d'un point** est le segment de droite orienté joignant les positions successives M et M' prises par ce point au cours du temps :
  - **sa direction** : celle du segment **$[MM']$** ;
  - **son sens** : de **M vers M'** ;
  - **sa norme** : distance **MM'** en mètre (m) ;
  - **son origine** : un point placé en M.

B Vecteur vitesse moyenne d'un point

- **Une grandeur algébrique** est une grandeur qui peut prendre des valeurs positives ou négatives.

- **Le vecteur vitesse moyenne $\overrightarrow{v_m}$** d'un point entre deux positions M_n et M_p occupées au cours du temps par ce point aux dates t_n et t_p se calcule ainsi :

$$\overrightarrow{v_m} = \frac{\overrightarrow{M_nM_p}}{t_p - t_n}$$

L'astuce du prof

Lorsque le vecteur vitesse a la même direction que l'axe [Oz], sa seule coordonnée est v_z. Si le vecteur vitesse est orienté dans le même sens que l'axe, $v_z = v > 0$, dans le cas contraire, $v_z = -v < 0$.

● **Les coordonnées** du vecteur vitesse moyenne sont des grandeurs algébriques.

Exemple : dans le repère défini ci-contre, le vecteur vitesse moyenne a pour coordonnées v_{mx} et v_{mz} telles-que :

$$\overrightarrow{v_m} = v_m\vec{i} + v_{mz}\vec{k} = 0\,\vec{i} - v_m\vec{k} = -v_m\vec{k}$$

La coordonnée $v_{mz} = -v_m$ est négative dans cet exemple.

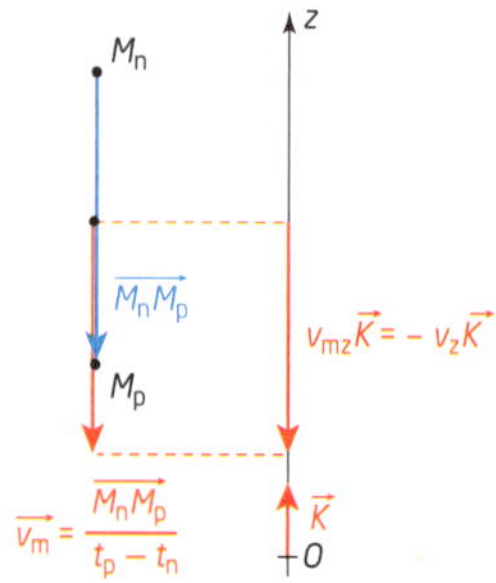

● **Conséquences** :

1. $\overrightarrow{v_m}$ a même sens et même direction que le vecteur déplacement $\overrightarrow{M_nM_p}$;

2. la norme de $\overrightarrow{v_m}$ vaut :

$$\|\overrightarrow{v_m}\| = \left\|\frac{\overrightarrow{M_nM_p}}{t_p - t_n}\right\| = \frac{M_nM_p}{t_p - t_n} \geqslant 0$$

Unités usuelles
- v_m en mètre par seconde ($m \cdot s^{-1}$)
- M_nM_p en mètre (m)
- $t_p - t_n$ en seconde (s)

C Vecteur vitesse d'un point

● **Le vecteur vitesse $\vec{v}$ d'un point** est assimilable au vecteur vitesse moyenne $\overrightarrow{v_m}$ lorsque les positions successives de ce point $M_n = M$ et $M_p = M'$ sont très proches l'une de l'autre et que l'intervalle de temps $\Delta t = t_p - t_n$ devient très petit :

$$\overrightarrow{v_m} = \frac{\overrightarrow{MM'}}{t' - t} = \frac{\overrightarrow{MM'}}{\Delta t}$$

● Un mouvement est **uniforme** si la valeur de sa vitesse est constante.

● Les coordonnées du vecteur vitesse sont des grandeurs algébriques et sa norme est positive.

Exemple : dans le schéma ci-contre, $v_z < 0$.

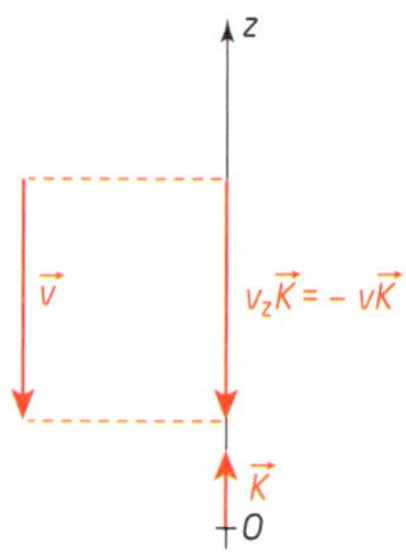

Forces et actions

119

☐ Lue ☐ Relue ☐ Acquise

■ Comment modéliser l'action exercée par un corps sur un autre ?

1 Modélisation d'une action par une force

● **L'action mécanique** d'un système extérieur (acteur A) sur le système étudié (receveur B) peut être modélisée par une force.

● **Une force est caractérisée** par une direction, un sens et une valeur $F_{A/B}$ exprimée en newton (N). Elle peut être **représentée par un vecteur $\overrightarrow{F_{A/B}}$** ayant la même direction et le même sens que la force et une norme proportionnelle à $F_{A/B}$.

remarque

Une action s'exerce sur un objet. Le raccourci « force exercée par » devra être compris comme « force modélisant une action exercée par ».

● Une action peut être :
- **de contact** si cette action ne peut s'exercer que si le système extérieur et le système étudié sont en contact (action exercée par la table sur une trousse) ;
- **à distance** si cette action s'exerce même lorsque le système extérieur et le système étudié ne sont pas en contact.

Exemples : pour le document (a), la force $\overrightarrow{F_1}$ modélise l'action de contact exercée par le volleyeur sur le ballon ; pour le document (b), la force $\overrightarrow{F_2}$ modélise l'action à distance exercée par l'aimant sur la bille d'acier.

a.

b.

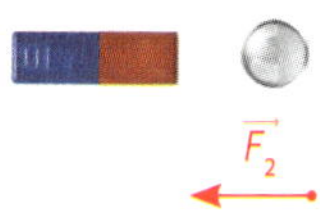

2 Principe des actions réciproques

A Systèmes en interaction

● Deux systèmes sont en interaction s'ils exercent une action l'un sur l'autre, autrement dit si le mouvement ou l'immobilité de l'un dépend de l'existence de l'autre.

Exemple : la force $\overrightarrow{F_{A/B}}$ exercée par un déménageur sur une armoire est opposée à la force $\overrightarrow{F_{A/B}}$ exercée par l'armoire sur le déménageur.

remarque

Les vecteurs forces peuvent aussi être notés $\overrightarrow{F}_{A \to B}$ et $\overrightarrow{F}_{B \to A}$.

B Principe des actions réciproques

- **Le principe des actions réciproques**, appelé également **3e loi de Newton**, s'applique à tous les objets en interaction. Quel que soit leur état de mouvement ou de repos, deux systèmes A et B en interaction exercent l'un sur l'autre des forces vérifiant la relation vectorielle :

$$\overrightarrow{\boldsymbol{F}_{A/B}} = -\overrightarrow{\boldsymbol{F}_{B/A}}$$

$\overrightarrow{F_{A/B}}$ est la force exercée par A sur B
$\overrightarrow{F_{B/A}}$ est la force exercée par B sur A

- La relation précédente peut s'écrire : $\overrightarrow{\boldsymbol{F}_{A/B}} = \boldsymbol{k} \cdot \overrightarrow{\boldsymbol{F}_{B/A}}$ avec $k = -1$ qui est un nombre réel.

piège à éviter

Les normes étant toujours positive ou nulle, on ne peut pas écrire $F_{A/B} = -F_{B/A}$.

- **Conséquences :**
  - les vecteurs $\overrightarrow{F_{A/B}}$ et $\overrightarrow{F_{B/A}}$ sont colinéaires. $\overrightarrow{F_{A/B}}$ et $\overrightarrow{F_{B/A}}$ **ont la même direction** ;
  - comme $k < 0$, $\overrightarrow{F_{A/B}}$ et $\overrightarrow{F_{B/A}}$ **sont de sens opposés** ;
  - $\|\overrightarrow{F_{A/B}}\| = \|\overrightarrow{F_{B/A}}\|$, $\overrightarrow{F_{A/B}}$ et $\overrightarrow{F_{B/A}}$ **ont la même norme** : $F_{A/B} = F_{B/A}$.

Exemple : dans l'exemple du déménageur et de l'armoire précité, on vérifie bien $\overrightarrow{F_{A/B}} = -\overrightarrow{F_{B/A}}$: les deux vecteurs ont même direction, sens contraires et même norme.

Caractéristiques de quelques forces

120

Lue Relue Acquise

Comment modéliser les actions exercées par un astre sur un autre corps, ou par une table sur un smartphone ?

1 Force d'interaction gravitationnelle

● **Les points matériels** sont les objets dont les dimensions sont petites par rapport à la distance qui les sépare.

● **L'interaction gravitationnelle** entre deux points matériels A et B, de masses m_A et m_B, séparés d'une distance d, est modélisée par des forces d'interaction gravitationnelle $\overrightarrow{F_{A/B}}$ et $\overrightarrow{F_{B/A}}$ telles que :

$$\overrightarrow{F_{A/B}} = -G\,\frac{m_A m_B}{d^2}\cdot\overrightarrow{u_{AB}}$$

et $\overrightarrow{F_{A/B}} = -\overrightarrow{F_{B/A}}$

$\overrightarrow{u_{AB}}$: vecteur de norme 1, de direction (AB) et orienté de A vers B

Unités S.I. :
m_A et m_B en kilogramme (kg)
d en mètre (m)
$F_{A/B} = F_{B/A}$ en newton (N)
$G = 6{,}67 \times 10^{-11}\ \text{N}\cdot\text{m}^2\cdot\text{kg}^{-2}$, constante de gravitation

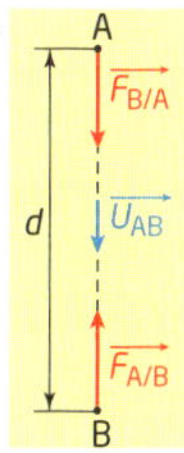

● **La relation vectorielle** peut s'écrire :
$\overrightarrow{F_{A/B}} = k\cdot\overrightarrow{u_{AB}}$ avec $k = -G\,\frac{m_A m_B}{d^2}$:

$\overrightarrow{F_{A/B}}$ et $\overrightarrow{u_{AB}}$ sont **colinéaires mais de sens opposés** car $k < 0$;

comme $\|\overrightarrow{u_{AB}}\| = 1$, $\overrightarrow{F_{A/B}} = k\cdot\overrightarrow{u_{AB}}$ **implique** $F_{A/B} = G\,\frac{m_A m_B}{d^2}$;

remarque

Le vecteur force exercée par A sur B a même direction mais sens contraire au vecteur unitaire.

● **Conséquence** : la force d'interaction gravitationnelle exercée par un point matériel A de masse m_A sur un point matériel B de masse m_B, situé à une distance d de A, a les caractéristiques suivantes :

- **direction** : la droite (AB) ;
- **sens** : vers A ;
- **valeur** : $F_{A/B} = G\,\frac{m_A m_B}{d^2}$

l'astuce du prof

La force d'interaction gravitationnelle est une force attractive, A attire B, le vecteur force est orienté vers A.

- **Généralisation** : si les corps ne sont pas des points matériels mais des systèmes qui présentent une répartition sphérique homogène de masse, les forces d'interaction gravitationnelles conservent les expressions données précedemment, en considérant pour A et pour B les centres des corps.

  Exemple : la plupart des astres dont la Terre peuvent être considérés en première approche comme de répartition homogène et sphérique de masse.

2 Poids d'un objet

- À la surface d'une planète, un système de masse m est soumis à la pesanteur de cet astre modélisée par le poids qui peut être représenté par un vecteur $\vec{P}$. Les caractéristiques du poids sont :
  - **sa direction** : celle de la verticale du lieu ;
  - **son sens** : du haut vers le bas ;
  - **sa norme** :

remarque
Les caractéristiques d'un vecteur sont, dans le cas général, sa direction, son sens, sa norme et son origine.

$$P = m \cdot g$$

Unités S.I. :
P : en newton (N)
m : kilogramme (kg)
g : intensité de la pesanteur sur la planète (en $N \cdot kg^{-1}$)

- **Le poids d'un système** est assimilable (en première approche) à la force d'interaction gravitationnelle exercée par la planète sur ce système.

3 Force modélisant l'action exercée par un support ou un fil

- **Les actions de contact** exercées par un support ou par un fil sur un système sont modélisées par des forces dont les expressions mathématiques ne sont pas connues *a priori*.

- **La réaction exercée par un support** sur le système est en général notée $\vec{R}$ (par exemple la force exercée par une table sur un smartphone).

- **La force exercée par un fil sur un corps suspendu** est nommée tension et notée souvent $\vec{T}$ (par exemple la force exercée par la chaîne d'une montre à gousset).

Principe d'inertie

Lue Relue Acquise

■ Comment lier forces et mouvements dans des cas simples ?

1 Forces et mouvements

- **L'action d'un objet A sur un objet B**, modélisée par une force $\overrightarrow{F_{A/B}}$, peut modifier le mouvement de l'objet B, c'est-à-dire modifier sa vitesse et/ou sa trajectoire.

Exemple : à proximité d'une planète, la trajectoire et la vitesse d'une sonde spatiale sont modifiées.

l'astuce du prof

Par « modifier la vitesse », il faut comprendre « modifier le vecteur vitesse ». La modification de la direction, du sens ou de la valeur de la vitesse est ainsi concernée.

- **La somme vectorielle** des forces exercées sur un même système peut s'écrire $\Sigma \vec{F}_{ext}$ ou $\Sigma \vec{F}$.
- **Des forces exercées sur un même système se compensent** si leur somme vectorielle est égale au vecteur nul : $\Sigma \vec{F}_{ext} = \vec{0}$.

remarque

La situation des forces qui se compensent est équivalente au cas (moins réaliste) où le système n'est soumis à aucune force.

- **Conséquence** : dans le cas de l'existence de deux forces, $\vec{F_1}$ et $\vec{F_2}$ se compensent si elles s'exercent sur un même système et si elles ont même direction, même valeur, mais des sens opposés : $\vec{F_2} = -\vec{F_1}$.

piège à éviter

Si un objet A interagit avec un objet B, alors les forces $\overrightarrow{F_{A/B}}$ et $\overrightarrow{F_{B/A}}$ sont opposées mais ce ne sont pas des forces qui se compensent, car elles ne s'appliquent pas sur le même système.

2 Principe d'inertie

A Énoncé historique

● **Le principe d'inertie** permet d'établir un lien entre le mouvement d'un système et les actions extérieures auxquelles il est soumis.

● **Newton** (1642-1727) énonce le principe d'inertie en 1686 : « Tout corps persévère dans son état de repos ou de mouvement rectiligne uniforme si les forces qui s'exercent sur lui se compensent. »

remarque

« Mouvement rectiligne uniforme » signifie « trajectoire rectiligne et valeur de vitesse constante ». Dans ce cas particulier le vecteur vitesse est constant.

Exemple : une sonde spatiale située loin de tout astre peut être considérée approximativement comme soumise à aucune force, donc elle sera en mouvement rectiligne uniforme dans le référentiel héliocentrique.

B Énoncé actuel

● Le principe d'inertie n'est applicable que dans certains référentiels particuliers, **les référentiels galiléens**.

Exemples : le référentiel héliocentrique pour l'étude du mouvement des astres ; le référentiel géocentrique pour les mouvements des satellites terrestres ; le référentiel terrestre pour des mouvements de courtes durées.

● **Dans un référentiel galiléen**, si les forces qui s'exercent sur un système, modélisé par un point matériel, se compensent, alors :

- **il est immobile** s'il n'a pas de vitesse initiale ;
- **il a un mouvement rectiligne uniforme** s'il possède une vitesse initiale.

● **Réciproquement**, si un système, modélisé par un point matériel, est immobile ou en mouvement rectiligne et uniforme, alors les forces qui s'exercent sur lui se compensent.

Exemple : dans le cas d'un parachutiste tombant verticalement et ayant atteint une vitesse constante, le mouvement du système est rectiligne uniforme dans le référentiel terrestre galiléen, les forces qui s'exercent sur lui se compensent.

remarque

Dans cet exemple, les deux forces $\vec{P}$ et $\vec{F}$ se compensent donc : $\vec{P} = -\vec{F}$ avec $\vec{F}$ la force exercée par l'air sur le système.

● **Écriture symbolique** : dans un référentiel galiléen, pour le système d'étude, avec $\Delta\vec{v}$ la variation du vecteur vitesse entre deux instants voisins :

$$\{\vec{v} = \overrightarrow{\text{vecteur constant}}\} \Leftrightarrow \{\Delta\vec{v} = \vec{0}\} \Leftrightarrow \{\Sigma\,\vec{F}_{ext} = \vec{0}\}$$

Contraposée du principe d'inertie

122

Lue Relue Acquise

Quelles sont les conséquences sur le mouvement d'un système de la non compensation des forces appliquées dans un référentiel galiléen ?

1 Énoncé

- **Dans un référentiel galiléen**, si les forces qui s'exercent sur un système, modélisé par un point matériel, ne se compensent pas, alors il n'est pas en mouvement rectiligne uniforme (c'est-à-dire que son vecteur vitesse varie).

remarque

Pour l'implication {Si A alors B}, l'implication {Si non B alors non A} est sa contraposée.

Exemple : cas d'une sonde spatiale soumise à la seule action du Soleil. La sonde n'est pas soumise à des forces qui se compensent dans le référentiel héliocentrique galiléen, elle n'est donc pas en mouvement rectiligne uniforme dans ce référentiel.

- **Réciproque** : si un système, modélisé par un point matériel, n'est pas en mouvement rectiligne uniforme (c'est-à-dire si son vecteur vitesse varie), alors les forces qui s'exercent sur lui ne se compensent pas.

Exemple : au début du saut d'un parachutiste, ce dernier n'est pas en mouvement rectiligne uniforme dans le référentiel terrestre, puisque la valeur de sa vitesse augmente. Il est donc soumis à des forces qui ne se compensent pas : $\vec{P} + \vec{F} \neq \vec{0}$ avec $\vec{F}$ la force exercée par l'air sur le système.

remarque

Dans l'exemple du parachutiste, la norme du poids est plus grande que la norme de la force exercée par l'air sur le système.

- **Écriture symbolique** : si le vecteur vitesse $\vec{v}$ d'un système varie, alors la somme vectorielle $\Sigma \vec{F}_{ext}$ des forces extérieures qui s'exercent sur le système n'est pas nulle, et réciproquement : $\Delta \vec{v} \neq \vec{0} \Leftrightarrow \Sigma \vec{F}_{ext} \neq \vec{0}$.

2 Variation du vecteur vitesse et forces

- **La direction et le sens de la variation $\Delta \vec{v}$** entre deux instants voisins du vecteur vitesse sont ceux de la somme vectorielle $\Sigma \vec{F}_{ext}$ des forces extérieures.

Exemple : pour un parachutiste au début du saut, $\Sigma \vec{F}_{ext}$ verticale vers le bas, donc $\Delta \vec{v}$ verticale vers le bas (référentiel terrestre supposé galiléen).

remarque

Il faut considérer ici la somme vectorielle des forces extérieures, et non une somme algébrique.

● Dans le cas particulier d'un système soumis à une seule force de même direction que son vecteur vitesse, si la force est :

- **dans le sens contraire du mouvement**, alors le mouvement est rectiligne ralenti (cas 1) ;
- **nulle**, alors le mouvement est rectiligne uniforme (cas 2) ;
- **dans le sens du mouvement**, alors le mouvement est rectiligne accéléré (cas 3).

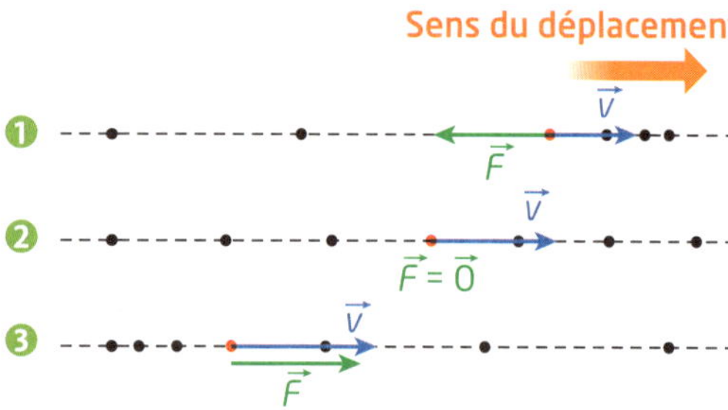

1 mouvement rectiligne ralenti : $\vec{F}$ et $\vec{v}$ dans le sens opposé ;
2 mouvement rectiligne uniforme : $\vec{F} = \vec{0}$ et $\vec{v} \neq \vec{0}$;
3 mouvement rectiligne accéléré : $\vec{F}$ et $\vec{v}$ dans le même sens.

3 Application à la chute libre

● Un système est en **chute libre** si son poids $\vec{P}$ est la seule force qui s'exerce sur lui :

$$\Sigma \vec{F}_{ext} = \vec{P}$$

Exemple : enfant sur un trampoline au moment où il n'est plus en contact avec le trampoline. Le terme chute libre s'applique alors aussi bien à la phase ascendante que descendante (on néglige dans ce cas les actions de l'air).

● **Lors d'une chute libre dans le référentiel terrestre supposé galiléen**, la variation $\Delta\vec{v}$ entre deux instants voisins du vecteur vitesse est verticale vers le bas, comme $\vec{P}$.

Mouvement et interactions

Révision EXPRESS

Mémo'Quiz

Vrai ou faux ? Cochez la bonne réponse.

• Description du mouvement

1. En modélisant un système par un point, on ne perd aucune information concernant le mouvement du système.

❑ Vrai ❑ Faux

2. Il est indispensable de préciser le référentiel choisi pour étudier un mouvement.

❑ Vrai ❑ Faux

3. Le référentiel terrestre est utilisé pour étudier le mouvement des satellites autour de la Terre.

❑ Vrai ❑ Faux

4. La trajectoire d'un point est toujours la même quel que soit le référentiel choisi.

❑ Vrai ❑ Faux

5. Le vecteur vitesse d'un point peut s'exprimer suivant la relation : $\vec{v} = \frac{\overrightarrow{MM'}}{\Delta t}$.

❑ Vrai ❑ Faux

6. Dans un mouvement rectiligne uniforme, la trajectoire est une droite et la norme du vecteur vitesse augmente.

❑ Vrai ❑ Faux

• Modélisation d'une interaction : forces

7. Une action à distance n'existe que dans le cas où le corps exerçant l'action et celui la subissant ne sont pas en contact.

❑ Vrai ❑ Faux

8. Deux systèmes A et B en interaction exercent l'un sur l'autre des forces qui vérifient : $F_{A/B} = -F_{B/A}$.

❑ Vrai ❑ Faux

9. Une force d'interaction gravitationnelle peut s'exprimer suivant la relation : $\overrightarrow{F}_{A/B} = -G\,\frac{m_A m_B}{d^2} \cdot \overrightarrow{u}_{AB}$.

❑ Vrai ❑ Faux

10. Le poids d'un objet situé à la surface d'une planète a pour expression : $P = m \cdot G$.

❏ Vrai ❏ Faux

11. La force modélisant l'action d'un support sur un objet est le plus souvent notée $\vec{T}$.

❏ Vrai ❏ Faux

12. La force modélisant l'action d'un fil sur un objet suspendu est le plus souvent notée $\vec{R}$.

❏ Vrai ❏ Faux

• Forces et mouvements

13. Si un objet A interagit avec un objet B, alors les forces qui s'exercent sur A se compensent.

❏ Vrai ❏ Faux

14. Dans un référentiel galiléen, si un objet sans vitesse initiale est soumis à des forces qui se compensent, alors il demeure immobile.

❏ Vrai ❏ Faux

15. Dans un référentiel galiléen, un objet ne peut pas être en mouvement si des forces extérieures ne s'exercent pas sur lui.

❏ Vrai ❏ Faux

16. Dans un référentiel galiléen, si la somme des forces qui s'exercent sur un système ne se compensent pas, alors ce système est nécessairement en mouvement accéléré.

❏ Vrai ❏ Faux

17. Pour un système en mouvement dans un référentiel galiléen :
$\Delta\vec{v} \neq \vec{0} \Leftrightarrow \Sigma \vec{F}_{ext} \neq \vec{0}$.

❏ Vrai ❏ Faux

18. Un parachutiste est en mouvement de chute libre dans le référentiel terrestre après ouverture de son parachute.

❏ Vrai ❏ Faux

→ Corrigés p. 524

Signal sonore

123

Lue Relue Acquise

Sous quelle(s) condition(s) un objet peut-il émettre un signal sonore ?

1 Émission et propagation d'un signal sonore

- **L'émission d'un signal sonore** par un objet résulte de la vibration de cet objet. **La vibration de l'objet source** se transmet de proche en proche dans un milieu matériel, ce qui permet la propagation du signal sonore. **Par conséquent**, en l'absence de milieu matériel, les signaux sonores ne se propagent pas.

piège à éviter
Le milieu matériel n'est pas nécessairement l'air.

Exemple : le son résultant d'une explosion dans l'espace ne se propage pas dans le vide.

- **Une caisse de résonance** adaptée à un instrument de musique permet d'augmenter l'amplitude de la vibration et donc l'intensité sonore du signal émis.

remarque
Les dimensions des caisses de résonance varient en fonction des instruments.

Doc. **Caisse de résonance d'un violon**

- **La production d'un signal sonore** par une source nécessite deux fonctions distinctes de la source : **vibrer** et **émettre**.

2 Vitesse de propagation d'un signal sonore

A Définition

- **La vitesse de propagation *v*** d'un signal sonore est définie comme le rapport de la distance *d* parcourue par ce signal par sa durée de propagation Δt :

$$v = \frac{d}{\Delta t}$$

Unités S.I. :
- v en mètre par seconde ($m.s^{-1}$)
- d en mètre (m)
- Δt en seconde (s)

● La vitesse de propagation v est **une grandeur quotient** :
- en multipliant par Δt les deux membres de l'égalité $v = \frac{d}{\Delta t}$, on obtient : $v \times \Delta t = d$;
- en divisant les deux membres de l'égalité $v \times \Delta t = d$ par v, on établit également $\Delta t = \frac{d}{v}$.

L'astuce du prof

La notation Δ est utilisée en physique pour les variations ; Δt représente ainsi une variation de temps donc une durée.

B Valeur approchée de la vitesse de propagation du son dans l'air

● La vitesse de propagation d'un signal sonore **dépend du milieu matériel et des caractéristiques de ce milieu matériel**.

● La valeur de la vitesse de propagation du son dans l'air dépend **des conditions de température et de pression.** Dans les conditions usuelles, la valeur approchée de la vitesse de propagation du son dans l'air est de $340\ m \cdot s^{-1}$.

Température (en °C)	-10	0	10	25
Vitesse de propagation (en $m \cdot s^{-1}$)	325	332	338	346

3 Comparaison de quelques valeurs de vitesse

Propagation du son dans l'air : $340\ m \cdot s^{-1}$

Propagation de la lumière dans l'air : $3,0 \times 108\ m \cdot s^{-1}$

	Voiture	**Train à grande vitesse**	**Avion**
Valeur de la vitesse	$80\ km \cdot h^{-1} = 22\ m \cdot s^{-1}$	$300\ km \cdot h^{-1} = 83,3\ m \cdot s^{-1}$	$900\ km \cdot h^{-1} = 250\ m \cdot s^{-1}$

remarque

Pour comparer différentes vitesses, il est nécessaire d'utiliser une seule et même unité.

● La vitesse de propagation du son dans l'air est **bien plus faible** que la vitesse de propagation de la lumière dans l'air, mais **plus grande** que la valeur de la vitesse des véhicules usuels se déplaçant sur le sol terrestre.

Signal sonore périodique

124

Lue Relue Acquise

Comment définir et mesurer la période et la fréquence d'un signal sonore périodique ?

1 Définition

● **Un signal sonore périodique** se reproduit identique à lui-même à intervalles de temps égaux.

Exemple : la corde grattée d'un ukulélé émet un signal sonore périodique que l'on peut enregistrer grâce à une application dédiée d'un smartphone. Sur l'aperçu écran ci-contre, on observe une diminution de l'amplitude du signal qui, en toute rigueur, n'est pas périodique mais sera considéré comme quasiment périodique.

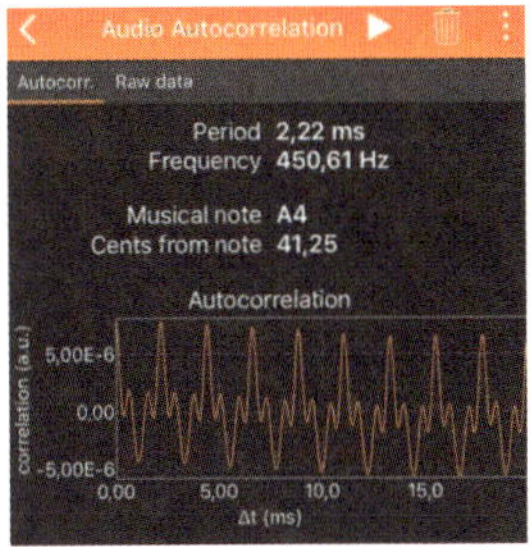

2 Période et fréquence

● **La période T** d'un signal sonore périodique est le plus petit intervalle de temps au bout duquel le signal périodique se répète. Ainsi, dans l'exemple précédent, on relève T = 2,22 ms pour le signal sonore. **La mesure de plusieurs périodes** lors d'une acquisition permet en général d'augmenter la précision de la mesure.

L'astuce du prof

Le préfixe « m » est une abréviation de milli- (millième) pour milliseconde (ms).

● **La fréquence f** d'un signal sonore périodique est le nombre de répétitions de ce signal par unité de temps. Elle est liée à la période T du signal par la relation :

$$f = \frac{1}{T} \text{ ou } T = \frac{1}{f}$$

Unités S.I. :
f en hertz (Hz)
T en seconde (s)

Exemple : la fréquence du signal sonore enregistré par le smartphone dans le premier exemple était de 450,61 Hz.

piège à éviter

Pensez bien à convertir T en seconde (s) avant de calculer f.

3 Chaîne de mesure

● **L'analyse d'un signal** sur un ordinateur ou un smartphone permet de déterminer la fréquence de vibration de l'objet responsable de l'émission du signal sonore.

Exemple : l'enregistrement sur un ordinateur d'un signal électrique transmis par un micro ayant capté et converti un signal sonore :

remarque
Le signal électrique transmis par le micro analogique est numérisé par la carte son de l'ordinateur.

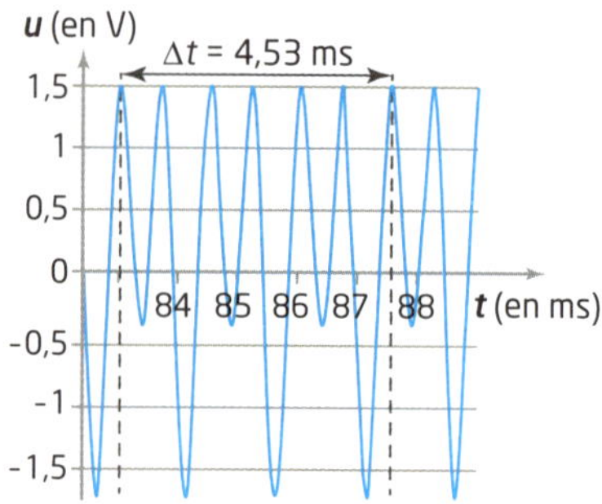

$\Delta T = 3T = 4{,}53$ ms

$T = 1{,}51$ ms $= 1{,}51 \times 10^{-3}$ s

$f = \dfrac{1}{T} = \dfrac{1}{1{,}51 \times 10^{-3}\ \text{s}}$

$f = 662$ Hz

Doc. **Chaîne de mesure**

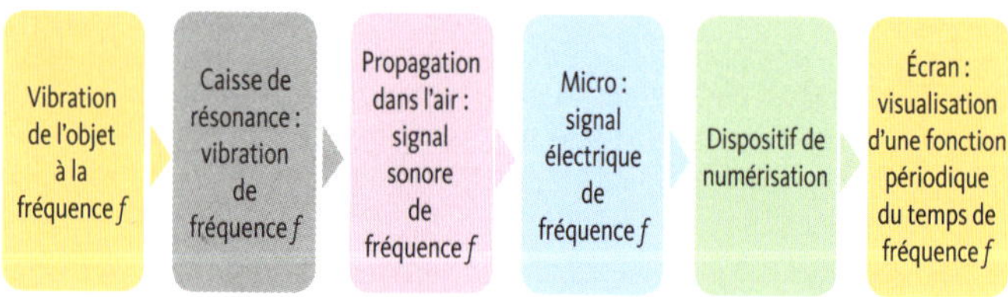

Les caractéristiques d'un son

125

Lue Relue Acquise

Quelles sont les caractéristiques des sons perçus par une oreille humaine ?

1 Domaines de fréquences des signaux sonores

- **Les sons audibles par l'homme**, les infrasons et les ultrasons ont des domaines de fréquences différents.

remarque

20 kHz = 20 × 10³ Hz.

Exemple : les chiens entendent des ultrasons inaudibles par les êtres humains.

2 Caractérisation d'un son

A Hauteur d'un son

- Plus un signal sonore a une fréquence faible, **plus ce son est grave**. Plus un signal sonore a une fréquence élevée, **plus ce son est aigu**.

Exemple : un signal sonore de fréquence 2 000 Hz correspond à un son plus aigu qu'un signal sonore de **440** Hz.

- **La hauteur d'un son** est la propriété qui donne la sensation auditive qu'un son est plus grave ou plus aigu. Une note jouée par un instrument de musique correspond à une hauteur donnée.

remarque

La hauteur d'un son est associée à sa perception par une oreille humaine.

Exemples :

Note	Do3	Mi3	Si3
Valeur des fréquences associées (en Hz)	262	330	494

B Timbre d'un son

- **Le timbre d'un son** est la sensation auditive liée à la forme temporelle du signal sonore. Deux instruments de musique émettant des sons de même hauteur peuvent souvent être différenciés par les timbres différents des sons.

piège à éviter

Pour étudier l'influence d'un paramètre (timbre d'un son), il faut que les autres paramètres (hauteur, intensité des sons) restent identiques.

<u>Exemple</u> : des instruments de musique jouant des La3 à la même intensité produiront souvent des sons que l'on peut différencier à l'oreille. Ces sons possèdent des timbres différents.

C Niveau d'intensité sonore

> **L'astuce du prof**
> Lorsque le niveau d'intensité sonore augmente de 10 dB, l'intensité sonore correspondante est multipliée par 10.

- **Le niveau d'intensité sonore *L*** d'un son, mesuré avec un sonomètre, est exprimé en **décibel** (dB). Il est **lié à l'intensité sonore reçue *I*** exprimée en **watt.m²** : plus l'intensité sonore *I* est grande, plus le niveau d'intensité sonore *L* est grand.
- L'échelle des niveaux d'intensité sonore est une **échelle logarithmique**. **L'amplitude d'un signal** sonore produit par un instrument de musique, et donc le niveau d'intensité sonore de ce son, diminuent lorsque le récepteur est éloigné de l'instrument.

<u>Exemple</u> : dans un concert, plus on s'éloigne des enceintes, plus le niveau d'intensité sonore du son diminue.

- **Une exposition à des sons de niveaux d'intensité sonore élevés** peut entraîner des dommages auditifs immédiats et irrémédiables. **Une exposition prolongée et répétée** à des niveaux d'intensité sonore plus faibles peut également présenter des risques auditifs.

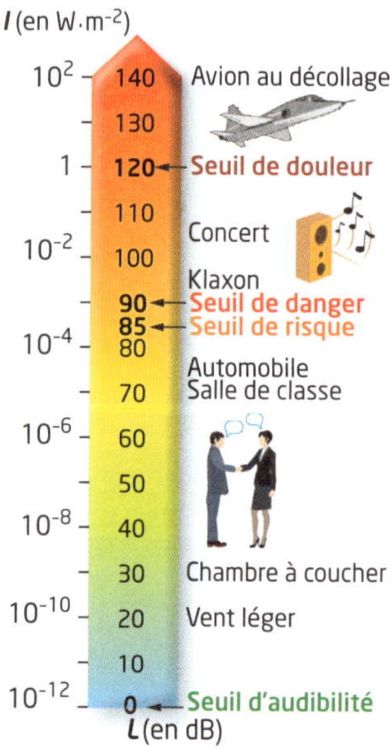

Doc. **Échelle des intensités sonores *I* et des niveaux d'intensité sonore *L***

Émission et propagation de la lumière

126

Lue Relue Acquise

Comment la lumière se propage-t-elle dans les différents milieux matériels ?

1 Émission de lumière

- On parle de **source primaire de lumière** lorsque la lumière émise est produite par l'objet correspondant (par exemple le Soleil, les flammes d'un feu de camp, etc.).
- On parle d'**objet diffusant** lorsque l'objet ne produit pas la lumière lui-même, mais qu'il est éclairé par une source primaire de lumière.

  Exemple : la Lune diffuse la lumière du Soleil dans notre direction.

remarque

Un objet diffusant ne peut constituer une source de lumière en l'absence d'une source primaire de lumière qui l'éclaire.

- Certaines sources de lumière sont **naturelles**, d'autres sont **artificielles**.

  Exemple : une ampoule DEL est une source artificielle de lumière.

2 Propagation rectiligne

- Dans un **milieu transparent**, les objets sont vus nettement au travers de ce milieu. Un **matériau homogène** possède en tout point les mêmes propriétés. **La lumière se propage en ligne droite** dans le vide et dans les milieux matériels transparents et homogènes.
- **Conséquence** : on utilise souvent le modèle du rayon lumineux pour modéliser la direction et le sens de propagation de la lumière. Un rayon lumineux est représenté par un segment fléché.

piège à éviter

Attention à l'orientation du rayon lumineux, toujours dans le sens de propagation de la lumière.

- Lorsqu'un rayon lumineux passe d'un milieu transparent dans un autre :
  - sa direction change à la traversée de la surface de séparation, c'est la **réfraction** ;
  - une partie de la lumière ne passe pas dans le deuxième milieu, c'est la **réflexion**.

Doc. **Réfraction et réflexion d'un faisceau laser à la surface de l'eau**

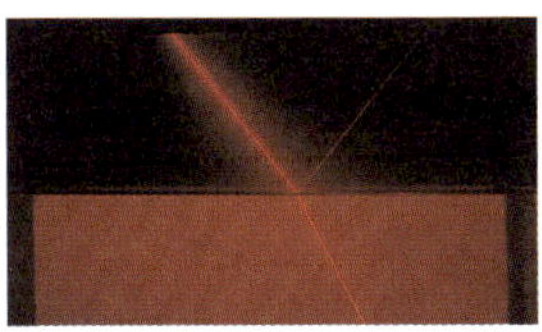

3 Vitesse de propagation

L'astuce du prof

Dans la plupart des cas, la propagation de la lumière dans le vide et dans l'air est assez similaire (tant que l'air demeure homogène).

- **La vitesse de propagation de la lumière dans l'air** est la plus grande vitesse atteignable. Dans le vide et dans l'air, cette vitesse est égale à : $\boldsymbol{c = 3{,}00 \times 10^8\ \mathrm{m \cdot s^{-1}}}$.
- La lumière se propage **beaucoup plus vite** que tout ce qui se déplace sur Terre.
- **Dans les milieux matériels transparents et homogènes**, la lumière se propage moins vite que dans le vide.

  Exemple : la vitesse de propagation de la lumière dans l'eau est de $2{,}3 \times 10^8\ \mathrm{m \cdot s^{-1}}$.
- L'**indice de réfraction, ou indice optique**, d'un milieu transparent et homogène est le rapport des vitesses de propagation de la lumière c dans le vide et v dans le milieu.

$n = \dfrac{c}{v}$	**Unités S.I. :** c et v en $\mathrm{m \cdot s^{-1}}$ n sans unité

Exemples :

$n_{\text{Eau}} = 1{,}33$; $n_{\text{Air}} \approx n_{\text{Vide}} = 1{,}00$

- **On a toujours $n \geqslant 1$ car $c \geqslant v$ donc $\dfrac{c}{v} \geqslant 1$.**

4 Lois de Snell-Descartes

piège à éviter

Les rayons lumineux sont repérés par rapport à la normale et non par rapport à la surface de séparation.

- **Normale à une surface** : droite perpendiculaire à la surface considérée. La surface concernée est ici la **surface de séparation** entre les deux milieux.
- **Première loi** : le rayon lumineux réfléchi et le rayon lumineux réfracté sont dans un plan d'incidence.
- **Deuxième loi** : les angles d'incidence i_1, de réflexion r et de réfraction i_2 sont repérés par rapport à la normale.

Pour la réflexion : $\boldsymbol{i_1 = r}$

Pour la réfraction :
$\boldsymbol{n_1 \times \sin i_1 = n_2 \times \sin i_2}$

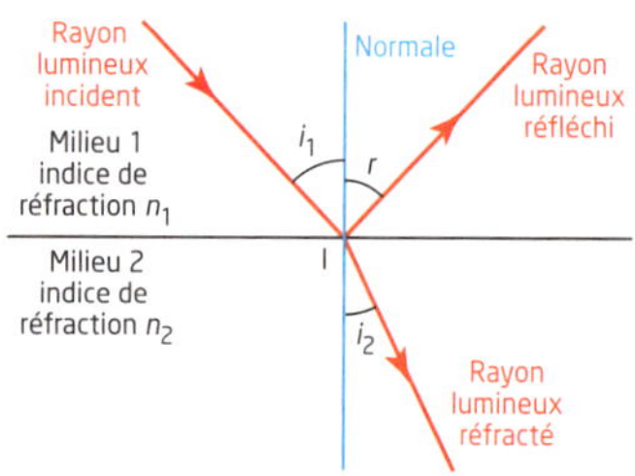

Doc. Rayons lumineux réfracté et réfléchi

Lue Relue Acquise

Que peut-on déduire d'observations naturelles (arc-en-ciel) et d'expériences sur la nature d'un rayonnement ?

1 Dispersion de la lumière

- Lorsqu'un faisceau de lumière blanche est **dispersé** par un prisme, le faisceau émergent est alors étalé et présente toutes les couleurs de l'arc-en-ciel. La figure colorée observée après dispersion de la lumière blanche est le **spectre** de la lumière blanche.
- Une **lumière monochromatique** n'est composée que d'un seul rayonnement coloré et elle n'est pas dispersée par un prisme.

L'astuce du prof

Si une lumière est décomposée en plusieurs couleurs différentes, elle est nécessairement polychromatique.

- La lumière blanche est une **lumière polychromatique** car elle est composée de rayonnements de couleurs différentes.

Doc. **Dispersion d'une lumière polychromatique par un prisme**

2 Longueur d'onde dans le vide ou dans l'air

- **Un rayonnement monochromatique** est caractérisé par sa longueur d'onde dans le vide ou dans l'air. La longueur d'onde est notée λ (lambda), elle s'exprime en **mètre**.

remarque

Le nanomètre est noté nm :
$1\ \text{nm} = 1 \times 10^{-9}\ \text{m}$.

- **Un œil humain ne perçoit** que les rayonnements électromagnétiques dont la longueur d'onde est approximativement comprise entre 400 nm et 750 nm.

Doc. **Longueur d'onde λ des rayonnements dans le vide ou dans l'air**

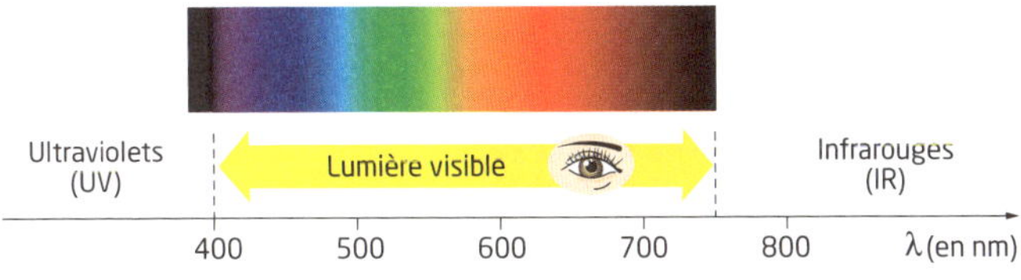

3 Spectre d'émission

- Le spectre obtenu à partir d'une source primaire de lumière est un **spectre d'émission**.
- Les **spectres continus** sont formés d'une bande colorée unique constituée d'une infinité de rayonnements monochromatiques différents.

vocabulaire

Le spectre s'enrichit vers le violet parce qu'il s'élargit progressivement vers le violet en gagnant successivement les couleurs correspondantes.

- Le spectre de la lumière émise par un corps dense et chaud est un **spectre continu** :
  - il dépend de la température de la source de lumière ;
  - lorsque la température de la source augmente, le spectre s'enrichit progressivement vers le violet.

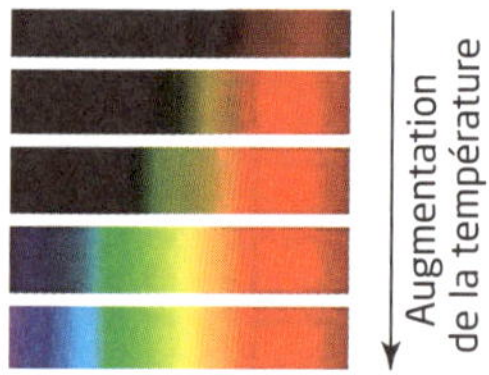

- Les **spectres de raies d'émission** présentent une suite de raies colorées distinctes : la lumière émise n'est composée que d'un nombre fini de rayonnements électromagnétiques.
- Le spectre de la lumière émise par un gaz porté à haute température ou traversé par une décharge électrique est un **spectre de raie**.
- Un spectre de raies est **caractéristique de l'atome ou de l'ion qui émet la lumière**.

Doc. **Spectres de raies d'émission**

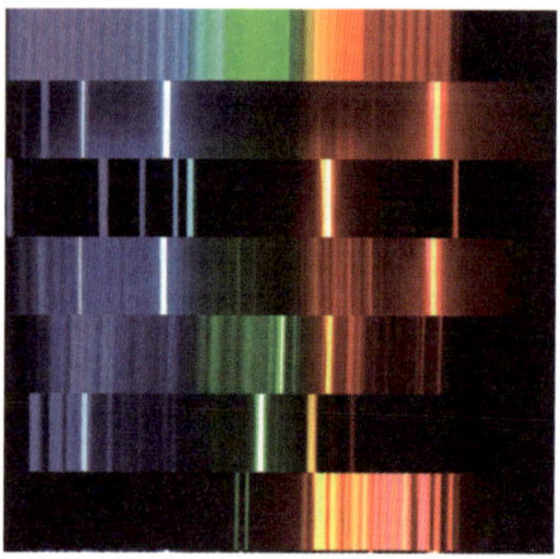

Lue Relue Acquise

■ Comment modéliser simplement l'œil humain ?

1 Œil réel et modèle de l'œil réduit

● **L'œil réel** est un **récepteur de lumière**, notamment constitué de :
- **l'iris** qui limite la quantité de lumière pénétrant dans l'œil par la pupille ;
- l'ensemble des milieux transparents (dont **la cornée** et **le cristallin** qui forment l'image de l'objet observé sur la rétine) ;
- la **rétine** sur laquelle se forment les images.

Doc. Coupe horizontale d'un œil réel

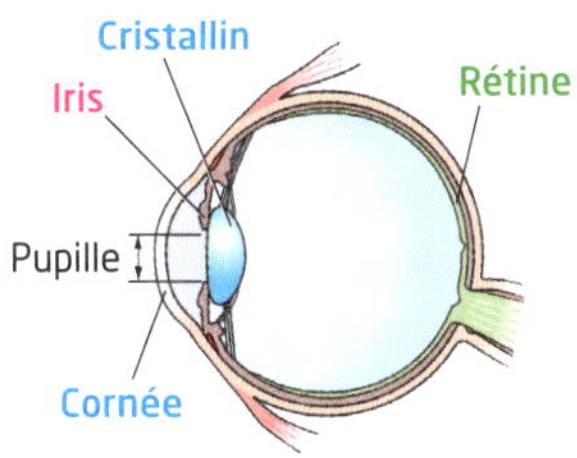

Doc. Modèle de l'œil réduit

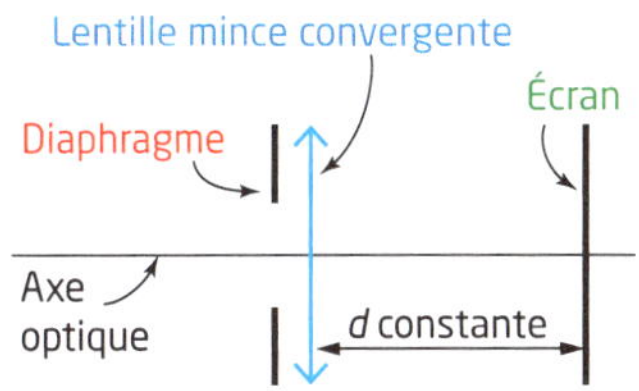

● **L'étude optique** de ce système complexe peut être simplifiée en utilisant un modèle : le **modèle de l'œil réduit**.

	Œil réel	**Modèle de l'œil réduit**
Limitation de la lumière pénétrant dans l'œil	iris	diaphragme
Système optique	ensemble des milieux transparents (cornée, cristallin...)	lentille mince convergente
Lieu de formation de l'image	rétine	écran situé à une distance constante d de la lentille

2 Lentilles minces convergentes

remarque
Une source de lumière émet toujours une infinité de rayons lumineux (faisceau lumineux).

- Le rayon lumineux permet de **modéliser le trajet suivi par la lumière**. Il n'a cependant **aucune réalité physique**.
- Dans une **lentille mince**, l'**épaisseur au centre** *e* est très inférieure aux rayons de courbure R_1 et R_2 de ses faces. Dans une **lentille convergente**, le bord est plus mince que son centre.
- Sur un **modèle de lentille mince convergente**, on néglige l'épaisseur de la lentille ; la lentille mince convergente est représentée par un segment fléché.

Doc. Lentille convergente

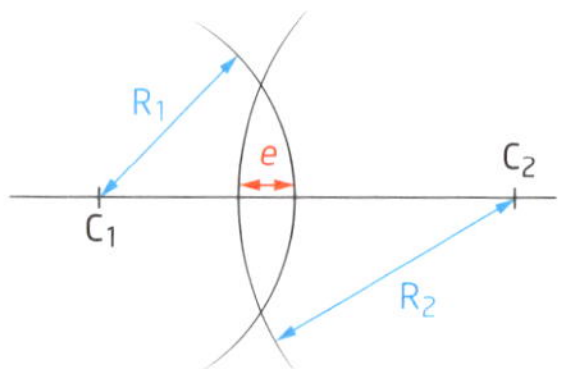

Doc. Modèle de la lentille mince convergente

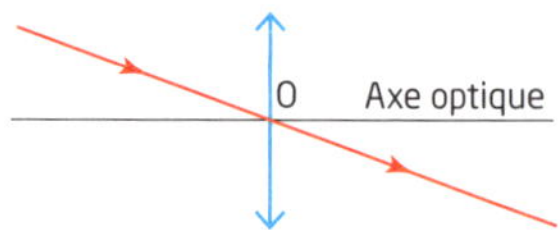

- L'**axe optique** désigne l'axe de symétrie de la lentille mince convergente. Le **centre optique O** désigne le centre de la lentille.
- Tout rayon lumineux passant par le centre optique d'une lentille mince convergente **n'est pas dévié**.
- **Les foyers objet *F* et image *F'*** d'une lentille mince convergente sont deux points particuliers situés sur l'axe optique et symétriques par rapport à O.
- **La distance focale *f'*** d'une lentille mince convergente est la distance donnée par : $f' = OF'$.

remarque
Les lentilles minces convergentes utilisées en travaux pratiques ont souvent des distances focales de l'ordre d'une dizaine de centimètres.

Doc. Foyers d'une lentille mince

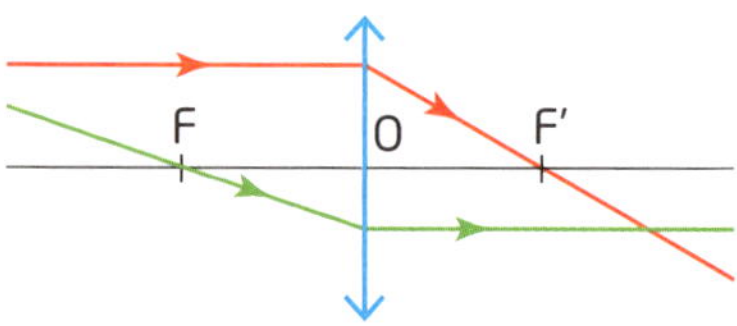

Tout rayon lumineux incident parallèle à l'axe optique émerge d'une lentille mince convergente en passant par le foyer image.

Tout rayon lumineux incident passant par le foyer objet émerge d'une lentille mince convergente parallèlement à l'axe optique.

Image réelle formée par une lentille mince convergente

129

Lue Relue Acquise

Comment construire graphiquement l'image donnée par un objet réel par une lentille mince convergente ?

1 Point objet et point image

- **Un objet réel** est modélisé par un ensemble de points objets.
- **Un point objet** est le point de croisement des rayons lumineux qui arrivent sur la lentille.
- **Un point image** est le point de croisement des rayons lumineux qui émergent de la lentille. À chaque point objet correspond **un point image et un seul**.

Doc. **Point objet A et point image A′**

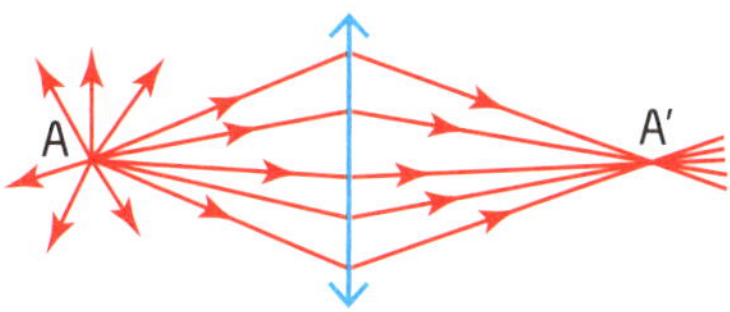

piège à éviter

Un modèle n'est utilisable que dans son domaine de validité. Dans le cas du modèle de la lentille mince, les rayons lumineux traversent la lentille au voisinage du centre optique et ils sont peu inclinés par rapport à l'axe optique.

2 Construction de l'image réelle d'un objet réel

A Objet situé à une distance finie de la lentille

- **Un objet plan** est un objet modélisé par des points objets situés dans un plan perpendiculaire à l'axe optique.

remarque

Dans ce modèle, on suppose que l'image d'un objet perpendiculaire à l'axe optique est elle-même perpendiculaire à l'axe optique.

- Dans la **construction de l'image réelle** d'un objet réel situé à une distance finie de la lentille :
  - le point *B*′, image du point objet *B*, est construit à l'aide d'au moins deux des trois rayons lumineux dont le cheminement est connu ;
  - le point *A*′, image du point objet *A*, est tel que *A*′*B*′ est perpendiculaire à l'axe optique.

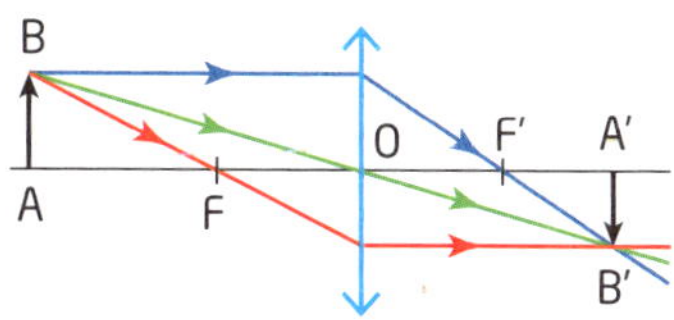

B Objet situé à une distance infinie de la lentille

- Dans le cas d'un **point objet considéré à l'infini**, la distance qui le sépare de la lentille est très grande devant la distance focale.

  Exemple : pour un œil ($f' = 17$ mm), un objet situé à quelques mètres est considéré à l'infini.

- Un **plan focal image de la lentille** est un plan orthogonal à l'axe optique et passant par le foyer image F′.
- Dans la **construction de l'image réelle** d'un objet réel situé à une distance infinie de la lentille :
  - si l'objet AB est à l'infini, le faisceau lumineux issu de chaque point de cet objet et arrivant sur la lentille est un faisceau parallèle ;
  - le point image A′ est confondu avec le foyer image F′ ;
  - le point image B′ est dans le plan focal image de la lentille.

L'astuce du prof

Pour construire le point image B′, le rayon lumineux passant par le centre optique suffit.

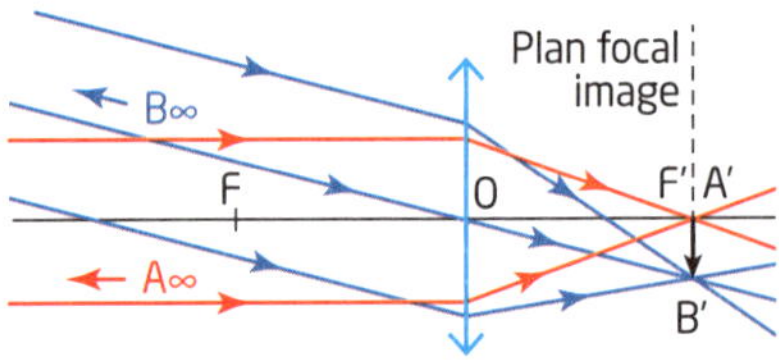

3 Grandissement

- **Pour comparer la taille et le sens** de l'image A′B′ à ceux de l'objet AB, on détermine le grandissement γ :
  - si l'image est dans le même sens que l'objet : $\gamma = \frac{\mathbf{A'B'}}{\mathbf{AB}} > \mathbf{0}$;
  - si l'image et l'objet sont de sens opposés : $\gamma = -\frac{\mathbf{A'B'}}{\mathbf{AB}} < \mathbf{0}$;
  - si $|\gamma| = 1$ alors A′B′ et AB sont de même taille.

remarque

Si $|\gamma| > 1$ alors A′B′ > AB et si $|\gamma| < 1$ alors A′B′ < AB.

- En utilisant le **théorème de Thalès** (triangle rouge ci-dessous) on obtient : $\frac{A'B'}{AB} = \frac{OA'}{OA} = \frac{OB'}{OB}$

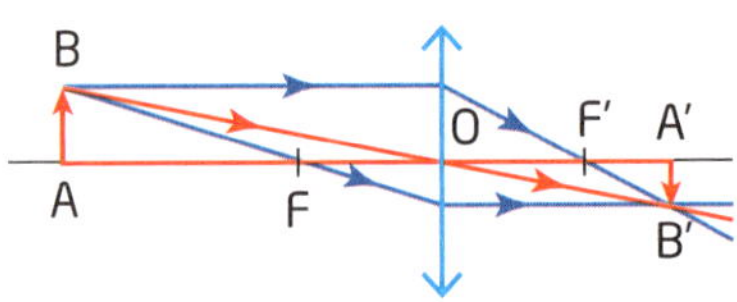

Circuits électriques

130

Lue Relue Acquise

Comment évaluer tension et intensité électrique dans des circuits électriques simples ?

1 Loi des nœuds

rappel

L'intensité du courant électrique est mesurée en ampère (A) à l'aide d'un ampèremètre branché en série dans le circuit.

- **Pour enregistrer un signal** (sonore ou lumineux par exemple) sur un ordinateur, il faut utiliser un **capteur électrique**. Un capteur électrique est **associé à d'autres éléments**, comme des dipôles, dans un circuit électrique.
- **Un nœud** est un point de connexion d'au moins trois dipôles.
- Selon la **loi des nœuds**, la somme des intensités des courants électriques qui arrivent dans un nœud est égale à la somme des intensités des courants qui repartent du nœud.

Doc. **Circuit électrique**

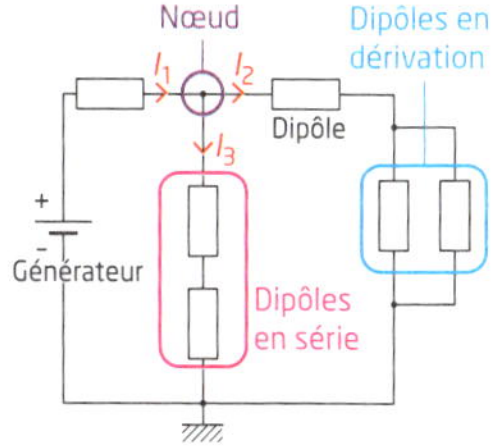

2 Loi des mailles

- La **tension U_{AB}** aux bornes d'un dipôle électrique peut être représentée sur le schéma d'un circuit électrique par une **flèche tension** dont l'origine est au voisinage du point B et dont l'extrémité pointe au voisinage du point A.
- Les mesures de tension réalisées montrent que $U_{AB} = -U_{BA}$.
- **Une maille** est le chemin, dans un circuit électrique, qui forme une boucle fermée.
- Selon la **loi des mailles**, la somme des tensions le long d'une maille orientée est nulle.

Doc. **Tensions électriques**

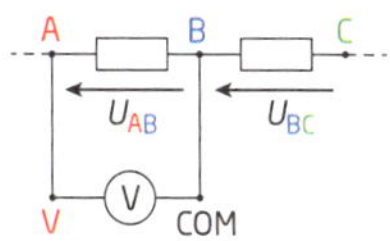

Exemple :
dans la maille orientée ADCBA du circuit ci-contre :
$U_{AB} + U_{BC} + U_{CD} + U_{DA} = 0$

Doc. **Maille dans un circuit électrique**

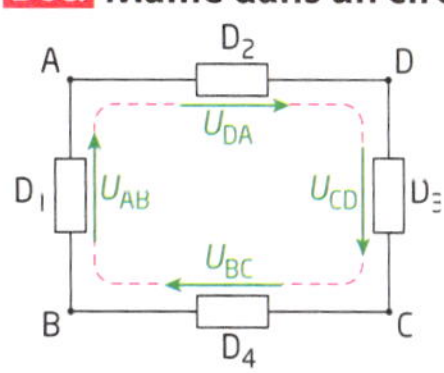

3 Caractéristique tension-courant d'un dipôle électrique

● Cette caractéristique est la **représentation graphique $U = f(I)$** de la tension électrique U aux bornes d'un dipôle en fonction de l'intensité I du courant électrique qui le traverse. On doit préciser l'orientation de la flèche tension et du sens du courant.

Doc. Circuit électrique permettant d'obtenir une caractéristique tension-courant d'un dipôle D

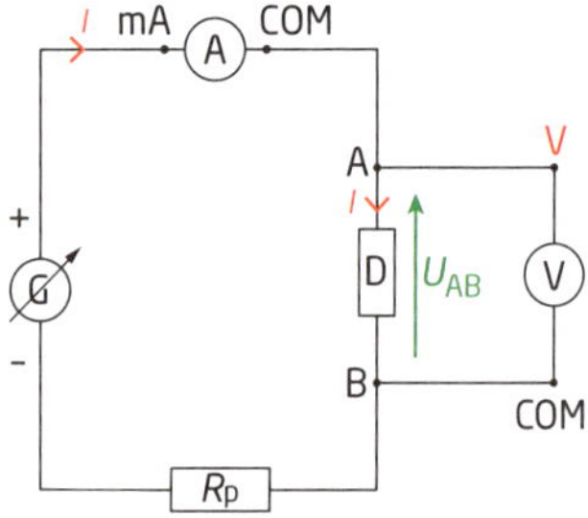

4 Loi d'ohm

● Si la **tension U_{AB} aux bornes d'un dipôle** est proportionnelle à l'intensité I du courant qui le traverse, alors ce dipôle, appelé résistance ou dipôle ohmique, est caractérisé par sa résistance électrique R et il suit la loi d'Ohm :

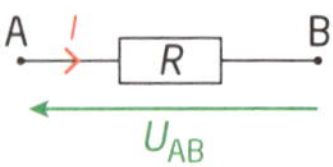

$U_{AB} = R \times I$

Unités S.I. :
U_{AB} en volt (V)
R en ohm (Ω)
I en ampère (A)

piège à éviter

Veillez à bien visualiser les orientations opposées des flèches tension et du sens du courant électrique.

● **Conséquence** : la caractéristique tension-courant d'une résistance est une droite passant par l'origine.

Exemple :

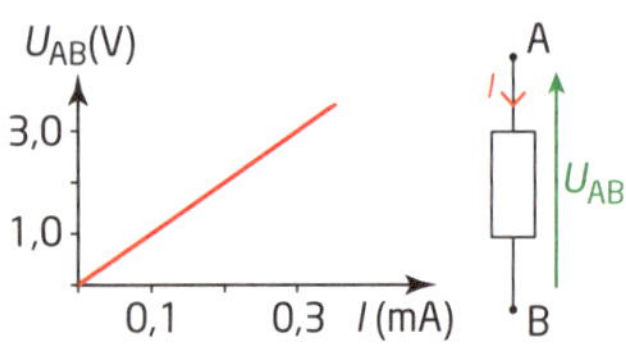

● Si les flèches tension et courant sont dans le même sens, alors la loi d'Ohm s'écrit : $U_{BA} = -R \times I$.

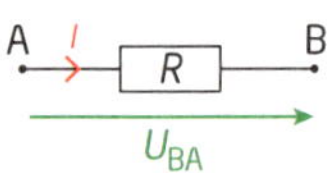

Capteurs électriques

Lue Relue Acquise

De nombreux capteurs électriques sont utilisés dans des dispositifs d'usage courant.

1 Point de fonctionnement d'un circuit

● **Hypothèse** : on considère un dipôle AB et un générateur PN branchés en série, traversés par un courant électrique de même intensité I_P et, si le circuit ne comporte que ces deux composants, la tension à leurs bornes a la même valeur U_P.

● $\{I_P$ et $U_P = U_{PN} = U_{AB}\}$ sont les **coordonnées du point de fonctionnement** de ce circuit :

remarque

Le circuit proposé ici est très simple puisqu'il ne comporte que deux composants associés en série.

Doc. **Point de fonctionnement d'un circuit**

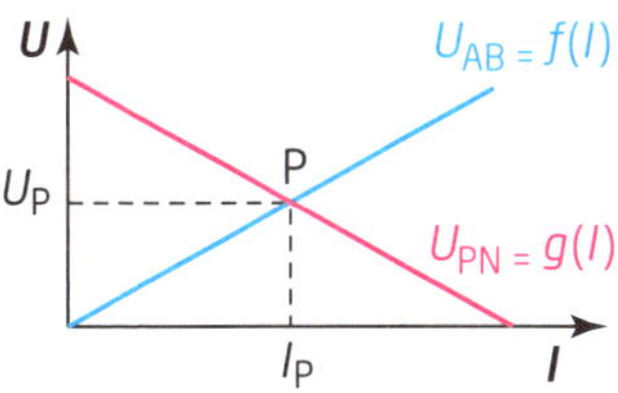

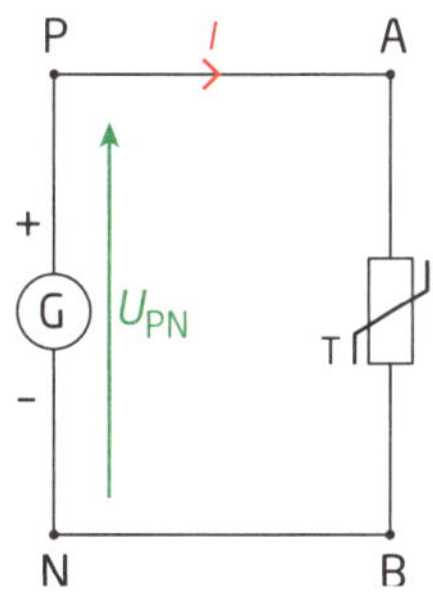

2 Exemples de capteurs électriques

● **Une résistance** est un capteur d'intensité de courant électrique : la tension mesurée à ses bornes permet de retrouver la valeur de l'intensité du courant électrique qui circule dans la branche du circuit où elle est placée.

Exemple d'utilisation : associée à d'autres capteurs, dans un circuit électrique complexe, c'est un des nombreux éléments des accéléromètres présents dans les smartphones.

remarque

L'accéléromètre intégré dans un smartphone est, entre autres, responsable de la rotation automatique de l'image.

- Une **thermistance** ou une **photorésistance**, présentes respectivement dans un thermomètre électronique ou un détecteur optique, sont des capteurs électriques résistifs. Leur résistance dépend d'une grandeur physique, la température (thermistance) ou l'éclairement (photorésistance) :
  - si la température (thermistance) ou la luminosité (photorésistance) est **constante**, le capteur suit la loi d'Ohm et la résistance ne varie pas ;
  - si la température (thermistance) ou la luminosité (photorésistance) **varie**, la résistance de ce capteur varie.

- **La courbe d'étalonnage *R* = *f*(*X*) d'un capteur résistif** est la représentation graphique de la résistance *R* du capteur en fonction de la grandeur *X*.

Exemple : courbe d'étalonnage d'une thermistance (type CTN)

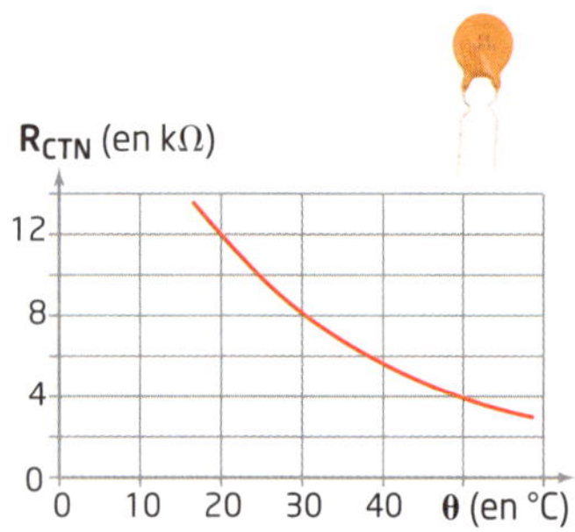

remarque
CTN signifie « coefficient de température négatif » : la résistance diminue lorsque la température augmente (NTC en anglais).

3 Intégration des capteurs dans des circuits électriques

- **Le capteur** est intégré dans un circuit électrique qui produira une tension *U* qui dépend de la résistance *R* du capteur, donc de la grandeur *X* dont dépend cette résistance.

- **La tension *U* produite** peut ensuite être numérisée, par exemple par un microcontrôleur qui convertit cette tension en un nombre. Ce nombre, après traitement par un programme informatique, permet d'afficher la valeur de *X*.

remarque
La tension produite est une grandeur « analogique ». Elle est convertie en grandeur « numérique » par le microcontrôleur qui joue le rôle d'un convertisseur analogique numérique.

Exemple : la mesure d'une température en reliant une thermistance de type CTN à un microcontrôleur.

Ondes et signaux

Révision EXPRESS

Mémo'Quiz

Vrai ou faux ? Cochez la bonne réponse.

• Émission et propagation d'un son

1. La caisse de résonance d'un instrument de musique permet d'augmenter l'amplitude de la vibration transmise au milieu extérieur.

   ❑ Vrai ❑ Faux

2. La vitesse de propagation v d'un signal sonore est donnée par : $v = d \times \Delta t$.

   ❑ Vrai ❑ Faux

3. Dans les conditions usuelles, la valeur approchée de la vitesse de propagation du son dans l'air est de $1\,500\ m \cdot s^{-1}$.

   ❑ Vrai ❑ Faux

4. La vitesse de propagation du son dans l'air est bien plus faible que la vitesse de propagation de la lumière dans l'air.

   ❑ Vrai ❑ Faux

5. La période d'un signal sonore périodique est l'inverse de sa fréquence.

   ❑ Vrai ❑ Faux

6. La vitesse de propagation du son dans l'air est plus grande que la plupart des valeurs de vitesses des véhicules usuels se déplaçant sur le sol terrestre.

   ❑ Vrai ❑ Faux

• Perception d'un son

7. Les sons perceptibles par une oreille humaine correspondent à des signaux sonores de fréquence $f > 20$ kHz.

   ❑ Vrai ❑ Faux

8. La hauteur d'un son est la sensation auditive liée à l'amplitude du signal sonore.

   ❑ Vrai ❑ Faux

9. Le timbre d'un son est la sensation auditive liée à la fréquence du signal sonore.

   ❑ Vrai ❑ Faux

10. Le niveau d'intensité sonore est exprimée en décibel (dB).

❑ Vrai ❑ Faux

11. L'échelle des intensités sonores est une échelle logarithmique.

❑ Vrai ❑ Faux

12. Une exposition prolongée et répétée à un niveau d'intensité sonore de 60 dB ne fait courir aucun risque auditif.

❑ Vrai ❑ Faux

• Émission et propagation de la lumière

13. Lorsqu'un rayon lumineux passe d'un milieu transparent à un autre et change de direction, on dit qu'il se réfléchit.

❑ Vrai ❑ Faux

14. Dans l'air, la vitesse de propagation de la lumière est d'environ $340 \text{ m} \cdot \text{s}^{-1}$.

❑ Vrai ❑ Faux

15. L'indice de réfraction n d'un milieu transparent vérifie : $n = \frac{c}{v}$.

❑ Vrai ❑ Faux

16. La deuxième loi de la réfraction peut s'écrire :
$n_1 \times \sin(i_2) = n_2 \times \sin(i_1)$.

❑ Vrai ❑ Faux

17. Un être humain ne perçoit que les seuls rayonnements monochromatiques dont les longueurs d'ondes sont comprises entre 500 nm et 750 nm.

❑ Vrai ❑ Faux

18. Le spectre de la lumière émise par un corps dense et chaud est un spectre de raies.

❑ Vrai ❑ Faux

• Réception de la lumière

19. L'iris d'un œil réel est modélisé par une lentille mince convergente dans l'œil réduit.

❑ Vrai ❑ Faux

20. Un écran modélise dans l'œil réduit la rétine d'un œil réel.

❑ Vrai ❑ Faux

21. Tout rayon lumineux passant par le centre optique d'une lentille mince convergente n'est pas dévié.

❑ Vrai ❑ Faux

22. Tout rayon lumineux incident parallèle à l'axe optique émerge d'une lentille mince convergente sans être dévié.

❑ Vrai ❑ Faux

23. Tout rayon lumineux incident passant par le foyer objet *F* émerge d'une lentille mince convergente parallèlement à l'axe optique.

❑ Vrai ❑ Faux

• Signaux et capteurs électriques

24. La loi des nœuds concerne les tensions le long d'une maille orientée d'un circuit.

❑ Vrai ❑ Faux

25. Pour une maille fermée ADCBA : $U_{DA} + U_{CD} + U_{BC} + U_{AB} = 0$.

❑ Vrai ❑ Faux

26. La caractéristique tension-intensité d'un dipôle est la représentation graphique $I = f(U)$.

❑ Vrai ❑ Faux

27. Aux bornes d'une résistance, la tension électrique est proportionnelle à l'intensité du courant électrique qui la traverse.

❑ Vrai ❑ Faux

28. La courbe d'étalonnage d'un capteur résistif est la représentation graphique de la résistance *R* du capteur en fonction de la grandeur physique dont elle dépend.

❑ Vrai ❑ Faux

→ Corrigés p. 525

SVT

Sommaire

Lue Relue Apprise

SVT

La Terre, la vie et l'organisation du vivant

Organisation fonctionnelle du vivant

La biodiversité actuelle et passée

Évolution de la biodiversité

Érosion et sédimentation

Sommaire

Des organismes uni ou pluricellulaires

132

Lue Relue Apprise

Chez les organismes unicellulaires, toutes les fonctions sont assurées par une seule cellule. Chez les organismes **pluricellulaires**, elles sont assurées par des organes constitués de cellules spécialisées.

1 Un organisme composé d'une cellule unique

- La paramécie est un organisme **unicellulaire eucaryote** qui se déplace grâce au battement des cils fixés à sa surface. Elle absorbe des proies microscopiques par un repli de sa membrane plasmique et les digère à l'aide des vésicules remplies d'enzymes. Son volume d'eau est régulé par les contractions plus ou moins rapides d'une paire de **vacuoles** contractiles.

Lexique

Pluricellulaire : constitué de plusieurs cellules.

Eucaryote : cellule qui possède un noyau et différents organites spécialisés, contrairement aux procaryotes (bactéries) qui en sont dépourvus.

Vacuole : grande vésicule remplie de liquide régulant le volume et la concentration cellulaires.

Doc. **La paramécie, un organisme unicellulaire**

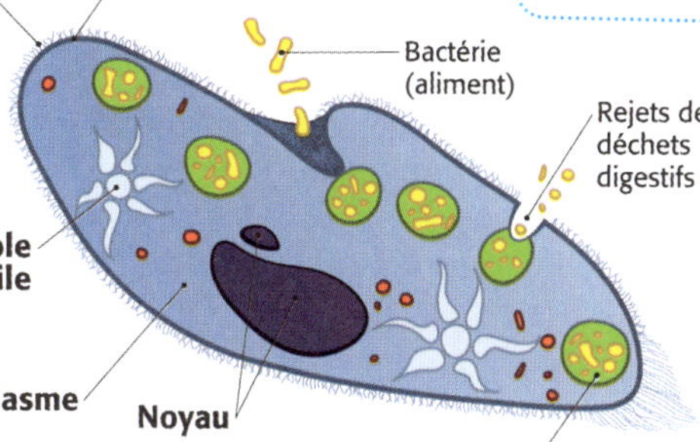

- Ainsi, chez les unicellulaires, **une seule et même cellule assure toutes les fonctions** (locomotion, nutrition, excrétion, défense et reproduction) **grâce à des structures particulières** (cils...) et des **organites** (vacuoles...).

Lexique

Organite : compartiment cellulaire spécialisé dans une fonction.

- De la même façon, chez les procaryotes (bactéries), une cellule unique réalise toutes les fonctions mais, contrairement à la cellule eucaryote, celle-ci est dépourvue d'organites.

2 Les cellules spécialisées des organismes pluricellulaires

- Les **organismes pluricellulaires** possèdent **différents organes** (cœur, poumons, foie...) spécialisés individuellement dans une ou plusieurs fonctions.
- Chacun d'eux est lui-même **constitué de plusieurs tissus** qui assurent des rôles spécifiques.
- Ainsi, dans l'estomac, le tissu musculaire permet des contractions, tandis que le tissu nerveux détecte la pression et le degré de remplissage de l'organe. Le tissu épithélial protège la paroi contre le frottement des aliments et les sécrétions acides ; le tissu sanguin apporte nutriments et oxygène aux différentes cellules.

Lexique

Tissu épithélial : ensemble de cellules jointives assurant un rôle de revêtement ou une fonction sécrétrice.

Doc. Les différents tissus de l'estomac

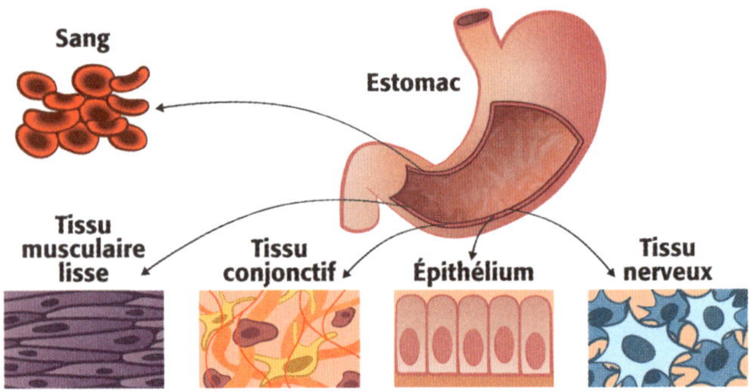

- Certains tissus se retrouvent dans de nombreux organes : le tissu conjonctif, résistant et souvent fibreux joue un rôle de soutien dans la peau ; les vaisseaux sanguins, les muscles...
- Les tissus sont eux-mêmes constitués d'un ou plusieurs types de cellules. À l'inverse de la paramécie, ce sont des **cellules spécialisées dans une fonction particulière** (contraction, absorption, etc.).
- Une matrice extracellulaire ou « ciment intercellulaire » assure la cohésion des cellules au sein d'un tissu.

Lexique

Matrice extracellulaire : ensemble de macromolécules (notamment des protéines) situé à l'extérieur des cellules d'un tissu et qui les maintient unies entre elles.

La cellule spécialisée

133

Lue Relue Apprise

Toutes les cellules d'un organisme possèdent la même information génétique. Cependant, une cellule spécialisée n'en exprime qu'une partie, ce qui la distingue des autres types cellulaires.

1 Une cellule spécialisée dans une fonction

- Chaque type de cellule spécialisée présente **des caractéristiques particulières** qui lui permettent d'accomplir **une fonction**.
- Ainsi, les cellules nerveuses sont munies de prolongements ou « fibres » qui véhiculent le message nerveux. Chez les cellules intestinales, des **microvillosités** favorisent l'absorption des nutriments en augmentant la surface de contact.

Lexique

Microvillosités : replis de la membrane plasmique qui augmentent sa surface.

Doc. **Deux cellules spécialisées**

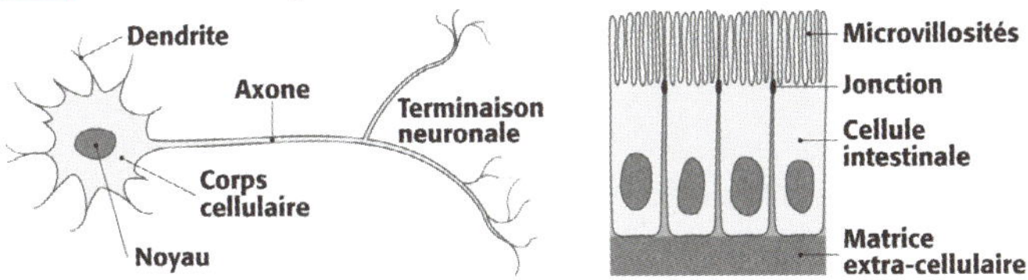

cellule nerveuse — cellule intestinale

- Chez les végétaux, les cellules de la feuille possèdent des organites spécifiques : les **chloroplastes**, **qui captent la lumière** et réalisent la photosynthèse. Remplies d'eau, ces cellules résistent à la pression grâce à leur épaisse **paroi**.
- Au contraire, les **poils absorbants** de la racine peuvent prélever eau et ions du sol grâce à leur paroi très fine, tandis que leur grande surface facilite l'absorption.
- La spécialisation des cellules repose aussi sur le déroulement de réactions biochimiques particulières (synthèses, transformations), faisant intervenir des **enzymes** spécifiques.

Lexique

Chloroplaste : organite contenant de la chlorophylle, responsable de la photosynthèse.

Paroi : enveloppe rigide qui double extérieurement la membrane plasmique chez toutes les cellules végétales.

Enzyme : molécule qui facilite le déroulement d'une réaction biochimique sans y participer directement.

- Les organismes pluricellulaires possèdent aussi des cellules non spécialisées : les **cellules souches**. Elles assurent le renouvellement des cellules mortes ou permettent la croissance.

Lexique

Cellule souche : cellule non spécialisée, indifférenciée, capable de se diviser un grand nombre de fois, puis de se différencier.

2 Une expression différentielle des gènes

- **Les cellules d'un organisme sont toutes issues d'une cellule-œuf initiale**, par une succession de **mitoses**.
- L'expérience de Gurdon montre qu'à partir du noyau d'une cellule intestinale, il est possible de former un individu complet présentant les mêmes caractères que celui dont provient le noyau. On peut donc en déduire que le noyau d'une cellule spécialisée renferme **l'information génétique nécessaire à la construction d'un organisme entier**.
- Ainsi, malgré leurs différences, les cellules spécialisées renferment toutes la même information génétique, identique à celle de la cellule-œuf.

Lexique

Mitose : division d'une cellule initiale qui aboutit à deux cellules identiques à celle-ci et identiques entre elles.

Gène : portion d'une molécule d'ADN correspondant à une unité d'information génétique.

Doc. **L'expérience de Gurdon**

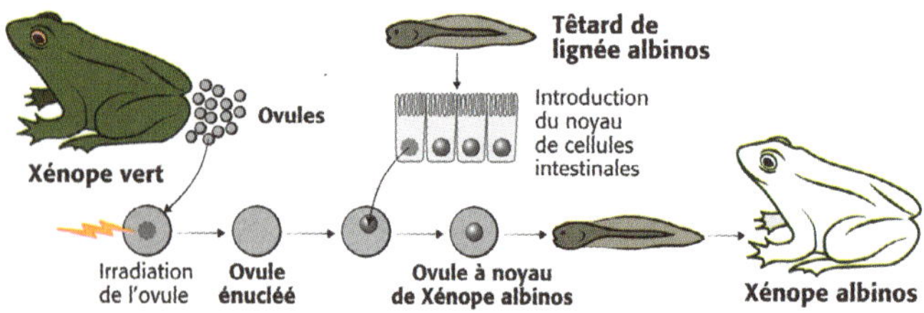

- Dans toutes les cellules, **l'information génétique est portée par des molécules d'ADN** (acide désoxyribonucléique), **organisées en gènes**. Si les cellules spécialisées renferment la totalité de l'information génétique, elles n'expriment **qu'une partie des gènes**, différente selon les types de cellules.

L'ADN, support de l'information génétique

134

Lue Relue Apprise

Chaque cellule renferme du matériel génétique contenu dans les chromosomes sous forme d'ADN. La structure moléculaire de l'ADN lui permet de porter une information.

1 Une molécule organisée en gènes

- Le noyau des cellules eucaryotes renferme des molécules d'ADN (46 chez l'Homme) sur lesquelles des gènes se succèdent de façon discontinue.
- Une expérience de **transgénèse** consistant à introduire un gène provenant d'une espèce dans une cellule d'une autre espèce aboutit à **l'apparition d'un nouveau caractère** dans la cellule receveuse.
- Un gène est donc une **unité d'information contrôlant la réalisation d'un caractère**. De plus, on en déduit que l'information contenue dans l'ADN est écrite dans un langage universel.

Lexique

Transgénèse : transfert d'un gène d'une espèce à une autre, différente.

Chromosome : élément porteur d'information génétique, constitué (entre autres) d'ADN.

- Les molécules d'ADN constituent des **chromosomes** qui, lors de la division cellulaire, se condensent et deviennent apparents. Sur le chromosome, un gène occupe toujours le même emplacement, dit **« locus »**.

Doc. **Carte simplifiée du chromosome 2 de la drosophile**

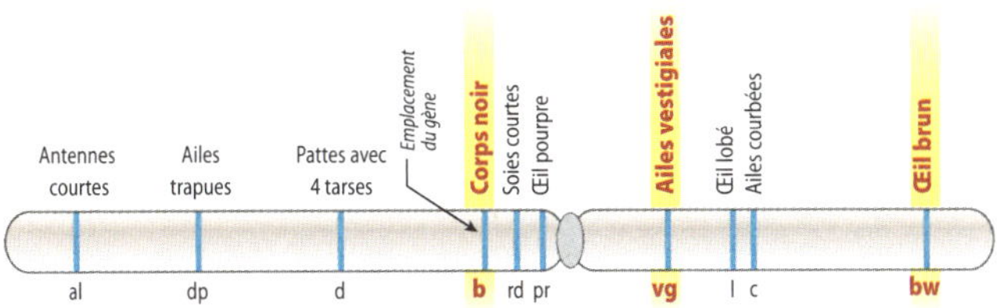

2 L'ADN, une molécule complexe

A Une molécule séquencée

- L'ADN est une **macromolécule** constituée de deux chaînes (ou brins) enroulées en **double hélice**. Une chaîne est formée d'une succession d'éléments appelés **nucléotides**.

Lexique

Macromolécule : molécule de grande taille formée par l'assemblage d'un grand nombre d'éléments.

Nucléotide : maillon élémentaire de la molécule d'ADN.

L'ADN, support de l'information génétique

- Chaque nucléotide est composé d'un **sucre** (le désoxyribose), d'un **acide phosphorique** et d'une **base azotée** (ADN = acide désoxyribonucléique).
- Il existe **quatre types de nucléotides** (A, C, G et T), qui **diffèrent par leur base azotée**.
- Chacune de ces lettres correspond à l'initiale de la base azotée.
A = Adénine ; T = Thymine ; C = Cytosine ; G = Guanine.

Doc. **La molécule d'ADN**

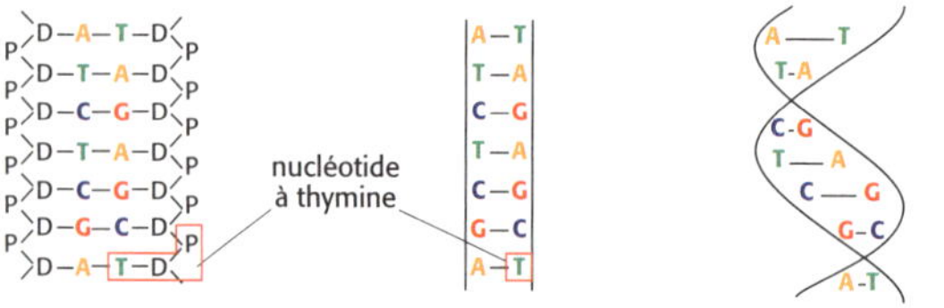

a. représentation complète

b. représentation simplifiée

c. représentation en double hélice

D : désoxyribose

P : acide phosphorique

bases azotées
- A : adénine
- T : thymine
- C : cytosine
- G : guanine

- Le long de la molécule d'ADN, les nucléotides se succèdent en « **séquences** ».
- TCCAGTA est, par exemple, une séquence différente de AGTATCC.
- C'est la séquence des nucléotides qui constitue **l'information contenue sous forme codée dans les gènes.**

Lexique

Séquence (de l'ADN) : ordre dans lequel se succèdent les nucléotides.

B Deux chaînes appariées

- Dans une molécule d'ADN, les bases azotées A et T sont toujours en quantité égale, comme le sont aussi les bases C et G.
- Les deux chaînes d'une molécule d'ADN s'associent par leurs bases azotées selon une règle stricte appelée **« loi de complémentarité des bases »** : le nucléotide A d'une chaîne est toujours associé au nucléotide T de l'autre chaîne, et le nucléotide C est lui-même associé au G.

Remarque

Du fait de la complémentarité des bases, la connaissance de la séquence d'une chaîne permet de déduire celle de l'autre chaîne.

La cellule, siège des réactions chimiques de la vie

135

☐ Lue ☐ Relue ☐ Apprise

Pour assurer les besoins fonctionnels d'une cellule, de nombreuses transformations biochimiques s'y déroulent : elles constituent son **métabolisme**.

1 Des échanges entre la cellule et son milieu

- L'ajout de glucose à une culture de **levures** est suivi d'une diminution de la teneur en dioxygène du milieu et d'une augmentation de celle en dioxyde de carbone. De plus, entre le début et la fin de l'expérience, la quantité de glucose du milieu diminue.
- Ainsi, les cellules des levures réalisent **des échanges** avec leur milieu : elles **absorbent** du dioxygène et du glucose et **rejettent** du dioxyde de carbone et de l'eau.

Lexique

Métabolisme : ensemble des transformations biochimiques se déroulant à l'intérieur d'une cellule.

Levure : champignon unicellulaire.

Doc. Concentrations en CO_2 et en O_2 dans une culture de levures

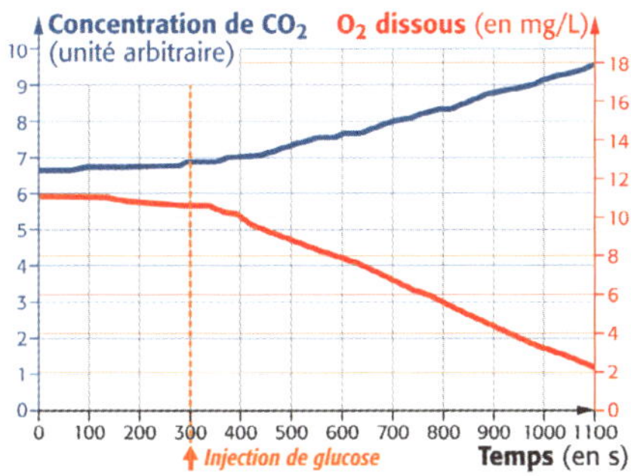

- **À partir de ces résultats, on peut écrire le bilan des réactions qui se sont produites chez les levures** :

glucose + dioxygène ➔ dioxyde de carbone + eau

$$C_6H_{12}O_6 + 6O_2 \rightarrow 6CO_2 + 6H_2O$$

- L'ensemble de ces réactions constitue la **respiration** cellulaire, réalisée **seulement en présence de dioxygène.**

Lexique

Respiration : ensemble de réactions cellulaires au cours desquelles le glucose est entièrement dégradé en présence de dioxygène.

- La respiration se déroule en **plusieurs étapes** dans les cellules. Une partie a lieu dans des organites spécialisés appelés « **les mitochondries** ».
- **En absence d'O_2**, les levures peuvent néanmoins consommer du glucose et rejeter du CO_2 ainsi qu'un autre déchet, **l'éthanol**. Elles réalisent alors la **fermentation** (alcoolique) : glucose ➔ dioxyde de carbone + éthanol.
- Respiration et fermentation constituent des **voies métaboliques**, c'est-à-dire une succession de réactions biochimiques, chacune facilitée par des enzymes particuliers. Quelques-unes de ces réactions sont communes à ces deux voies qui sont interconnectées.

Lexique

Fermentation : ensemble de réactions cellulaires au cours desquelles le glucose est partiellement dégradé en absence de dioxygène.

Voie métabolique : succession de réactions biochimiques transformant le produit d'une réaction en un autre.

2 Une libération d'énergie

- C'est seulement en présence de glucose que le nombre de levures augmente significativement dans une culture. Le glucose consommé fournit donc aux levures **l'énergie nécessaire à leur multiplication.**

Doc. **Cultures de levures en présence (a) ou en absence (b) de glucose**

a. 

b. 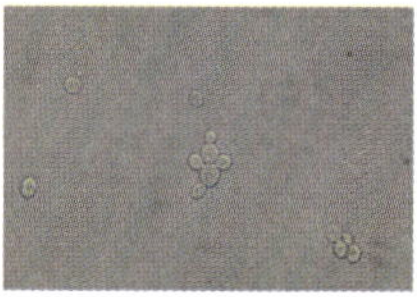

- En effet, au cours de la **respiration**, le glucose (**molécule organique**) est **entièrement dégradé** pour donner de l'eau et du CO_2 (molécules minérales). Ainsi, toute **l'énergie contenue dans la molécule de glucose est libérée,** puis utilisée pour les besoins cellulaires.
- En absence de dioxygène, les cellules peuvent aussi dégrader le glucose grâce à la **fermentation**, mais cette **dégradation est incomplète.** En effet, l'éthanol est une molécule organique. Ainsi, **la fermentation libère moins d'énergie que la respiration**.

Lexique

Molécule organique : molécule caractéristique des êtres vivants. Elle se définit notamment par la présence d'un squelette carboné.

Autotrophie et hétérotrophie 136

☐ Lue ☐ Relue ☐ Apprise

Certaines cellules sont capables de fabriquer de la matière organique à partir de matière minérale. Les autres cellules prélèvent la matière organique dont elles ont besoin dans leur environnement.

1 La photosynthèse : une synthèse de matière organique

- Les euglènes sont des algues unicellulaires chlorophylliennes. **Cultivées à la lumière**, elles peuvent se multiplier sur un milieu dépourvu de glucose. Elles consomment alors du dioxyde de carbone et de l'eau, ce qui leur permet de **produire la matière organique** (**glucose**) absente dans leur milieu. En même temps, elles rejettent un déchet : le dioxygène.
- Cette synthèse nécessite un apport d'énergie, sous forme de lumière. C'est la **photosynthèse**, dont le bilan peut s'écrire :

> **Lexique**
>
> **Photosynthèse** : synthèse de matière organique (glucose) à partir de matière minérale (eau et dioxyde de carbone) grâce à l'énergie lumineuse.

$$\text{dioxyde de carbone} + \text{eau} \xrightarrow{\textbf{lumière}} \text{glucose} + \text{dioxygène}$$

$$6CO_2 + 6H_2O \xrightarrow{\textbf{lumière}} C_6H_{12}O_6 + 6O_2$$

Doc. **Résultats de cultures d'euglènes**

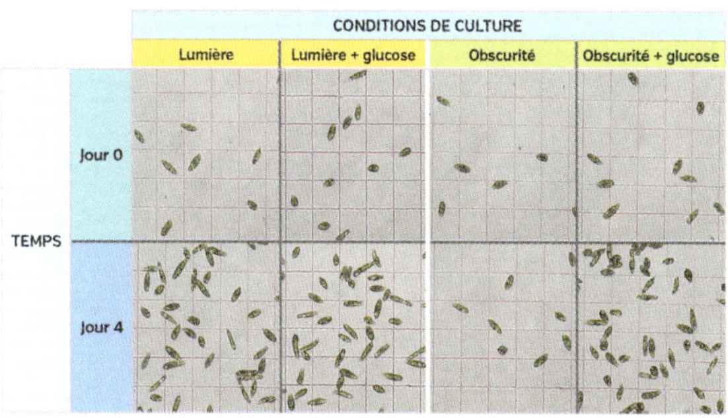

- La photosynthèse se déroule dans des **organites spécialisés, les chloroplastes,** contenant des molécules particulières dont fait partie la **chlorophylle**.
- Chez les végétaux pluricellulaires, seules des cellules spécialisées présentes dans les feuilles, les **cellules chlorophylliennes**, renferment des chloroplastes.

Doc. **Une cellule chlorophyllienne**

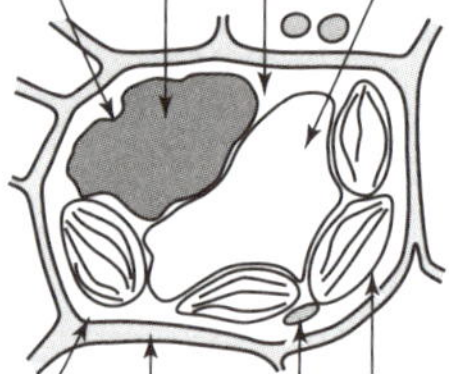

2 Deux types de métabolismes

- Toutes les cellules (ou presque), y compris les cellules chlorophylliennes, tirent leur énergie de la **dégradation du glucose**, par respiration (ou fermentation).
- La photosynthèse permet aux cellules chlorophylliennes de **fabriquer elles-mêmes** le glucose nécessaire à leur respiration. Ces cellules se caractérisent par un métabolisme autotrophe.
- Par contre, des **euglènes privées de lumière** ne se multiplient pas en absence de glucose (voir p. 13). Elles perdent peu à peu leurs chloroplastes et sont **incapables de produire le glucose.** Elles doivent alors le prélever dans leur environnement : elles deviennent hétérotrophes.
- Les **végétaux pluricellulaires** sont des **organismes autotrophes** grâce à leurs cellules chlorophylliennes dans les feuilles. Celles-ci synthétisent de la matière organique pour leurs besoins mais aussi pour ceux des cellules hétérotrophes (celles des racines, par exemple). En effet, **la matière organique fabriquée dans les feuilles est distribuée dans toute la plante**.
- À l'inverse, tous les animaux sont hétérotrophes.

Remarque

Les cellules chlorophylliennes possèdent des chloroplastes mais aussi des mitochondries, car elles réalisent la respiration.

Lexique

Autotrophe : cellule ou organisme capable de fabriquer sa propre matière organique à partir de matière minérale.

Hétérotrophe : cellule ou organisme incapable de fabriquer sa propre matière organique et devant la prélever dans son environnement.

Organisation fonctionnelle du vivant

Révision EXPRESS

Le schéma à retenir

Les niveaux d'organisation des êtres vivants

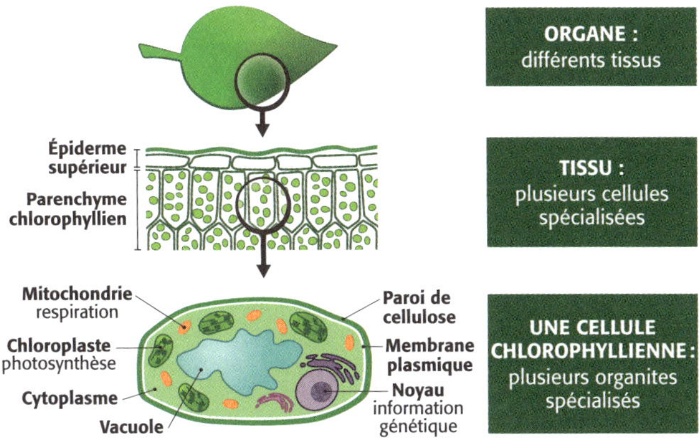

Les points essentiels

- Les organismes pluricellulaires sont constitués de **cellules associées à l'intérieur de tissus**, formant eux-mêmes des organes. Ces cellules sont **spécialisées** dans la réalisation d'une fonction grâce à la présence de **structures**, d'**organites**, ou encore de **molécules spécifiques**.
- Si toutes les cellules d'un organisme possèdent les mêmes gènes, les cellules spécialisées se distinguent les unes des autres en exprimant des **gènes différents**.
- Plusieurs gènes se succèdent sur une molécule d'ADN ; chaque gène porte une **information particulière** permettant la **réalisation d'un caractère**.
- La molécule d'ADN est constituée de **deux brins**, chacun formé d'une **succession de nucléotides** (A, T, G et C). Ces deux brins sont appariés selon la **loi de complémentarité** (A-T et G-C). C'est la séquence des nucléotides, l'ordre dans lequel ils se succèdent, qui constitue l'**information génétique**.

- Dans les cellules se déroulent des **réactions biochimiques** constituant des **voies métaboliques**. Celles-ci dépendent de l'équipement spécialisé de chaque cellule (organites et macromolécules, dont les enzymes).
- Au cours de la **respiration**, les cellules dégradent le glucose en présence de dioxygène et libèrent ainsi l'énergie contenue dans la matière organique. La dégradation du glucose entraîne le rejet d'eau et de dioxyde de carbone.
- Grâce à l'énergie lumineuse, à l'intérieur de leurs chloroplastes, les cellules chlorophylliennes réalisent la **photosynthèse** : elles fabriquent de la matière organique à partir de dioxyde de carbone et d'eau. Ce sont des **cellules autotrophes**.
- Les cellules animales, qui doivent se procurer la matière organique dans leur environnement, sont **hétérotrophes**.

Mémo'Quiz

1. Les cellules chlorophylliennes sont dépourvues de mitochondries.
❑ Vrai ❑ Faux

2. La molécule d'ADN est formée de nucléotides.
❑ Vrai ❑ Faux

3. Les cellules spécialisées se distinguent par leurs gènes.
❑ Vrai ❑ Faux

4. Les cellules autotrophes prélèvent la matière organique dans leur environnement.
❑ Vrai ❑ Faux

5. Au cours de la respiration, le glucose est partiellement dégradé.
❑ Vrai ❑ Faux

→ corrigés p. 525

Les différentes formes de la biodiversité

137

Lue Relue Apprise

Le monde vivant est caractérisé par sa diversité ou « biodiversité ». Celle-ci peut être définie à différents niveaux.

1 La diversité des écosystèmes

- Le monde vivant est organisé en écosystèmes, constitués chacun d'un ensemble d'êtres vivants, la **biocénose**, et d'un environnement, le **biotope**.
- Les écosystèmes peuvent prendre **des aspects variés** : un océan, une forêt ou une prairie sont des écosystèmes, tout comme un rocher ou un tronc d'arbre. En effet, les écosystèmes peuvent être définis à **différentes échelles**.
- **À l'intérieur d'un écosystème, les êtres vivants sont divers** : ils forment une **combinaison d'espèces végétales, animales et microbiennes**.
- La présence d'espèces particulières dans un écosystème donné s'explique par les **conditions de vie** qui correspondent à leurs besoins en eau, en chaleur, en nourriture… Les espèces vivant dans le Sahara, par exemple, n'ont pas les mêmes besoins que celles se trouvant en Antarctique.

Lexique

Écosystème : ensemble formé par une communauté d'êtres vivants qui établissent des relations entre eux (biocénose) et avec leur environnement (biotope).

Lexique

Espèce : ensemble d'individus interféconds qui engendrent une descendance viable et fertile.

Doc. Carte des écosystèmes (a) et des reliefs et des altitudes (b) de l'île de la Réunion

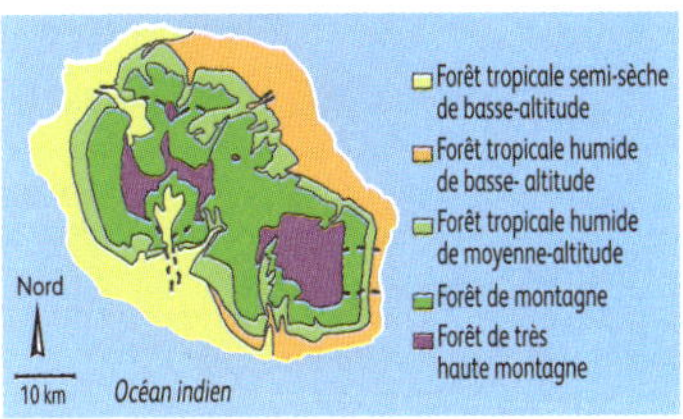

a.

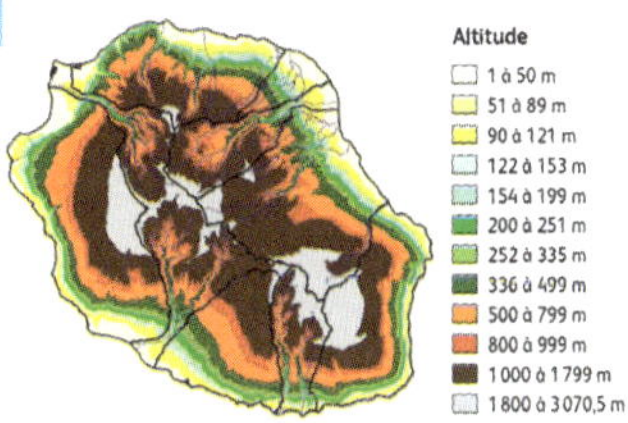

b.

2 La diversité des espèces

- Chaque écosystème est occupé par un nombre variable d'espèces. La diversité de celles-ci dans un écosystème est mesurée par le nombre d'espèces différentes qu'il renferme et, éventuellement, par le nombre d'individus de chaque espèce. D'autres critères peuvent néanmoins être pris en compte, comme le **nombre d'individus** de chaque espèce ou l'**abondance** de cette espèce sur Terre.
- **La biodiversité n'est pas répartie sur Terre de façon homogène.** Elle est particulièrement riche dans les régions tropicales et méditerranéennes dans lesquelles vivent de nombreuses espèces spécifiques. Par exemple, 44 % des espèces de plantes et 35 % de celles des vertébrés terrestres sont localisés sur seulement 1,4 % de la surface des continents.

3 La diversité génétique

- Tous les individus d'une même espèce possèdent des **caractères communs**. Néanmoins, ces caractères communs existent sous des **formes variables d'un individu à l'autre**.
- La diversité des caractères au sein de l'espèce repose sur une **diversité génétique**. En effet, les individus d'une même espèce possèdent **les mêmes gènes mais sous des versions différentes : les allèles**. Par exemple, le gène des groupes sanguins existe sous trois allèles différents : A, B et O.
- Les allèles d'un même gène sont issus de **mutations**. Ce sont des événements qui **se produisent au hasard et modifient la séquence de nucléotides de l'ADN.**

Lexique

Diversité génétique : variabilité d'un gène au sein d'une même espèce.

Allèle : version d'un gène caractérisée par une séquence particulière.

Mutation : modification aléatoire de la séquence d'ADN.

Doc. **Deux allèles d'un même gène**

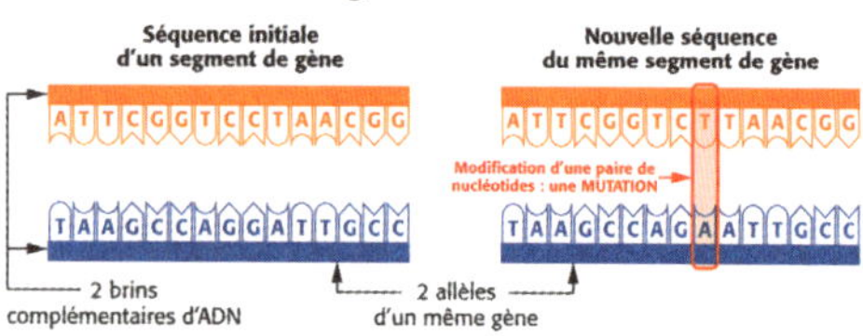

- Ces changements qui modifient l'information génétique sont susceptibles d'être **transmis de génération en génération et de se répandre à l'intérieur de l'espèce**.

La biodiversité du passé

138

Lue Relue Apprise

L'étude de la biodiversité du passé grâce à l'examen de fossiles montre que l'état actuel de la biodiversité correspond à une simple étape de l'histoire du vivant.

1 Une biodiversité en perpétuelle variation

A Reconstituer la biodiversité du passé

- Les **roches sédimentaires** ont conservé sous forme de **fossiles** **les restes des espèces animales et végétales** aujourd'hui disparues, constituant la biodiversité du passé.
- La disposition de ces roches en couches superposées, chacune formée à une époque donnée, permet de reconstituer la biodiversité à différentes périodes. Elle montre que **les faunes et les flores se sont modifiées au cours du temps.**

Lexique

Roche sédimentaire : roche formée par dépôt de sédiments.

Fossile : reste ou trace d'un être vivant aujourd'hui disparu.

B Les enseignements de la biodiversité du passé

- Si la vie est apparue il y a 3,5 milliards d'années sous forme unicellulaire, les premiers organismes pluricellulaires retrouvés dans des gisements de fossiles sont datés de moins de 600 millions d'années. Les formes existantes alors sont peu ressemblantes aux formes actuelles.
- **L'ère primaire** (-541 à -252 millions d'années) est caractérisée par la **diversification des organismes pluricellulaires**. D'abord des invertébrés à corps mous, puis à carapaces et coquilles, et enfin des vertébrés marins qui colonisent dans un second temps le milieu continental. Les fougères géantes dominent chez les végétaux.
- **L'ère secondaire** (-252 à -66 millions d'années) est celle des **grands reptiles** comme les dinosaures, des **ammonites**, et des **conifères** chez les végétaux.
- **À l'ère tertiaire** (-66 millions d'années à aujourd'hui), les grands oiseaux non volants sont d'abord dominants, puis des mammifères se développent, ainsi que les plantes à fleurs. Plus récemment, la lignée humaine se sépare de celle des grands singes.

Lexique

Ammonite : animal marin à coquille enroulée, appartenant au groupe des mollusques céphalopodes.

Conifère : arbre produisant des fruits en forme de cônes (pin, sapin...).

Doc. Évolution de la biodiversité

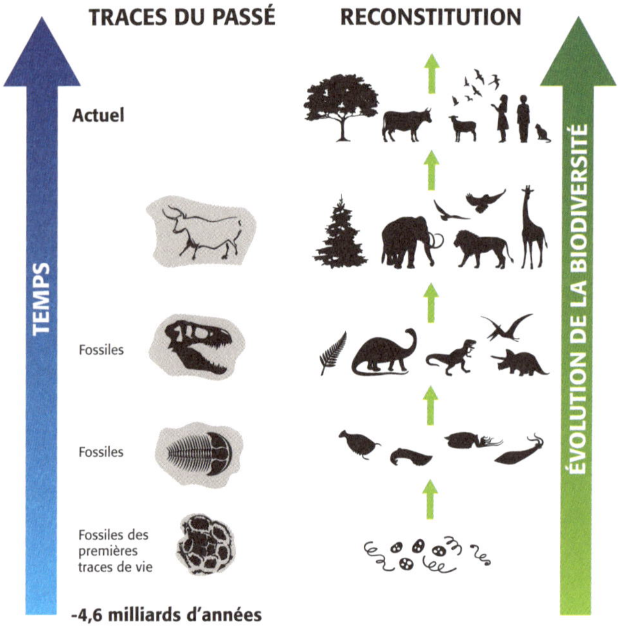

2 Un renouvellement des espèces

- La succession de biodiversités différentes au cours de l'histoire de la Terre témoigne d'une **disparition continuelle des espèces et des groupes.**
- Néanmoins, certains groupes se sont maintenus, en particulier les plus vastes : insectes, mammifères, mollusques... À l'intérieur de chacun, **de nouvelles espèces sont apparues**.
- La biodiversité actuelle est le résultat de l'**évolution** de la biodiversité du passé.
- Ainsi, l'état actuel de la biodiversité correspond à une simple étape du monde vivant : les espèces actuelles correspondent à une infime partie (environ 1 %) des espèces ayant existé depuis les débuts de la vie.

Lexique

Évolution : processus à l'origine de l'apparition de nouvelles espèces à partir d'espèces préexistantes.

Les crises biologiques, bouleversements de la biodiversité

139

Lue Relue Apprise

L'histoire du monde vivant est marquée par des **crises biologiques**, périodes au cours desquelles le renouvellement de la biodiversité s'est produit de façon massive et brutale.

1 Des extinctions massives

- **À la limite Crétacé-Paléocène**, il y a 66 millions d'années, **de nombreux groupes d'êtres vivants disparaissent brutalement :**

– les **dinosaures** (reptiles ou archosauriens), groupe dominant pendant l'ère secondaire, ainsi que les **ptérosaures** (reptiles volants) et les **plésiosaures** ;
– les **ammonites** (mollusques) ;
– 90 % des genres de **protozoaires**, des organismes unicellulaires.

Lexique

Crise biologique : modification brutale et massive de la biosphère.
Crétacé : période géologique (-145 à -66 Ma) marquant la fin de l'ère secondaire.
Paléocène : période marquant le début de l'ère tertiaire.

- On estime ainsi que **60 à 75 % des espèces s'éteignirent** à la limite Crétacé-Paléocène. Ces disparitions ont un caractère **massif et soudain**. Elles concernent des **formes variées** : microscopiques comme géantes, invertébrés et vertébrés, animaux et végétaux.

Doc. **Une crise de la biodiversité à la fin du Crétacé**

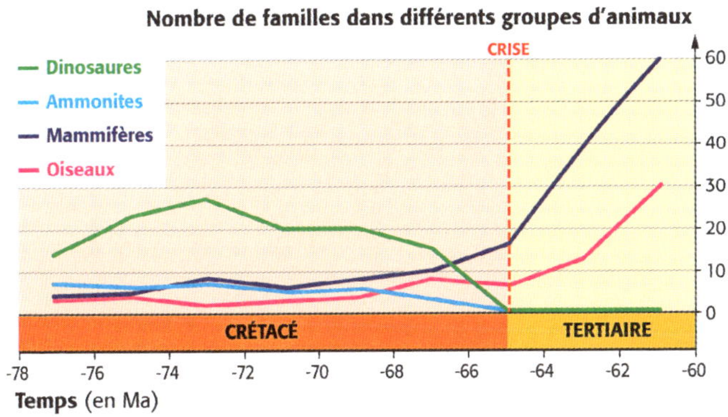

- **Tous les milieux de vie**, marins et continentaux, sont concernés, en tout point du globe sur une **courte durée à l'échelle des temps géologiques** (quelques centaines de milliers d'années). On parle de « crise biologique ».

● Cette crise biologique s'explique par un **bouleversement des conditions du milieu**, sans doute lié à la chute d'une grosse météorite et à la répétition d'épisodes volcaniques. Les groupes les moins aptes à supporter ces changements, notamment les variations climatiques liées à l'émission d'une grande quantité de poussières dans l'atmosphère, se seraient alors éteints.

2 Une diversification des êtres vivants

● L'étude des roches postérieures à -66 millions d'années, celles du Paléocène, montre le **développement de nombreux groupes** d'êtres vivants : mammifères, oiseaux, insectes et plantes à fleurs.

● Déjà présents auparavant mais avec un nombre d'espèces réduit, ces groupes se sont alors diversifiés.

● On explique ce renouvellement par la libération de **niches écologiques**, occupées auparavant par les espèces éteintes avec la crise. Par exemple, la disparition des dinosaures a permis **le développement et la diversification des mammifères**, les deux groupes occupant les mêmes milieux.

Lexique

Niche écologique : désigne à la fois le milieu de vie et les ressources nécessaires à la survie d'une espèce.

Doc. **Biodiversité des organismes marins au cours du temps**

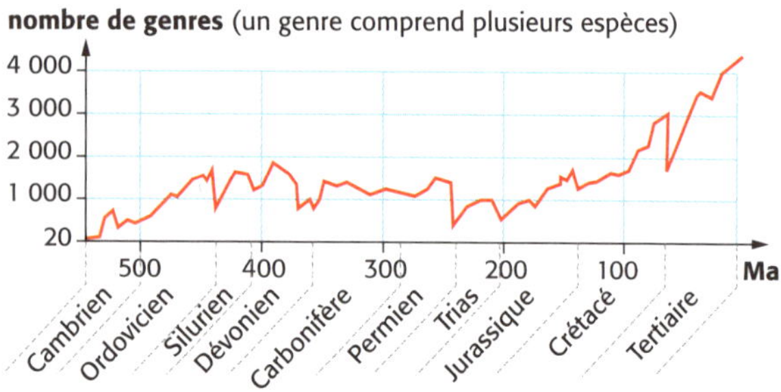

● Ainsi, au cours du temps, plusieurs crises biologiques se sont succédées (à la fin du Permien, du Trias et du Crétacé) durant lesquelles **la disparition** de groupes et d'espèces **est suivie par la diversification** des groupes survivants.

● Les crises sont des **facteurs majeurs** de l'évolution de la biodiversité au cours du temps.

L'évolution récente de la biodiversité

140

Lue Relue Apprise

La biodiversité continue aujourd'hui à évoluer, sous l'action de l'Homme ou indépendamment de celui-ci.

1 Une évolution rapide

- Les scientifiques ont longtemps pensé que l'évolution de la biodiversité s'était déroulée à un rythme lent. Cette idée, juste dans de nombreux cas, reposait sur le fait que la biodiversité du passé n'est connue qu'à travers les fossiles, lesquels n'enregistrent pas les changements rapides.
- Or, des études sur les êtres vivants actuels montrent plusieurs cas d'évolution rapide. Par exemple, cinq couples de lézards des ruines (*Podarcis sicula*) introduits dans la petite île de Pod Mrcaru (en mer Adriatique) ont donné naissance en une trentaine d'années à un millier d'individus plus gros, avec des mâchoires plus développées, des pattes plus petites, ainsi qu'un appareil digestif modifié.
- Leur mode de vie et leur comportement ont changé : autrefois **insectivores**, ils sont devenus **phytophages** et en même temps, moins agressifs et moins agiles. Les scientifiques considèrent qu'**une nouvelle espèce est en train de se former**.

> **Lexique**
> **Insectivore** : qui se nourrit d'insectes.
> **Phytophage** : qui se nourrit de végétaux.

- Ainsi, **l'évolution est particulièrement rapide lorsqu'un petit groupe d'êtres vivants se trouve isolé du reste de l'espèce**. Il évolue de façon indépendante et acquiert de nouveaux caractères. Le groupe forme alors une nouvelle espèce (voir fiche 12).

2 Une évolution sous l'influence de l'Homme

A Une récente diminution de la biodiversité

- Des recensements périodiques montrent, pour certaines espèces, une diminution du nombre d'individus, ainsi que de leur répartition géographique, voire **une menace d'extinction**.
- Aussi, la diminution de la biodiversité ces dernières décennies a amené les scientifiques à établir des **« points chauds de la biodiversité »**. Ce sont des zones renfermant de nombreuses **espèces endémiques** et dans lesquelles 70 % des milieux d'origine (forêts, zones humides, marais...) ont disparu, et avec eux de nombreuses espèces.

> **Lexique**
> **Espèce endémique** : espèce ne vivant que dans une région déterminée.

Doc. **Les points chauds de la biodiversité**

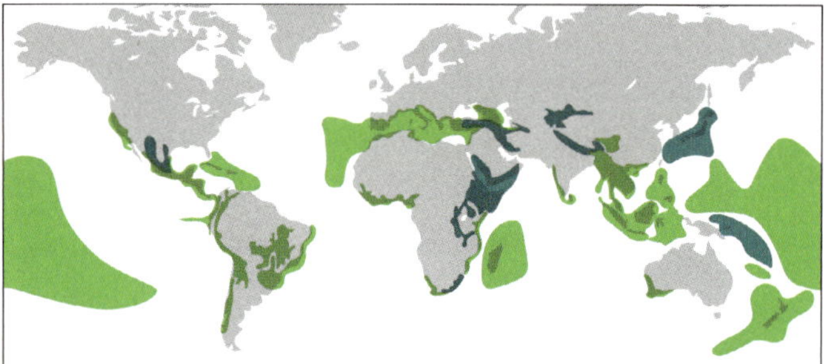

- Des études ont tenté de recenser **les groupes les plus menacés à l'échelle mondiale**, c'est-à-dire ceux dans lesquels la proportion d'espèces en voie d'extinction est la plus grande. Elles en ont conclu qu'il s'agissait des **amphibiens**, des **mammifères** et des **oiseaux.**

B Influence des activités humaines

- Cette **érosion des espèces** est à mettre en relation avec les activités humaines. Celles-ci prennent plusieurs formes : modification des milieux, pollution, changement climatique, introduction d'espèces invasives, surexploitation...
- Le phénomène est renforcé du fait de la concentration de la biodiversité en certains points.

Remarque

L'augmentation des surfaces cultivées pour nourrir les Hommes, ainsi que le développement des zones urbanisées et des routes, nécessitent des espaces souvent pris sur les milieux de vie des espèces.

- Ces phénomènes d'extinction sont suffisamment rapides et massifs pour que les scientifiques parlent de « **6e crise biologique** », la 5e étant la crise Crétacé-Paléocène.
- Des **mesures de conservation** sont mises en place, avec un double objectif : **préserver ces espèces** et **assurer leur pérennité**, sans empêcher les activités humaines nécessaires.
- Des **études d'impacts** sont effectuées avant la réalisation d'infrastructures (routes, zones urbanisées...). L'inventaire des espèces permet de **recenser la présence d'espèces rares**, voire menacées pour tenter de limiter les effets des travaux.

La biodiversité actuelle et passée

Révision EXPRESS

Le schéma à retenir

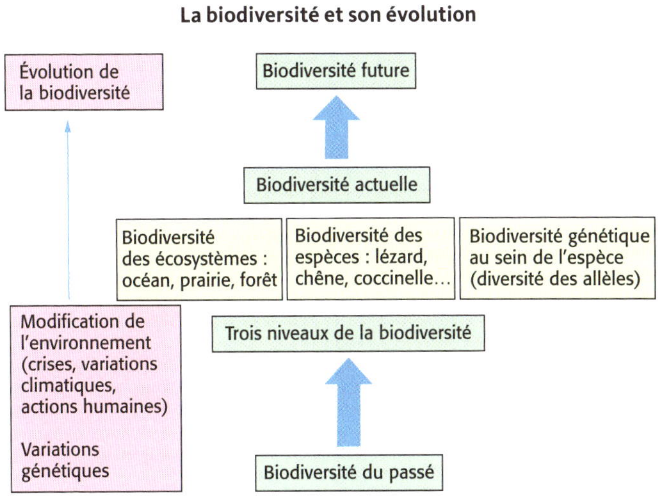

Les points essentiels

- La **biodiversité** désigne la diversité du monde vivant, à chacun de ses niveaux d'organisation. Ainsi, la biosphère est organisée en **écosystèmes**, eux-mêmes peuplés de différentes **espèces** liées à un biotope particulier.
- Les individus d'une même espèce se ressemblent et sont **interféconds**. Pourtant, ils présentent une diversité de caractères qui repose sur une **variabilité génétique**. En effet, ils possèdent les mêmes gènes mais avec des versions différentes : les **allèles**.
- Les allèles sont issus d'événements **aléatoires**, les **mutations**, qui se sont produits au cours des générations.

- L'étude des **fossiles** montre que la biodiversité s'est renouvelée au cours des temps géologiques. Des groupes et des espèces ont disparu, d'autres sont apparus : la biodiversité a évolué et a pris la forme qu'on lui connaît aujourd'hui.
- À certaines périodes, de nombreux groupes et espèces ont disparu de façon brutale et d'autres en ont profité pour se développer. On parle de « **crises biologiques** ».
- L'évolution de la biodiversité peut être rapide. Un nombre de plus en plus grand d'espèces actuelles sont considérées en voie d'extinction, notamment du fait des **activités humaines**.

Mémo'Quiz

1. Les individus d'une même espèce possèdent les mêmes gènes.
❑ Vrai ❑ Faux

2. L'évolution de la biodiversité peut s'observer sur une courte échelle de temps.
❑ Vrai ❑ Faux

3. Les crises biologiques sont marquées par une diversification du monde vivant.
❑ Vrai ❑ Faux

4. La biodiversité actuelle ne subit plus d'évolution.
❑ Vrai ❑ Faux

5. Un écosystème est composé d'une biocénose et d'un biotope.
❑ Vrai ❑ Faux

→ corrigés p. 525

Une variation aléatoire de la fréquence allélique

141

Lue Relue Apprise

Dans une population, la fréquence des allèles peut varier au cours du temps par le fait du hasard.

1 Fréquence allélique au sein d'une population

- Au sein d'une **population**, les individus se ressemblent car ils appartiennent à la même espèce, mais ils présentent néanmoins des caractères différents.
- Par exemple, dans une population de petites mouches, les drosophiles, quelques-unes possèdent des ailes réduites (ailes vestigiales) à la place d'ailes longues.

Lexique

Population : ensemble d'individus appartenant à la même espèce et vivant dans un même milieu.

- Cette différence est due à l'existence, chez certaines drosophiles, d'un allèle qui contrôle l'expression du caractère « aile vestigiale », contrairement aux autres chez qui s'exprime le caractère « aile longue ». Ainsi, le gène responsable de la formation des ailes existe sous **différents allèles** responsables des variantes de ce caractère.

Doc. **Des drosophiles aux caractères différents**

aile longue **aile vestigiale**

Lexique

Fréquence allélique : nombre d'un allèle donné sur le nombre total d'allèles du même gène présents dans la population.

- À l'échelle d'une population de drosophiles, à un moment donné, l'allèle « aile vestigiale » est présent avec une certaine proportion ou « **fréquence allélique** » par rapport à l'allèle « aile longue ».
- La fréquence d'un allèle donné varie d'une population à l'autre. Elle peut aussi varier au cours du temps au sein d'une population.
- La fréquence allélique est exprimée par une valeur allant de 0 à 1 ; 0 correspondant à l'absence totale de l'allèle et 1 à sa présence exclusive pour le gène, c'est-à-dire 100 %.

2 La dérive génétique

- Lors de la reproduction sexuée, les allèles se transmettent d'une génération à la suivante. Chaque nouvel individu hérite de façon **aléatoire**, pour un gène donné, d'un allèle maternel et d'un allèle paternel. Néanmoins, **tous les individus ne se reproduisent pas et tous n'ont pas le même nombre de descendants.**
- Ainsi, dans une population à petit effectif, **la fréquence des allèles varie aléatoirement** au cours du temps. Par exemple, dans une population de drosophiles élevées en cage, un allèle peut même disparaître en quelques générations.

Lexique

Aléatoire : par le fait du hasard.

Dérive génétique : variation aléatoire de la fréquence d'un allèle. Elle est d'autant plus grande que l'effectif de la population est petit.

- Cette modification aléatoire de la fréquence des allèles au cours du temps est appelée « **dérive génétique** ». De ce fait, **une population peut se modifier** de façon telle que les individus qui la composent deviennent très différents de ceux initialement présents.
- Ce phénomène est d'autant plus important que **l'effectif d'une population isolée est faible.**

Remarque

Grâce à un logiciel de simulation, on peut modéliser les variations de fréquence d'un allèle au cours du temps dans des populations en jouant sur différents facteurs, tel que l'effectif de la population.

Doc. **Variation de la fréquence d'un allèle pour différentes populations**

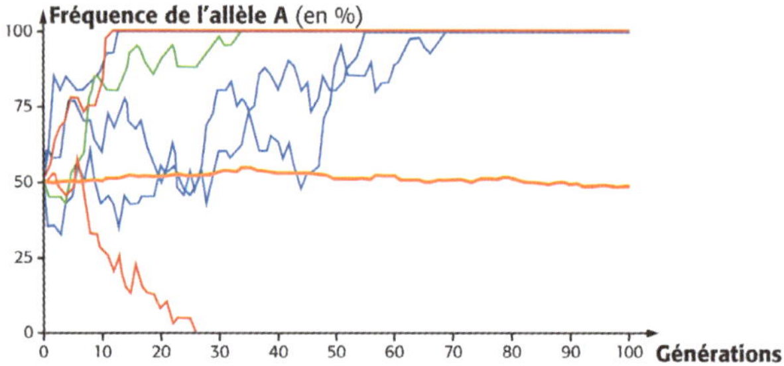

La courbe orange est obtenue pour une population de 10 000 individus (les autres courbes correspondent à des simulations effectuées pour des populations de 20 individus).

- En revanche, dans une **population de grande dimension** (d'au moins plusieurs milliers d'individus), les variations aléatoires se compensent et **la fréquence des allèles reste généralement stable**.

La sélection naturelle

Lue Relue Apprise

La sélection naturelle est une variation de la fréquence des allèles, produite non pas par le hasard, mais par la pression exercée par l'environnement sur les êtres vivants.

1 Des allèles avantageux dans un milieu donné

- Dans un milieu donné, **certains allèles procurent un avantage aux individus** qui les portent. Ainsi, chez la phalène du bouleau (papillon de nuit), la couleur du corps est déterminée par un gène dont on connaît deux allèles, « clair » et « sombre », ce dernier étant apparu par **mutation**, donc au hasard.

Remarque
L'apparition d'un nouvel allèle est due au hasard et ne dépend pas du milieu.

- La couleur claire des phalènes leur permet de passer inaperçues sur les troncs de bouleau blanc, et ainsi d'échapper plus facilement à leurs prédateurs.

Doc. **Des phalènes plus ou moins visibles selon le support**

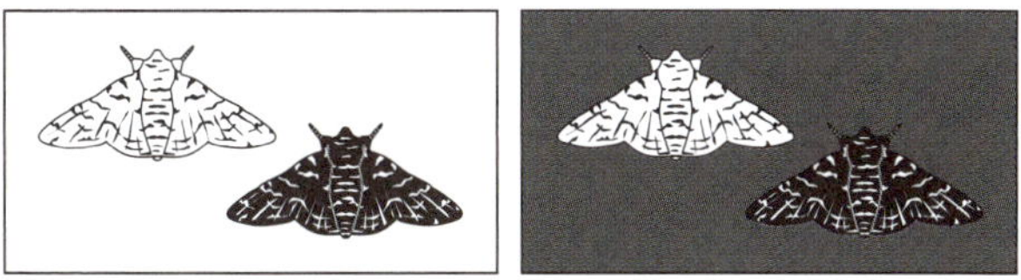

- Or, au milieu du XIXe siècle, en Angleterre, avec le développement des industries, la pollution a noirci l'écorce des bouleaux (tuant le lichen blanc qui les recouvrait). Les phalènes claires devenaient alors plus visibles et, dans ces conditions, l'allèle « sombre » s'est révélé avantageux : les individus porteurs de cet allèle **avaient plus de chances d'échapper à leurs prédateurs** et donc de rester en vie.
- Cette notion d'**allèle avantageux** est néanmoins **relative** puisqu'elle dépend des conditions du milieu. En effet, au cours des dernières décennies, la pollution a diminué et les bouleaux ont retrouvé une couleur plus claire. L'allèle « sombre » rendant les phalènes à nouveau visibles sur les troncs des bouleaux est plutôt devenu un handicap.

Lexique
Allèle avantageux : allèle qui, dans un milieu donné, fournit aux individus qui le portent plus de chance de parvenir à l'âge adulte et, par conséquent, de se reproduire.

2 Une variation de la fréquence allélique

● Dans les régions polluées d'Angleterre, en cinquante ans, les phalènes de couleur sombre remplacent progressivement les phalènes claires, autrefois majoritaires. En effet, les individus porteurs d'un allèle avantageux ont **davantage de chances d'arriver à l'âge adulte, de se reproduire et de transmettre cet allèle** à leur descendance.

Doc. Fréquence des formes de phalènes au cours du temps (en Angleterre)

	Phalènes blanches	Phalènes noires
1850	99 %	1 %
1900	5 %	95 %

● Ainsi, **sous la pression du milieu**, la fréquence de l'allèle considéré augmente de génération en génération : c'est la **sélection naturelle positive**.

Lexique

Sélection naturelle : phénomène qui modifie les fréquences alléliques au sein d'une population sous la pression de l'environnement.

Doc. Fréquence des allèles chez la phalène du bouleau

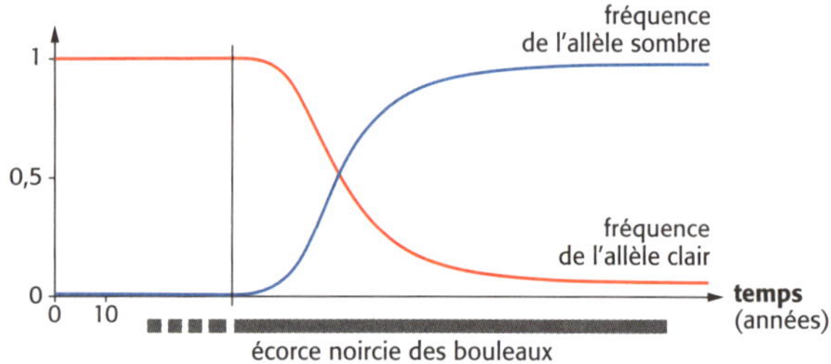

● **À l'inverse,** les allèles à l'origine des caractères défavorables, moins transmis, sont progressivement éliminés : c'est la **sélection naturelle négative.**

● Ainsi, la fréquence des allèles dans une population dépend du **succès reproducteur** des individus de chaque génération, qui lui-même est soumis aux contraintes du milieu.

Lexique

Succès reproducteur : capacité qu'a un individu à diffuser ses allèles.

● De cette façon, la sélection naturelle modifie progressivement les fréquences alléliques et, par conséquent, la **diversité génétique des populations.**

La formation de nouvelles espèces

143

Lue Relue Apprise

Toutes les populations se séparent en sous-populations au cours du temps à cause de facteurs environnementaux ou génétiques. Par la suite, leur évolution indépendante est à l'origine de la formation de nouvelles espèces.

1 Les mécanismes d'un isolement reproductif

A Des causes géographiques

- Certaines conditions géographiques (création d'un relief, d'un bras de mer...) peuvent amener un groupe d'individus à **s'isoler** de sa population d'origine ou encore à **séparer** deux populations génétiquement identiques.
- Par exemple, après une migration vers le Sud à la suite d'une **glaciation**, une population initiale d'oiseaux s'est scindée en deux sous-populations isolées par la mer. Étant séparées, ces deux populations ne peuvent plus se reproduire entre elles et s'échanger des allèles. On parle d'**isolement reproductif**.

Lexique

Glaciation : période froide dans l'histoire de la Terre, caractérisée par une extension des glaces.

Isolement reproductif : mécanisme empêchant deux populations de la même espèce de se reproduire entre elles.

Doc. Un isolement d'origine géographique

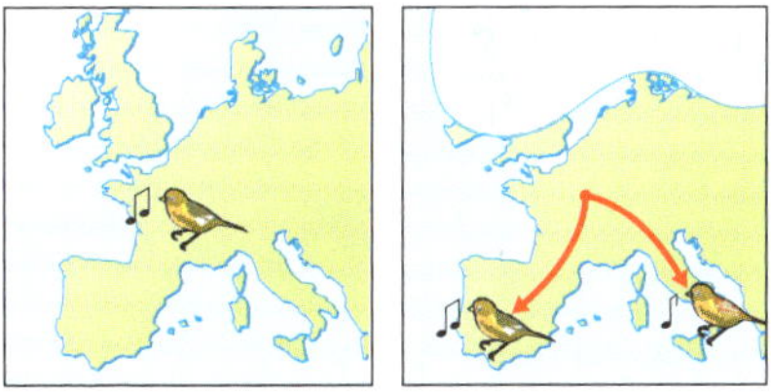

B Des causes non géographiques

- L'isolement reproductif n'est pas toujours dû à des causes géographiques. Des **changements de mode de vie** pour une partie des individus (comme le passage d'un mode de vie diurne à nocturne), ou une modification de l'habitat (colonisation par des insectes d'un type d'arbre plutôt qu'un autre) peuvent entraîner une différenciation progressive de deux sous-populations dans un même milieu.
- Enfin, des **modifications anatomiques** apparues chez quelques individus peuvent rendre l'accouplement impossible et, là encore, isoler deux

populations auparavant interfécondes. De même, un **changement de comportement**, en raison d'une mutation modifiant le chant ou le pelage, peut empêcher la reconnaissance des partenaires.

2 Un éloignement génétique

- Au cours du temps, deux populations isolées subissent des **mutations** et sont soumises à des **pressions environnementales différentes**. Du fait de la **sélection naturelle** (et de la **dérive génétique** en cas de faible effectif), elles s'éloignent génétiquement et leurs caractères se transforment.
- Par exemple, des caractères déterminés génétiquement, comme la nature du chant ou encore la couleur du plumage, peuvent évoluer différemment chez deux populations d'oiseaux séparées.
- Lorsque ces populations sont à nouveau réunies, **elles ne sont plus capables de se reproduire entre elles**. Ayant perdu leur interfécondabilité, elles forment **deux espèces distinctes.** C'est la spéciation.

Lexique

Spéciation : formation d'une nouvelle espèce à partir d'une espèce préexistante.

Doc. Spéciation par isolement géographique (a) ou non (b)

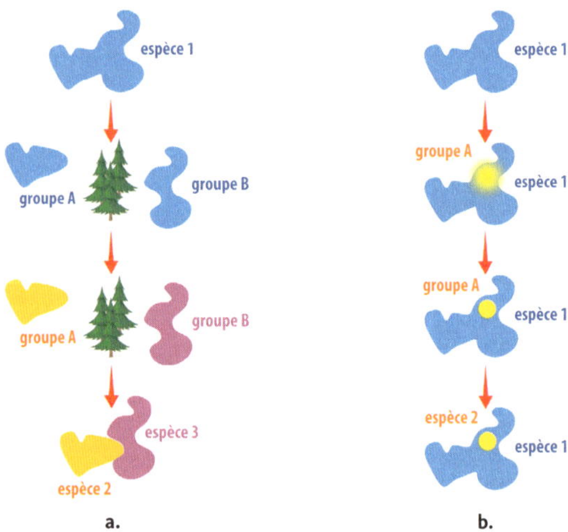

- Ainsi, avec l'apparition de nouvelles espèces, **la biodiversité se modifie** au cours du temps.

La communication intraspécifique

144

Lue Relue Apprise

Les individus de la même espèce communiquent entre eux selon diverses modalités dans le cadre d'une fonction biologique (nutrition, reproduction, défense...).

1 La communication dans le monde vivant

A Les étapes de la communication

- La communication dans le monde vivant consiste dans **la transmission d'un message** entre un organisme **émetteur** et un organisme **récepteur**. Ce dernier peut alors **modifier son comportement** en réponse à ce message.
- Le **signal** est une modification de l'environnement, de nature variée. Il peut être **visuel** (couleur, forme, posture), **sonore** (cris, chants) **ou chimique** (hormones, **phéromones**).
- Ces signaux sont détectés par des organes sensoriels spécialisés.
- Une fois capté par l'organe récepteur de l'animal, ce signal est susceptible de donner naissance à un **message nerveux**, lui-même transmis à un centre nerveux. Ce dernier, après analyse des informations reçues, déclenchera une **réponse adaptée**.

Lexique

Émetteur : organisme qui produit des informations sous forme de signaux.

Récepteur : organisme qui reçoit le message et dont le comportement est modifié.

Signal : processus physique ou chimique qui code une information.

Phéromone : molécule émise dans le milieu extérieur par un animal et pouvant produire un effet sur un autre animal de la même espèce.

Doc. **Les étapes de la communication**

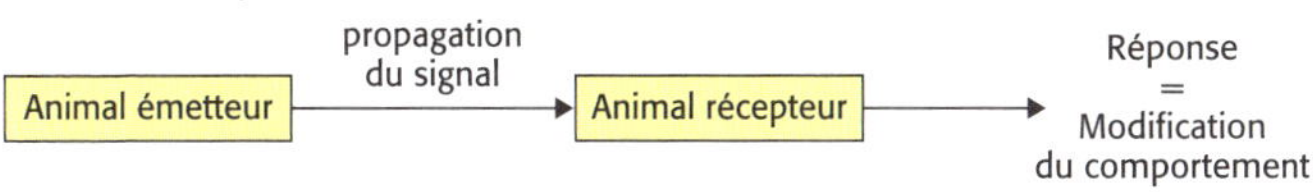

B Les fonctions de la communication

- La communication s'inscrit dans la réalisation d'une **fonction biologique**. **À l'intérieur d'une même espèce, les animaux communiquent pour se reproduire, établir une hiérarchie, défendre un territoire** ou encore **se nourrir**.
- Les signaux échangés leur permettent ainsi d'augmenter leurs chances de survie.
- Ces échanges impliquent les vertébrés comme les invertébrés, les animaux solitaires comme ceux qui vivent en société.

2 Un rôle primordial dans le comportement reproducteur

- La **communication** est particulièrement importante dans le comportement reproducteur.
- Elle permet notamment de **localiser** et **reconnaître** le partenaire sexuel, lequel émet un signal particulier.
- Cela suppose une reconnaissance du signal, envisageable seulement si les deux animaux appartiennent à la même espèce.

Remarque

La communication existe même chez les animaux pour lesquels il n'y a pas de rapprochement des partenaires, lorsque les gamètes sont libérés dans l'eau alors que les individus sont séparés, par exemple chez l'oursin.

- La communication favorise ainsi la **rencontre** entre individus de sexes opposés et déclenche le comportement reproducteur, c'est-à-dire l'**acceptation** du mâle par la femelle.
- Elle intervient aussi dans la **compétition** entre individus de même sexe pour attirer un partenaire.
- Chez les vertébrés, en particulier les oiseaux et les mammifères, des **comportements plus complexes** comme les parades nuptiales sont nécessaires à la rencontre des partenaires et à l'accouplement.

Lexique

Parade nuptiale : comportement adopté par un animal pour attirer un partenaire sexuel en vue de l'accouplement.

- Ainsi, le paon mâle parade en faisant la roue.

Doc. **Parade nuptiale chez le paon**

- Par conséquent, la communication permet la perpétuation de l'espèce.

Communication intraspécifique et évolution

145

Lue Relue Apprise

À travers la reproduction, la communication interindividuelle peut contribuer à la sélection naturelle. Des difficultés de communication entraînent un isolement reproducteur et donc une spéciation.

1 La sélection sexuelle

- Certaines espèces se caractérisent par un **dimorphisme sexuel**, c'est-à-dire la présence de **caractères différents** chez le mâle et la femelle. Par exemple : la crête du coq, le plumage coloré de la queue chez le paon, la crinière du lion ou les bois du cerf.
- Ces caractères constituent un **signal de communication** lors du comportement reproducteur et donnent un **avantage** aux mâles chez lesquels ils sont particulièrement développés.
- Ces caractères, **sélectionnés** par les partenaires sexuels, sont ainsi **transmis à leurs descendants**. Ils deviennent alors de plus en plus fréquents dans les générations suivantes : on parle de « **sélection sexuelle** ».
- Dans certains cas, ces caractères peuvent **apparaître désavantageux** pour la survie. Ils rendent plus **repérables** face aux prédateurs ou occasionnent une **dépense énergétique** supplémentaire. C'est le cas, par exemple, des longues plumes de la queue de l'euplecte à longue queue, un oiseau vivant au sud de l'Afrique.

Lexique

Dimorphisme sexuel : ensemble des différences d'aspect (forme, taille, couleur…) entre les individus mâles et femelles d'une même espèce.

Sélection sexuelle : sélection de certains caractères qui favorisent l'accouplement, indépendamment de la survie entre les individus mâles et femelles d'une même espèce.

Doc. L'euplecte mâle à longue queue

- Néanmoins, ces caractères confèrent un **plus grand succès reproducteur** en favorisant la rencontre des partenaires. En effet, on a pu montrer expérimentalement que lorsque les plumes de la queue de certains mâles sont raccourcies ou allongées, leur succès reproducteur est modifié.

Doc. **Succès reproducteur de l'euplecte mâle après traitement expérimental**

On précise qu'un nid est visité par un mâle s'il contient ses descendants ; une estimation du succès reproducteur est donc fournie par le nombre de nids visités.

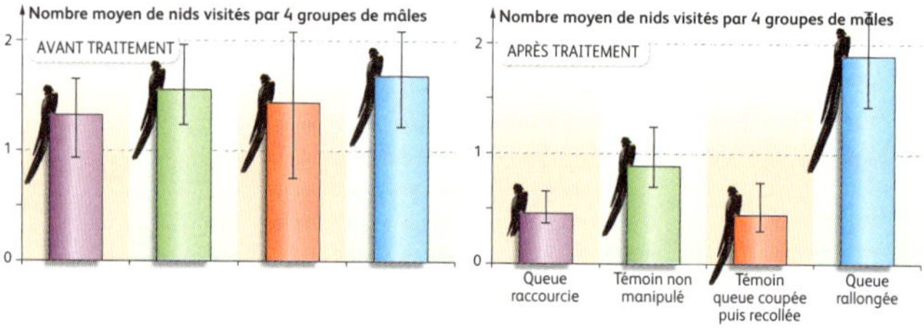

- Il s'exerce alors **deux pressions sélectives opposées.**

2 Un rôle dans la spéciation

- **L'isolement** d'une population en deux groupes entraîne l'éloignement et la **divergence génétique**. Ce phénomène a des répercussions sur des caractères variés qui affectent, par exemple, le **comportement reproducteur**.
- En effet, il peut se produire des changements concernant la communication, comme une **modification du message** ou encore des **difficultés dans sa réception**. De ce fait, si le chant ou les parades nuptiales ne sont plus reconnus, les deux populations ne peuvent plus se reproduire l'une avec l'autre. Il se forme alors deux nouvelles espèces.

Remarque

Le chant des oiseaux est composé de courtes séquences sonores qui se répètent. Chaque espèce est caractérisée par son chant, même si au sein d'une espèce chaque individu a ses particularités.

- Par exemple, des populations de poissons cichlidés d'une même espèce vivant dans le lac Victoria se sont scindées en différents groupes vivant dans des eaux plus ou moins troubles. Chez ces différents groupes, le système visuel a divergé en raison de la **sélection naturelle**, ce qui a entraîné pour les femelles des préférences différentes concernant la couleur des mâles.
- De cette façon, un **isolement reproductif** s'est mis en place entraînant, par conséquent, l'individualisation de nouvelles espèces.

Évolution de la biodiversité

Révision EXPRESS

Le schéma à retenir

L'évolution de la biodiversité

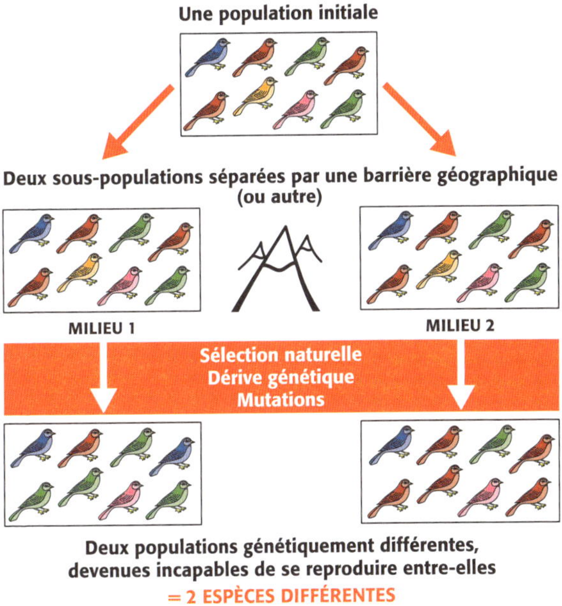

Les points essentiels

- La biodiversité change au cours du temps par le biais de **forces évolutives** s'exerçant au niveau des **populations**. Au sein de celles-ci, les individus se différencient par leurs allèles, dont les **fréquences** respectives caractérisent une population.
- Ces allèles se transmettent de génération en génération par l'intermédiaire de la **reproduction sexuée** et la population peut alors se modifier.
- Ainsi, la fréquence des allèles peut varier **aléatoirement** au cours des générations, et ce d'autant plus que l'effectif de la population est faible : c'est la **dérive génétique.**

- De nouveaux allèles peuvent apparaître au hasard par **mutations**. Lorsque l'un d'eux se révèle **avantageux** dans un milieu donné, les individus qui le portent ont plus de chance de parvenir à l'âge adulte et de se reproduire. Cet allèle, plus facilement transmis aux générations suivantes, devient peu à peu majoritaire dans la population. La **sélection naturelle** est une variation de la fréquence des allèles sous la **pression de l'environnement.**
- Sous l'effet conjugué de la dérive génétique, de la sélection naturelle et des mutations, une population se modifie génétiquement au cours du temps.
- Lorsque différentes populations **s'isolent** les unes des autres, elles subissent indépendamment des modifications génétiques et deviennent si différentes qu'elles sont incapables de se reproduire entre elles. Il se forme alors de nouvelles espèces : c'est la **spéciation**.
- Le comportement reproducteur passe par une **communication** entre individus : le plus souvent, un **signal** émis par le mâle permet sa reconnaissance par la femelle. Certains caractères sont ainsi retenus chez le mâle par le biais de la **sélection sexuelle**.
- Cependant, des difficultés dans la réception du signal peuvent empêcher la reproduction et aboutir à une spéciation.

Mémo'Quiz

1. De nouveaux allèles apparaissent sous la pression de l'environnement.

❑ Vrai ❑ Faux

2. Une spéciation se produit lorsque deux populations ne sont plus interfécondes.

❑ Vrai ❑ Faux

3. La sélection naturelle est une modification aléatoire de la fréquence allélique au sein d'une population.

❑ Vrai ❑ Faux

4. La sélection sexuelle contribue à la sélection naturelle.

❑ Vrai ❑ Faux

5. Une population est composée d'individus d'espèces différentes vivant au même endroit.

❑ Vrai ❑ Faux

→ corrigés p. 525

L'érosion et le démantèlement des reliefs

146

Lue Relue Apprise

Les chaînes de montagnes anciennes, comme les Vosges ou le Massif central, se reconnaissent à leurs pentes peu abruptes et leur altitude modeste. L'**érosion** a fait disparaître les reliefs et mis à jour les roches profondes.

1 L'eau, principal agent d'altération

A Une désagrégation mécanique

- En exerçant sur les roches une action mécanique ainsi qu'une action chimique, l'eau est le principal agent d'**altération**.
- L'eau de pluie **s'infiltre dans les fractures** des roches. À basse température, elle **gèle**, **augmente de volume**, ce qui finit par provoquer l'**éclatement** de la roche et sa **désagrégation**.

Lexique

Érosion : phénomène externe qui enlève les terrains existants et modifie le relief.

Altération : modification physique et chimique des roches.

B Une altération chimique

- L'eau exerce aussi une **action chimique** sur les roches. Chargée de substances comme le dioxyde de carbone qui l'acidifie, elle **arrache des ions** et participe à des **réactions chimiques**, notamment l'**hydrolyse des minéraux.**
- Par ailleurs, de nombreux éléments (Ca, Mg...) dissous dans l'eau **sont échangés** avec les minéraux des roches. Certains ions résistent à l'altération, le silicium par exemple. D'autres, comme le fer et le magnésium, y sont au contraire très sensibles.
- Ces échanges entre la roche et son environnement modifient peu à peu sa **composition minéralogique**. Ces transformations lui font perdre sa cohésion et elle se fragmente progressivement.
- Ainsi, sous l'action de l'eau, une roche, composée de quartz, de feldspath et de mica se transforme en arène granitique.

Doc. **Du granite (a) à l'arène granitique (b)**

a.

b.

● **Le quartz**, minéral composé de silicium et d'oxygène, n'est pas affecté par l'altération et se retrouve **intact** dans l'arène. Les **feldspaths** et les **micas**, quant à eux, **sont transformés en minéraux argileux**, facilement transportables par l'eau.

Doc. **Évolution de la composition minéralogique d'un granite**

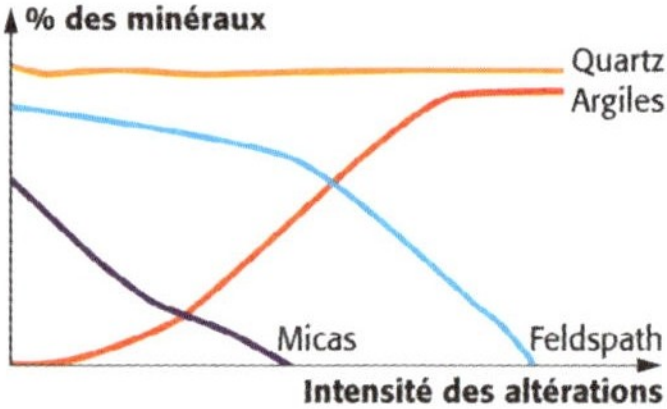

● Les nouveaux minéraux formés lors de l'altération sont **entraînés par les eaux de ruissellement**. Certains, solubles, sont transportés dissous. **Non solubles**, ils forment des **matériaux détritiques** de taille variable.

Lexique

Matériaux détritiques : particules de différentes tailles issues de la désagrégation des roches.

2 D'autres agents d'érosion

● Les roches sont soumises à des **attaques multiples**. Les **racines des végétaux** pénètrent à l'intérieur des fractures des roches et les fragmentent. Les acides sécrétés par les racines ou les lichens incrustés à la surface des roches favorisent la **dissolution d'éléments minéraux**, ce qui les fragilise.

● La **gravité** exerce en permanence une force sur les roches et facilite leur fracturation au niveau de zones de faiblesse.

● Le **vent** transporte avec lui des grains de sable qui, lorsqu'ils frottent contre une roche, jouent le rôle d'un abrasif et l'érodent.

● Les **variations importantes de température** contractent et dilatent la roche qui finit par se fracturer. Ce phénomène est particulièrement important en montagne et dans les déserts.

Remarque

Lorsqu'on emploie le terme d'« érosion » pour des roches, il correspond aux processus physiques et mécaniques responsables de leur désagrégation (et non à l'altération chimique).

● L'intensité de l'altération dépend à la fois des **caractéristiques** de la roche, en particulier de sa **cohérence**, et des **conditions climatiques**. Un climat tropical, chaud et humide, favorise l'altération des roches.

Lexique

Cohérence : propriété de la roche qui maintient les différents minéraux soudés entre eux.

Le transport et la sédimentation

147

Lue Relue Apprise

L'érosion produit des particules solides et des ions solubles qui sont emportés par des agents de transport comme l'eau. Ils circulent alors sur une distance plus ou moins longue et finissent par se déposer.

1 Le transport des matériaux

- Les matériaux détritiques issus de l'érosion sont de **tailles variées** : gros blocs rocheux, graviers, grains de sable, fines particules d'argile...
- Ils peuvent être **déplacés grâce à la gravité**, sur quelques kilomètres au plus, dans les régions à forte pente (montagnes ou régions désertiques).
- Le **vent** transporte principalement les éléments **les plus fins**, d'une taille de l'ordre du millimètre (grain de sable, par exemple).
- Quant aux **glaciers**, ils entraînent à vitesse très lente **d'énormes quantités de matériaux** de tailles variées, du minuscule grain au bloc rocheux mesurant plusieurs mètres.
- Le transport des ions solubles et des matériaux détritiques est aussi assuré par l'eau, celles des cours d'eau, ou par les eaux de **ruissellement** sur une pente, en particulier suite à de fortes pluies.
- Dans les cours d'eau, les matériaux détritiques sont **transportés en suspension** ou en roulant sur le fond. La distance parcourue est d'autant plus grande qu'ils sont de petite taille : des milliers de kilomètres dans le cas des grands fleuves.

Lexique

Glacier : masse de glace compacte plus ou moins étendue qui s'écoule lentement le long d'une pente sous l'effet de la gravité.

Ruissellement : écoulement des eaux à la surface des sols.

Transport en suspension : transport des particules flottant dans la masse des eaux.

2 Le dépôt des matériaux

- L'écoulement de l'eau produit une **force verticale** qui lui permet de porter les matériaux détritiques. Cette force dépend de la **vitesse du courant**, laquelle dépend à la fois de l'abondance des pluies et de la pente.
- Quand **la vitesse du courant devient insuffisante par rapport à la masse des matériaux** transportés, ceux-ci **se déposent**. C'est la **sédimentation**.
- Le diagramme de Hjulström a été établi expérimentalement en étudiant le comportement des particules sédimentaires dans un cours d'eau, en fonction de leur

Lexique

Sédimentation : dépôt de particules qui se produit lorsqu'elles cessent de se déplacer ; elles forment alors une couche de sédiments.

taille et de la vitesse du courant. Selon ces deux facteurs, on détermine alors si une particule sédimentaire est transportée (zone en bleu), si elle se dépose (zone en orange), ou bien encore si elle est arrachée à son support au cours de l'érosion (zone en vert).

Doc. Le diagramme de Hjulström

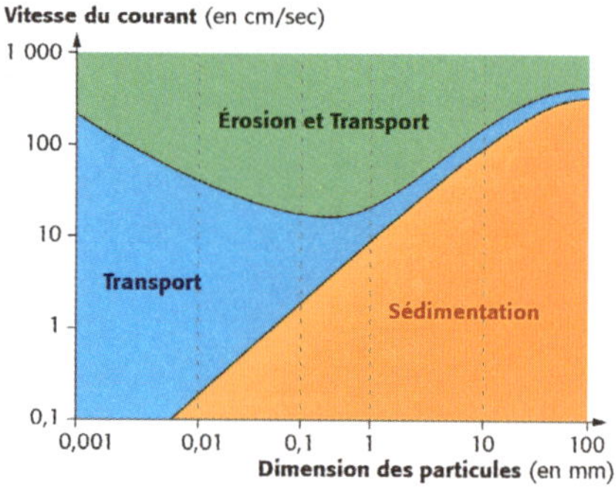

- Ainsi, de l'**amont** vers l'**aval** d'un cours d'eau, **les éléments les plus lourds se déposent les premiers, les plus légers les derniers** et un **classement** s'établit sur le fond, le long du cours d'eau. En amont, au niveau d'un torrent par exemple, la vitesse du courant est élevée et seuls d'énormes blocs rocheux sont déposés. Progressivement, la taille des particules déposées diminue jusqu'à devenir microscopique. **Les grains de sable se déposent vers l'embouchure**, tandis que **les plus fines particules d'argile se déposent au large** et forment des boues sur les fonds marins.

Lexique

Amont : partie d'un cours d'eau située entre un point donné et sa source.

Aval : partie d'un cours d'eau située entre un point donné et son embouchure.

Embouchure : endroit où un cours d'eau se jette dans la mer.

Doc. Le classement des particules dans un cours d'eau

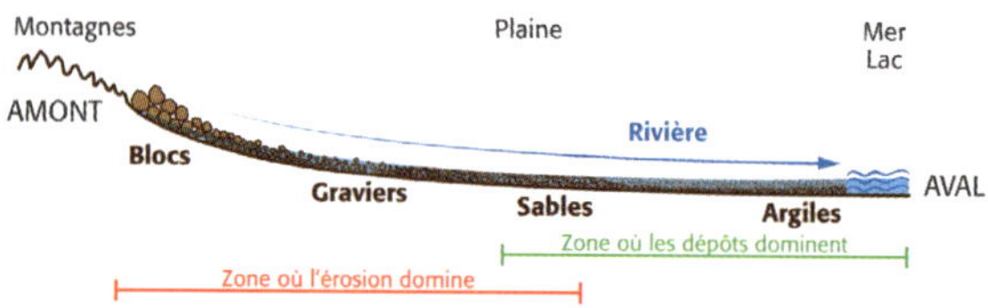

La formation de roches sédimentaires

148

Lue Relue Apprise

À partir des sédiments déposés, il se forme des roches sédimentaires dont les caractéristiques dépendent de la nature des dépôts et du milieu de formation.

1 Du sédiment à la roche : la diagenèse

- Une fois déposées, les particules forment un sédiment mais pas encore une roche.
- Au fur et à mesure que de nouveaux sédiments s'accumulent, **sous l'effet de leur poids, la pression augmente** sur les plus profonds.
- Progressivement, **l'eau** encore présente entre les grains **est chassée** et **les particules se resserrent**. La couche de sédiments qui ressemblait à de la vase devient de plus en plus solide : c'est le phénomène dit de « **compaction** ».
- Par ailleurs, l'augmentation de la pression favorise la **précipitation des éléments chimiques** présents dans l'eau entre les particules. Il se forme alors un **ciment**, soudant les particules entre elles : l'ensemble forme ainsi une roche sédimentaire. On appelle « **diagenèse** » le passage du sédiment à la roche.

Lexique

Compaction : resserrement des particules sédimentaires après expulsion de l'eau.

Diagenèse : ensemble des processus qui transforment un dépôt de sédiments en roche sédimentaire.

Doc. Les étapes de la diagenèse

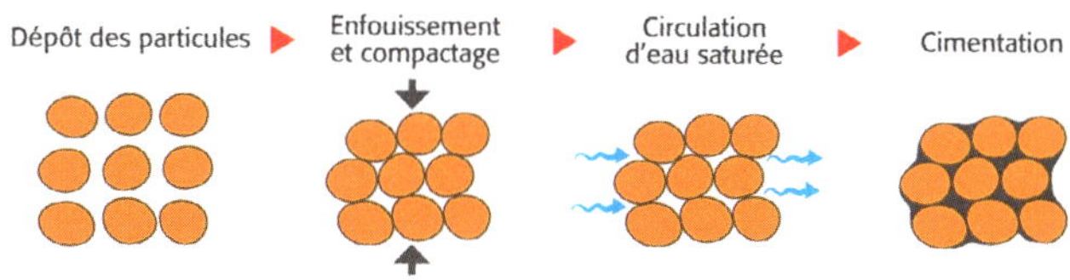

2 Des roches sédimentaires variées

- Selon la nature des dépôts et le milieu de sédimentation, il se forme différents types de **roches sédimentaires détritiques**, c'est-à-dire des roches constituées de particules provenant de l'érosion.

● Selon la taille et la forme des matériaux qui les constituent, on en distingue plusieurs catégories : les **pélites**, les **grès** et les **conglomérats**.

● Les pélites, roches détritiques fines et argileuses, sont issues de boues accumulées au fond des océans. Les grès, issus de l'agrégation et de la cimentation de grains de sable, peuvent provenir de grains transportés par le vent ou par l'eau.

● Les grains de sables transportés par le vent s'entrechoquent violemment et prennent un aspect rond-mat, tandis que ceux transportés par l'eau restent luisants, même si leurs arêtes sont émoussées. Les grains peu ou pas transportés sont non-usés, luisants et anguleux.

Lexique

Pélite : roche sédimentaire composée presque exclusivement d'argile.

Grès : roche sédimentaire détritique, formée par l'agrégation et la cimentation de grains de sable.

Conglomérat : roche formée de particules de tailles différentes (galets, graviers, grains).

Doc. Usure des grains de sables

● Les conglomérats, formés de galets et de grains bien visibles à l'œil nu, sont liés entre eux par un ciment naturel.

3 Reconstitution des milieux de dépôt

● Ainsi, l'étude des roches sédimentaires apporte des informations sur **leur origine, leur mode de transport, le milieu et les conditions** dans lesquelles elles se sont déposées.

● Selon le principe de l'**actualisme**, les mêmes causes produisent les mêmes effets. Il est alors possible de **reconstituer des milieux anciens aujourd'hui disparus**. Par exemple, la présence de roches argileuses en montagne, surtout si elles contiennent des fossiles marins, indique la présence à la place de ce relief d'une mer ou d'un océan aujourd'hui disparu.

Remarque

Le principe de l'actualisme s'utilise aussi pour reconstituer le milieu de vie des fossiles, en supposant que les êtres vivants du passé ont le même mode de vie que les formes actuelles qui leur ressemblent.

Érosion et activité humaine

Lue Relue Apprise

L'Homme prélève les roches sédimentaires et les matériaux détritiques issus de l'érosion. Les activités humaines peuvent amplifier ou limiter l'érosion.

1 L'utilisation des produits de l'érosion

- L'Homme prélève des roches sédimentaires et des matériaux détritiques comme les **sables** et les **graviers** dans des gravières, dans des carrières ou directement dans un cours d'eau. Ainsi, le sable est la deuxième ressource naturelle la plus utilisée après l'eau.
- Les sables et les graviers servent à la fabrication des **bétons** et **mortiers**, utilisés dans la construction. Les sables permettent aussi la production de **verre**. Les **granulats** formés à partir de roches variées qui sont concassées servent à la construction de **routes**, de **murs** et de **bâtiments**.
- Ces ressources, qui ne sont pas inépuisables, doivent être exploitées et utilisées de façon raisonnée.

2 Érosion et risques naturels

A Une intensification de l'érosion

- L'érosion est un phénomène naturel et permanent mais sa vitesse et son intensité dépendent des **conditions climatiques**.
- Une augmentation de la **fréquence des tempêtes** accélère l'érosion des côtes et, par conséquent, le recul du **trait de côte**.

Lexique

Trait de côte : ligne de rivage qui sépare la mer de la terre.

Doc. **Recul du trait de côte entre 2013 et 2015 (Aquitaine)**

● Quant au **réchauffement climatique**, il entraîne une **élévation de la température atmosphérique** qui provoque la dilatation de l'eau des océans, la fonte des glaces et, par conséquent, **l'élévation du niveau marin** qui favorise également l'érosion.

● **Certaines activités humaines** peuvent intensifier l'érosion :

– l'**extraction des sédiments** au niveau des rivières **ou leur retenue** par des barrages destinés à la production d'énergie et à l'irrigation diminuent l'apport sédimentaire au niveau des côtes ;

– l'**urbanisation** en bord de mer fragilise les défenses naturelles des côtes contre l'assaut des vagues ;

– la **construction de ports, d'épis, de brise-lames**... perturbe la répartition des sédiments le long du littoral.

● Peu à peu, avec l'érosion, les plages disparaissent, tout comme les routes, les sentiers littoraux et les habitations côtières.

Lexique

Brise-lames : pour limiter l'effet destructeur des vagues qui s'abattent sur la côte, on interpose dans l'eau des constructions massives en béton sur lesquelles les vagues se brisent avant d'atteindre la côte.

B Des méthodes pour freiner l'érosion

● Différentes méthodes sont aujourd'hui développées pour freiner l'érosion. L'implantation de **végétation** permet, grâce aux racines, d'**ancrer le sable des dunes**. En effet, tiges et feuilles freinent la progression du sable transportés par le vent.

● Un **drainage** peut être posé sous forme d'une canalisation souterraine parallèle à la ligne de plage. Il collecte l'eau qui s'infiltre, laquelle est évacuée grâce à une pompe. Ainsi, une moindre quantité d'eau repart vers le large, et avec elle moins de sédiments.

Lexique

Drainage : système permettant la capture et l'évacuation de l'eau circulant dans le sous-sol.

Doc. **Drainage pour limiter l'érosion**

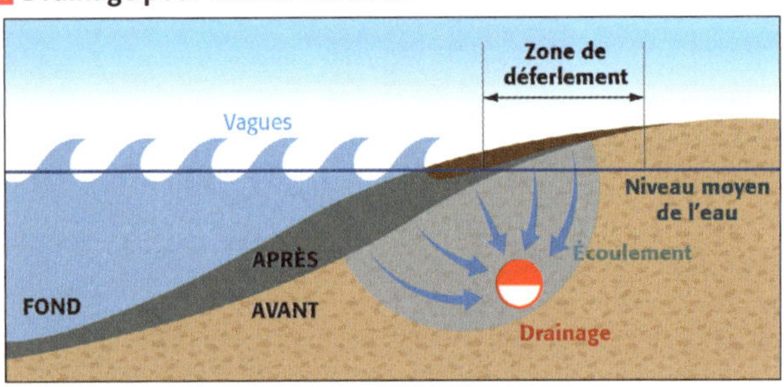

Érosion et sédimentation

Révision EXPRESS

Le schéma à retenir

Processus d'érosion et activité humaine

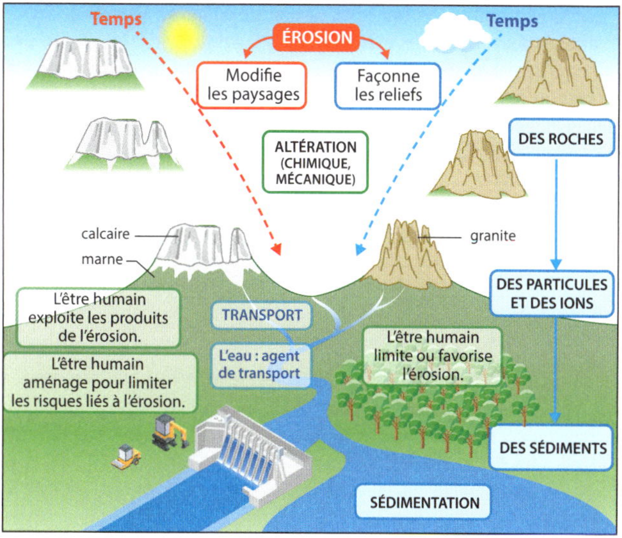

Les points essentiels

- Au cours du temps, les reliefs s'aplanissent et les paysages changent car les roches qui les composent s'usent et se désagrègent peu à peu : c'est l'**érosion**.
- Ces transformations des roches résultent d'une **altération**, physique et chimique.
- **L'eau** est le principal agent d'altération. Elle participe à la **fragmentation** des roches et intervient dans des **réactions chimiques** qui transforment les minéraux et libèrent des ions solubles. L'importance de l'altération d'une roche dépend de sa **résistance** mais aussi du **climat**.

- La désagrégation des roches entraîne la formation de **matériaux détritiques** de différentes tailles. Ceux-ci sont **transportés** par l'eau, le vent, la glace ou la gravité, plus ou moins loin selon leur taille et la force de l'agent de transport. Ils finissent par **se déposer** et **sédimentent** dans des milieux variés (rivière, estuaire, bord de mer ou encore plus au large).
- Au cours de la **diagenèse**, les sédiments se transforment lentement en **roches sédimentaires**, disposées en couches superposées.
- Les caractéristiques de ces roches indiquent le milieu et les conditions dans lesquelles elles se sont formées (marin ou terrestre, transport des sédiments par l'eau, le vent...).
- L'érosion est susceptible de causer des dégâts et de perturber les **activités humaines**, celles-ci pouvant d'ailleurs l'amplifier. L'Homme tente par son action d'en limiter les effets.

Mémo'Quiz

1. Les roches sédimentaires sont disposées en couches superposées.
❏ Vrai ❏ Faux

2. Les sédiments sont triés selon leur taille s'ils sont transportés par le vent.
❏ Vrai ❏ Faux

3. Dans l'eau, le transport des particules dépend de leur taille et de la vitesse du courant.
❏ Vrai ❏ Faux

4. L'altération des roches libère des ions solubles et des matériaux détritiques.
❏ Vrai ❏ Faux

5. De l'amont vers l'aval d'un cours d'eau, la vitesse du courant augmente.
❏ Vrai ❏ Faux

→ corrigés p. 525

Le sol, organisation et formation

150

Lue Relue Apprise

Le sol est la partie superficielle de l'écorce terrestre dans laquelle les végétaux enfoncent leurs racines. Sa composition à la fois minérale et organique résulte d'une double origine.

1 Une organisation en horizons

- Le long d'une route ou d'un chemin, il est possible d'observer une coupe du **sol**. Il **recouvre** le **sous-sol**, lui-même constitué d'une roche massive non fractionnée : la **roche-mère**.
- De la profondeur vers la surface, le sol est organisé en **différentes couches parallèles**, de couleur et de nature différentes, appelées « **horizons** ».
- À la base du sol, la roche-mère est **fragmentée** en blocs plus ou moins gros, mélangés à de la terre : c'est l'**horizon d'altération**.
- Au-dessus se trouve **un mélange de particules rocheuses et d'une substance brune** composée de matière organique, l'**humus**. Plus on s'élève vers la surface et plus le sol est riche en humus.

Lexique

Roche-mère : roche dont la fragmentation et l'altération participent à la formation d'un sol.

Horizons : différentes couches d'un sol, de composition variable selon la profondeur.

Humus : mélange de composés organiques qui donne au sol sa couleur brune.

- Enfin, en surface, la **litière** est formée de débris végétaux et animaux en **décomposition**.

Doc. **Un sol vu en coupe avec ses horizons**

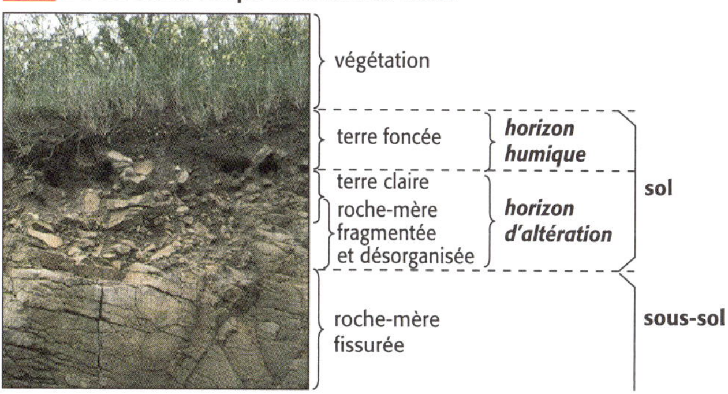

- D'un sol à l'autre, l'épaisseur est variable et l'organisation en horizons plus ou moins complexe.

2 Une composition organique et minérale

- Le sol est constitué d'un ensemble de différentes particules solides :

– des **éléments minéraux** classés selon leur taille en sables grossiers ou fins et en argiles, ainsi que des ions minéraux dissous.
– de la **matière organique** sous forme de débris (animaux ou végétaux) et de molécules d'humus.

- Dans une éprouvette contenant du sol et de l'eau, différentes particules minérales **sédimentent sur le fond** et peuvent être séparées selon leur densité. Dans l'eau, de très fines particules d'**argile** et d'**humus** sont **en suspension** ; des **ions** sont **sous forme dissoute**.

Doc. La composition d'un sol mise en évidence par décantation

Lexique

Complexe argilo-humique : association entre particules d'argile et molécules d'humus, responsable de la structure plus ou moins aérée d'un sol.

- Les molécules d'humus s'associent spontanément à des particules d'argile pour former des flocons appelés « **complexe argilo-humique** ». Cette association forme des mottes de terre poreuse, capable de stocker de l'air et de l'eau.

3 Une double origine

Remarque

La diversité des sols dépend donc de la roche-mère sur laquelle ils reposent, ainsi que de la végétation et du climat.

- Soumise aux effets des facteurs climatiques, la roche-mère se fragmente tandis que les racines des végétaux s'insinuent à l'intérieur : des particules minérales de taille variable sont libérées. Par ailleurs, l'altération chimique transforme les minéraux d'origine. Ainsi, en réagissant avec l'eau, certains minéraux contenus dans le granite deviennent des minéraux argileux.
- Quant à la **matière organique du sol**, elle provient de la **litière**. Elle est fragmentée et **transformée en humus** en même temps qu'elle est enfouie en profondeur.
- La nature et la composition des sols résultent donc de **l'interaction entre les roches et la biosphère**.

Le sol, un milieu vivant

151

Lue Relue Apprise

Le sol est peuplé de nombreux êtres vivants liés les uns aux autres par des relations alimentaires. Ils constituent la faune et la flore du sol, une grande partie de la biomasse étant formée de micro-organismes.

1 La diversité des êtres vivants du sol

- **Le sol est le milieu de vie des végétaux** mais il abrite également d'autres êtres vivants, en particulier des animaux. Ceux-ci, pour la plupart de **petite taille** et difficilement visibles à l'œil nu, constituent une **faune abondante**.
- **À côté des animaux de taille relativement grande comme** les lombrics (vers de terre), des animaux appartenant à différents groupes d'**arthropodes** (crustacés, insectes, arachnides...) témoignent d'une **biodiversité variée**.

Lexique

Arthropodes : groupe d'animaux dont le corps est segmenté et muni de pattes articulées.

Doc. **Les animaux du sol**

1. géophile ; 2. araignée ; 3 et 4. acariens ; 5. collembole.

- Le sol contient aussi des **micro-organismes** comme les bactéries et les champignons filamenteux. En dépit de leur petite taille, ils constituent la majeure partie de la **biomasse**.

Lexique

Biomasse : masse de matière vivante.

- La biodiversité diffère selon la nature du sol : elle est plus variée et plus abondante dans les sols de prairies naturelles et de forêts que dans ceux de champs cultivés.

2 Des relations entre les êtres vivants

● La plupart (80 %) des animaux du sol, comme les lombrics, cloportes et collemboles, sont **détritivores** : ils se **nourrissent de matière organique morte** ou « nécromasse » (débris végétaux, cadavres) et d'excréments d'animaux.

Lexique

Détritivore : consommateur de matière organique morte.

● La **nécromasse** provient notamment de la **litière**, renouvelée régulièrement depuis la surface, en particulier par la chute des feuilles. Elle s'accumule avant d'être enfouie en profondeur dans le sol grâce à des animaux comme le lombric.

● Les détritivores sont à leur tour consommés par des animaux prédateurs, araignées et larves d'insecte par exemple, eux-mêmes devenant la proie d'autres prédateurs.

Doc. Relations alimentaires dans le sol

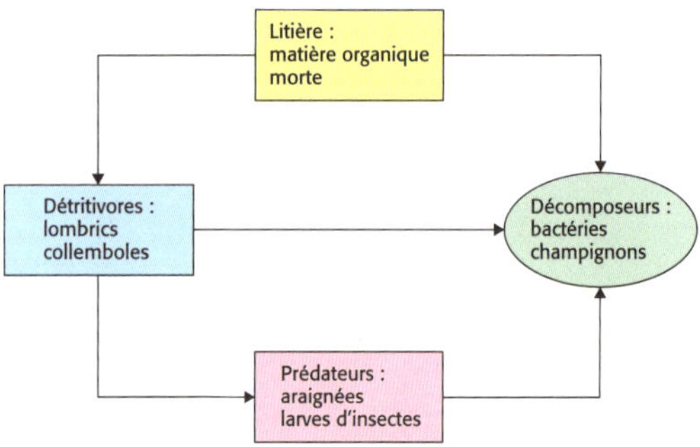

● Après leur mort et leur fragmentation, tous ces êtres vivants sont consommés par les bactéries et les champignons du sol, qui constituent le groupe des **décomposeurs**.

● Ces derniers se nourrissent aussi des **fragments végétaux en partie décomposés** ainsi que des excréments d'animaux qui contiennent de la matière organique partiellement digérée et des **molécules déjà simplifiées**.

● Ainsi, les êtres vivants du sol sont liés entre eux par des relations alimentaires dont l'ensemble constitue un **réseau trophique**.

Lexique

Décomposeur : micro-organisme qui assure la minéralisation de la matière organique.

Réseau trophique : ensemble des relations alimentaires qui lient entre eux les êtres vivants d'un milieu.

Le recyclage de la matière dans le sol

152

Lue Relue Apprise

Sous l'action conjuguée des animaux et des micro-organismes du sol, la minéralisation de la matière organique assure la restitution des éléments minéraux prélevés par les végétaux dans le sol.

1 La minéralisation de la matière organique

- Dans un milieu naturel comme la forêt, chaque année, la matière organique morte (feuilles, branches ...) tombe sur le sol et s'accumule pour former la litière.
- Pourtant, l'épaisseur de la **litière** n'augmente pas d'années en années : c'est donc que cette couche est **dégradée**.

Remarque

1g de sol contient des milliards de micro-organismes (bactéries et champignons).

- Une expérience permet d'identifier les agents de cette dégradation : on place une rondelle de papier filtre (constituée de matière organique semblable à celle des feuilles) au contact d'un sol. On observe alors qu'elle est décomposée, sauf si le sol a été au préalable stérilisé, c'est-à-dire débarrassé de ses micro-organismes.

Doc. La dégradation de la matière organique

Sol non stérilisé — Sol stérilisé

- Les micro-organismes interviennent donc dans la décomposition de la matière organique. Parmi eux, les **bactéries** et **champignons** filamenteux jouent un rôle particulier en se nourrissant de la matière organique auparavant fragmentée et rejetée par les animaux. Ils assurent la **minéralisation** progressive de la matière organique : ce sont des **décomposeurs**.

Lexique

Minéralisation : dégradation de la matière organique et transformation en matière minérale.

● L'activité des décomposeurs est plus ou moins intense selon les paramètres du sol.

Par exemple, une **température** et un **taux d'humidité élevés** favorisent la décomposition de la matière organique.

● **L'aération** du sol est également importante, les êtres vivants ayant besoin de dioxygène pour leur **respiration**. Au cours de celle-ci, ils **dégradent le glucose** en présence de dioxygène, ce qui aboutit à sa **minéralisation** : glucose + dioxygène ➔ dioxyde de carbone + eau.

● Par ailleurs, grâce à l'action des micro-organismes, une partie de la matière organique est transformée, puis **stockée sous forme d'humus**. Celui-ci sera à son tour lentement transformé en matière minérale, sous forme d'ions minéraux dissous dans l'eau du sol.

2 Le cycle de la matière

● Les **ions minéraux** issus de l'activité des décomposeurs sont absorbés par les racines des végétaux qui les utilisent, en même temps que l'eau et le **dioxyde de carbone** de l'air, pour la **synthèse de leur matière organique**.

● Grâce aux décomposeurs, la **réserve minérale** du sol est en permanence **reconstituée**, et les **pertes** dues à l'absorption des végétaux sont **compensées**.

● Cette réserve minérale est aussi entretenue par l'altération de la roche-mère. Ainsi, le sol participe au **cycle de la matière** en favorisant la transformation de la matière organique en matière minérale, et inversement.

Lexique

Réserve minérale : réserve en ions et en eau utilisable par les végétaux.

Cycle de la matière : ensemble des étapes qui transforment la matière organique des êtres vivants en matière minérale, elle-même utilisée à son tour pour la synthèse de la matière organique.

Doc. **Le cycle de la matière**

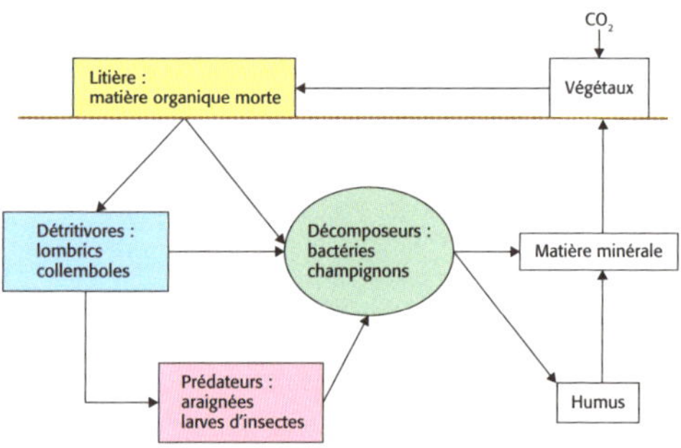

La fertilité des sols

153

Lue Relue Apprise

La biomasse produite sur un sol dépend de la fertilité de celui-ci, la fertilité du sol étant elle-même liée à sa composition et ses propriétés.

1 La richesse en humus et ses conséquences

A Une réserve en air et en eau

- Un sol **fertile** constitue une **réserve d'air et d'eau** disponible pour les végétaux. Quand il est trop **compact**, il empêche la pénétration de l'air et prive les êtres vivants du sol (racines, faune, micro-organismes) du dioxygène nécessaire à leur respiration. Il limite aussi la circulation d'eau.
- Au contraire, un sol qui forme des **grumeaux** de terre favorise la circulation et la mise en réserve de l'air et de l'eau. Les racines des végétaux y pénètrent plus facilement.

Lexique

Grumeau : masse de matière formée par agglomération de particules.

Doc. La structure du sol

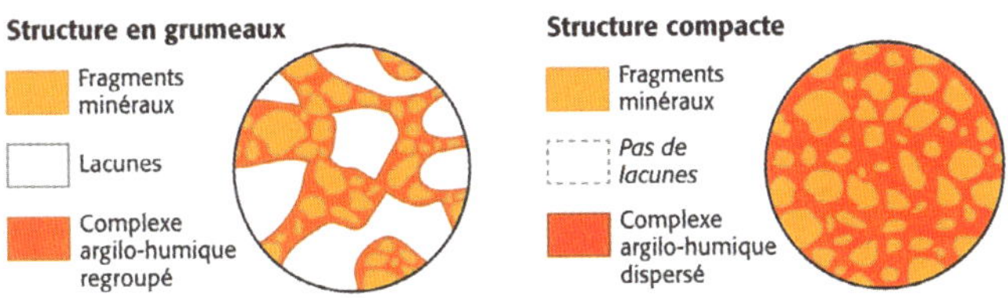

- Cette structure est rendue possible par la présence d'argile et d'humus en quantité suffisante. Associés entre eux sous forme de **complexe argilo-humique**, et avec les débris de roche, ils forment des **grumeaux** entre lesquels air et eau circulent.

B Une réserve en ions

- Les éléments minéraux du sol, produits par l'altération des roches ou la décomposition de la matière organique, sont susceptibles d'être entraînés par **lessivage**.
- Si une partie des **ions minéraux** est sous forme libre dans l'eau du sol, une autre est **retenue** par le complexe argilo-humique grâce à leurs **charges électriques** combinées. Par conséquent, un sol riche en humus retient mieux les ions minéraux.

Lexique

Lessivage : entraînement des substances minérales du sol par les eaux de ruissellement.

Remarque

Le complexe argilo-humique est chargé négativement : il retient les ions chargés positivement. Les ions négatifs sont plus facilement entraînés par lessivage.

- Le sol constitue ainsi une réserve minérale disponible pour les plantes qui peut leur être délivrée progressivement.

Doc. **Le stockage et les échanges d'ions dans le sol**

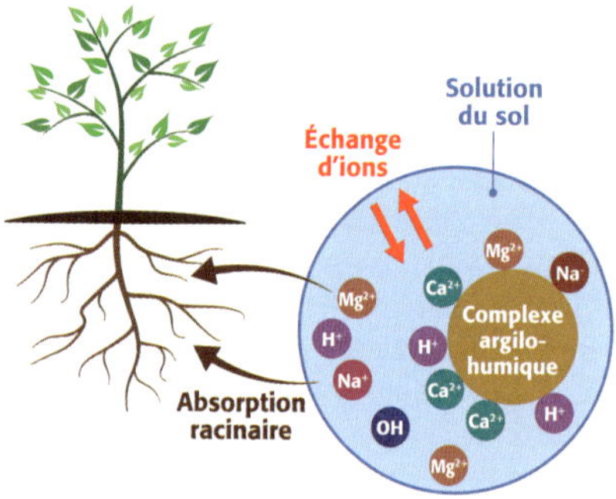

2 L'acidité du sol

A Des végétaux plus ou moins sensibles

- Un sol renferme une plus ou moins grande quantité d'ions H^+ qui détermine son pH, c'est-à-dire son degré d'acidité.
- Cette acidité **dépend en grande partie de la roche-mère** : s'il s'agit de calcaire, le pH sera plutôt **basique** ; s'il s'agit d'un granite, il sera plutôt **acide**.
- L'acidité du sol conditionne la présence des végétaux qui peuvent s'y développer. Certaines espèces végétales dites « **calcicoles** », ne poussent que sur des sols calcaires et peu acides. D'autres, « **silicicoles** », ne vivent que sur des sols acides.

Lexique

Basique : caractérisé par un pH élevé > 7 (une faible quantité d'ions H^+).

Acide : caractérisé par un pH faible < 7 (une forte quantité d'ions H^+).

B Des conséquences sur la richesse en humus

- La vitesse de décomposition de la matière organique dépend elle aussi de l'acidité du sol. **Dans les sols faiblement acides, les micro-organismes du sol sont abondants** et la dégradation de la matière organique est rapide. **Le sol est alors riche en humus** et sa réserve minérale est rapidement reconstituée.
- Au contraire, dans un sol acide (mais aussi sous climat froid), la quantité d'humus produite est plus faible, le sol est plus pauvre et, par conséquent, la production de la biomasse moins importante.

Les sols et la production de biomasse

Révision EXPRESS

Le schéma à retenir

Le fonctionnement d'un sol et le devenir de la matière

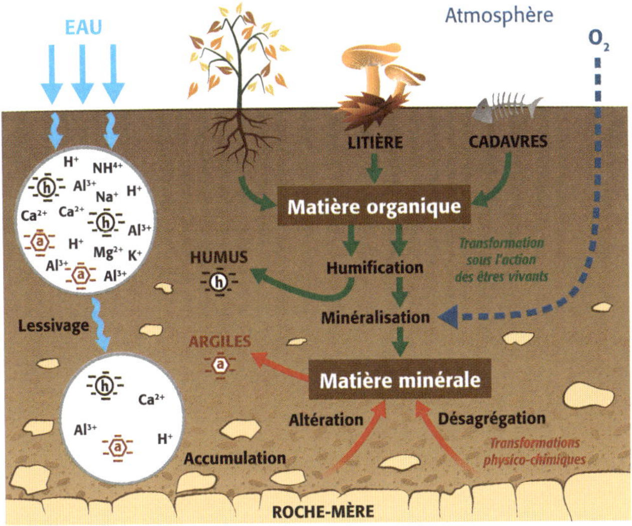

Les points essentiels

- Situé à **l'interface** entre les **roches** et la **biosphère**, le sol résulte à la fois de l'altération des roches du sous-sol et de la décomposition de la matière organique des êtres vivants.
- Il abrite des **êtres vivants variés**, végétaux, animaux ou micro-organismes comme les bactéries et les champignons filamenteux. Entre eux s'établissent des relations alimentaires dont l'ensemble forme un **réseau trophique**.
- Les **décomposeurs**, bactéries et champignons filamenteux, transforment la matière organique morte en matière minérale et en **humus**, qui sera progressivement **minéralisé**.

- Le sol constitue ainsi une **réserve de matière minérale** indispensable à la nutrition des végétaux qui y sont fixés. Ces derniers produisent à leur tour de la matière organique à partir des éléments minéraux prélevés. De ce fait, le sol participe au **cycle de la matière**.
- Les propriétés du sol conditionnent sa **fertilité** et, par conséquent, la production de la biomasse à la surface. La présence d'argile et d'humus en quantité suffisante lui donne une structure en **grumeaux** favorable à la **circulation** et au **stockage** de **l'air** et de **l'eau**.
- La nature de la roche-mère conditionne l'**acidité du sol**, la **décomposition de la matière organique** en matière minérale et, finalement, le **type de végétation** qui peut être porté par le sol.

Mémo'Quiz

1. La roche-mère fait partie du sol.

❑ Vrai ☒ Faux

2. L'humus est constitué de matière minérale.

❑ Vrai ☒ Faux

3. Les détritivores facilitent le travail des décomposeurs.

☒ Vrai ❑ Faux

4. Une structure en grumeaux favorise l'aération du sol.

☒ Vrai ❑ Faux

5. La minéralisation de la matière organique est assurée par les racines des végétaux.

❑ Vrai ☒ Faux

→ corrigés p. 525

L'agrosystème, un écosystème cultivé

154

Lue Relue Apprise

Les agrosystèmes sont des écosystèmes artificiels créés par l'Homme et gérés afin de produire de la biomasse destinée à satisfaire les besoins de l'humanité.

1 Des écosystèmes tournés vers la production

- La majeure partie de la production des agrosystèmes cultivés est destinée à l'**alimentation** humaine, mais d'autres sont exploités pour la production de textiles, d'agrocarburants ou de molécules pour l'industrie pharmaceutique.
- On distingue différents modèles de cultures qui varient selon les besoins, les conditions et les ressources locales.
- L'**agriculture vivrière** est tournée vers une **production locale** consommée principalement par l'agriculteur et sa famille. Elle emploie peu de techniques modernes, demande de **faibles investissements** et se caractérise par des **rendements faibles**.
- L'**agriculture intensive**, au contraire, est un système de production qui recherche l'**accroissement maximal de la biomasse produite**. Son fonctionnement repose notamment sur l'utilisation d'**intrants**, parmi lesquels des **fertilisants** et des **produits phytosanitaires** (ou « pesticides »).
- On trouve aussi l'**agriculture extensive** caractérisée par des rendements assez faibles dont les produits sont destinés à la **commercialisation**.

Lexique

Agrosystème : écosystème artificiel créé par l'Homme pour la culture de végétaux ou pour l'élevage.

Intrant : produit ajouté à une culture afin d'améliorer son rendement.

Fertilisant : produit destiné à améliorer la fertilité du sol, grâce à des apports nutritifs ou en améliorant sa structure.

Produit phytosanitaire : produit utilisé dans les cultures pour éliminer les ravageurs et les espèces concurrentes, et éviter le développement de maladies.

2 Un écosystème transformé

A Une biocénose modifiée

- Comme tous les écosystèmes, l'agrosystème est constitué d'une **biocénose** et d'un **biotope**.
- L'Homme agit sur la biocénose de l'agrosystème en implantant une **espèce unique**, celle de la plante cultivée (maïs, blé...).
- Par ailleurs, grâce aux **herbicides**, l'Homme **élimine** les **espèces adventices** qui entrent en **concurrence** avec l'espèce cultivée.

Lexique

Espèce adventice : qui se développe dans une culture sans y avoir été semée et fait concurrence à la plante cultivée.

● Enfin, il **contrôle** aussi, grâce à d'autres **pesticides**, la prolifération des **ravageurs** et des **parasites** qui consomment (pour les uns) et détruisent (pour les autres) une partie de la culture.

B Un biotope transformé

● La production de la plante cultivée nécessite généralement une intervention de l'Homme sur le biotope, c'est-à-dire le milieu de culture et ses caractères physico-chimiques.

● Ainsi, l'Homme agit sur le **sol** pour améliorer ses qualités. Dans l'idéal, le sol doit être profond, aéré et riche en minéraux. L'apport d'**engrais** permet ainsi de l'**enrichir en éléments nutritifs** indispensables au développement de la plante cultivée. Le travail du sol est **également** effectué pour **améliorer sa structure**.

Lexique

Engrais : matière minérale ou organique destinée à enrichir le sol en éléments nutritifs.

● Pour s'affranchir en partie des facteurs climatiques (précipitations, température...), l'Homme peut pratiquer l'**irrigation** ou la **culture sous serre**. Dans ce dernier cas, il peut aussi faire varier le taux de dioxyde de carbone atmosphérique.

Doc. **Gestion de l'agrosystème « champ de maïs »**

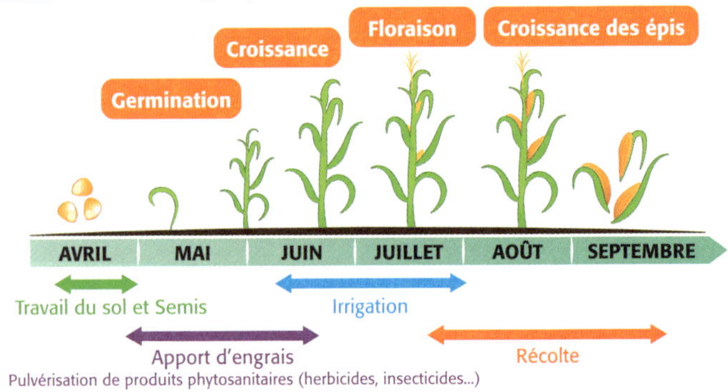

● Ainsi, **un agrosystème n'existe que grâce à l'action de l'Homme** qui, en agissant sur le biotope et la biocénose, favorise la production de la plante cultivée et améliore son rendement.

Le fonctionnement des agrosystèmes

155

Lue Relue Apprise

Un agrosystème est traversé par des flux d'énergie et de matière dont dépendent à la fois sa productivité et son impact sur l'environnement.

1 Le rendement écologique des agrosystèmes

A Flux d'énergie dans un écosystème

● La **biomasse produite** dans un agrosystème renferme une certaine quantité d'énergie (sous forme d'**énergie chimique contenue dans la matière organique**). Celle-ci peut être estimée, pour un champ de maïs par exemple, à 270 mégajoules par hectare et par an.

Lexique

Productivité : production (en unités d'énergie ou de masse) par unité de surface et de temps.

● Cette énergie provient intégralement de la **conversion de l'énergie solaire** (21 300 MJ/ha/an) par la plante au cours de la **photosynthèse**.

● L'énergie convertie sous forme de matière organique est ensuite **exportée** en dehors du champ pour les besoins de l'Homme.

● Ainsi, l'agrosystème est traversé par un **flux d'énergie**, à sens unique, du soleil vers le consommateur.

Doc. **Flux d'énergie dans l'agrosystème champ de maïs**

B Des rendements énergétiques variables

● Le **rendement énergétique** (ou « rendement écologique ») de cette conversion est le **rapport entre l'énergie produite et l'énergie solaire incidente**.

Lexique

Rendement écologique : part d'énergie chimique contenue dans la biomasse produite, par rapport à l'énergie solaire reçue.

Dans l'exemple du champ de maïs, le rendement énergétique correspond à : 270 / 21 300 = 0,012, c'est-à-dire 1,2 %.

- Si l'on s'intéresse uniquement à la partie consommable par l'Homme, c'est-à-dire l'épi du maïs et ses 85 MJ/ha/an produits, le rendement est de 85/21 300 = 0,004, soit 0,4 %.
- Ainsi, chaque agrosystème peut être caractérisée par un rendement énergétique ou « **efficacité énergétique** ». Celui-ci peut aussi être calculé pour la **production animale** nourrie à partir du maïs produit. Un premier niveau de **perte énergétique** a lieu entre le maïs et l'animal, un second entre l'animal et l'Homme, d'où des **rendements encore plus faibles**.

Remarque

La faiblesse des rendements s'explique notamment par le fait que seule une partie de l'énergie solaire est utilisée par les végétaux. Par ailleurs, une partie de la biomasse produite est utilisée par les plantes pour leur respiration.

2 Une exportation de la matière produite

- Pour fabriquer sa matière organique, la plante puise de la matière minérale dans son environnement : du dioxyde de carbone dans l'air, des éléments minéraux et de l'eau dans le sol.
- Dans un agrosystème, seule une petite partie de la matière organique produite par la plante reste ou retourne dans le sol (racines, débris de tiges et de feuilles). **La majeure partie est exportée**. Il n'y a donc **pas de recyclage de la matière dans le sol** du champ cultivé, contrairement à ce qui se produit dans un écosystème naturel.
- L'agrosystème est donc un **écosystème déséquilibré**.

Doc. L'agrosystème, un écosystème en déséquilibre

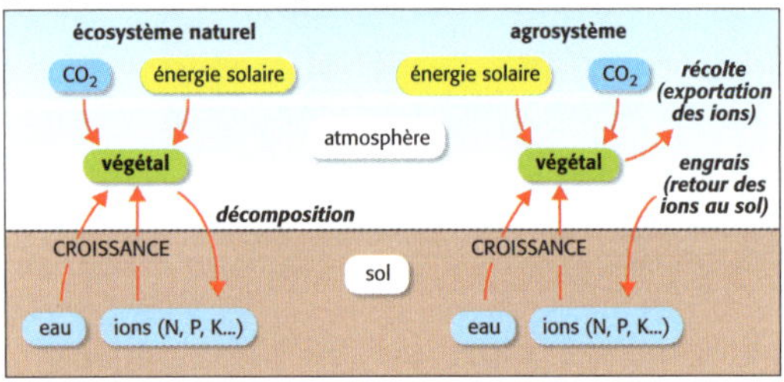

- Le cycle de la matière étant rompu, **le sol s'appauvrit en éléments nutritifs**. Il est alors nécessaire de compenser en **apportant des éléments nutritifs sous forme d'engrais** organiques ou minéraux. Ceux-ci restaurent la fertilité du sol en permettant la nutrition de la plante.

Améliorer la productivité des agrosystèmes

156

Lue Relue Apprise

Pour relever le défi de nourrir l'humanité, la productivité des agrosystèmes s'est améliorée grâce à l'emploi de techniques modernes.

1 Une amélioration permanente des rendements

- Au cours du XXe siècle, la population humaine est passée de 1,6 milliards d'individus à plus de 6 milliards. Elle devrait dépasser les 9 milliards d'ici 2050. Nourrir l'humanité constitue un défi majeur qui passe par une amélioration des **rendements agricoles**.

Remarque
Le rendement agricole se distingue du rendement écologique et correspond à la masse de matière récoltée par unité de surface (en quintaux par hectare, le plus souvent).

- Jusque dans la première moitié du XXe siècle, les rendements des principales céréales cultivées en France (maïs, blé, orge) étaient compris entre 10 et 20 quintaux par hectare. Aujourd'hui, ils atteignent notamment 100 Q/ha pour le maïs et 70 Q/ha pour le blé tendre.
- Ces **progrès** remarquables s'expliquent par la **modernisation de l'agriculture** opérée dès le début des années 1950.

Doc. Évolution du rendement moyen des principales céréales en France

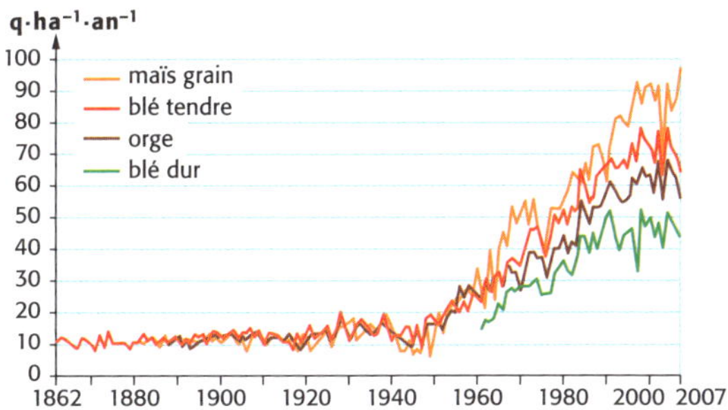

- À cette époque, les plantes cultivées ont reçu notamment des **traitements phytosanitaires** éliminant les plantes adventices ainsi que les parasites et les ravageurs.
- Plusieurs autres innovations technologiques, comme l'irrigation, l'utilisation d'engrais, la mécanisation ou encore la mise au point de variétés de plantes aux **caractères avantageux** sont responsables de cette augmentation des rendements.

2 Rendements et irrigation

- L'eau est le **principal constituant** (80 à 95 %) **des plantes**. Elle est absorbée par les racines et, avec elle, les ions minéraux du sol (nitrates, phosphates, potassium et calcium, etc.).
- En circulant dans la plante, elle distribue aux cellules la **matière minérale** et la **matière organique** nécessaires à leur **métabolisme**. Elle intervient aussi dans de nombreuses **réactions chimiques**.
- L'eau des précipitations est retenue dans le sol et rendue disponible pour la plante. Pendant la saison chaude, la quantité d'eau diminue dans le sol et peut devenir insuffisante pour satisfaire les besoins des plantes. Un apport supplémentaire d'eau est alors fourni par l'**irrigation**.
- On estime que dans la deuxième moitié du XXe siècle, le développement de l'irrigation des plantes cultivées a permis d'augmenter de plus de 50 % les rendements agricoles.

Doc. Rendements pour quatre variétés de maïs, cultivées avec ou sans irrigation

Variétés		LG 11	Liza	Anjou	DEA
Rendements des grains (Q/ha)	Sans irrigation	48,7	69,9	37,4	82,9
	Avec irrigation	79,7	85	64,8	91,1

3 Rendements et fertilisants

- Parmi les fertilisants, les **engrais** permettent de **compenser l'appauvrissement du sol dû aux pertes liées à l'exportation de la récolte.** Ces fertilisants peuvent être composés de **substances minérales** directement absorbées par les racines mais **perdues en partie par lessivage**.
- Il peut aussi s'agir d'**engrais organiques**, plutôt utilisés par l'**agriculture biologique**. Ces derniers favorisent la **multiplication des micro-organismes** du sol et la **production d'humus**. Ils seront décomposés et minéralisés avant d'être utilisés par la plante.
- D'autres types de fertilisants sont destinés à **améliorer la structure du sol**. Ils ne constituent pas des éléments nutritifs pour les végétaux mais ils peuvent favorisent la **formation de grumeaux**. Le sol, devenu alors moins compact, est plus aéré. La pénétration et la rétention d'eau sont facilitées.

Lexique

Engrais organique : engrais, le plus souvent d'origine naturelle et produit à partir de déchets organiques (fumier, compost). Il doit être minéralisé dans le sol avant d'être assimilable par les végétaux.

Agriculture biologique : mode de production interdisant l'usage de produits chimiques de synthèse tels que les pesticides et utilisant des engrais organiques en quantité limitée.

Vers une agriculture durable

157

Lue Relue Apprise

Le développement d'une agriculture durable permet tout à la fois de couvrir les besoins de l'humanité et de limiter ou de compenser les impacts environnementaux.

1 Une protection des cultures plus respectueuse de l'environnement

- Les produits phytosanitaires peuvent s'avérer dangereux, notamment par leur **concentration le long des chaînes alimentaires**.
- En effet, la substance, d'abord accumulée dans les végétaux, se retrouve **concentrée** dans les organismes qui la consomment et plus concentrée encore chez les prédateurs de ces derniers. On observe ainsi un **effet de concentration** d'un facteur 5 à 10 d'un maillon à l'autre de la chaîne alimentaire, le dernier maillon (l'Homme dans le cas d'un agrosystème) étant le plus exposé.
- On préconise donc une utilisation **raisonnée** des produits phytosanitaires. Par ailleurs, on peut avoir recours à la **lutte biologique** en favorisant l'activité d'**auxiliaires** qui consomment les ravageurs de culture (comme la coccinelle qui se nourrit de pucerons).

Lexique

Agriculture durable : agriculture qui gère les ressources en sol et en eau dans la perspective d'un développement durable.

Raisonnée (agriculture) : qui a pour objectif d'optimiser la production en maîtrisant les quantités d'intrants (pesticides, engrais) dans le but de limiter leur impact sur l'environnement.

Lutte biologique : utilisation d'organismes vivants pour prévenir ou réduire les dégâts causés par des ravageurs de culture.

Auxiliaires (de culture) : ennemis naturels (prédateurs, parasites) des ravageurs de culture. Ce sont aussi les insectes pollinisateurs.

2 Une fertilisation raisonnée

- L'usage des engrais a pu avoir des effets négatifs : **pollution** des nappes d'eau souterraines, **accumulation des algues** vertes le long des plages en Bretagne du fait de la concentration des eaux en minéraux (nitrates).
- Une **utilisation raisonnée** des engrais minéraux consiste à **apporter la quantité strictement nécessaire**, seulement au moment où la plante en a besoin, et en évitant les périodes de fortes pluies, responsables du lessivage des sols.
- Cette pratique est d'autant plus judicieuse qu'un apport excessif d'engrais diminue le rendement de la plante.
- Par ailleurs, l'utilisation d'engrais organique limite ces problèmes puisque les molécules apportées sont de grande taille et non lessivables.

3 La protection des sols

A Limiter l'érosion et l'appauvrissement des sols

- Les sols sont fragiles et facilement dégradés. On estime que dans les régions tempérées, la vitesse d'érosion est de 1 mm de sol par an, soit plusieurs dizaines de fois plus rapide que sa vitesse de formation.
- Les pratiques culturales évoluent pour limiter la dégradation et l'érosion des sols. Ainsi, on tente de **maintenir une couverture végétale** entre les périodes de culture ou même entre plants cultivés. En effet, la présence de végétation **ralentit le ruissellement** de l'eau tandis que les racines retiennent le sol.

Doc. Gazon semé entre des pieds de vigne et résultats de l'expérimentation (moyenne au cours de la période 2002-2005)

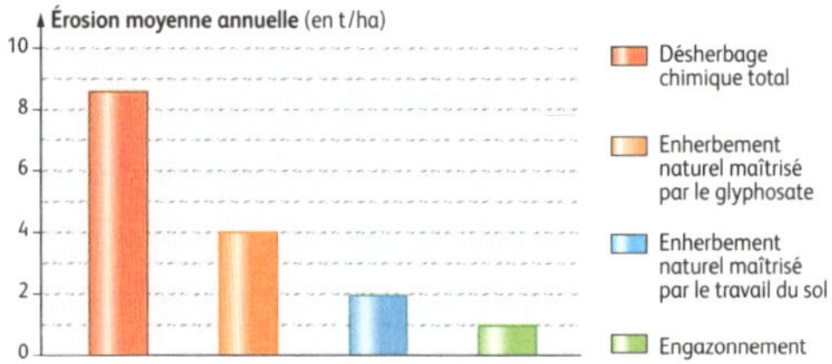

- Par ailleurs, le **travail du sol** dès la fin de la récolte augmente sa capacité d'infiltration et permet d'éviter le ruissellement.
- Enfin, la **rotation des cultures** favorise l'enrichissement du sol en matière organique.

B La remise en cause du labour

- Le labour est une pratique agricole qui consiste à **retourner le sol** avant d'y semer les graines.
- Il permet d'**aérer le sol**, **facilite l'enfouissement des graines** ainsi que l'**élimination des adventices et des ravageurs.**
- Toutefois, il a des inconvénients : il entraîne la formation d'une semelle de labour, fait **disparaître la couche d'humus** superficielle et **favorise l'érosion**.
- L'abandon du labour et son remplacement par des méthodes de travail moins destructrices limitent la dégradation du sol et favorisent l'accumulation de matière organique dans sa couche superficielle.

Lexique

Semelle de labour : couche tassée et dure qui se forme en profondeur dans le sol suite au labour.

Agrosystèmes et développement durable

Révision EXPRESS

Le schéma à retenir

Les flux de matière et d'énergie dans un agrosystème

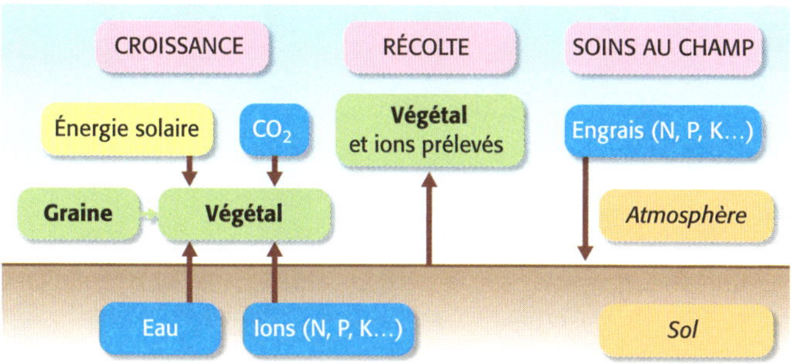

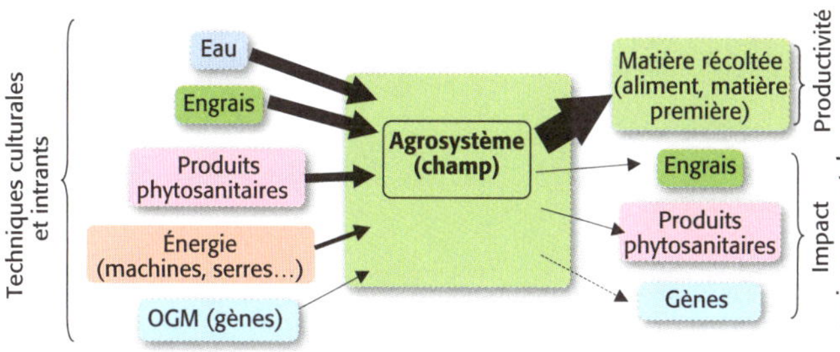

L'épaisseur des flèches indique l'importance des flux.

Les points essentiels

- Les agrosystèmes sont des **écosystèmes artificiels** créés par l'Homme afin de produire de la **biomasse végétale ou animale. Leur exploitation nécessite des intrants** et peut se faire de façon plus ou moins intensive.
- Un agrosystème est constitué d'une **biocénose** (la plante cultivée et quelques autres êtres vivants) et d'un **biotope** (les facteurs climatiques et les caractéristiques du sol).

● Traversé par un **flux d'énergie**, un agrosystème est caractérisé par un **rendement** énergétique ou **écologique**, rapport entre l'énergie de la biomasse produite et l'énergie solaire reçue.

● Dans un agrosystème, le **cycle de la matière est interrompu** en raison de l'**exportation** de la récolte qui empêche la restitution de la matière organique produite dans le sol et sa minéralisation. Pour compenser ces pertes, il est nécessaire d'apporter des **engrais**.

● La **modernisation** de l'agriculture a permis une **augmentation de la production**, avec pour conséquence une **diminution de la sous-alimentation mondiale**.

● Mais les problèmes générés par les techniques modernes (érosion et pollution des sols agricoles, dispersion de pesticides dans l'environnement...) posent un nouveau défi : celui d'une agriculture capable de nourrir les Hommes en respectant l'environnement.

● Ainsi, l'utilisation d'engrais et de pesticides doit être **raisonnée**, c'est-à-dire limitée pour obtenir un effet maximal. De la même façon, différentes méthodes permettent d'éviter l'érosion et la dégradation des sols.

Mémo'Quiz

1. L'agriculture biologique n'emploie pas d'engrais.
❑ Vrai ☒ Faux

2. Les engrais sont des produits phytosanitaires.
❑ Vrai ☒ Faux

3. Dans un agrosystème, le cycle de la matière est interrompu.
☒ Vrai ❑ Faux

4. Le rendement écologique est généralement exprimé en quintaux par hectare.
❑ Vrai ☒ Faux

5. Le rendement agricole est le rapport de l'énergie incidente sur celle de la biomasse produite.
❑ Vrai ☒ Faux

→ corrigés p. 525

Devenir homme ou femme

158

Lue Relue Apprise

Les caractéristiques de chaque sexe se mettent en place par étapes successives durant la vie embryonnaire.

1 Un déterminisme génétique du sexe

A Le sexe génétique déterminé au cours de la fécondation

- Le sexe génétique (ou « sexe chromosomique ») d'un individu est établi **dès la fécondation**, après la réunion au hasard de deux gamètes, chacun muni d'un seul chromosome sexuel X ou Y.
- S'il se forme une combinaison **XX** dans la cellule-œuf, l'individu qui en résulte sera de **sexe féminin**. Une combinaison **XY** sera à l'origine d'un individu de **sexe masculin**.

Lexique

Sexe génétique : sexe déterminé par la présence d'une paire de chromosomes sexuels.

Gonade : organe qui produit les gamètes ainsi que les hormones sexuelles.

B La différenciation des gonades

- À la sixième semaine de développement, un appareil génital comprenant une paire de gonades **indifférenciées**, sans caractère mâle ou femelle, se met en place chez l'embryon.

Doc. **L'appareil génital indifférencié**

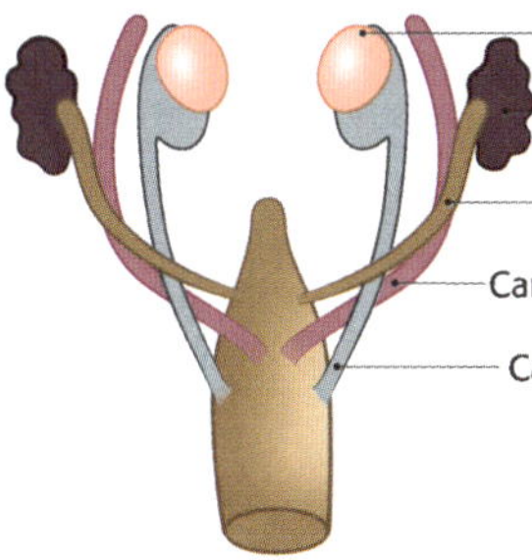

- Chez les individus **XY**, à la septième semaine, les gonades se différencient en **testicules** sous le contrôle d'un gène présent sur le chromosome Y : le **gène SRY.** Ce gène code pour une protéine TDF capable de se fixer sur l'ADN et d'activer ainsi plusieurs autres gènes.
- Chez les individus **XX**, en l'absence du gène SRY, la différenciation des gonades en **ovaires** s'opère **spontanément** à la dixième semaine.

2 Un déterminisme hormonal du sexe

A Le rôle des testicules

- Au début du développement, les gonades indifférenciées sont associées à **deux paires de conduits** à l'origine des voies génitales et urinaires (voir doc. p. 69).
- Une expérience réalisée par Jost en 1947 a permis de comprendre les mécanismes à l'origine de leur différenciation : il met au point une technique qui lui permet de castrer des embryons de lapin encore au stade indifférencié dans l'utérus. Quel que soit alors le sexe génétique des embryons, les voies génitales se différencient dans le sens féminin.
- En revanche, une **greffe de testicules** chez l'embryon castré entraîne la différenciation de voies génitales mâles. Ainsi, c'est la présence de **testicules** qui est responsable de la **masculinisation des voies génitales**. Leur absence, au contraire, entraîne une différenciation dans le sens féminin.

Lexique

Voies génitales : conduits empruntés par les gamètes (canaux déférents chez l'homme ; trompe, utérus, vagin chez la femme).

Castrer : supprimer les gonades.

B Un mode d'action par voie hormonale

- L'action des testicules pouvant s'effectuer après une greffe, ceux-ci agissent donc par le biais d'**hormones**.
- C'est sous l'influence de la **testostérone libérée par les testicules** qu'une des deux paires de conduits se différencie pour former les canaux déférents, la prostate et les vésicules séminales. Une autre hormone, l'**AMH**, est responsable de la régression de la seconde paire de conduits.
- Chez la fille, une paire de conduits régresse spontanément tandis que l'autre se transforme en trompes, utérus et vagin.

Remarque

Une hormone est un messager chimique qui circule dans le sang et agit sur des organes cibles dont il modifie le fonctionnement.

Doc. L'appareil génital différencié mâle (a) et femelle (b)

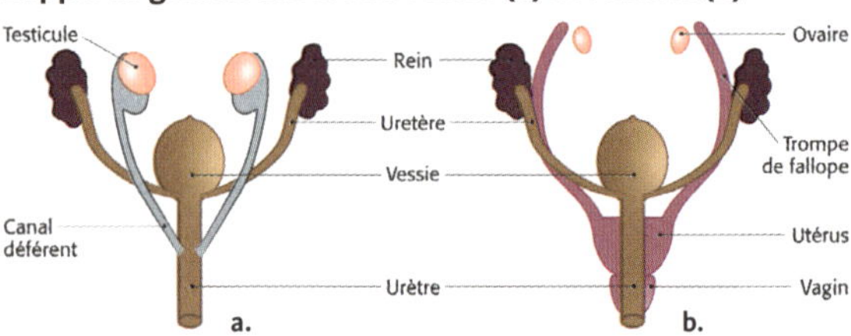

L'acquisition d'un appareil reproducteur fonctionnel

159

Lue Relue Apprise

Au moment de la puberté, le taux des hormones libérées par les gonades augmente fortement et l'appareil reproducteur devient fonctionnel.

1 L'appareil reproducteur masculin

- Les testicules sont constitués d'un ensemble de **tubes séminifères**, entourés de **tissu interstitiel**. Celui-ci renferme des cellules sécrétrices, les **cellules de Leydig**, qui libèrent de la **testostérone**.

Lexique

Tubes séminifères : tubes microscopiques constituant les testicules. Ils assurent la production de spermatozoïdes.

Tissu interstitiel : tissu situé entre les tubes séminifères à l'intérieur des testicules.

Doc. **Schéma d'un tube séminifère**

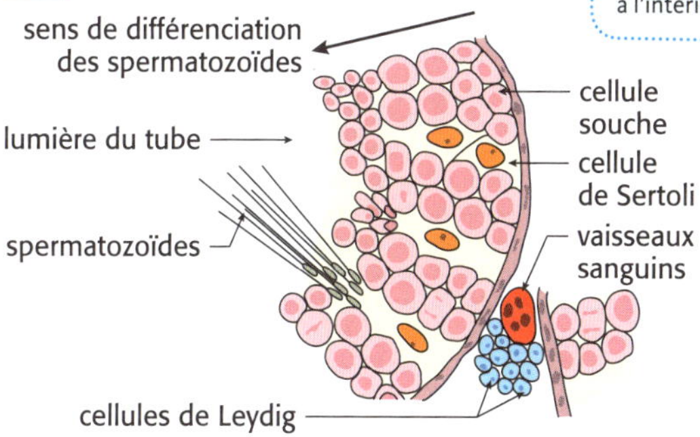

- Au moment de la **puberté**, le taux de testostérone augmente fortement, ce qui déclenche la **production de spermatozoïdes** par les testicules.
- Les spermatozoïdes proviennent des **divisions de cellules** situées dans la paroi des tubes séminifères, réalisées de façon continue à partir de la puberté et ce, durant **toute la vie** de l'homme. Une fois produits, les spermatozoïdes sont **libérés dans les canaux déférents**. Associés au liquide séminal, ils forment le **sperme**.
- L'élévation du taux de testostérone à la puberté est également responsable de l'acquisition de **caractères sexuels secondaires** (développement de la pilosité, mue de la voix, développement de la musculature...).

Doc. Hormones et déclenchement de la puberté

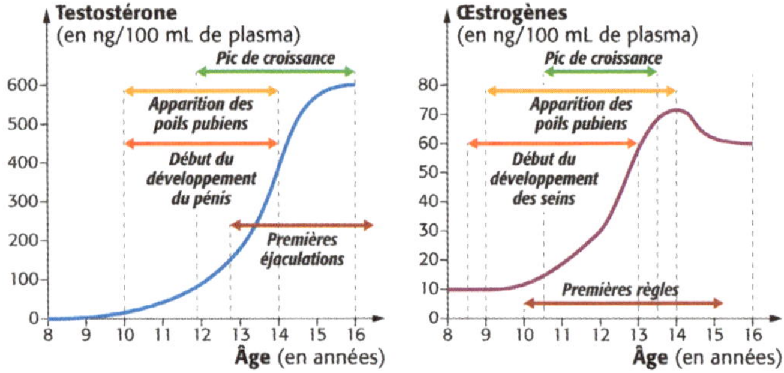

a. Chez le garçon **b. Chez la fille**

2 L'appareil reproducteur féminin

- Chez la femme, les ovaires renferment les **gamètes femelles** appelés « **ovocytes** ».
- À la **puberté**, les ovaires commencent à secréter des **hormones** et à libérer, tous les 28 jours environ, un ovocyte dans les trompes.
- Chacune des deux trompes débouche dans l'**utérus** (voir fiche 27) : un organe dont la paroi musculaire, ou « **myomètre** », est tapissée intérieurement d'une muqueuse appelée « **endomètre** ».
- La puberté est marquée par l'apparition des règles (ou « menstruations ») qui correspondent au **renouvellement périodique de la muqueuse utérine**.
- Ainsi, l'ovaire et l'utérus se caractérisent par une activité cyclique qui débute à la puberté et **cesse à la ménopause**.
- Enfin, chez la femme, la puberté se traduit par l'apparition de **caractères sexuels secondaires** (développement des seins, de la pilosité...) sous l'influence des hormones ovariennes.

Lexique

Muqueuse utérine : couche la plus superficielle de l'utérus, au contact de la cavité utérine.

Ménopause : période de la vie d'une femme à partir de laquelle les ovaires cessent leur activité.

Cycles ovariens et utérins

160

Lue Relue Apprise

À partir de la puberté, l'ovaire et l'utérus se caractérisent par une activité cyclique dont la synchronicité est contrôlée par les hormones ovariennes.

1 Une libération cyclique d'ovocytes par l'ovaire

- Les ovaires renferment des **follicules**, chacun constitué d'un **ovocyte** entouré de **cellules folliculaires**.
- **À partir de la puberté**, les **follicules se transforment** : leur taille augmente, leurs enveloppes de cellules folliculaires se différencient et se creusent d'une cavité.
- Dans l'ovaire, des **cycles** d'une durée moyenne de 28 jours se succèdent de la puberté jusqu'à la ménopause. Un cycle comporte deux phases : la **phase folliculaire** et la **phase lutéale**, séparées par l'**ovulation**.
- Pendant la **phase folliculaire**, un **follicule cavitaire achève sa maturation** jusqu'à l'ovulation. Son ovocyte est alors expulsé de l'ovaire.

Lexique

Follicule : ensemble composé d'un ovocyte et d'enveloppes formées de plusieurs couches de cellules.

Ovulation : expulsion d'un ovocyte hors de l'ovaire.

Doc. Le cycle ovarien

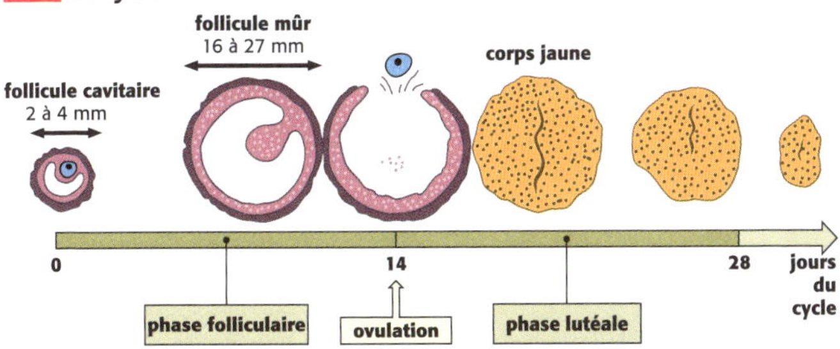

- Ensuite, durant la **phase lutéale**, le reste du follicule se transforme en **corps jaune** qui se développe, puis dégénère.
- Toutefois, en cas de **grossesse**, le corps jaune se maintient et **les cycles sont interrompus**.

Remarque

La durée de 28 jours n'est qu'une moyenne. Lorsqu'elle est différente, la phase lutéale dure toujours 14 jours, tandis que la durée de la phase folliculaire peut varier.

2 Un synchronisme avec le cycle utérin

A Des transformations au niveau de la muqueuse et du col

- Périodiquement, la muqueuse qui tapisse l'intérieur de l'utérus **se dégrade**. Elle est éliminée au cours des **règles** qui marquent le début du cycle utérin.
- Puis la **muqueuse se reconstitue**, s'épaissit et se **vascularise**.
- Après l'ovulation, ses transformations, et notamment la présence de glandes sécrétrices ramifiées, la rendent **apte à l'implantation d'un éventuel embryon**.

Lexique

Vasculariser (se) : former des vaisseaux sanguins.

Doc. **Le cycle utérin**

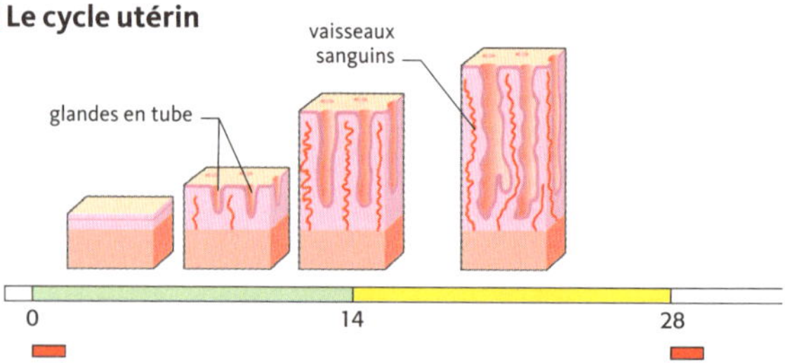

- Parallèlement au moment de l'ovulation, la **glaire cervicale** se fluidifie tandis que **des contractions utérines facilitent la progression des spermatozoïdes**. Ces contractions cessent par la suite au cours de la phase post-ovulatoire.

Lexique

Glaire cervicale : substance visqueuse présente au niveau du col de l'utérus, la région où l'utérus communique avec le vagin. Elle empêche le passage des microbes mais aussi des spermatozoïdes, sauf lorsqu'elle est fluidifiée au moment de l'ovulation.

Nidation : implantation d'un embryon dans la muqueuse utérine.

B Contrôle du cycle utérin par les hormones ovariennes

- Ce sont des **hormones**, libérées de façon cyclique par l'**ovaire**, qui agissent sur l'utérus et assurent le **synchronisme** des cycles ovariens et utérins.
- Le follicule produit des **œstrogènes** qui stimulent la **reconstruction de la muqueuse**.
- Puis la sécrétion d'**œstrogènes** et de **progestérone** par le corps jaune rend la muqueuse apte à la **nidation** et inhibe les contractions utérines.
- Ainsi, l'utérus est prêt **à accueillir un éventuel embryon dans les jours qui suivent l'ovulation.**

Contrôle du fonctionnement des appareils reproducteurs

161

Lue Relue Apprise

L'activité des gonades est contrôlée par le complexe hypothalamo-hypophysaire (CHH), lui-même sous le contrôle des hormones gonadiques.

1 Le rôle du complexe hypothalamo-hypophysaire

A Un contrôle hypophysaire des gonades

- L'**hypophyse antérieure** est une glande hormonale fixée au plancher de l'**encéphale**.
- Elle contrôle à distance le fonctionnement des gonades par l'intermédiaire de **deux hormones : la LH et la FSH.**
- Chez l'homme, **la LH stimule la production de testostérone** par les cellules de Leydig, et **la FSH associée à la testostérone active la production de spermatozoïdes**.

Lexique

Encéphale : partie du système nerveux central contenue dans la boîte crânienne. Il comprend le cerveau, le cervelet et le tronc cérébral.

- Chez la femme, ces deux hormones sont sécrétées de façon cyclique. **La FSH stimule le développement des follicules ovariens** tandis que **la LH stimule la production des hormones ovariennes.**
- L'**ovulation** est déclenchée par une augmentation brutale du taux de LH (pic de LH).

Doc. Taux des hormones hypophysaires chez la femme

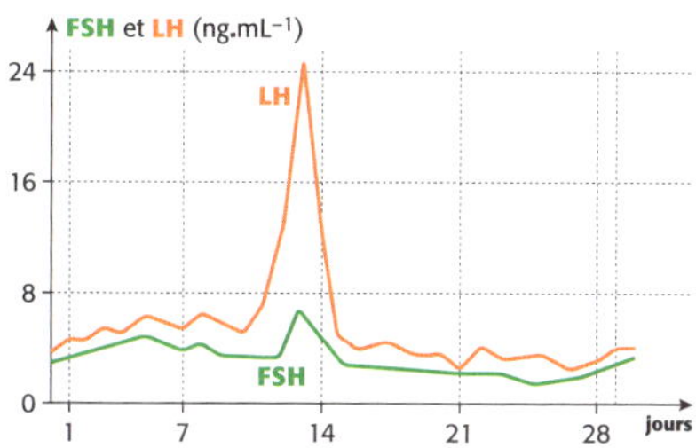

B Un contrôle de l'hypophyse par l'hypothalamus

- L'activité sécrétrice de l'hypophyse est elle-même stimulée par l'**hypothalamus**, situé à la base de l'encéphale.

Lexique

Hypothalamus : région du cerveau située à sa base.

- Ce contrôle s'effectue par l'intermédiaire d'une **neurohormone** : la **GnRH**. En effet, l'hypophyse est reliée aux neurones de l'hypothalamus par un **réseau de vaisseaux sanguins**.
- La GnRH est libérée dans les capillaires sanguins qui atteignent l'hypophyse. Elle stimule la sécrétion de LH et FSH.

2 Un contrôle du CHH par les hormones gonadiques

A Chez l'homme

- Chez l'homme, **le taux plasmatique de testostérone est maintenu constant** car le testicule agit lui-même sur le complexe hypothalamo-hypophysaire par l'intermédiaire de la testostérone.
- Lorsque le taux de testostérone devient trop élevé, l'activité hypothalamo-hypophysaire est freinée : on parle de « **rétrocontrôle** négatif ».

Lexique

Rétrocontrôle : action en retour d'un organe sur celui qui le contrôle. Il peut limiter son activité (rétrocontrôle négatif) ou au contraire le stimuler (rétrocontrôle positif).

B Chez la femme

- Chez la femme, c'est une **élévation du taux plasmatique d'œstrogènes**, due à la **croissance du follicule**, qui stimule le CHH et déclenche un **pic de LH** à l'origine de l'ovulation. On parle de « rétrocontrôle positif ».

Doc. **Taux des hormones ovariennes**

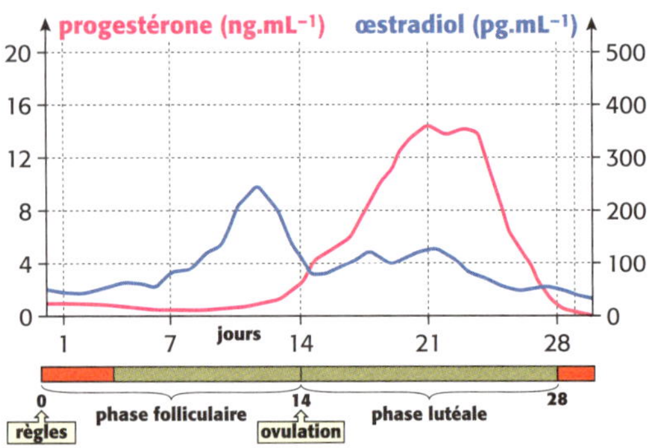

- Durant le reste du cycle, les **œstrogènes**, puis la **progestérone** freinent l'activité du CHH en exerçant un **rétrocontrôle négatif**.

Plaisir et sexualité

162

Lue Relue Apprise

Les relations sexuelles mettent en jeu des circuits nerveux à l'origine d'une sensation de plaisir.

1 Sexualité et activation de circuits nerveux

A Une expérience historique

● Pour comprendre les mécanismes qui sous-tendent la sensation de plaisir, des scientifiques ont réalisé en 1954 une expérience sur un rat placé dans une cage et chez lequel une électrode **stimulatrice est implantée dans le cerveau.**

Lexique

Électrode : filament conducteur de l'électricité, notamment avec un rôle stimulateur.

● Une stimulation indolore est générée par cette électrode lorsque le rat appuie sur une pédale placée dans sa cage. Lorsque l'électrode est implantée dans certaines zones du cerveau, et dans celles-ci seulement, l'animal renouvelle les stimulations de plus en plus fréquemment, jusqu'à 6 000 fois par heure.

● Ce **comportement devient compulsif** au point que le rat en oublie de se nourrir et finit même par mourir.

● Chaque stimulation dans cette zone du cerveau génère une **sensation de plaisir**, anticipée par l'animal, ce qui déclenche l'activation de la pédale.

● La **sensation de plaisir** serait donc associée à certaines **aires cérébrales**.

B Le système de récompense

● Les structures impliquées dans la sensation de plaisir constituent le **système de récompense**. Avant même l'accès **à la récompense, son activation génère une sensation de plaisir qui motive le sujet à rechercher et à atteindre cette récompense.**

● Le comportement de reproduction chez les mammifères et la sexualité chez l'Homme font intervenir eux aussi le système de récompense.

● Des stimulations de nature différente (visuelle, olfactive, tactile...) génèrent du plaisir et motivent quant au passage à l'acte.

● Chez l'animal, ce système de récompense est fondamental car il stimule le **comportement reproducteur** et permet la **perpétuation de l'espèce**.

● **Dans l'espèce humaine, sexualité et reproduction sont plus ou moins dissociées** selon les individus. Si le système de récompense est responsable de la sensation de plaisir lié à la sexualité, il a perdu de son importance dans la perpétuation de l'espèce.

2 Les circuits de la récompense

A Différentes aires cérébrales impliquées

- À l'intérieur du cerveau, des messages nerveux partent de **l'aire tegmentale ventrale** (ATV) et aboutissent à différents niveaux comme le **noyau accumbens**, **l'amygdale** ou le **cortex préfrontal**. Ce dernier correspond à une aire de décision, c'est à partir de celui-ci que sont déclenchés les comportements.

Doc. Les principales voies du système de récompense

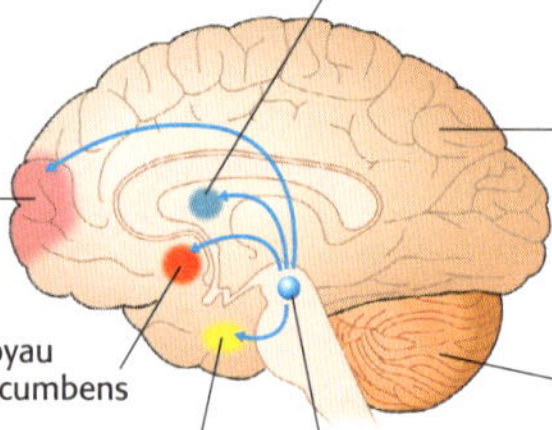

B La dopamine, un neuromédiateur du plaisir

- Les neurones communiquent entre eux en libérant des substances chimiques appelées **neuromédiateurs**.
- Les neurones du système de récompense produisent et sécrètent un neuromédiateur particulier, la **dopamine**. Pour cette raison, on l'a surnommé **le neuromédiateur du plaisir**.
- Cette substance est libérée durant les rapports sexuels mais aussi au cours d'actes générateurs de sensation de plaisir comme se nourrir ou boire. Les pratiquants de jeux de hasard ou les toxicomanes, **victimes d'addiction**, sécrètent eux aussi en abondance de la dopamine.
- Un **niveau minimum de dopamine** est nécessaire dans le cerveau, sinon un sentiment de malaise prend naissance.
- Pendant l'orgasme, une autre substance est sécrétée, les **endorphines**. Elles ont des effets semblables à la morphine et provoquent une sensation de plaisir et de bien-être.

Les connaissances acquises sur la régulation du fonctionnement des appareils reproducteurs permettent des applications médicales dans la maîtrise de la procréation.

1 Le déroulement de la procréation

- Une fois **expulsé dans la trompe après l'ovulation**, l'ovocyte est susceptible d'y **être fécondé** par l'un des spermatozoïdes libérés dans le vagin. **La cellule-œuf migrera** alors **vers l'utérus**, tout en se divisant et en se transformant en embryon.
- Six jours après la fécondation, **l'embryon se fixe à la muqueuse utérine** et pénètre à l'intérieur. C'est la **nidation**.
- La **gestation** durera neuf mois au cours desquels **un taux élevé de progestérone** contrôle l'état de l'utérus et empêche ses contractions.

Doc. De l'ovocyte à la nidation

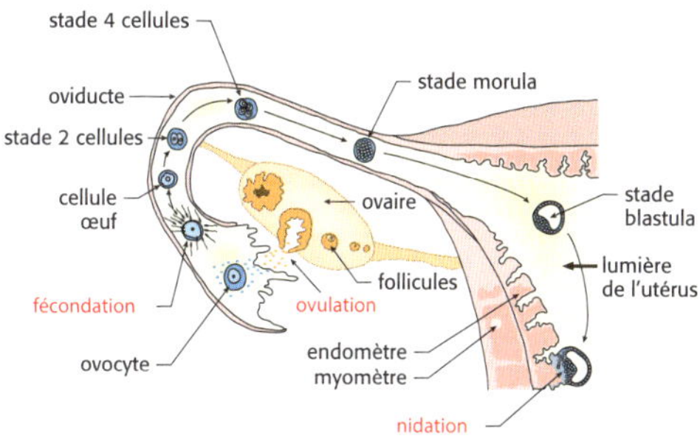

2 Contraception et contragestion

- Les pilules **contraceptives** contiennent des hormones de synthèse qui modifient le fonctionnement de l'appareil reproducteur en agissant comme des leurres.
- Certaines d'entre elles, en freinant l'activité du complexe hypothalamo-hypophysaire, bloquent la maturation du follicule et empêchent l'ovulation.
- Chez l'homme, elles empêchent la production de spermatozoïdes.

Lexique

Contraceptif : dispositif ou produit qui empêche la conception de façon réversible (à l'inverse de la stérilisation qui est définitive).

Lexique

Contragestif : dispositif (comme le stérilet) ou substance qui empêche la gestation.

- D'autres hormones, en **déréglant le cycle** utérin, agissent sur la **glaire cervicale** et sur la **muqueuse utérine**. En empêchant son développement et, par conséquent, l'implantation d'un embryon, elles jouent un rôle **contragestif**. C'est le cas de la « **pilule du lendemain** ».
- Quant au préservatif, en empêchant la **rencontre des gamètes**, il protège également des maladies sexuellement transmissibles comme le SIDA (voir fiche 33).

3 La procréation médicalement assistée

Lexique

Infertilité : difficulté pour un couple à procréer.

ICSI : Injection intra-cytoplasmique de spermatozoïdes. Elle est pratiquée quand les spermatozoïdes sont peu mobiles ou incapables de traverser les enveloppes de l'ovocyte.

- Les causes de l'**infertilité** sont nombreuses et concernent l'homme comme la femme. Chez celle-ci, l'obstruction des trompes qui empêche la rencontre des gamètes est l'une des causes les plus courantes.
- La FIVETE (Fécondation In Vitro Et Transfert d'Embryon) permet d'y remédier.
- Elle peut être complétée par l'**ICSI** : on injecte alors directement un spermatozoïde dans le cytoplasme de l'ovocyte.

Doc. La FIVETE

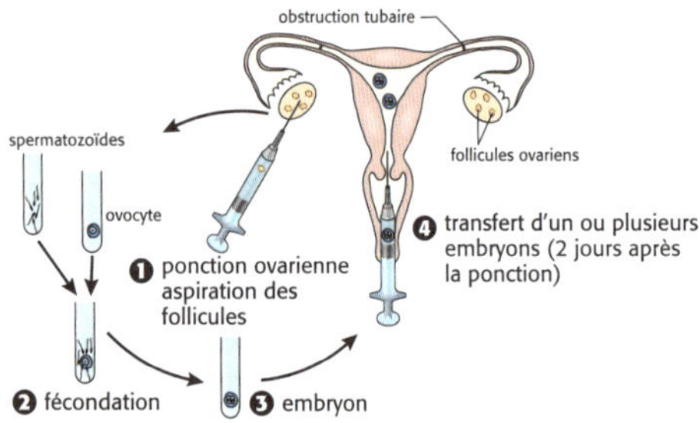

- Avant de recueillir les ovocytes, on pratique une **stimulation hormonale** : l'administration d'analogues de la GnRH bloque la libération des hormones hypophysaires naturelles.
- On injecte ensuite une substance proche de la FSH qui **stimule le développement des follicules ovariens**. Lorsque ceux-ci sont mûrs, l'injection d'une forte dose de LH prépare l'ovulation. Avant celle-ci, on peut alors **prélever les ovocytes directement dans l'ovaire**.

Procréation et sexualité humaine

Révision EXPRESS

Le schéma à retenir

Contrôle du fonctionnement des appareils reproducteurs

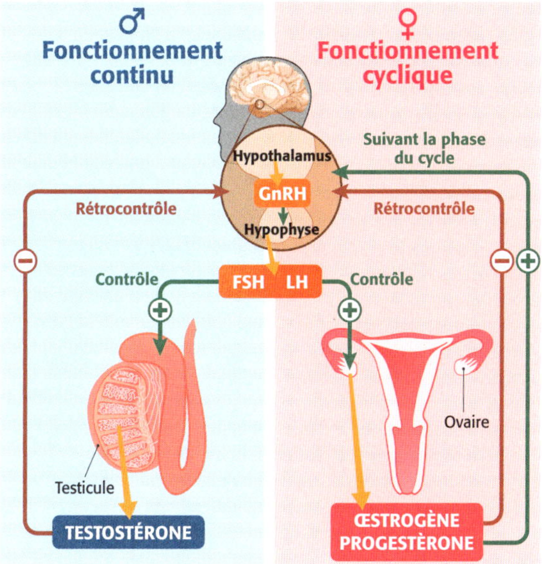

Les points essentiels

- L'homme et la femme se distinguent par des **différences anatomiques** et **physiologiques** au niveau de leurs appareils sexuels.
- Ceux-ci se mettent en place et acquièrent leur fonctionnalité en plusieurs étapes. Dès la fécondation, le **sexe génétique** est établi avec la formation d'une paire de chromosomes sexuels XX ou XY.
- Le **gène SRY**, présent sur le chromosome Y, est responsable de la différenciation des gonades en **testicules**, dont les hormones vont déterminer l'acquisition d'un appareil génital masculin. En l'absence de ces signaux, des ovaires, puis un appareil génital **féminin**, se différencient **spontanément**.

- La fonctionnalité des appareils sexuels, et notamment la production de gamètes, est acquise à la **puberté** grâce aux **hormones sexuelles**.
- L'activité **ovarienne cyclique** comporte deux phases, séparées par **l'ovulation**. Les hormones ovariennes sont responsables du synchronisme des cycles ovarien et utérin.
- Chez l'homme et la femme, l'activité des gonades est contrôlée par les hormones du **complexe hypothalamo-hypophysaire**, lui-même **contrôlé en retour** par les hormones gonadiques.
- Le système nerveux est impliqué dans la réalisation de la sexualité. Le plaisir repose notamment sur l'activation dans le cerveau du **système de récompense**.
- La connaissance des hormones contrôlant les fonctions de reproduction humaine a permis la mise au point de **molécules de synthèse** qui peuvent être utilisées pour empêcher la production des gamètes, ou le développement de la muqueuse utérine.
- Selon les problèmes d'infertilité, différentes techniques médicales peuvent au contraire **aider à la procréation.** L'utilisation d'hormones peut, par exemple, faciliter la fécondation ou la gestation.

Mémo'Quiz

1. La différenciation des ovaires se fait sous contrôle hormonal.
❑ Vrai ☒ Faux

2. Les règles sont déclenchées par un pic de LH.
❑ Vrai ☒ Faux

3. À la puberté, les gonades produisent des gamètes.
☒ Vrai ❑ Faux

4. La LH est une hormone ovarienne.
❑ Vrai ☒ Faux

5. Le gène SRY est responsable de l'apparition des caractères sexuels secondaires chez l'homme.
❑ Vrai ☒ Faux

→ corrigés p. 525

Des agents pathogènes à l'origine de maladies

164

Lue Relue Apprise

De nombreux microbes vivent dans notre environnement. Certains provoquent des maladies infectieuses : ce sont des pathogènes.

1 Une grande variété de pathogènes

- Les **agents pathogènes**, à l'origine de maladies infectieuses, vivent aux dépens d'un autre organisme appelé « hôte » dont ils détournent les ressources.
- Les préjudices causés à l'hôte entraînent différentes réactions qui se manifestent sous forme de **symptômes** (fièvre, douleur...) ou de troubles graves (problèmes cardiaques, difficultés respiratoires).
- Les principaux pathogènes sont les **bactéries** et les **virus** dont le pouvoir de multiplication élevé favorise l'invasion de l'organisme. Quelques eucaryotes (**champignons**, **protozoaires**) sont également responsables de maladies.

Lexique

Agent pathogène : facteur capable de provoquer une maladie.

Symptôme : manifestation d'une maladie.

Virus : agent infectieux qui se multiplie à l'intérieur d'une cellule, après y avoir inséré son matériel génétique.

- Une maladie infectieuse peut exister à l'état **endémique** (paludisme), mais elle peut aussi apparaître sous forme d'**épidémie** (grippe). Certaines sont présentes à l'échelle du globe : ce sont des **pandémies** (SIDA).
- Pour évaluer l'importance d'une maladie infectieuse dans la population, on en mesure la **prévalence** (nombre de personnes atteintes dans une population donnée) et l'**incidence** (nombre de nouveaux cas par an dans une population donnée).

Lexique

Endémique (maladie) : qui sévit de manière persistante dans une région.

Épidémie : augmentation rapide du nombre de cas d'une maladie en un lieu donné.

Pandémie : épidémie qui s'étend à l'échelle du globe.

2 Le SIDA, une maladie sexuellement transmissible

- Le **SIDA** (Syndrome d'Immuno-Déficience Acquise) est une **maladie causée par un virus**, le VIH (Virus de l'Immuno-déficience Humaine).
- Ce dernier peut se transmettre d'un sujet à l'autre par **contact sexuel**, par **voie sanguine** ou encore d'une **mère à son enfant** (durant la grossesse, l'accouchement ou l'allaitement).
- Le VIH colonise les **lymphocytes** (cellules du système immunitaire) et s'y multiplie en les détruisant.

Doc. Le cycle du virus de l'immuno-déficience humaine

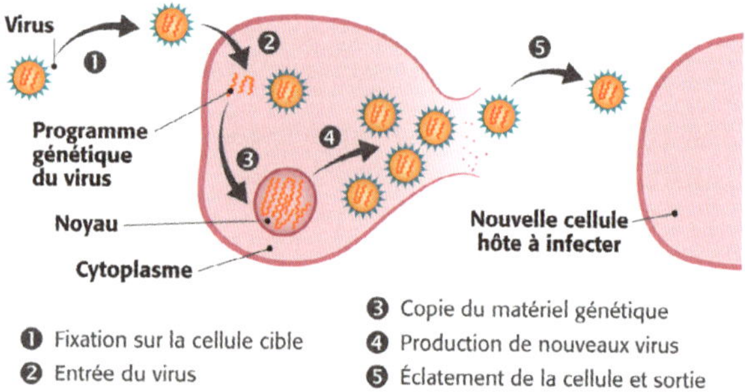

- Peu à peu, l'organisme devient incapable de se défendre et des **maladies opportunistes** se déclarent, pouvant entraîner la mort de la personne touchée.
- Après la pénétration du virus, l'organisme réagit en produisant des **anticorps** spécifiques. Ceux-ci peuvent être détectés dans le sang, au cours d'un test de dépistage. Le sujet infecté est alors dit « **séropositif** ».

Lexique

Maladie opportuniste : maladie qui se déclare quand l'organisme est affaibli.

Doc. Évolution de quelques paramètres lors de l'infection

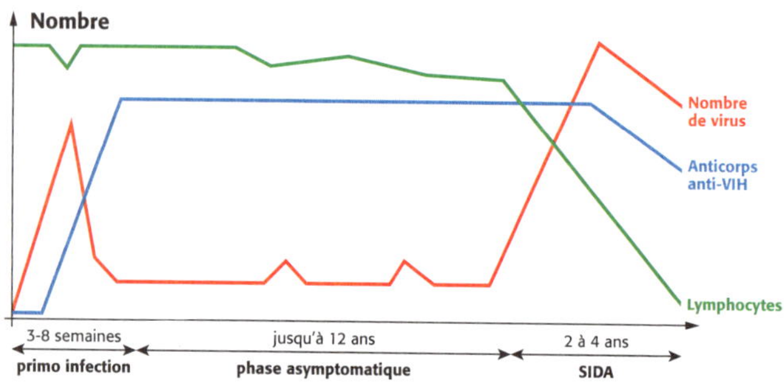

- Malgré l'action des anticorps, le virus continue à se propager dans l'organisme et peu à peu, **le système de défense s'affaiblit.**
- Les traitements existants permettent de contenir l'action du virus mais pas de guérir du SIDA. Pour accroître leur efficacité, on utilise trois antiviraux à la fois. On parle donc de « **trithérapie** ».

Une maladie vectorielle, le paludisme

165

Lue Relue Apprise

Le paludisme est une maladie infectieuse répandue dans les régions tropicales et intertropicales. Elle est transmise par un vecteur : l'Anophèle.

1 Le paludisme, une maladie parasitaire

- Le paludisme est une maladie qui se caractérise par des accès périodiques de fièvre et des atteintes neurologiques (coma, convulsions) parfois mortelles.
- L'agent infectieux est un micro-organisme animal, un protozoaire : le **Plasmodium**.
- Après avoir séjourné dans le foie, **le parasite pénètre dans les hématies où il se nourrit de l'hémoglobine.** Il grossit, puis se multiplie jusqu'à l'éclatement de l'hématie, qui libère alors une vingtaine de parasites. Ceux-ci s'installent ensuite dans de nouvelles hématies.
- Ainsi, **l'infection se propage dans le sang du malade** et atteint des organes comme le cerveau. Après plusieurs cycles de multiplication, les cellules libérées par les hématies se transforment en futurs gamètes.

Lexique

Protozoaire : groupe d'animaux unicellulaires.

Parasite : organisme vivant aux dépens d'un autre organisme.

Hématie : cellule sanguine appelée aussi « globule rouge ».

2 Un vecteur, l'Anophèle

- Le parasite est transmis à l'Homme par l'intermédiaire d'un vecteur.
- Il s'agit d'un moustique, l'**Anophèle**, dont la femelle se nourrit de sang. Lorsqu'une femelle **pique un individu infecté**, elle ingère avec le sang les futurs gamètes du Plasmodium.
- La **fécondation**, réalisée dans l'**estomac** du moustique, aboutit à la formation d'une cellule-œuf qui se multiplie et produit de nombreuses spores.
- Celles-ci migrent dans les **glandes salivaires** du moustique, prêtes à être injectées au cours de la prochaine piqûre.
- Ainsi, le parasite réalise son **cycle de vie chez deux hôtes** : l'**Homme**, chez qui il se multiplie, et le **moustique**, chez qui il se reproduit.

Lexique

Vecteur : agent de transmission.

Spore : cellule à rôle de dispersion.

Doc. **Le cycle du Plasmodium**

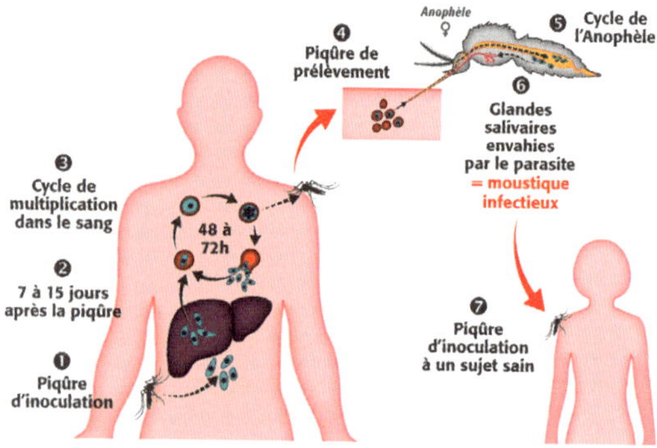

3 Une maladie endémique

- Dans les zones tropicales et intertropicales, le **climat chaud et humide** favorise la reproduction des moustiques.
- En effet, **l'eau est nécessaire au développement de leurs larves aquatiques**. Par ailleurs, la température élevée **accélère** le cycle de développement.

Lexique

Larve : forme d'un animal qui, à la sortie de l'œuf, est différente de l'adulte.

Doc. **Durée du développement du Plasmodium avec la température**

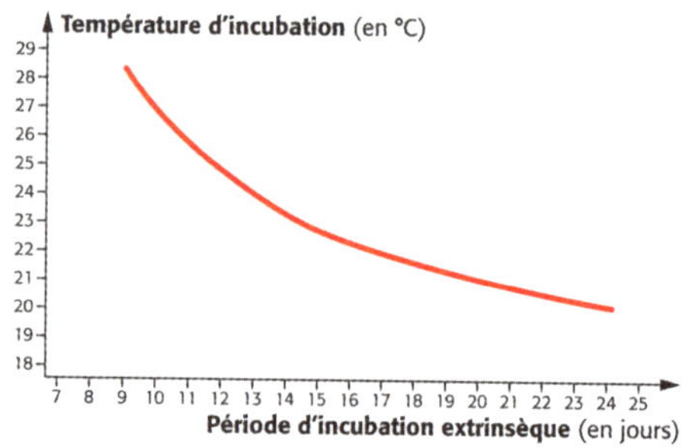

- Les Hommes infectés sont des **réservoirs** de parasites, favorisant la transmission de la maladie.

Lexique

Réservoir : espèce qui participe au cycle de développement d'un pathogène.

Des méthodes pour lutter contre le paludisme

166

Lue Relue Apprise

Pour lutter contre le paludisme, maladie la plus répandue au monde, on tente de limiter la propagation de l'agent infectieux et d'éliminer le vecteur.

1 Limiter la propagation

- Dans les zones endémiques du paludisme, des mesures de **prophylaxie** sont mises en place, par exemple l'utilisation de moustiquaires et de **produits répulsifs** afin d'éviter la piqûre de l'Anophèle.
- L'éradication du vecteur par des **insecticides** comme le DDT a été concluante pendant un temps mais les problèmes liés, d'une part à l'**environnement**, et d'autre part à la **résistance** du moustique, ont conduit à chercher d'autres moyens de lutte.
- Il semble plus facile d'**éradiquer les larves aquatiques** par des travaux d'assèchement des zones marécageuses, ou encore par la **lutte biologique** qui consiste notamment **à placer des poissons mangeurs de larves dans les milieux où celles-ci se développent. On disperse aussi des mâles anophèles stériles** dans la nature afin qu'ils entrent en compétition pour les femelles avec les mâles fertiles.

Lexique

Prophylaxie : mesure de protection permettant de prévenir l'apparition, la propagation ou l'aggravation d'une maladie.

Produit répulsif : substance faisant fuir de façon plus ou moins spécifique une espèce.

Résistance : état d'un organisme qui rend inefficace un moyen de lutte utilisé à son encontre.

2 Dépistage et traitement des sujets infectés

- Chaque personne infectée constitue un **réservoir** à Plasmodium, source de propagation du parasite, qu'il est utile de repérer.
- Les premiers symptômes d'une infection se manifestent par une poussée de **fièvre** à plus de 40 °C (laquelle correspond à la **multiplication du Plasmodium à l'intérieur des hématies**), des frissons, puis des sueurs abondantes.
- L'examen au microscope optique d'un **frottis sanguin** est la méthode la plus fiable pour détecter la présence du parasite. En effet, dans un frottis sanguin, la présence du parasite est révélée par des anneaux à l'intérieur des hématies.

Doc. Hématies parasitées par le Plasmodium

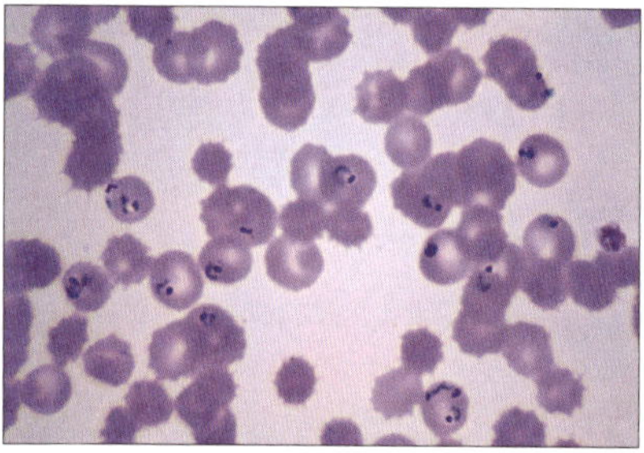

- On utilise aussi des tests de détection rapide d'**antigènes**.
- Pendant plusieurs décennies, des médicaments comme la **chloroquine** ont été utilisés avec succès, mais l'apparition de souches mutées de Plasmodium **résistantes** les ont rendus moins efficaces.

Lexique

Antigène : molécule spécifique d'un agent pathogène. Elle est détectée par le système immunitaire de la personne infectée.

Doc. Des formes de Plasmodium résistantes dans les zones endémiques

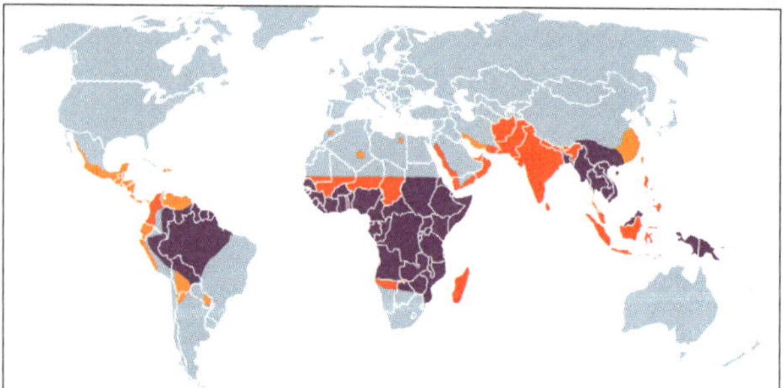

- De nouvelles voies sont explorées dans la **recherche de médicaments**. Un premier **vaccin** a été fabriqué en 1986, remplacé par d'autres depuis, plus performants mais qui demandent encore à être améliorés.
- La difficulté est que le Plasmodium **peut muter** de nombreuses fois à l'intérieur des hématies, **tromper le système immunitaire** et rendre le vaccin inefficace.

Le microbiote humain

Lue Relue Apprise

Notre organisme héberge un grand nombre de micro-organismes non pathogènes. Ceux-ci constituent le microbiote, lequel assure des fonctions variées.

1 Une diversité microbienne

- Le microbiote humain est composé de 30 000 à 40 000 milliards de micro-organismes, soit un **nombre équivalent à celui de nos cellules**.
- Il s'agit principalement de **bactéries**, réparties en 200 à 250 espèces différentes.
- La plupart de ces micro-organismes vivent dans l'**intestin**, mais aussi sur la **peau** et les **muqueuses** (bouche, appareil génital...).

Lexique

Microbiote : ensemble des micro-organismes vivant dans un environnement particulier chez un hôte : l'Homme, un animal ou un végétal.

Muqueuse : tissu qui tapisse intérieurement les organes creux du corps (tube digestif, appareil respiratoire, vagin...).

Doc. Le microbiote humain

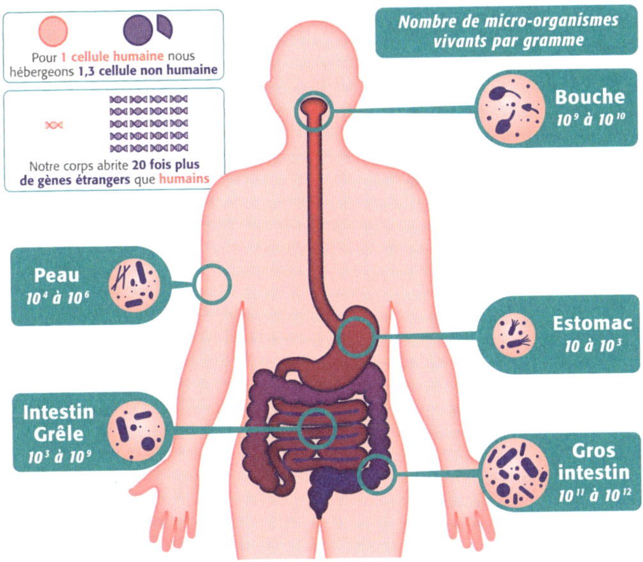

- Bien qu'une centaine d'espèces bactériennes soit commune à tous, **la composition du microbiote est propre à chaque individu**. Elle dépend à la fois de **facteurs génétiques** et de l'**environnement**, en particulier de l'alimentation de l'hôte et des médicaments absorbés (antibiotiques notamment).
- Le microbiote se met en place **progressivement**. Dans l'utérus, le **fœtus** est totalement **dépourvu de micro-organismes**. La construction de son microbiote **débute à la naissance**, par transmission des micro-organismes maternels, puis se poursuit pendant les quelques jours qui suivent, notamment grâce à **l'allaitement**, jusqu'à ce que le nombre de micro-organismes devienne comparable à celui de l'adulte.
- Néanmoins, c'est seulement **après trois ans** que leur diversité sera similaire.

2 Une association à bénéfices réciproques

- Le microbiote, celui de la peau comme celui des muqueuses, entre en **compétition** avec des **micro-organismes potentiellement pathogènes** et limite leur prolifération.
- Il peut aussi les éliminer en sécrétant des substances bactéricides.
- Néanmoins, certains micro-organismes normalement bénins du microbiote peuvent **devenir pathogènes** pour l'organisme, notamment **en cas d'affaiblissement du système immunitaire**.
- De même, un traitement antibiotique, en altérant le microbiote, peut favoriser la prolifération de pathogènes.
- Dans l'intestin, le microbiote **participe à la digestion** et agirait aussi sur le **fonctionnement et le développement du cerveau** humain.
- Le microbiote, quant à lui, **profite aussi de son hôte**. Ce dernier lui offre habitat et nourriture : cellules mortes, sécrétions du corps ou aliments ingérés.
- Entre l'organisme et son microbiote s'établit ainsi une relation à bénéfices réciproques ou « symbiose ».

Lexique

Bactéricide : substance qui détruit les bactéries.

Symbiose : association obligatoire et à bénéfices réciproques entre deux organismes.

Microbiote intestinal et santé 168

Lue Relue Apprise

Les interactions entre hôte et microbiote jouent un rôle essentiel pour le maintien de la santé et du bien-être de l'hôte. La composition en micro-organismes et la diversité du microbiote sont des indicateurs de santé.

1 Un rôle dans la digestion

- Les bactéries du microbiote sont présentes sur toute la longueur du tube digestif mais particulièrement **concentrées dans la partie terminale de l'intestin** (colon et rectum).
- Elles sont capables, contrairement aux **enzymes digestives**, de dégrader les **fibres alimentaires** non digestibles par l'Homme lui-même. Ainsi, le microbiote favorise la prise de poids et offre un **avantage dans les cas de restrictions alimentaires**.
- En effet, une comparaison entre un groupe de souris dépourvues expérimentalement de microbiote et un groupe de souris témoin a montré que ces dernières avaient 60 % de masse grasse supplémentaire, tout en consommant moins d'aliments.
- D'autre part, les bactéries du microbiote **favorisent le développement du réseau sanguin** autour de l'intestin (et donc l'**absorption intestinale**) et produisent des composés (vitamines K, B8 et B12...) qui contribuent au bon état de la muqueuse intestinale.
- Chez les individus **obèses**, un **microbiote spécifique**, très efficace dans la digestion, favoriserait de plus le **stockage** de graisse. D'ailleurs, **le transfert du microbiote de souris obèses à des souris maigres rend ces dernières obèses.**

Lexique

Enzyme digestive : substance sécrétée par l'appareil digestif qui découpe (simplifie) les molécules de grande taille des aliments.

Fibres alimentaires : molécules de grande taille contenues dans les végétaux.

2 Un rôle dans l'immunité

- Le microbiote limite la prolifération des pathogènes mais il intervient également dans la **régulation du système immunitaire**.
- Il exerce notamment une **action anti-inflammatoire**, limitant ainsi les **allergies** (cutanées, respiratoires comme l'asthme, ou encore alimentaires).
- Le microbiote joue un rôle essentiel dans le **développement** et la **maturation** du **système immunitaire intestinal**.

Lexique

Allergie : réaction inflammatoire aiguë.

● On peut en effet montrer expérimentalement que chez de jeunes souris dépourvues de microbiote, le système immunitaire est peu performant. Les infections et les allergies sont plus fréquentes.

● Le microbiote protège des **réactions inflammatoires**, notamment en **limitant le développement de certaines bactéries**. En effet, ces dernières libèrent des substances qui altèrent l'intégrité de la barrière intestinale, passent dans le sang et déclenchent l'inflammation.

Lexique

Réaction inflammatoire : réaction de défense du système immunitaire à une agression externe.

Doc. **Les rôles du microbiote intestinal**

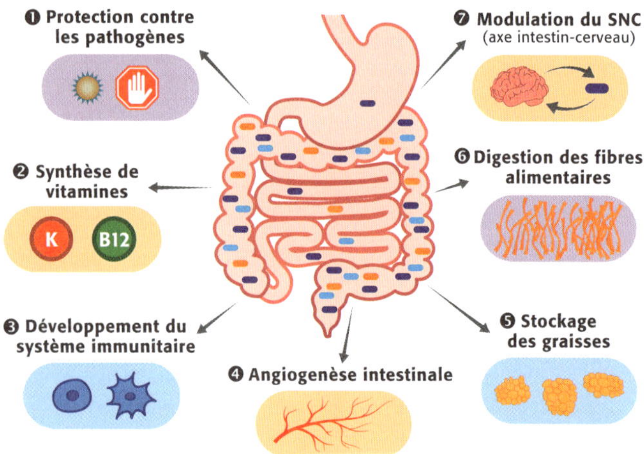

SNC : système nerveux central **Angiogenèse :** mise en place de vaisseaux sanguins

● Ainsi, certaines **maladies inflammatoires intestinales** s'expliqueraient en partie par une **perturbation du microbiote**.

● Des perspectives de **traitements par modulation du microbiote** sont envisagées dans le cas de certaines maladies.

● On peut noter par ailleurs qu'un **apport régulier de fibres** conduit à une **augmentation** de la **diversité** et de la **stabilité** du microbiote, contribuant ainsi au maintien d'une bonne santé.

Micro-organismes et santé

Révision EXPRESS

Le schéma à retenir

Les micro-organismes et l'Homme

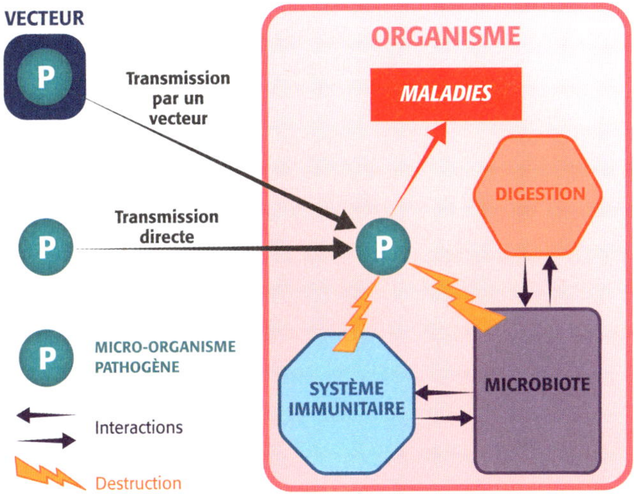

Les points essentiels

- Des **micro-organismes**, virus, bactéries et protozoaires, sont à l'origine de **maladies infectieuses.** Ils détournent les ressources de leur hôte et se multiplient, pouvant même détruire ses cellules.
- Le virus **VIH** (Virus de l'Immunodéficience Humaine) déclenche une maladie, le **SIDA**, en se multipliant dans les cellules du système immunitaire et en les détruisant.
- Le **paludisme** est une maladie causée par le **Plasmodium**. Ce protozoaire se nourrit de l'hémoglobine des **hématies** dans lesquelles il se multiplie jusqu'à leur éclatement. La maladie est transmise à l'Homme par l'intermédiaire d'un **vecteur**, le moustique **Anophèle**, dont la femelle se nourrit de sang et où le parasite se reproduit.

- Des moyens de **lutte** et des dispositifs préventifs tentent de limiter la propagation du parasite. Parmi les traitements utilisés, des **résistances** apparaissent, nécessitant la recherche continuelle de nouveaux médicaments.
- Des micro-organismes **non pathogènes** vivent dans et sur notre corps : ils constituent le **microbiote**. Sa composition varie selon les conditions d'**alimentation** et les **médicaments** absorbés (antibiotiques notamment).
- Le microbiote limite le risque de colonisation par des bactéries pathogènes. Il constitue une **protection** contre l'**inflammation**.
- Le microbiote intestinal, le plus important, participe à la **digestion** des aliments et à la nutrition humaine, au **développement du système immunitaire** et contrôle la prise de poids.
- En échange, le microbiote se nourrit de cellules mortes, de sécrétions du corps ou des aliments ingérés. Entre l'organisme et son microbiote s'établit une relation à bénéfices réciproques ou « **symbiose** ».

Mémo'Quiz

1. Le microbiote humain participe à la digestion.
☒ Vrai ❑ Faux

2. Le paludisme se répartit dans les zones tropicales et intertropicales.
☒ Vrai ❑ Faux

3. Une symbiose est une association à bénéfices réciproques entre deux espèces.
☒ Vrai ❑ Faux

4. Les bactéries du microbiote intestinal peuvent devenir pathogènes.
☒ Vrai ❑ Faux

5. L'Anophèle est un moustique impliqué dans la transmission du SIDA.
❑ Vrai ☒ Faux

→ corrigés p. 525

SES

Sommaire

SES

Lue Relue Apprise

Chapitre introductif

Comment les économistes, les sociologues et les politistes raisonnent-ils et travaillent-ils ?

Science économique

Comment crée-t-on des richesses et comment les mesure-t-on ?

Comment se forment les prix sur un marché ?

Sommaire

Comment allouer efficacement des ressources rares ?

169

Lue Relue Apprise

L'objet d'étude de l'économie est la richesse. L'économiste cherche à savoir comment produire des richesses afin de satisfaire au mieux les besoins.

1 Qu'est-ce que la richesse en économie ?

- En **économie**, la **richesse** correspond à l'**ensemble des biens et des services utiles, rares et dont l'obtention nécessite un effort**. Trois types d'acteurs, nommés **agents économiques**, interviennent : le consommateur, l'entreprise et l'État.

- Un bien ou un service est **utile** à partir du moment où il correspond à un **besoin**, une envie. Les besoins sont divisés en différentes catégories :
– les **besoins primaires** désignent les besoins dont la satisfaction est vitale, comme l'alimentation ;
– les **besoins secondaires** sont liés à l'équipement et au confort, comme les meubles ou l'automobile ;
– les **besoins tertiaires** correspondent à l'épanouissement, comme la santé, l'éducation ou les loisirs.

lexique

Économie : science qui étudie la façon dont les agents opèrent des choix dans un contexte marqué par la rareté.

Besoin : sentiment de manque, de privation face à un désir encore non satisfait. En économie, un besoin n'est pas forcément synonyme de nécessité.

Rareté : caractère limité des ressources. Il n'y a pas forcément l'idée d'un caractère précieux ou peu ordinaire.

- Il faut envisager la **rareté** en fonction des besoins. Beaucoup de ressources semblent abondantes (eau, céréales, forêts), mais compte tenu des besoins importants des populations, il est nécessaire de les considérer comme rares. **La rareté peut être appréhendée selon deux angles** :
– le premier correspond aux **ressources personnelles** dont on dispose, comme le revenu ;
– le second correspond aux **ressources globales** dont la planète dispose.

- L'air, bien que d'une grande utilité, n'est pas un bien économique, parce qu'il existe en quantité immense et ne nécessite aucun effort pour se le procurer. En revanche, sous l'eau, le plongeur devra se procurer des bouteilles d'air. **En devenant rare, l'air devient un bien économique.**

- Le **temps** marque également une limite dans nos capacités à produire des richesses. Un salarié désireux de faire des heures supplémentaires pour satisfaire davantage de besoins se heurtera à ses limites physiologiques et devra s'arrêter de travailler au bout d'un certain temps.

2 Des ressources limitées qui imposent de faire des choix

- **Nos besoins sont multiples et insatiables**, car sans cesse nourris par le progrès technique et la publicité. En revanche, **les ressources sont rares**, ce qui nous oblige à **faire des choix**, aussi bien individuellement que collectivement.
- **Au niveau individuel**, la contrainte est imposée par le **revenu**, qui constitue l'essentiel des ressources, et les **prix relatifs** des biens que l'on désire. Le consommateur, en fonction de ses préférences (**utilité**), cherchera à obtenir un maximum de satisfaction pour un minimum de dépenses. On parle de **maximisation de l'utilité**.
- **Au niveau collectif**, la société, à travers l'État et l'ensemble des pouvoirs publics, est également amenée à faire des choix. Les **besoins collectifs** sont nombreux (santé, éducation, sécurité), mais le **budget** de l'État n'est pas illimité. Si l'État décide d'augmenter les impôts pour fournir davantage de services collectifs, c'est autant de revenus dont les ménages ou les entreprises ne disposeront plus pour consommer ou investir.

Lexique

Prix relatif : rapport entre le prix d'un bien et celui d'un autre. Élément de comparaison entre différents biens.

Utilité : satisfaction procurée par la consommation d'un bien ou d'un service.

Budget : sommes réservées à des dépenses particulières.

Allocation : attribution des richesses, des ressources (allouer une somme d'argent).

- **Il n'y a pas une seule et unique façon d'allouer des ressources rares.** Cela dépend des choix collectifs qui sont faits par les individus d'une même société. Cette allocation se fait donc dans un cadre politique où **la notion de performance économique doit se conjuguer avec les priorités fixées par la population.** Certaines sociétés préfèreront avoir des **services publics** importants (système de soins, éducation...) quitte à payer plus d'impôts, tandis que d'autres privilégieront les **consommations individuelles** et laisseront la gestion de ces services au secteur privé.
- **L'économie est donc la science des choix dans un environnement aux ressources limitées.** Elle cherche à saisir et calculer les situations économiquement optimales, en tenant compte également des attentes sociales. Son objectif est donc de parvenir à une **allocation** efficace des ressources.

Comment fait-on société ?

Lue Relue Apprise

L'un des objectifs de la sociologie est de comprendre comment les individus s'organisent pour vivre ensemble. Il s'agit aussi de décrypter les mécanismes à l'origine de la construction du lien social.

1 Règles et institutions

● Si les individus arrivent à coexister, à coopérer et à construire des communautés humaines, c'est parce qu'ils produisent des **règles** qui organisent la vie en société et auxquelles ils doivent se soumettre. D'ordre moral ou pratique, plus ou moins impératives, ces règles peuvent être relatives au domaine social, juridique, administratif, idéologique ou religieux. Elles se divisent en deux catégories :

– les **prescriptions** (commandement, recommandation), comme « être poli » ;

– les **interdits**, comme « ne pas voler ».

● Ces règles peuvent être **formelles**, c'est-à-dire formulées explicitement sous forme de **lois** (dans le Code pénal, par exemple). Elles peuvent aussi être **informelles**, c'est-à-dire relever de **conventions** admises par les individus sans être écrites (la manière de s'habiller, par exemple). Dans ce cas, on parlera de normes.

lexique

Société : collectivité organisée d'individus régie par des règles et des institutions propres.

Normes : règles et usages informels socialement prescrits. À différencier des lois, qui sont des normes écrites formelles.

Institution : structure d'origine coutumière ou légale, faite d'un ensemble de règles, qui participe à l'organisation de la société ou de l'État.

● Or, ces règles qui permettent aux individus de vivre ensemble et donc de « faire société » ne sont pas le produit de la nature. **Ce sont les hommes qui les produisent.** Pour les concevoir, les transmettre et faire fonctionner la société, l'homme se dote d'institutions qui régulent la société à divers niveaux, comme le droit, l'État, la religion ou la famille.

● **La sociologie est la science qui étudie l'homme vivant en société.** Elle s'intéresse aux facteurs sociaux qui conduisent les individus à adopter tel ou tel comportement et cherche à comprendre le sens que les individus donnent à leur action. Son objectif est de mettre en évidence les mécanismes à l'œuvre dans la construction et le fonctionnement des sociétés, ainsi que leur évolution.

2 La création du lien social

- Pour comprendre le fonctionnement d'une société, le sociologue s'intéresse à ce qui rattache les **individus** ou les groupes sociaux les uns aux autres et permet la **cohésion sociale** et l'**intégration**.
- Pour « faire société », il faut que les individus s'associent autour de mêmes valeurs, c'est-à-dire de principes qui donnent un **sens commun** à leurs actions et leurs relations. Par exemple, la laïcité fait partie des valeurs républicaines auxquelles sont attachés les Français. L'entraide et l'amour sont des valeurs qui dominent les relations familiales aujourd'hui.
- Ces valeurs s'expriment dans des **symboles** (le drapeau pour la nation ou le mariage pour la famille) et des **pratiques communes** (le vote, les fêtes religieuses ou nationales) qui viennent rappeler que nous sommes une **communauté**. On peut parler ici de **sacralisation de la société**. C'est un moyen de renforcer les liens qui unissent les individus entre eux.
- Les individus développent des formes de **solidarité** où s'expriment des liens à travers des interactions économiques (**lien marchand**), morales (**normes** et **valeurs**) ou affectives. Ces liens peuvent être institutionnalisés à travers un cadre légal qui s'appuie sur des règles formelles, comme le code de la famille ou la fiscalité.
- Les individus éprouvent par ailleurs un besoin de **reconnaissance sociale**. L'affiliation à un groupe social permet à l'individu de se sentir lié aux autres et d'être identifié comme membre du groupe par les autres. **L'appartenance sociale est nécessaire à la construction de nos identités et donc à l'intégration.**
- Les liens entre les individus peuvent également s'inscrire dans des **coutumes** et des **traditions** sous forme de pratiques informelles, comme s'offrir des cadeaux à certaines occasions, ou de manière plus codifiée, comme les rites religieux ou civils (mariage, obsèques). Les individus ou les groupes sociaux se trouvent alors dans des **relations d'interdépendance ou de complémentarité** qui structurent la société et créent un **sentiment d'appartenance** au corps social.

Lexique

Groupe social : ensemble d'individus formant une unité sociale durable, caractérisé par des valeurs et des activités communes, des liens plus ou moins intenses ainsi qu'une conscience d'appartenir à ce groupe, et reconnu par d'autres groupes.

Valeurs : idéaux orientant la conduite des individus ou des groupes sociaux.

Rite : action accomplie conformément à des règles et faisant partie d'un cérémonial.

Comment expliquer les comportements sociaux ?

171

Lue Relue Apprise

Nos actions sont très largement déterminées par notre environnement social. La sociologie étudie les comportements sociaux, c'est-à-dire l'ensemble des manières de faire, d'agir et d'interagir des individus avec la société.

1 Des comportements sous influence

- Un comportement est dit **social** à partir du moment où :

– il se caractérise par une **dimension collective** (un grand nombre de personnes adopte ce comportement) ;
– il est **régulier** (on l'observe de façon récurrente) ;
– il est le produit de **facteurs extérieurs** à l'individu (environnement social) ;
– il est **contraignant** (les individus s'y soumettent, consciemment ou non).

- On peut distinguer ce qui relève de l'**inné** (ce qui est donné à la naissance) de ce qui relève de l'**acquis** (ce qui se construit par l'apprentissage et l'expérience) dans nos comportements :

– manger, dormir, se déplacer, se reproduire sont des **comportements innés**, qui relèvent de la nature ;
– en revanche, les goûts alimentaires, le langage, les croyances, les rapports avec les autres sont construits par nos **interactions sociales** (avec les proches, à l'école, au travail).

- L'environnement social est encadré par des **normes** et des **valeurs**. Très tôt, l'individu intègre dans ses comportements sociaux ce cadre qui s'impose, consciemment ou non, à lui. Se comporter comme une fille ou un garçon, comme un jeune ou un adulte, ne va pas de soi : il y a des **statuts** et des **rôles sociaux** à acquérir.

- Le sociologue Erving Goffman compare la vie quotidienne à un **théâtre** dans lequel l'individu est tantôt acteur, tantôt spectateur. Nous devons **jouer des rôles conformes aux attentes sociales** (le public), en fonction des situations dans lesquelles nous nous trouvons.

- Le sociologue doit **« démasquer la société »** (Pierre Bourdieu). Il doit comprendre et mettre en évidence ce qu'il y a derrière nos comportements, des facteurs les plus évidents aux variables cachées.

Lexique

Interactions sociales : réactions réciproques entre l'individu et son environnement (autres individus, institutions).

Statut social : place qu'un individu ou un groupe occupe dans la société. Cette place est souvent hiérarchisée.

Rôle social : conduite attendue par les membres de la société.

2 L'évolution des comportements sociaux

- Les sociétés traditionnelles (comme les communautés villageoises sous l'Ancien Régime) se caractérisent par une certaine **inertie des mœurs** où, de génération en génération, les comportements sont semblables. À l'inverse, nos sociétés modernes sont davantage soumises aux **changements**.

lexique

Mœurs : ensemble des pratiques sociales commune à un groupe social ou à une société.

- Si la sociologie émerge en tant que science au XIXe siècle, c'est parce que **la société subit des transformations radicales** sous l'influence des changements économiques, techniques et politiques provoqués par la Révolution industrielle (urbanisation, enrichissement, recul du religieux…).

- **Les sociétés subissent des transformations** à travers les mutations économiques, le progrès technique ou les guerres. Ces transformations conduisent les individus à **modifier leurs comportements** et à adapter les lois ainsi que les institutions qui les encadrent. Ces changements peuvent passer par de nouvelles attitudes, de nouveaux codes qui s'installent progressivement et naturellement dans nos mœurs. Cependant, ils peuvent parfois **provoquer des conflits** et s'intègrent alors dans nos pratiques par des **rapports de force** (droit à l'avortement, mariage entre personnes du même sexe).

- Les transformations de la famille, l'évolution de la place des femmes et des enfants, les pratiques religieuses, les modes vestimentaires ou musicales sont autant d'exemples de la vitesse avec laquelle **nos comportements évoluent**.

- **Certaines pratiques considérées hier comme répréhensibles (déviantes) sont aujourd'hui tolérées, voire constituent la norme.** Plus d'une naissance sur deux a lieu hors mariage aujourd'hui en France, contre à peine 10 % en 1980, et près d'un mariage sur deux finit par un divorce, divorces 4 fois moins nombreux il y a 50 ans.

- **Le sociologue analyse ces phénomènes et tente d'en déterminer les causes et les conséquences.** Il ne les juge pas, même s'il est lui-même immergé dans la vie sociale : il les étudie avec la **distance** et la **neutralité** nécessaires à toute démarche scientifique.

Comment se conquiert et s'exerce le pouvoir politique ? 172

Lue Relue Apprise

Toute société est soumise à un pouvoir politique chargé de la gouverner. La science politique s'intéresse à la manière dont on conquiert ce pouvoir, mais aussi au rapport qu'entretient l'État avec sa population et les groupes intermédiaires (syndicats, partis, associations).

1 La compétition politique en démocratie

- Dans la vie politique, la **lutte pour le pouvoir** est centrale et permanente. Si, durant de nombreux siècles, le pouvoir a été conquis par les armes, dans nos sociétés occidentales où s'est imposée la **démocratie représentative**, la compétition politique s'est pacifiée et est organisée autour d'**élections**.

- Pour conquérir le pouvoir, la compétition s'organise entre **partis politiques** qui tentent, autour d'un **programme**, de mettre en avant des idées capables de recueillir les suffrages des électeurs.

- **En démocratie, il existe des règles qui encadrent la compétition politique.** Qui peut se présenter ? Qui peut voter ? Comment sont élus les représentants ? Quelles limites doit-on poser à la liberté d'expression ?

Lexique

Démocratie représentative : une démocratie (pouvoir du peuple, par le peuple et pour le peuple) est dite représentative quand la conduite du pouvoir est assurée par des représentants élus, et non directement par le peuple lui-même.

Opinion publique : manière de penser la plus répandue dans la population. Elle est souvent mesurée par des sondages.

- D'autres forces, comme les **syndicats** ou les **associations** de citoyens, tentent de faire valoir leurs intérêts à travers des **mobilisations collectives** (grèves ou manifestations). Ces forces cherchent également le relais des **médias** pour faire connaître leurs revendications et peser sur l'**opinion publique** et les partis politiques.

- La **science politique** s'intéresse à la compétition politique. Cette discipline étudie les processus politiques mettant en jeu des rapports de pouvoir entre les individus, les groupes et l'État. Elle analyse le **fonctionnement des élections**, les **enjeux du débat public** et les **stratégies développées** par les forces politiques pour conquérir, mais aussi exercer, le pouvoir. Elle s'intéresse par exemple aux institutions, aux partis et aux comportements politiques (comportement des électeurs).

2 Un exercice du pouvoir encadré

- Le fait d'obtenir la **majorité des voix** à une élection donne de la **légitimité** à ceux qui ont conquis le pouvoir : ils incarnent la **souveraineté du peuple.** Ce pouvoir est cependant encadré par des lois.

- Un **État de droit** suppose l'existence de règles pour protéger la population de l'arbitraire. Le droit encadre donc l'action politique. Le pouvoir est soumis à des règles garantissant un contrôle de son fonctionnement et sa conformité aux principes de la société (liberté, égalité). Gouvernants et gouvernés obéissent aux lois, créées avec le consentement de la population.

> **Lexique**
>
> **État de droit :** système dan lequel la puissance publiqu est soumise au droit, au même titre que l'ensemble de la population.
>
> **Pluralisme :** système politique qui reconnaît la diversité des opinions et de leurs représentants.

- Ces lois répondent au principe de **hiérarchie des normes** : il s'agit d'un classement des règles et des lois, au-dessus desquelles se trouve la Constitution (Doc.). Ainsi, toutes les lois qu'un pouvoir souhaite créer doivent être conformes aux principes inscrits dans la Constitution.

- Ces règles permettent également de servir l'intérêt général et de dépasser les clivages particuliers tout en préservant la liberté des débats. L'action d'un gouvernement est donc soumise à des obligations (procédure, constitution) et aux critiques des opposants (droits de grève et de manifester, liberté de la presse).

- Plusieurs éléments renseignent sur la qualité de la vie démocratique : le **pluralisme** politique, le taux de participation aux élections, le niveau de culture politique de la population sont autant d'indicateurs que la science politique cherche à mesurer et à analyser.

Doc. La hiérarchie des normes

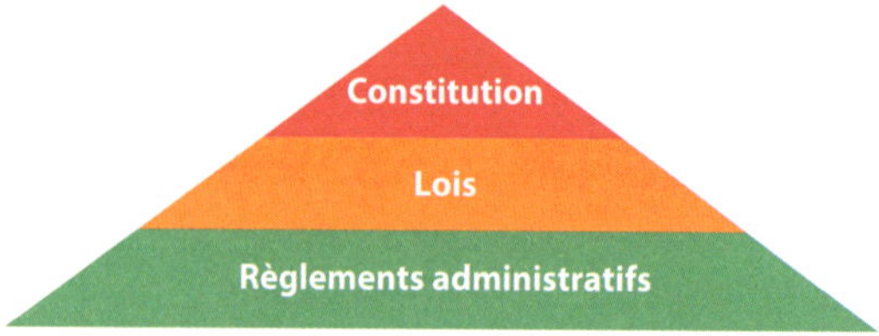

Recueillir et traiter des données

173

Lue Relue Apprise

Pour analyser les phénomènes économiques et sociaux, les économistes, sociologues et politistes utilisent des données tirées de la réalité. Pour garantir une rigueur maximale, leur collecte et leur traitement s'appuient sur des méthodes bien établies.

1 Le recueil et l'utilisation des données quantitatives

- À partir du moment où un phénomène à étudier est défini, il s'agit de le mesurer. On recueille alors des données quantitatives.
- **Pour les phénomènes économiques** globaux comme la croissance, le chômage ou le déficit public, l'économiste se tourne vers les grands organismes publics, dont la fonction est de collecter les informations et de fournir des statistiques. En France, les données économiques sont principalement fournies par l'**Insee** (Institut national de la statistique et des études économiques).

lexique

Données quantitatives : données auxquelles on peut attribuer une valeur. Elles permettent de mesurer un phénomène.

Statistiques : ensemble des données numériques concernant un phénomène quelconque.

- Pour s'approcher au plus près des réalités économiques, il convient de disposer de **sources fiables et transparentes**. Dans les pays développés, les organismes de collecte de données disposent des moyens et de l'indépendance nécessaires à ce travail. En revanche, dans les pays les plus pauvres ou soumis à des pouvoirs politiques autoritaires, ces données sont inaccessibles ou manipulées. Par ailleurs, les **activités économiques souterraines**, comme le travail au noir, ne peuvent être évaluées qu'approximativement.
- **Pour les phénomènes sociaux**, il n'y a pas d'organisation publique dédiée, car ces phénomènes interviennent dans des univers très distincts. Il faudra donc recueillir les statistiques auprès de chaque instance chargée du domaine étudié. Par exemple, le sociologue travaillera sur les données du ministère de l'Intérieur pour analyser la délinquance, ou bien sur celles de l'Éducation nationale pour mesurer l'échec scolaire.
- Pour rendre compte d'un phénomène le plus précisément possible, il faut **« faire parler » les chiffres**. On utilise alors des **outils statistiques** qui permettent de faire ressortir des informations. C'est le cas des **proportions**, de la **moyenne** ou de l'**élasticité**.

2 Le recueil et l'utilisation des données qualitatives

● **Tous les phénomènes économiques et sociaux ne sont pas quantifiables.** On recueille alors des **données qualitatives**. Un sociologue qui travaille sur le harcèlement scolaire aura besoin, en plus des statistiques, d'avoir des témoignages de victimes ou de harceleurs pour comprendre le phénomène. Pour analyser une nouvelle pratique sociale qui se développe, il lui faudra observer et écouter les acteurs de ce phénomène. C'est une **enquête de terrain**.

lexique

Données qualitatives : données auxquelles on ne peut pas attribuer de valeur (des sentiments, une opinion). Elles permettent de répondre aux questions « Comment ? » ou « Pourquoi ? ».

● Pour les économistes, la compréhension des stratégies économiques et commerciales, de l'organisation du travail ou du management passe aussi par un **travail d'observations et d'échanges** avec les acteurs concernés.

● Pour traiter ces informations, on mobilise des outils plus conceptuels, c'est-à-dire des **notions théoriques** qui aident à la compréhension d'un phénomène. En économie, le concept d'**utilité** éclaire sur les motivations des consommateurs ; en sociologie, celui de **groupe social** aide à appréhender certains phénomènes propres à une communauté.

3 L'utilisation des sondages

● Pour obtenir à la fois des données quantitatives et qualitatives, les sociologues et politistes utilisent des **sondages**. Ils élaborent des **questionnaires** en fonction des objectifs de recherches :

– pour connaître une opinion générale sur un fait social ou politique, on posera une **question fermée** (à laquelle on peut répondre par « oui » ou par « non ») ou avec des réponses préétablies (allant de « Très satisfait » à « Pas du tout satisfait », par exemple) ;

– si on souhaite connaître l'opinion de façon plus précise, on posera une **question ouverte**, laissant la personne interrogée fournir des arguments.

lexique

Sondage : enquête statistique dont le but est de connaître, à un moment précis, la manière dont se répartissent les opinions individuelles à propos d'une question donnée.

● Un sondage peut reposer sur un **échantillon représentatif** de la population (**panel**), ou bien se faire de **manière aléatoire**. Dans ce cas, il faudra un grand nombre de personnes interrogées pour s'approcher de la réalité.

Utiliser des modèles

Lue Relue Apprise

174

En SES, un modèle est une représentation simplifiée d'un système économique ou social. Il aide à étudier et prévoir le fonctionnement d'un secteur économique ou des comportements sociaux.

1 Simuler le fonctionnement d'une économie

- Un modèle est une maquette idéale de l'économie ou une **reproduction à échelle réduite** d'un secteur d'activité. Pour le construire, il faut simplifier cette réalité, en garder les traits les plus importants. Un modèle n'est donc pas une représentation parfaite de la réalité, mais une **représentation schématisée**, simplifiée, qui a pour ambition d'en montrer les principaux aspects.
- Pour les économistes, c'est l'outil mathématique qui permet de modéliser les comportements des agents en établissant des **relations entre différentes variables** (à l'aide d'une équation mathématique, par exemple).
- Pour faire fonctionner un modèle, les économistes formulent des **hypothèses de départ**. On considère par exemple que les consommateurs cherchent toujours à obtenir le plus de satisfaction possible, que les entreprises veulent réaliser le maximum de profits, etc. Les économistes testent ensuite leur modèle sur la réalité (**vérification empirique**) pour le valider, le corriger ou le rejeter.
- Au lycée, l'élève de SES doit pouvoir représenter de manière globale et simplifiée le **circuit économique** (Doc.). Il s'agit d'établir les fonctions économiques des différents agents, les relations qu'ils entretiennent entre eux et la nature de ces relations. Construire cette représentation revient à élaborer un modèle.

lexique

Variable : élément qui peut prendre des valeurs différentes au sein d'un ensemble ou d'une relation.

Hypothèse de départ : proposition visant à fournir une base à un raisonnement, à une démonstration.

Doc. Un modèle : le circuit économique

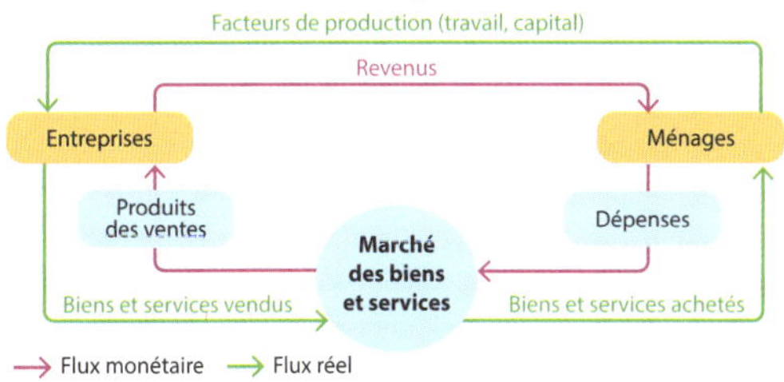

2 Décrire un phénomène ou proposer des alternatives

- Le modèle sert à **présenter un phénomène** et à **en comprendre le fonctionnement**. Par exemple, on fait travailler un ouvrier pendant 10 heures et on mesure, à chaque heure, son volume de production. On constate que son volume de production par heure augmente jusqu'à la cinquième heure, mais qu'il décroît ensuite. Il est alors possible de construire un modèle sur les liens entre temps de travail et production.
- Mais le modèle peut également servir à **simuler différents scénarios en faisant jouer plusieurs variables** : en donnant des pauses à l'ouvrier, en améliorant son confort de travail… On prévoit ainsi plusieurs possibilités et leurs conséquences à grande échelle, si on les généralise à l'ensemble des ouvriers.
- Ces modèles peuvent être utilisés à l'échelle d'un consommateur, d'une entreprise : c'est une échelle microéconomique. Mais ils peuvent aussi être construits à plus grande échelle : celle d'un secteur d'activité (le marché de l'automobile, par exemple) ou de l'économie d'un pays, voire de la planète dans son ensemble. On parle alors d'échelle macroéconomique.

Lexique

Microéconomie : approche de l'économie à l'échelle de l'agent individuel (consommateur, entreprise).

Macroéconomie : approche de l'économie à l'échelle globale, généralement d'un État.

- On peut ainsi prévoir l'évolution des ventes chez Renault, du marché de l'automobile français dans son ensemble, mais aussi les futures rentrées d'argent dans les caisses de l'État en fonction de la croissance économique qu'on a modélisée.
- **Il n'existe pas un seul modèle en économie**, mais plusieurs, qui sont parfois complémentaires et parfois en concurrence les uns avec les autres. Si les modèles diffèrent, c'est avant tout parce que les économistes n'analysent pas le système économique de la même façon, et qu'en fonction de leur analyse, ils ne vont pas nécessairement retenir les mêmes variables explicatives, et donc les mêmes hypothèses.
- Des modèles peuvent également être construits en sociologie, notamment à travers des **stéréotypes sociaux** dans lesquels le sociologue fera entrer une série de comportements types. Construire les figures du bourgeois et du prolétaire (Marx), ou encore celle du protestant (Weber), permet de réduire des catégories d'individus à des types de comportements ou de pensées afin de **comprendre des phénomènes sociaux** plus globaux (le conflit social ou le développement du capitalisme, par exemple).

Établir des corrélations et des liens de causalité

175

Lue Relue Apprise

En analysant des données statistiques, des témoignages ou des observations, on s'aperçoit que des éléments varient ensemble, qu'ils semblent liés. Existe-t-il un rapport de cause à effet entre ces éléments ?

1 Corrélations positives et négatives

- Pour tenter de comprendre un phénomène, on cherche à voir si, parallèlement à celui-ci, d'autres éléments évoluent également. On veut établir des corrélations. Pour ce faire, il faut **partir de l'hypothèse que deux variables sont liées, croiser les données**, puis **observer si ces variables évoluent ensemble**. Si aucun lien n'apparaît, c'est qu'il n'y a pas de corrélation : les phénomènes sont indépendants l'un de l'autre. Les outils mathématiques peuvent nous aider à mesurer la corrélation (**coefficient de corrélation**).

lexique

Corrélation : lien entre deux éléments qui varient ensemble.

Corrélation négative : se dit lorsque deux variables liées évoluent en sens contraire.

Corrélation positive : se dit lorsque deux variables liées évoluent dans le même sens.

- Par exemple, quand on étudie la réussite scolaire, on s'aperçoit que plus le temps passé devant un écran est important, moins les résultats à l'école sont bons. Ici, **les deux variables évoluent en sens contraire** : c'est une corrélation négative. En revanche, si on constate que plus il fait chaud, plus la consommation de glaces est élevée, on parlera de corrélation positive : **les deux éléments varient dans le même sens** (Doc.).
- Pour déterminer les causes d'un phénomène, il faut donc établir des corrélations, c'est-à-dire **mettre en lumière des liens possibles entre ce phénomène et d'autres variables.**

Doc. Le coefficient de corrélation

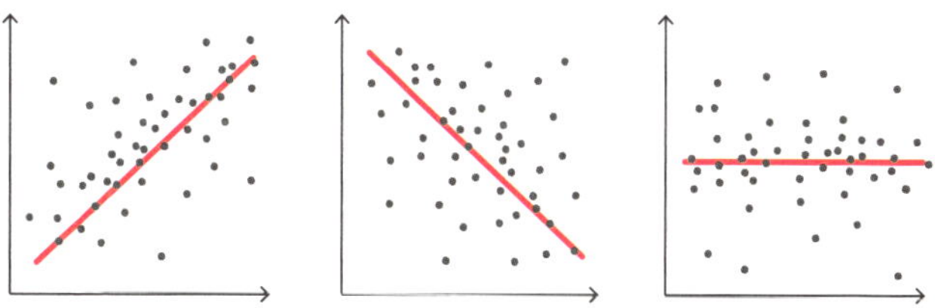

2 Corrélations et causalités : des rapports multiples

lexique

Causalité : lien qui rattach une cause à un effet.

- Il faut bien distinguer corrélation et **causalité**. Si deux éléments varient ensemble, on peut faire l'hypothèse que **la variation de l'un est la cause de la variation de l'autre**. On parlera ici d'un **lien de causalité**, à condition de pouvoir en faire la démonstration. L'espérance de vie diminue avec la consommation de tabac (corrélation) ; fumer provoque des maladies graves (causalité).
- Deux variables peuvent avoir un **lien de causalité réciproque**. L'augmentation des richesses d'un pays s'accompagne d'un niveau d'éducation moyen plus élevé (corrélation). C'est parce que le pays a les moyens pour financer la construction d'écoles et le recrutement d'enseignants : c'est l'enrichissement qui est la cause de l'amélioration du niveau d'éducation. Mais on peut également envisager que le pays peut s'enrichir parce que le niveau d'éducation est meilleur : on inverse alors la causalité. Établir un lien ne renseigne pas sur le sens du lien : quel élément est la cause, lequel est l'effet ? Dans l'exemple pris, **les deux variables sont à la fois cause et effet** (relation de réciprocité).
- Parfois, deux éléments semblent liés (corrélation), mais l'explication (causalité) est ailleurs. On parle alors de **variable cachée**. Le journal *Le Monde* a publié en 2018 une enquête sur les prénoms dont les porteurs obtiennent une mention Très bien au bac. 25 % des Garance et 18 % des Augustin obtiennent la mention Très bien. Plus significatif encore, en 2017 et en 2018, les Juliette obtiennent le même taux de 20 % de mentions Très bien, alors que ce ne sont pas les mêmes élèves ! Il y a bien corrélation entre le prénom et la mention au bac, mais la cause n'est pas le prénom lui-même : c'est le milieu social, qui pèse sur le choix du prénom et sur la réussite scolaire.
- Il arrive également qu'on établisse un **lien de causalité indirect**. Il faut alors faire un travail d'explication. Par exemple, on observe une corrélation entre scolarisation des filles et natalité. Plus les filles vont à l'école et y restent longtemps, plus le taux de fécondité (nombre d'enfants par femme) diminue. La causalité n'est pas mécanique, directe, mais en offrant aux femmes la possibilité de s'informer et de changer de perspectives pour leur vie future, l'école participe à la maîtrise de la fécondité et au changement de représentation du rôle des femmes dans la société.

Révision EXPRESS

Les points essentiels

- L'**économie** cherche à savoir comment produire pour satisfaire au mieux les besoins de la population. Pour la **sociologie**, il s'agit de comprendre comment les individus arrivent à vivre ensemble et d'expliquer les comportements individuels et collectifs. Enfin, la **science politique** analyse les enjeux autour de la question du pouvoir.
- Pour étudier et comprendre ces phénomènes, ces disciplines vont **collecter** et **traiter des données**. À partir de ces données, on peut construire des **modèles** qui représentent la réalité de façon simplifiée ou schématisée.
- Comprendre les phénomènes économiques, sociaux et politiques, c'est **établir des corrélations**, c'est-à-dire des liens entre différents éléments qui varient ensemble, puis **montrer les rapports de cause à effet** (causalité) entre ces éléments.

Le schéma à retenir

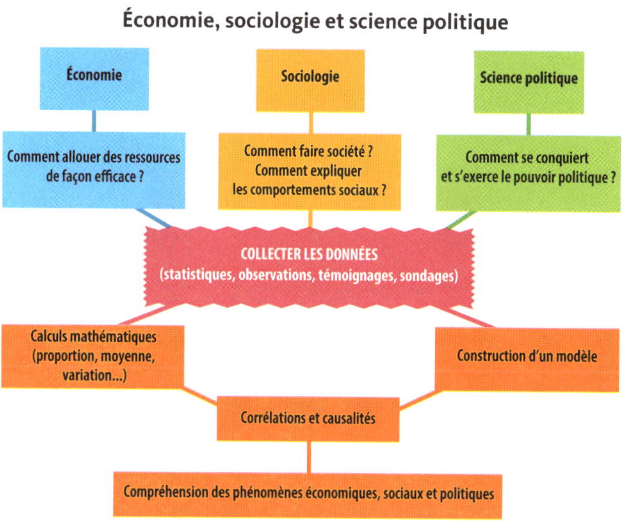

Mémo'Quiz

Vrai ou faux ? Cochez la bonne réponse.

Comment allouer efficacement des ressources rares ?

1. Nos besoins évoluent.
❏ Vrai ❏ Faux

2. En économie, toutes les ressources sont des richesses.
❏ Vrai ❏ Faux

Comment fait-on société ?

1. Toutes les normes sont des lois.
❏ Vrai ❏ Faux

2. Pour faire société, les individus doivent avoir des règles communes.
❏ Vrai ❏ Faux

Comment expliquer les comportements sociaux ?

1. La sociologie s'intéresse aux comportements innés.
❏ Vrai ❏ Faux

2. Le genre est un facteur qui influence nos comportements.
❏ Vrai ❏ Faux

Comment se conquiert et s'exerce le pouvoir politique ?

L'État de droit est une condition nécessaire à la démocratie.
❏ Vrai ❏ Faux

Recueillir et traiter des données

L'opinion publique se mesure.
❏ Vrai ❏ Faux

Utiliser des modèles

Un modèle économique est unique.
❏ Vrai ❏ Faux

Établir des corrélations et des liens de causalité

Corrélation et causalité sont synonymes.
❏ Vrai ❏ Faux

➜ Corrigés p. 525

Qui produit les richesses ? 176

Lue Relue Apprise

Les richesses sont créées par différents types de producteurs. En fonction des objectifs recherchés, la richesse créée sera de nature différente.

1 Les entreprises

● **Une entreprise est une organisation productive dont le but est de réaliser des profits.** Les entreprises réalisent l'essentiel de la production marchande, c'est-à-dire les biens et les services vendus sur le marché à un prix supérieur aux coûts de production.

Lexique

Production marchande : biens et services dont la vente permet de dégager un profit (prix supérieur aux coûts de production).

● **On distingue différents types d'entreprises selon la taille et le chiffre d'affaires :**

– les **micro-entreprises** possèdent moins de 10 salariés et ont un chiffre d'affaires inférieur à 2 millions d'euros ;

– les **petites et moyennes entreprises (PME)** possèdent moins de 250 salariés et ont un chiffre d'affaires inférieur à 50 millions d'euros ;

– les **entreprises de taille intermédiaire (ETI)** possèdent moins de 5 000 salariés et ont un chiffre d'affaires inférieur à 1,5 milliard d'euros ;

– les **grandes entreprises** possèdent plus de 5 000 salariés et ont un chiffre d'affaires supérieur à 1,5 milliard d'euros.

● **Les entreprises sont aussi classées par secteur d'activité ou statut juridique** (entreprise individuelle, SARL ou SA). Ce sont le volume d'activité, les contraintes financières ou encore le niveau de risque qui déterminent le choix du statut.

● En France, **l'écrasante majorité des entreprises sont de très petite taille (95 %)**, mais leur poids économique est plus faible que les grandes entreprises, qui ne représentent qu'à peine 0,1 % du total des entreprises mais concentrent à elles seules plus du quart des effectifs salariés.

● Certaines entreprises appartiennent à l'**économie sociale**, comme les **coopératives** (les salariés détiennent l'entreprise, sur le principe d'un individu = une voix dans les choix de gestion) et les **mutuelles** (les clients participent à la gestion en détenant des parts sociales de l'entreprise). Dans ce cas, **le profit n'est pas une finalité mais un moyen de répondre à des enjeux sociaux**, comme préserver l'emploi ou offrir des services moins coûteux.

2 Les administrations publiques

- **Les administrations publiques fournissent des biens et des services gratuits ou quasi gratuits** à la population et aux entreprises. Cette production non marchande est réalisée par des agents publics fonctionnaires ou contractuels (contrats de droit privé).

lexique

Production non marchande biens et services destinés à être offerts ou vendus à un prix très inférieur aux coûts de production.

- **Les administrations publiques interviennent à plusieurs niveaux :**

– les **administrations centrales** assurent les grandes missions de l'État, comme la sécurité (police), l'éducation ou la santé (hôpital public) ;

– les **administrations locales**, comme la commune, le département ou la région, remplissent des missions à une échelle plus locale (transports publics, voirie...).

- Le rôle des administrations publiques est de fournir à tous les citoyens des **services utiles au fonctionnement du pays** et de proposer une **égalité d'accès à des services fondamentaux**. Elles assurent également une mission de **solidarité** et de **justice sociale** (protection sociale et réduction des inégalités).

3 Les associations

- **Les associations produisent principalement des biens et des services non marchands**, mais elles peuvent aussi vendre des biens (badges, tee-shirts) et des services pour financer leur cause. C'est pour cette raison que l'on parle de **but non lucratif**.

lexique

Association : regroupement d'individus qui décident de mettre en commun des moyens afin d'exercer une activité ayant un but premier autre que leur enrichissement personnel.

- Les associations interviennent dans les loisirs, la vie politique, la défense des droits et des libertés (syndicats, partis, droits des minorités), l'humanitaire et le caritatif. Certaines opèrent à un **niveau très local** (chorale d'un village) ; d'autres agissent au **niveau national** (syndicats, Restos du cœur) ; certaines, enfin, interviennent à l'**échelle planétaire** sur des enjeux humanitaires (Médecins sans frontières) ou environnementaux (Greenpeace). Ici, on parlera plutôt d'**ONG** (organisations non gouvernementales), dont les budgets ainsi que le nombre de salariés et de bénévoles peuvent être très importants. Elles se financent à travers les dons et cotisations des membres, par les subventions qu'elles reçoivent ou par les actions commerciales qu'elles mènent.

La production dans l'entreprise 177

Lue Relue Apprise

Pour produire des richesses, les agents économiques mobilisent des ressources appelées facteurs de production. Le choix de ces facteurs obéit à des impératifs techniques, mais aussi économiques.

1 Mobiliser des facteurs de production

- **Pour produire, l'entreprise a d'abord besoin de travail**. Celui-ci peut s'exercer dans le cadre d'un statut **indépendant** (par exemple, le plombier qui fournit ses compétences à des clients à travers son entreprise individuelle) ou d'un statut de **salarié** (quand le travailleur vend ses compétences à un employeur).
- Le travail peut être **manuel** ou **intellectuel** en fonction des besoins de l'entreprise. Il peut être **qualifié** ou non en fonction des compétences attendues pour la production à réaliser. Avec le temps, **la distinction entre travailleurs manuels et intellectuels s'est affaiblie**.
- Les entreprises exploitent et transforment des **ressources naturelles** (terres cultivables, eau, forêts, gisements de minerais). Pour produire, il faut également du **capital technique**, comme des matières premières et de l'énergie (capital circulant), dont les ressources naturelles font partie, mais qui peuvent être aussi transformées en matériaux plus élaborés ou des machines et des locaux (capital fixe).
- Ces capitaux intègrent de la **technologie**, c'est-à-dire des avancées ou des innovations améliorant la performance ou la qualité des facteurs de production.

lexique

Travail : activités humaines socialement organisées dans le but de produire des richesses et donnant lieu à une rémunération.

Capital circulant : moyens de production détruits ou transformés lors du processus de production. Il s'agit principalement des matières premières et de l'énergie.

Capital fixe : moyens de production durables, matériels (machines, locaux, véhicules) ou immatériels (logiciels et brevets).

Facteurs de production : moyens de production durables, c'est-à-dire le travail, le capital et les ressources naturelles.

2 Des facteurs de production qui se combinent

- En fonction du type de production, **l'un ou l'autre des facteurs peut être dominant**. Dans un environnement hostile à l'homme (forages pétroliers en mer ou mise en orbite de satellite), une entreprise utilisera principalement des machines. Inversement, des productions artistiques ou des soins psychologiques font appel quasi exclusivement au travail humain.

- Dans d'autres cas, le recours à du capital exige le recrutement d'un travailleur. Une entreprise de transports routiers, lorsqu'elle mobilise un camion (**capital**), mobilise également un chauffeur (**travail**). Dans ce type de situations, on dit que **les facteurs de production sont complémentaires**.
- Enfin, de nombreuses productions sont réalisables aussi bien par des machines que par des travailleurs. On parle alors de **facteurs de production substituables**. Le travailleur peut être remplacé par une machine, et inversement. Par exemple, le progrès technique dans l'agriculture a permis de substituer du capital au travail. Autrement dit, le travail humain dans les exploitations agricoles a reculé au profit de l'utilisation de machines.

3 Chercher la meilleure combinaison productive possible

- Si plusieurs combinaisons productives sont possibles, **l'entreprise va opter pour celle qui, à niveau de production égal, coûte le moins cher**. Ainsi, on observe que pour produire un même bien, certaines entreprises profiteront d'une main-d'œuvre peu coûteuse dans un pays où les salaires sont bas, tandis que d'autres préféreront utiliser une production robotisée permise par des machines coûteuses mais aux rendements très élevés.

Lexique

Combinaison productive : proportion de capital et de travail utilisée pour produire.

Productivité : rapport entre les quantités produites et les moyens utilisés (travail et capital). La productivité mesure l'efficacité des facteurs de production.

- Le choix de combinaison des facteurs de production, quand ceux-ci sont substituables, suppose donc de **connaître le coût du travail** (salaire et charges sociales) **et du capital** (coûts d'investissement et entretien), mais aussi leur productivité respective.
- **Certaines productions n'obéissent pas à ces impératifs économiques.** Certains agents économiques, comme l'État ou les associations mais également des entreprises, peuvent viser des objectifs d'intégration de populations fragiles ou discriminées (handicap, chômage de longue durée...) et choisir des travailleurs moins productifs. On peut également trouver des situations où le choix se fait sur le prestige ou l'image plutôt que sur le calcul économique.

Comment mesurer les richesses créées ?

178

Lue Relue Apprise

Mesurer la richesse créée par les entreprises, les administrations et les associations, c'est connaître réellement la richesse disponible à l'échelle d'une nation, notamment pour son partage et son utilisation.

1 La valeur ajoutée marchande

- **La valeur ajoutée marchande correspond à la richesse créée principalement par les entreprises.** On cherche à mesurer ici ce que l'entreprise a apporté en plus, par son activité, à l'économie (Doc.). Ce sont les richesses nouvellement produites.
- Pour produire, une entreprise a besoin de matières premières, d'énergie ou de services que d'autres entreprises ont produits. Ces ressources, nommées **consommations intermédiaires** (ou capital circulant), doivent donc être ôtées de ce que l'entreprise a produit. Par exemple, une entreprise produisant des automobiles ne produit pas l'acier de la carrosserie : elle l'achète à une autre entreprise. On ne doit donc pas le compter deux fois dans la **valeur ajoutée**.
- **Pour calculer la valeur ajoutée**, on part du **chiffre d'affaires**, c'est-à-dire de la valeur de la production vendue (prix × quantités vendues), duquel on soustrait les consommations intermédiaires. Par exemple, une entreprise qui vend une chemise 20 € et qui, pour la produire, aura acheté à une autre entreprise 5 € de fils et de tissus et consommé 1 € d'électricité pour ses machines aura créé 14 € de valeur ajoutée (20 – 6).

Lexique

Valeur ajoutée : chiffre d'affaires – consommations intermédiaires.

Chiffre d'affaires : quantités vendues × prix de vente. On parle également de recettes.

Doc. Valeur ajoutée par branche d'activités en France en 2017

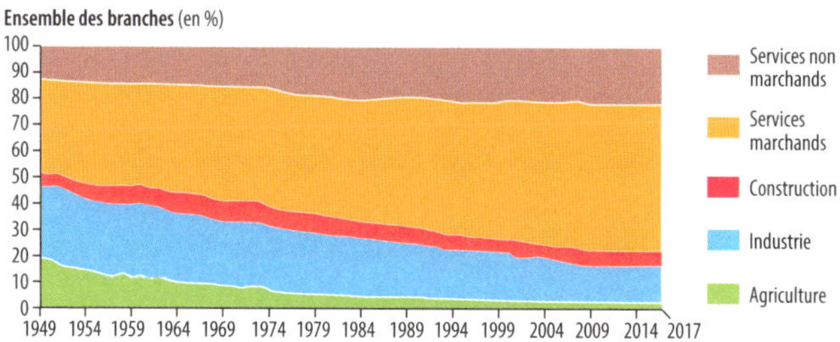

Champ : France.

Source : Insee, comptes nationaux - base 2014.

2 La valeur ajoutée non marchande

- **Les services non marchands**, produits notamment par les administrations, **ne donnent pas lieu à une vente.** Ils sont gratuits ou quasi gratuits. Ils sont cependant sources de richesse pour la collectivité.
- Sans valeur marchande, on les évalue à leurs **coûts de production**, principalement les salaires versés aux agents qui les produisent. Par exemple, un enseignant créera comme richesse, pour une heure de cours, son salaire et l'énergie nécessaire aux outils qu'il utilise, à l'éclairage et au chauffage de la salle.

3 Une richesse dont on tire des revenus

- **Ce sont le capital et le travail qui, associés, permettent de créer la richesse.** Ceux qui fournissent ces deux facteurs vont être rémunérés et recevoir une partie de la valeur ajoutée. Ce partage correspond à la **répartition primaire** des revenus.
- La richesse est un **flux** quand l'activité économique la crée. Elle devient un **stock** quand elle est conservée (épargne ou stock de marchandises).
- Aux travailleurs vont les **salaires**, mais aussi les primes et les avantages (mutuelle, frais de transport). Au capital revient le **bénéfice**, qui servira à payer les propriétaires de l'entreprise (comme les dividendes pour les actionnaires), à investir ou à être épargné. Ce bénéfice correspond au chiffre d'affaires duquel on retire les sommes dépensées pour produire.

Lexique

Bénéfice : chiffre d'affaires – coûts de production (ensemble des dépenses et des charges associées à la production). On parle également de profit ou d'excédent brut d'exploitation.

- **Le partage de la valeur ajoutée peut être conflictuel** car il est difficile d'estimer ce qui, du facteur travail ou du facteur capital, a le plus contribué à la création de richesses. Les deux facteurs s'associent et s'entremêlent pour produire : ils sont interdépendants. Sans accords, c'est le **rapport de force** au sein des luttes sociales (grèves, négociations) qui fera évoluer la part de la valeur ajoutée qui ira aux salaires et la part qui ira aux profits (bénéfices).
- **La rémunération des producteurs de richesses non marchandes** (les services de l'État) **passe par l'impôt**, car les services sont gratuits et ne donnent donc aucune recette.

Mesurer la richesse et la croissance à l'aide du PIB

179

Lue Relue Apprise

Le PIB (produit intérieur brut) est un outil qui permet de mesurer la richesse créée et la croissance économique d'un territoire sur une période donnée.

1 Le PIB : un outil central dans la mesure de la richesse

- **Le PIB correspond à la somme des valeurs ajoutées marchandes et non marchandes.** Il mesure la richesse créée par l'ensemble des agents économiques durant une année sur un territoire donné. Pour être précis, il faut y ajouter la TVA et les droits de douane.
- **Tous les agents économiques présents sur le territoire entrent dans le calcul du PIB.** La production des usines du constructeur automobile japonais Toyota présentes en France entre donc dans le calcul du PIB français. À l'inverse, une société française produisant à l'étranger sera exclue du calcul. **Les entreprises étrangères implantées en France participent au PIB français**, contrairement aux entreprises françaises implantées à l'étranger.

lexique

TVA : taxe sur la valeur ajoutée. Il s'agit d'un pourcentage appliqué par l'État sur l'ensemble des prix des biens vendus. La TVA est payée par le consommateur final.

Droits de douane : taxes fixées par un État ou une communauté d'États (Union européenne) qui s'ajoutent au prix des produits importés à l'entrée du territoire.

2 PIB et niveau de vie

- **Le PIB par habitant** (appelé aussi PIB par tête) **permet d'avoir une mesure plus précise du niveau de vie.** En effet, le PIB calcule un volume global de richesse qui, dans certains cas, peut être très important. Par exemple, le PIB de la Chine est de 13 000 milliards de dollars en 2017, alors que celui de la France est de 2 700 milliards. Or, une fois rapporté à la population, le PIB par habitant de la Chine n'est plus que de 16 700 dollars, alors que celui de la France se situe à plus de 40 000 dollars.
- Il faut noter que **le PIB par habitant indique un niveau de vie moyen, qui peut masquer d'importantes inégalités**. C'est le cas notamment dans les monarchies pétrolières (Qatar, Arabie saoudite) qui, avec un PIB par tête très élevé, se révèlent être des nations très inégalitaires du fait d'une concentration importante des richesses autour de quelques familles, laissant une large population dans la précarité.

lexique

PIB par habitant : PIB / population totale. Il s'agit d'une richesse moyenne par habitant. C'est un indicateur de niveau de vie.

3 Mesurer la croissance à l'aide du PIB

● **Le PIB permet de calculer la croissance économique**, c'est-à-dire d'estimer dans quelle proportion (en %) les richesses s'accroissent dans le temps.

● Mesurer la croissance économique revient à trouver le taux de variation du PIB (on parle également de taux de croissance). Il se calcule de la manière suivante : T = (PIB de l'année d'arrivée – PIB de l'année de départ) / PIB de l'année de départ × 100. Le taux de variation s'exprime en %. Si T > 0, c'est une **augmentation**. Si T < 0, c'est une **baisse**.

Lexique

Taux de variation : mesure de la variation relative entre deux valeurs sur deu[x] périodes différentes.
T = (valeur d'arrivée – vale[ur] de départ) / valeur de dépa[rt] × 100.

● Les économistes doivent enlever du PIB les effets de l'**inflation** (augmentation des prix). Il faut pouvoir mesurer l'**augmentation réelle** (en volume) des richesses.

● Pour un pays comme la France, dont le PIB en 2018 dépasse les 2 600 milliards d'euros, une croissance de 1 % sur une année équivaut à une richesse supplémentaire de 28 milliards d'euros disponible pour le pays.

● **Toutes les richesses créées ne sont pas prises en compte dans le calcul du PIB** :

– les **productions domestiques** (activités ménagères, potager...) **et bénévoles** qui ne donnent lieu à aucune rémunération ne sont pas prises en compte. Les sociétés traditionnelles ou plus pauvres développent des systèmes d'entraide ou d'échange de services qui ne se traduisent pas par un paiement, alors que les pays riches et développés font davantage appel à des prestataires de services marchands qui fixent un prix pour le même service (ménage, assistance maternelle, entretien des jardins...) ;

– l'**économie non déclarée** (travail « au noir ») et les **activités souterraines** (trafics de produits ou services illicites) n'apparaissent pas dans le calcul du PIB. Il suffit qu'un pays légalise la vente de drogues ou la prostitution pour qu'automatiquement son PIB s'élève.

● Quoi que l'on pense de ces activités, elles sont toutes **créatrices de richesses** pour les individus ou la collectivité. Pourtant, de par leur nature, elles sont ignorées dans le calcul du PIB.

La croissance : les grandes tendances mondiales

180

Lue Relue Apprise

La croissance économique est un phénomène déjà ancien pour les pays occidentaux : elle s'étend sur plusieurs siècles. Même si elle est instable, elle concerne aujourd'hui une grande partie de la planète.

1 Deux siècles de croissance…

- **À la fin du XVIIIe siècle, un premier pays connaît un décollage économique : l'Angleterre.** La diffusion du progrès technique, l'usage croissant des machines et l'apparition de nouveaux moyens de transports permettent des **gains de productivité** importants, faisant baisser les prix et augmenter les profits.
- **À partir du milieu du XIXe siècle, la croissance s'installe** partout en Europe, ainsi qu'aux États-Unis et au Japon. C'est la **Révolution industrielle**.
- C'est durant la période allant de l'après-Seconde Guerre mondiale jusqu'aux années 1970 que **les pays occidentaux connaissent l'expansion économique la plus importante de leur histoire**. Cette période est appelée en France les **Trente Glorieuses**.
- **À partir des années 1980, ce sont les pays dits émergents**, comme la Chine, l'Inde ou le Brésil, **qui connaissent à leur tour des taux de croissance inédits**, poussés par la mondialisation et le rattrapage économique.

Lexique

Gains de productivité : augmentation de l'efficacité du processus productif. On produit autant, voire plus, en utilisant une quantité moindre de facteurs de production.

Expansion : phase de croissance économique soutenue et durable.

2 …ponctués de périodes de crises

- Si la tendance sur le long terme est à l'augmentation générale des richesses, **des périodes de recul économique surviennent**, provoquées notamment par des **crises**.
- De 1873 à 1896, puis dans les années 1930 (krach de Wall Street), **le monde est touché par des dépressions économiques** durant lesquelles le PIB recule nettement.
- Après un ralentissement notable au milieu des années 1970 (double choc pétrolier), c'est en 2008, suite à la **crise des subprimes**, que **l'ensemble des pays de la planète sont à nouveau touchés par la récession**.

Lexique

Crise : dégradation brutale de l'activité économique qui se traduit par un fort ralentissement de la croissance, voire un recul du PIB.

Crise des subprimes : crise financière qui débute en 2008 aux États-Unis par l'effondrement du marché de l'immobilier.

Récession : période de ralentissement ou de recul temporaire de l'activité économique.

3 Une croissance inégale…

- Avec un PIB de plus de 2 500 milliards d'euros, la France a un PIB par habitant d'environ 38 000 euros. Mais derrière cette moyenne, **il existe des inégalités importantes**.
- D'une part, **au niveau des salaires** : si le salaire mensuel net moyen en France est de 2 300 euros, le salaire médian n'est que de 1 710 euros. 5 % des salariés gagnent plus de 5 000 euros par mois, 1 % plus de 10 000 euros.
- Mais c'est surtout du côté des **actionnaires des grandes entreprises** que les rémunérations impressionnent. Par exemple, Bernard Arnault, propriétaire du groupe de luxe LVMH, touche chaque année environ 700 millions d'euros de dividendes.
- Enfin, **une part croissante de la population ne vit que de minima sociaux**. Cette population, qui représente plus de 7 millions d'individus (12 % de la population), reçoit 1,2 % du PIB.

lexique

Salaire médian : niveau de salaire qui partage une population en deux parties équivalentes.

Dividendes : revenus tirés de la possession d'actions d'entreprises. Ils découlent pour l'essentiel des profits réalisés par l'entreprise.

Minima sociaux : ensemble des revenus minimaux versés aux personnes en situation de précarité (RSA, minimum vieillesse, allocation adulte handicapé).

4 …qui pèse sur l'environnement

- Modèle dominant depuis les Trente Glorieuses, **la production de masse**, à laquelle répond une consommation de masse, **s'est développée à l'échelle mondiale**.
- Avec l'émergence de zones densément peuplées et le rattrapage économique, combinés à une généralisation du mode de vie occidental, on observe des **tensions importantes sur les ressources naturelles** (eau, forêts, biodiversité…).
- Notre modèle de croissance s'appuie encore largement sur les **énergies fossiles** (pétrole, gaz, charbon) **émettrices de GES** (gaz à effet de serre). Ces émissions croissantes entraînent un **dérèglement climatique** qui met en péril certaines zones du globe (montée des eaux, sécheresses, cyclones).
- Aujourd'hui, de nombreuses voix s'élèvent en faveur d'une croissance soutenable qui réduirait notre empreinte écologique et freinerait le réchauffement climatique. Selon les critères retenus, **il faudrait 1,7 planète pour absorber notre mode de consommation actuel**.

lexique

Croissance soutenable : modèle de croissance assurant aux générations futures les capacités de satisfaire leurs besoins et de maintenir leur bien-être.

Empreinte écologique : mesure de la surface nécessaire pour produire les ressources et absorber les déchets d'un groupe humain.

Qu'est-ce qu'un marché ?

☐ Lue ☐ Relue ☐ Apprise

Nous pouvons considérer que l'économie de marché s'est imposée. Mais il faut distinguer le marché en tant qu'outil théorique des marchés particuliers. Il n'y a pas un seul marché, mais des marchés.

1 Le marché, un mode de régulation de l'activité économique

- Le marché est le **lieu de rencontre de l'offre** (vendeurs) **et de la demande** (acheteurs), qui conduit à la formation d'un prix.
- Les vendeurs (l'offre) souhaitent vendre le plus cher possible pour maximiser leurs gains, alors que les acheteurs (la demande) cherchent à payer le moins possible pour satisfaire leurs besoins. **Le marché permet de trouver un point d'équilibre où l'offre est égale à la demande** grâce à la flexibilité du prix. Grâce au marché, des intérêts divergents deviennent compatibles.
- Pour le libéralisme économique, le marché est le moyen le plus sûr d'orienter les conduites des agents vers la situation optimale pour l'économie. Selon cette doctrine, la **régulation de l'économie par le marché** doit l'emporter sur l'intervention de l'État.

Lexique

Marché : lieu fictif ou réel où se rencontrent l'offre et la demande pour donner naissance à un échange.

Flexibilité du prix : capacité du prix à varier librement en fonction de l'offre et de la demande.

Libéralisme économique : doctrine selon laquelle les libertés économiques (propriété privée, liberté d'entreprendre, libre-échange) sont souhaitables.

2 La multiplicité des marchés

- **Il y autant de marchés que de biens et de services à échanger.** Le marché se matérialise parfois dans certains lieux : le **marché du centre-ville,** par exemple, est un lieu de rencontre entre vendeurs et acheteurs. D'autres sont plus spécialisés, comme la **criée aux poissons** dans les ports de pêche où, chaque jour, en fonction des quantités de poissons de telle ou telle espèce, les prix peuvent varier fortement.
- **Certains marchés proposent d'échanger des services.** Les marchés du tourisme, du loisir et de la livraison sont des marchés en croissance, où la concurrence entre offreurs est importante pour répondre à une demande en expansion.

Lexique

Concurrence : structure d'un marché qui se caractérise par une pluralité d'entreprises en compétition les unes avec les autres pour bénéficier de la préférence des consommateurs.

- **D'autres marchés ont un fonctionnement plus spécifique**, comme les **ventes aux enchères** où les produits offerts sont souvent uniques et où seuls les acheteurs font grimper le prix.
- Enfin, **les marchés les plus importants sont divisés en « sous-marchés »**. On parlera par exemple du **marché de l'automobile**, qui ne se matérialise dans aucun lieu unique et se subdivise en différentes catégories (marché du neuf, de l'occasion, des citadines ou des SUV). C'est le même principe pour le **marché de l'immobilier** ou le **marché du textile**.
- **Il n'y a pas que les biens et les services qui s'échangent sur les marchés** : on parle également de marché pour le **travail**, les **devises** et les **capitaux financiers**. En théorie, ils fonctionnent comme les autres marchés, mais en pratique, ils peuvent être encadrés par des règles particulières.

3 Monopole et pouvoir de marché

- **Tous les marchés ne sont pas soumis au même niveau de concurrence** (Doc.) :

– certains marchés sont dominés par quelques **producteurs** de très grande taille, comme dans l'aéronautique (Airbus et Boeing), voire un seul producteur, comme pour les jeux d'argent (la Française des jeux). On parle alors de **tendance au monopole** ;

– d'autres secteurs sont dominés par le poids de quelques **demandeurs**. C'est notamment le cas dans l'agroalimentaire ou la grande distribution pour les producteurs agricoles (Nestlé, Lactalis, Carrefour).

- Dans les deux cas, les agents en faible nombre et de taille importante peuvent peser sur le marché. Ce **pouvoir de marché** leur permet de fixer le prix : on dit qu'ils sont ***price maker***.

Doc. **Les principales formes de marché**

Acheteurs \ Offreurs	Un seul	Un petit nombre	Un grand nombre
Un seul	Monopole bilatéral	Monopsone contrarié	Monopsone
Un petit nombre	Monopole contrarié	Oligopole bilatéral	Oligopsone
Un grand nombre	Monopole	Oligopole	Concurrence pure et parfaite

Comment se détermine l'offre sur un marché ? 182

Lue Relue Apprise

Le niveau des quantités offertes par les producteurs sur un marché dépend de plusieurs facteurs. Les coûts de production et le prix du marché sont déterminants pour fixer la courbe d'offre.

1 L'influence du coût de production sur l'offre

- Le premier élément que le producteur doit connaître est son **coût de production**, appelé aussi prix de revient.
- Ce coût de production est composé de divers éléments :

– des coûts fixes qui restent stables quel que soit le niveau de production. Le loyer d'un restaurant, par exemple, est le même qu'il serve peu ou beaucoup de repas ;

– des coûts variables qui dépendent, eux, des quantités produites. Ce même restaurant devra dépenser en ingrédients ou en énergie (électricité, gaz) autant qu'il aura à servir de repas.

lexique

Coût fixe : coût qui ne varie pas proportionnellement à la production. Il progresse par palier. L'achat d'une machine représente un coût fixe jusqu'à ce qu'elle soit utilisée au maximum et qu'on doive en acheter une nouvelle.

Coût variable : coût qui varie selon le niveau d'activité. Les matières premières sont des coûts variables.

- Une fois ses coûts connus, et compte tenu du prix du marché, le producteur sait à partir de quel chiffre d'affaires il couvre ses dépenses. Il détermine ainsi son **seuil de rentabilité**, c'est-à-dire le niveau de production ou de prix à partir duquel les recettes couvrent l'ensemble des coûts de production. En dessous de ce seuil, l'entreprise fait des pertes. Au-delà, elle réalise des bénéfices.

2 Le lien entre prix du marché et offre

- **Dans un marché concurrentiel, il y a plusieurs offreurs.** Sur un même marché, le producteur doit tenir compte des prix proposés par ses concurrents. On dit qu'il est **preneur de prix** : en situation de concurrence, **le prix s'impose à tous les producteurs**. Par exemple, si tous les vendeurs de kebabs d'une ville proposent un prix à 6 €, personne ne pourra vendre les siens à 7 €, car aucun client n'aura d'intérêt à les lui acheter à ce prix.
- Tant que le prix est supérieur à ses dépenses, le producteur est incité à produire davantage pour augmenter ses gains. **L'offre est donc une fonction croissante du prix** : plus le prix augmente, plus les quantités offertes augmentent elles aussi (Doc.).

Comment se détermine l'offre sur un marché ?

● Prenons l'exemple des pêcheurs : pêcher du poisson a un coût (chalutier, carburant, marins-pêcheurs). Si le poisson est abondant et facile d'accès, les coûts seront peu élevés. À mesure qu'il se raréfie sous l'effet d'une consommation croissante, son prix augmente. Cette augmentation du prix permet au producteur d'aller pêcher des espèces plus lointaines, plus profondes ou plus techniques à exploiter : **il augmentera donc son offre**. Si le prix vient à baisser, il cessera d'exploiter les bancs de poissons dont les coûts de production sont supérieurs au prix de vente : **il réduira son offre**.

● **Si une entreprise a des coûts de production unitaires supérieurs au prix du marché, elle fera des pertes** et finira par faire faillite. C'est ainsi que le marché, par les mécanismes de la concurrence, oblige les producteurs à chercher les coûts de production les plus bas possibles pour être rentables ou accroître leur marge bénéficiaire. Pour les libéraux, c'est l'une des principales vertus de l'économie de marché.

● Toutes les entreprises, pour réduire leurs coûts, cherchent à réaliser des **gains de productivité** (innovations) permettant aux consommateurs de bénéficier de produits toujours moins chers et donc d'accroître leur satisfaction. C'est un système en théorie très dynamique.

Doc. **La courbe d'offre**

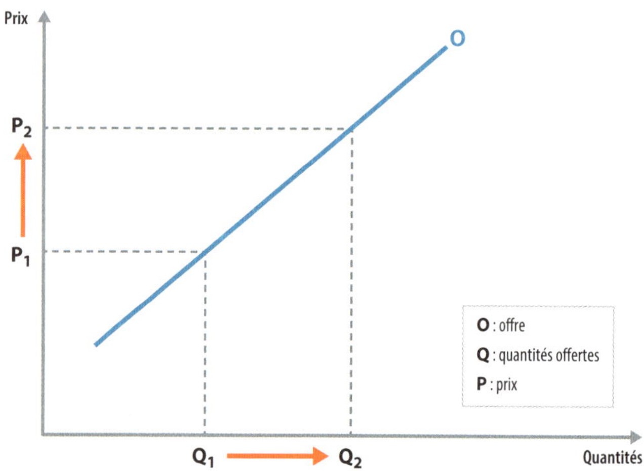

Comment se détermine la demande sur un marché ? 183

Lue Relue Apprise

Le volume des quantités demandées dépend de plusieurs variables. L'utilité, le prix et le revenu déterminent le choix du consommateur.

1 L'utilité du consommateur

- **L'utilité peut se traduire par la satisfaction que ressent un individu quand il consomme un bien.** Elle est liée à la notion de besoin ou d'envie.
- En théorie, plus nous consommons un bien, plus la satisfaction ressentie baisse. En pratique, la rapidité avec laquelle la satisfaction diminue diffère selon les biens et selon les goûts des individus. **L'utilité du consommateur est donc propre à chacun**, même si les phénomènes de mode ont également une influence.

2 Demande et variation du prix

- Si l'utilité du consommateur décroît à mesure qu'il consomme un bien, il sera moins enclin à payer le même prix pour un produit qui lui procure moins de satisfaction. **La demande est donc une fonction décroissante du prix** (Doc.).
- En revanche, si le prix baisse, le consommateur sera incité à consommer davantage, puisque **la baisse de son plaisir est compensée par la baisse du prix**.
- On peut mesurer le niveau de variation de la demande en fonction des variations du prix à l'aide de l'**élasticité de la demande par rapport au prix**. Une **forte élasticité** correspond au fait qu'une variation du prix entraîne une variation proportionnelle de la demande. C'est par exemple le cas pour les soldes sur les produits de luxe, ou pour les promotions sur les vols des compagnies aériennes.

Lexique

Élasticité : mesure de la sensibilité de la demande à une variation du prix ou du revenu. Pour la calculer, on rapporte la variation de la demande à la variation du prix ou du revenu.

Doc. La courbe de demande

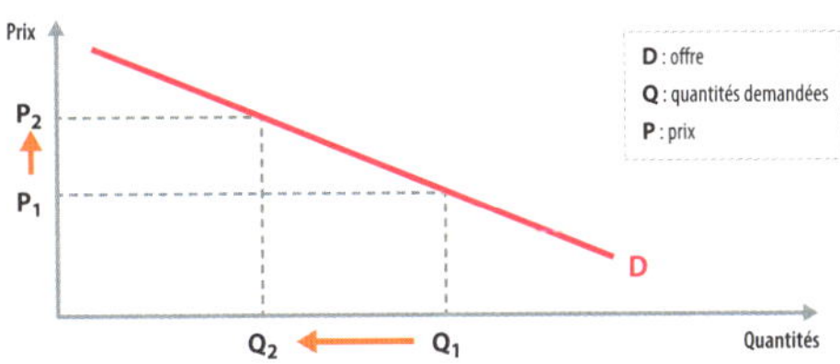

3 Demande et variation du revenu

- Notre niveau de consommation est fixé par le revenu dont nous disposons (contrainte budgétaire). **Le niveau de la demande dépendra donc des ressources du consommateur.** Associé aux prix, il détermine notre pouvoir d'achat.

lexique

Pouvoir d'achat : capacité d'un agent à consommer en fonction du revenu dont il dispose.

- Quand les premières automobiles arrivent sur le marché au début du xxe siècle, elles sont coûteuses et la demande est limitée aux catégories les plus fortunées de la population. Avec les procédés industriels développés par Ford, le prix d'une automobile chute et on observe les premiers embouteillages dans les villes américaines. C'est bien la **baisse du prix** conjuguée à l'**augmentation des revenus** et au **désir collectif** de posséder une automobile qui feront exploser la demande au cours du xxe siècle.

- Cependant, la demande ne varie pas proportionnellement au revenu, car tous les biens ne procurent pas les mêmes satisfactions. Nous serions donc prêts à sacrifier plus ou moins de notre revenu **en fonction de l'utilité qu'un bien nous procure**.

- Si ses revenus augmentent, le consommateur ne va pas consommer davantage de sel ou d'huile (bien inférieur). En revanche, il sera davantage tenté d'aller plus souvent au cinéma, ce qui lui procure plus de plaisir (bien supérieur). Ces variations de la consommation par rapport au revenu se mesurent par l'**élasticité de la demande par rapport au revenu**.

lexique

Bien inférieur : bien dont la quantité consommée diminue avec le revenu.

Bien supérieur : bien dont la quantité demandée augmente plus vite que le revenu (ex. : biens culturels).

- Les économistes nomment ce phénomène la **loi d'Engel**, du nom d'un statisticien allemand du xixe siècle. Cette loi montre que plus notre revenu augmente, plus la part consacrée à l'alimentation baisse et plus la proportion allouée aux consommations secondaires puis tertiaires (équipement, habillement, santé, éducation) augmente.

- Enfin, l'existence de **biens de substitution** (remplacer la viande de bœuf par de la volaille, par exemple), de **déterminants socioculturels** (âge, sexe, milieu social) ou le **contexte économique et social** peuvent également modifier le niveau de la demande.

Comment le prix se fixe-t-il et se modifie-t-il ?

184

Lue Relue Apprise

Sous l'influence des variations de l'offre et de la demande, le marché voit son prix évoluer. Quels sont les mécanismes régulateurs à l'œuvre ?

1 Les facteurs d'évolution de l'offre et de la demande

- Tout d'abord, il existe des **facteurs économiques** qui créent un déplacement de la courbe de demande. Le **revenu** est déterminant : lorsque celui-ci augmente, la courbe de demande pour un bien donné se déplace vers la droite (Doc.) ; pour tous les niveaux de prix, la consommation augmente.
- En outre, la **variation du prix des autres biens consommés** peut modifier la courbe de demande. L'augmentation du prix du carburant peut ainsi obliger à réduire sa consommation dans d'autres secteurs.
- Pour la courbe d'offre, le déplacement est principalement conditionné par le **coût des facteurs de production**. En effet, un prix de revient moins élevé pour le producteur l'incite à produire davantage. La courbe d'offre se déplace alors vers la droite.
- Les **changements technologiques** sont également à l'origine de déplacements. Les innovations dans l'industrie informatique et la baisse des coûts de production déplacent la courbe d'offre vers la droite (Doc.).

Lexique

Courbe de demande : représentation graphique des quantités de marchandises que les acheteurs sont prêts à acheter pour un prix donné.

Lexique

Courbe d'offre : représentation graphique des quantités de marchandises que les vendeurs sont prêts à offrir pour un prix donné.

Doc. Le déplacement de la courbe de demande

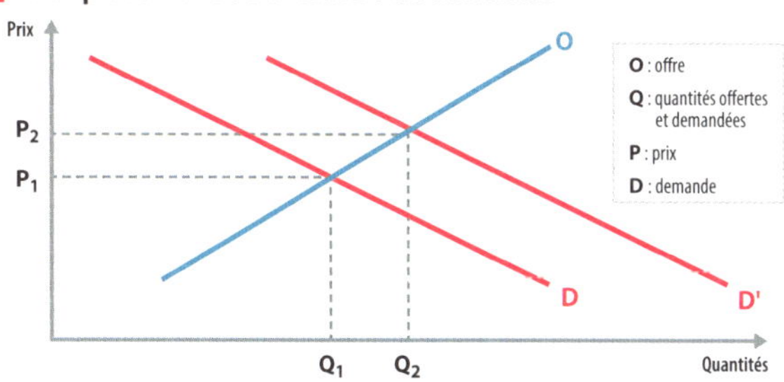

2 Marché et prix d'équilibre

- Si le niveau de la demande augmente brusquement et que le niveau de l'offre reste le même, on se trouve en situation de **pénurie**. **Le prix n'assure plus l'équilibre entre l'offre et la demande.**
- **Les consommateurs entrent alors en concurrence entre eux** et sont prêts à payer davantage pour le bien convoité. Le prix augmente jusqu'à ce que le nombre d'acheteurs disposés à payer se réduise au niveau des quantités offertes.
- **Le marché permet donc de trouver un nouveau prix** qui assure l'égalité entre offre et demande : le prix d'équilibre. Cette capacité à ajuster en permanence offre et demande par le prix fait dire que le marché est **autorégulateur** (il revient par lui-même à l'équilibre).
- Si, à l'inverse, l'offre augmente et que la demande reste identique, le prix baissera pour inciter de nouveaux acheteurs à demander le bien dans ces nouvelles conditions. **C'est la loi de l'offre et de la demande.**
- L'exemple des **ventes aux enchères** illustre bien ce mécanisme. L'augmentation du prix réduit progressivement le nombre d'acheteurs potentiels pour s'établir au niveau exact où il ne reste plus qu'un demandeur pour une offre. À l'inverse, au moment des **soldes**, les commerçants pratiquent des prix de plus en plus bas, en particulier sur les modèles les moins demandés (certaines couleurs, tailles extrêmes...), pour déstocker et accueillir les nouvelles collections.

Lexique

Prix d'équilibre : prix qui assure, sur un marché, l'égalité entre les quantités offertes et demandées. Graphiquement, c'est le point de rencontre des courbes d'offre et de demande.

Doc. Le déplacement de la courbe d'offre

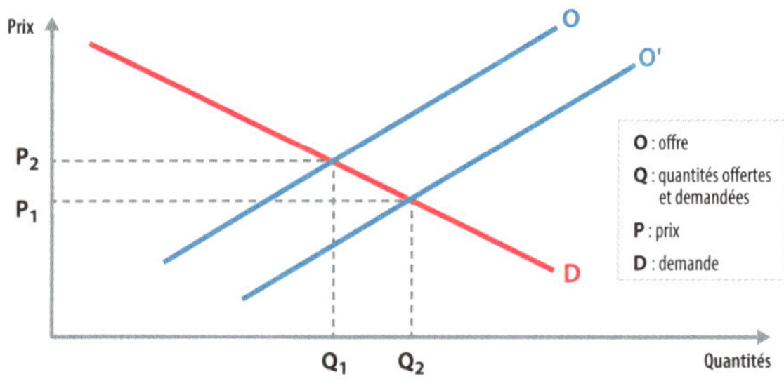

Le rôle de l'État dans la fixation du prix

Lue Relue Apprise

Pour certains biens ou services, l'État peut intervenir et influencer la fixation du prix. Quels sont les effets de l'intervention de l'État sur l'équilibre du marché ?

1 Les effets des taxes et des subventions sur l'équilibre du marché

- À travers des taxes, l'État peut **fixer un prix élevé pour dissuader les consommateurs et protéger leur santé** (tabac, alcool). Les études montrent que l'augmentation du prix du tabac est l'une des raisons du recul de sa consommation (Doc.).

- Pour protéger l'environnement, l'État a mis en place une **taxe sur les produits émetteurs de gaz à effet de serre** (GES) : la **taxe carbone**. Il s'agit d'un **impôt environnemental** proportionnel aux quantités de dioxyde de carbone (CO_2) émises lors de la production et/ou de l'usage d'un bien ou d'un service. Cette taxe peut être payée en amont sur l'utilisation des énergies fossiles par le producteur ou en aval par le consommateur. Elle cherche à **orienter les conduites des agents** qui les produisent ou qui les consomment, afin d'en réduire la production.

- C'est le principe **« pollueur-payeur »**. En augmentant le prix du bien responsable de l'émission de GES, on s'attend à ce que la demande du bien en question régresse. **On mise sur des mécanismes de marché pour protéger l'environnement**. C'est le cas d'une partie des taxes sur les carburants, qui visent à inciter les personnes à opter pour d'autres modes de transports.

Doc. Évolution du prix du tabac et de sa consommation

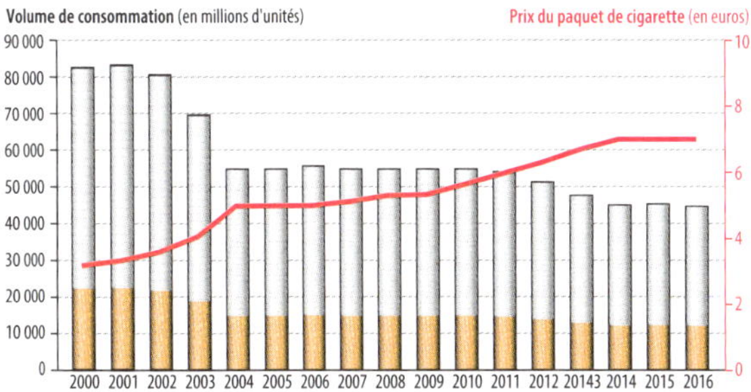

● L’État peut également **subventionner certains produits**. En versant une prime déductible du prix du produit ou des impôts, l’État incite les consommateurs à choisir des produits faiblement émetteurs de GES (principe du bonus/malus).

● Deux domaines sont privilégiés pour les **subventions** :
– l’**automobile**, pour laquelle l’État met en place des subventions afin de faciliter l’achat de véhicules électriques ou hybrides et de réduire le parc de voitures à moteur thermique ;
– l’**isolation de l’habitat**, qui fait également l’objet de larges mesures de subventions pour réduire la consommation énergétique des logements (pompes à chaleur, double vitrage).

Lexique

Subvention : aide financièr… versée par l’État justifiée p… l’intérêt général.

● L’État peut aussi subventionner les produits agricoles à l’exportation. Cette subvention permet d’abaisser le prix et donc de **renforcer la compétitivité des produits nationaux** par rapport aux concurrents étrangers.

2 Le rôle des prix planchers et des prix plafonds

● Un **prix plancher** désigne la valeur en dessous de laquelle un bien ou un service ne peut être vendu sur le marché. L’État impose ce prix minimal pour **protéger un secteur d’activité** en lui assurant des revenus acceptables. Sans ce prix, les mécanismes de marché peuvent entraîner les prix en dessous des coûts de production, ce qui condamnerait les producteurs à la faillite. On observe ce procédé en particulier dans la production agricole, où les cours des produits varient de façon très importante et aléatoire selon les récoltes et la demande des marchés.

● Un **prix plafond** désigne la valeur au-dessus de laquelle un bien ou un service ne peut être vendu sur le marché. L’État fixe un prix plafond pour **maintenir l’accès à certains biens ou services**. Il s’agit de **protéger le consommateur** de tarifs abusifs qui le priveraient de biens jugés fondamentaux. C’est par exemple le cas des loyers encadrés dans certaines grandes villes ou du prix de l’énergie (carburant, gaz) dans certains pays.

● Enfin, certains prix sont **administrés**, c’est-à-dire fixés par l’État sur tout le territoire. C’est le cas des livres (pour protéger la création littéraire et l’édition) ou des cigarettes (pour en limiter la consommation).

Révision EXPRESS

Les points essentiels

- Les **entreprises** produisent des biens et des services marchands dans un but lucratif, alors que les **administrations** et les **associations** produisent des services non marchands. Pour produire des richesses, les entreprises combinent des **facteurs de production** (**travail** et **capital**).
- La richesse se mesure par la **valeur ajoutée**. La somme des valeurs ajoutées permet de calculer le **produit intérieur brut** (PIB). L'évolution du PIB permet de mesurer la **croissance économique**.
- Le **marché** est à la fois un **lieu où se produisent des échanges** et un **outil théorique** pour les économistes. L'**État** peut intervenir sur le marché en fixant des **taxes** et des **prix planchers** ou **plafonds**.
- La **demande** dépend du revenu, des prix des autres biens et de l'utilité des agents. L'**offre** dépend des coûts de production et des nouvelles ressources.

Le schéma à retenir

La formation des prix sur un marché

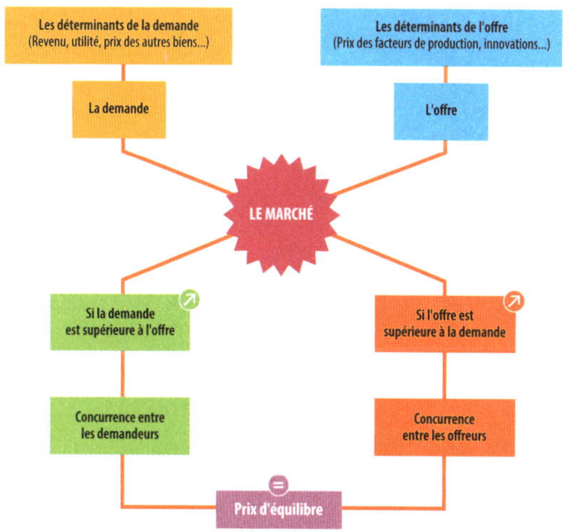

Mémo'Quiz

Vrai ou faux ? Cochez la bonne réponse.

Qui produit les richesses ?

Seules les entreprises produisent des richesses.
❑ Vrai ❑ Faux

La production dans l'entreprise

1. La combinaison productive associe travail et capital.
❑ Vrai ❑ Faux

2. La productivité mesure l'efficacité des facteurs de production.
❑ Vrai ❑ Faux

La croissance : les grandes tendances mondiales

1. La croissance réduit les inégalités.
❑ Vrai ❑ Faux

2. La croissance économique accroît l'empreinte écologique humaine.
❑ Vrai ❑ Faux

Comment se détermine la demande sur un marché ?

1. L'utilité est propre à chaque individu.
❑ Vrai ❑ Faux

2. La demande est une fonction croissante du prix.
❑ Vrai ❑ Faux

Comment le prix se fixe-t-il et se modifie-t-il ?

1. Le prix d'équilibre est égal aux coûts de production de l'entreprise.
❑ Vrai ❑ Faux

2. Si l'offre est supérieure à la demande, les prix baissent.
❑ Vrai ❑ Faux

Le rôle de l'État dans la fixation du prix

Tous les prix sont fixés par le marché.
❑ Vrai ❑ Faux

→ Corrigés p. 526

Le processus de socialisation 186

Lue Relue Apprise

La socialisation est le processus de transmission des normes et des valeurs qui rend apte l'individu à vivre en société. Comment se déroule cette transmission ? Quels sont les mécanismes à l'œuvre dans ce processus ?

1 Les fonctions de la socialisation

- **La société fournit un cadre dans lequel les individus doivent entrer.** Ce cadre est constitué de **normes** (règles et usages informels socialement prescrits) et de **valeurs** (idéaux orientant la conduite des individus ou des groupes sociaux) qui organisent nos pratiques et nos rapports sociaux.

- À l'intérieur de la société coexistent différents **groupes sociaux**. Il s'agit d'ensembles d'individus formant des unités sociales durables caractérisées par des liens internes, comme des conditions de vie communes ou des activités similaires (territoires urbains ou ruraux, communauté religieuse, niveau social…). Ces groupes sociaux développent certaines **particularités culturelles**, donnant une **marge d'interprétation** de ces normes et valeurs.

- **La socialisation ne se fait pas toujours de manière explicite.** Elle peut prendre des formes plus implicites ou inconscientes à travers les contraintes et les relations sociales auxquelles sont exposés les individus.

- L'individu doit faire l'apprentissage des normes et des valeurs pour se construire une identité sociale, rendre son comportement conforme aux attentes sociales et **s'intégrer à la société et à son groupe social**.

- Le fait de partager un modèle culturel commun, d'adhérer aux mêmes règles sociales, aux mêmes principes et de développer des comportements similaires permet d'assurer à l'ensemble de la société une certaine **cohésion**.

- **Même si la socialisation est une forme de conditionnement, il ne faut pas l'appréhender de façon trop systématique et mécanique.** Les situations sociales et l'environnement auxquels l'individu est confronté sont multiples et complexes, conduisant ainsi à faire de nous des individus semblables aux autres tout en conservant notre singularité.

lexique

Identité sociale : manière dont les individus ou les groupes se définissent par eux-mêmes et sont définis par les autres.

Modèle culturel : ensemble de manières de faire (coutume, usages), de sentir (sensibilité) et de penser (croyances, morale) propre à une collectivité humaine.

2 Les mécanismes socialisateurs

- Plusieurs mécanismes sont à l'œuvre lors du processus de **socialisation** :

– l'**inculcation,** qui est une transmission explicite et contrainte de normes et de valeurs. Elle se caractérise par des injonctions, des sanctions positives ou négatives répétées, et intervient dès le plus jeune âge (les règles de politesse). Ce mécanisme se réalise principalement à travers la famille et l'école, deux institutions qui interviennent au début de la vie de l'individu pour répondre très vite à la nécessité de s'adapter à un environnement social spécifique ;

– l'**imprégnation**, qui correspond davantage à un processus d'imitation, consciente ou non, des personnes jouant le rôle de référents ou servant de modèles auxquels l'individu socialisé s'identifie. C'est une sorte de bain culturel dans lequel l'individu est plongé régulièrement. Ce processus intervient notamment dans l'acquisition d'un certain langage, de goûts et d'opinions. Il peut aussi participer à la transmission d'attitudes corporelles. Il est particulièrement important dans la différenciation des **rôles** entre les sexes ou les âges ;

– l'**expérimentation** de situations variées, durant lesquelles la personne se socialise en intériorisant les réactions des autres à son comportement. Ici, l'individu est acteur de sa socialisation à travers ses interactions sociales. Ce mécanisme assure à l'individu la capacité de s'adapter à la diversité des configurations sociales qu'il rencontre. Il se réalise à travers des rapports de force, des jeux de séduction ou de coopération qu'impose chaque jour notre vie sociale.

Lexique

Socialisation : processus d'apprentissage des norme et des valeurs afin de permettre à l'individu de participer à la vie sociale.

Rôle : comportement attendu en fonction du statut social.

- Une fois socialisé, l'individu sera capable, de façon autonome, de participer au **jeu social** en respectant les rôles que la société lui assigne (savoir se comporter comme les autres l'attendent). Il pourra **interpréter les codes et les signaux** que les autres individus lui envoient et y répondra de la manière la plus adaptée aux cadres que la société ou son groupe social lui impose.

- Ces cadres sont plus ou moins stricts en fonction des situations dans lesquelles l'individu interagit. La socialisation lui permettra justement de mesurer les **marges de manœuvre** dont il dispose dans son comportement.

Le rôle de la famille dans la socialisation

187

Lue Relue Apprise

La famille est le premier environnement social que rencontre l'individu. C'est aussi elle qui joue le rôle le plus déterminant dans le processus de socialisation.

1 Un rôle central dans la socialisation primaire

● Les sociologues considèrent qu'**un individu se socialise tout au long de sa vie**, puisqu'il y est toujours confronté à des situations différentes (passage de parent à grand-parent, de salarié à retraité...). Ils distinguent cependant **deux grandes étapes** dans le processus de socialisation :

– la socialisation primaire, qui a lieu durant l'enfance ;

– la socialisation secondaire, qui commence à l'adolescence.

lexique

Socialisation primaire : apprentissage des normes et des valeurs qui se réalise durant l'enfance.

Socialisation secondaire : apprentissage des normes et des valeurs durant une partie de l'adolescence et la vie d'adulte.

● Pendant la première phase, **la famille est la principale instance de socialisation**. Elle transmet les **principes élémentaires de la vie en société** (langage, politesse) et intervient sur un individu vierge de toute référence. Le cadre familial est prépondérant, car l'enfance est la période où nous sommes le plus malléables.

● **Cette socialisation s'effectue au quotidien**, avec une fréquence très forte des contacts parents-enfants. Elle se réalise dans des **relations dominées par l'affection**, ce qui renforce l'intensité de ce processus.

● La famille n'est pas seulement une instance de transmission des normes et des valeurs : elle joue également un rôle de **contrôle social**. Elle détermine un **cadre culturel** dans lequel l'enfant s'intègre et se développe, qui valorise ou rejette certaines pratiques (le choix des loisirs, les pratiques religieuses...). Le **niveau de vie** intervient d'ailleurs dans l'éventail des ressources auxquelles l'enfant pourra prétendre.

● La famille intervient également dans le **contrôle des relations sociales** par les **limites** et les **règles** qu'elle impose. Que ce soit sur le lieu, les personnes ou les types d'activités, **les parents délimitent le champ des situations qui s'offre à l'enfant**. L'usage des médias, et donc d'un autre rapport au monde, fait également l'objet d'un contrôle plus ou moins strict selon les familles.

2 Une influence profonde et durable

- Pour de nombreux sociologues qualifiés de déterministes, **la famille pèse fortement sur la personnalité de l'individu**. Celui-ci intériorise un système de pensée, des goûts, des opinions et des manières d'être profondément marqués par son environnement familial.

- Le sociologue Pierre Bourdieu utilise le terme d'**habitus** pour désigner cet **ensemble d'éléments transmis et durablement acquis** par l'individu lors de la socialisation primaire. C'est à travers cet habitus que l'individu interviendra dans son environnement. Son niveau de langage, ses goûts artistiques, ses opinions politiques ou même sa manière de s'habiller seront largement influencés par la socialisation familiale. **La socialisation primaire joue donc un rôle déterminant dans la reproduction sociale.**

Lexique

Déterminisme : courant de pensée sociologique qui considère que les comportements individuels sont le produit de contraintes sociales et non du libre choix des acteurs sociaux.

Reproduction sociale : processus par lequel les positions sociales se perpétuent de génération en génération.

- D'autres sociologues, bien que reconnaissant le rôle important de la famille, considèrent que **celle-ci ne participe que temporairement à la construction sociale** de l'individu et que de multiples facteurs comptent tout autant.

- **Les prédispositions transmises par la famille vont durablement orienter l'individu dans ses comportements et ses choix.** Elles influencent les formes d'affiliation aux autres en conditionnant les goûts pour certaines pratiques, comme le sport ou la fréquentation de certains lieux (les musées, le théâtre...). On retrouve également cette influence dans l'orientation politique, où prédominent les conceptions familiales (Doc.).

Doc. Filiation politique entre les enfants et leurs parents

Filiation politique entre les enfants et leurs parents (en %)

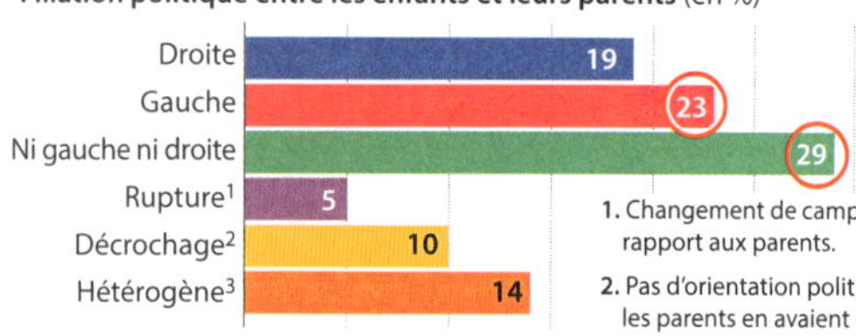

1. Changement de camp politique par rapport aux parents.
2. Pas d'orientation politique alors que les parents en avaient une.
3. Difficilement identifiable, car orientations politiques différentes chez les parents.

Lecture : 19 % des personnes interrogées partagent une idéologie politique « de droite » avec leurs parents.

Le rôle de l'école dans la socialisation

188

Lue Relue Apprise

Au-delà des savoirs et des connaissances, l'école transmet des valeurs et des normes. Elle est aussi un espace de relations sociales qui participent à la socialisation.

1 La promotion de valeurs de différentes natures

- L'école est d'abord une **institution** qui s'inscrit dans les **valeurs républicaines.** L'égalité, la justice et la laïcité sont, entre autres, des principes auxquels les citoyens sont attachés. Par ses enseignements et ses pratiques, l'école transmet ces valeurs communes.

- On retrouve dans le principe de **méritocratie** diffusé par l'école l'**idéal démocratique** : le fait de promouvoir et de récompenser les individus en fonction de leurs mérites (aptitudes, travail, sérieux...) correspond au principe de **justice** que l'école incarne.

- En offrant un service public gratuit et en traitant tous les individus de manière équivalente, quels que soient leur origine, leur religion et leur sexe, **l'école participe au renforcement de l'égalité**.

- La valorisation de l'**esprit critique**, lors de la transmission des savoirs, conduit à l'**éveil citoyen** et nourrit l'attachement collectif au principe de **liberté**.

- En créant un cadre de travail et des outils pédagogiques qui encouragent la coopération entre les élèves, **l'école participe à la promotion des valeurs d'entraide et de solidarité**.

- Par l'enseignement qu'elle propose, l'école donne un **cadre culturel** aux enfants qu'elle accueille. La langue, l'histoire, les arts sont des éléments d'un patrimoine culturel qui participent à la **construction d'une identité commune**.

- Par ailleurs, l'école impose ou valorise également des **attitudes**. Le travail, le respect, l'application, le calme sont autant de **principes** ou de **conduites** qu'elle diffuse par la parole des professeurs, les notes et les appréciations. Ces éléments sont d'ailleurs souvent repris par la famille, qui se conforme la plupart du temps aux attentes de l'école.

- Enfin, au collège puis au lycée, à travers les instances de représentation des élèves (délégués, conseils d'administration...), **l'école participe à l'apprentissage de la démocratie représentative et de la citoyenneté**.

2 Un lieu d'interactions sociales

- Davantage que la famille, **l'école offre un environnement propice aux relations sociales diversifiées**. L'enfant se confronte à ses **pairs** (les autres élèves), qui ont parfois reçu une socialisation différente de la sienne ou viennent de milieux différents.
- À l'école, l'enfant fait l'expérience de **relations variées et fondées sur d'autres liens que l'affection**. Il doit tantôt coopérer et tantôt entrer en conflit, tantôt s'effacer et tantôt s'affirmer. Cette diversité de situations lui permet d'enrichir son apprentissage social (Doc.).
- En grandissant, le rapport à l'école se transforme. Dans l'enseignement secondaire (collège/lycée), l'individu doit **s'adapter à des organisations plus complexes** (cours, horaires, matières) et **interagir avec une variété croissante d'individus** (des élèves, des professeurs, du personnel d'encadrement), qui forment autant de règles nouvelles et de rapports sociaux différents à intégrer.
- **L'école joue donc un rôle dans l'adaptation au rythme social** auquel l'enfant sera confronté une fois adulte. Elle participe à former le futur citoyen autonome, mais aussi à la socialisation sentimentale et sexuelle. C'est en cela qu'elle est d'abord considérée comme une **instance** de socialisation primaire (jusqu'au collège) et qu'elle devient par la suite un **agent** de socialisation secondaire.

lexique

Pairs : ensemble de personnes ayant les mêmes fonctions ou statuts.

Rythme social : organisation de la vie sociale autour de moments communs quotidiens (le travail, les repas, le coucher), hebdomadaires (le repos du week-end) ou annuels (les fêtes, les vacances).

Instance (ou agent) : organisation qui participe à la socialisation (famille, école).

Doc. Apprendre à considérer les autres dans ses propres conduites

Une seconde étape [est] franchie lorsque – à partir de l'entrée à l'école – l'enfant passe du jeu libre aux jeux réglementés et doit être capable « de prendre l'attitude de tout individu qui participe à la partie ». [...] Lorsque les enfants se réunissent pour « jouer à l'Indien », chacun peut interpréter les rôles comme il l'entend et se faire son propre cinéma. Mais s'ils entament une partie de foot, il faudra progressivement comprendre que chaque joueur a un « rôle organisé », que le gardien reste dans ses buts et que l'arrière doit les protéger, que l'on ne peut pas sortir du terrain avec la balle ni marquer un but avec la main (enfin...) : l'enfant devra intérioriser les règles du jeu, c'est-à-dire comprendre « que l'attitude de l'un appelle l'attitude appropriée de l'autre ».

Claude Dubar, La *Socialisation*, Armand Colin, 2011.

Le rôle des médias et des groupes de pairs dans la socialisation

189

Lue Relue Apprise

Dans sa confrontation à la société, l'individu est exposé en permanence à l'influence de médias de différentes natures et aux comportements et réactions de ses pairs.

1 Les médias et la production de modèles culturels

- Les **médias de masse**, comme la presse écrite, la radio puis la télévision, ont constitué et constituent encore, pour des générations entières, une source d'informations et de divertissements à travers laquelle l'individu reçoit une **idéologie**, des éléments de communication, mais aussi des **modèles** auxquels s'identifier.
- Que ce soit dès le plus jeune âge avec les dessins animés et les films, ou plus tard avec les séries ou les émissions de télé-réalité, l'enfant puis l'adolescent reçoivent des discours et des images plus ou moins explicites quant aux **conduites valorisées**, aux **normes esthétiques** ou aux **modes** vestimentaires et musicales.
- En choisissant les événements dont ils estiment devoir nous informer, les médias contribuent aussi à construire nos **représentations du monde**.

Lexique

Média de masse : média capable d'atteindre et d'influencer une large audience.

Normes esthétiques : ce que la société ou le groupe social définit comme beau.

Représentation : construction d'une réalité, interprétation de notre environnement.

2 De nouveaux médias qui transforment nos comportements

- **L'arrivée d'Internet et des réseaux sociaux a transformé le paysage médiatique**, ainsi que la relation de l'individu aux médias. L'individu, confronté à une source infinie d'informations, devient **acteur de ses choix**.
- On observe une **intensification** et une **individualisation** des interactions sociales. Les sites de partage, le suivi de youtubeurs, les forums et les réseaux sociaux sont autant de façons de s'interconnecter, d'interagir autour de centres d'intérêt communs. **Ces interactions diffusent des normes et des valeurs à une échelle très large et de façon rapide.**
- Les instances de socialisation traditionnelles, comme la famille ou l'école, entrent en concurrence avec ces nouveaux médias. Cette situation les pousse à s'adapter **en intégrant ces derniers à leur fonction socialisatrice**, mais aussi **en éduquant le jeune individu dans son rapport à ces nouveaux outils** (esprit critique).

3 Les groupes de pairs, entre intégration et différenciation

● Nous sommes en permanence en relation avec d'autres individus. On parle de sociabilité. Ces relations se structurent souvent autour de **groupes** au sein desquels l'individu fait l'apprentissage de la vie sociale (**intégration**), tout en construisant sa propre identité en fonction du groupe fréquenté (**différenciation**).

● Ces groupes rassemblent des individus partageant des éléments communs (âge, milieu social, préoccupations, aspirations, etc.) : ce sont des **groupes de pairs**. L'appartenance à un groupe est source d'interactions qui participent à la **construction sociale de l'individu**. Deux mécanismes sont à l'œuvre :

– l'**impératif social d'être identifié à un groupe** pour ne pas être exclu de la société ;

– l'**affirmation des choix personnels de l'individu**, les groupes de pairs étant souvent le produit d'affiliations choisies.

lexique

Sociabilité : ensemble des relations interpersonnelles entre individus. Plus précisément, la sociabilité est l'existence, entre individus, de relations sociales réelles, choisies et réciproques que les individus souhaitent entretenir.

Affiliation : fait de s'associer à un groupe, d'être en relation avec un ensemble d'individus.

4 Une socialisation soumise à de multiples influences

● Dans un monde aussi ouvert que le nôtre, **l'individu se retrouve sous l'influence de plusieurs agents de socialisation**, avec des forces qui poussent à la complémentarité alors que d'autres tendent vers la concurrence, voire le conflit.

● La sociologie montre que l'individu interagit avec son environnement de plusieurs manières. Si l'influence de la famille et de l'école est déterminante dans son devenir social, **cette influence est confirmée, nuancée ou transformée par les médias et les groupes de pairs** auxquels il s'associe.

● À l'inverse, **l'influence des médias et des pairs reste limitée par l'habitus** transmis par la famille. Les choix des sites consultés, les sports pratiqués ou la constitution de groupes d'amis sont fortement déterminés par les normes et les valeurs reçues lors de la socialisation familiale.

Une socialisation différenciée 190

Lue Relue Apprise

La société et les groupes sociaux déterminent des identités, des rôles et des statuts en fonction de certains critères. L'apprentissage de la vie sociale n'est pas le même selon le sexe et le milieu social.

1 L'influence du genre sur la socialisation

- **Dans la construction des identités sociales, le genre joue un rôle prépondérant.** On doit très tôt signifier notre sexe et intégrer les **rôles** et **statuts** qui lui sont liés.
- Au niveau de l'**apparence**, les habits, la coupe de cheveux, les bijoux doivent témoigner, entre autres, du genre de la personne.
- Nos **attitudes**, notre **manière de parler**, nos **goûts** sont en permanence ramenés par notre famille, nos pairs ou les médias à notre genre, de façon plus ou moins explicite et exigeante. Le choix des jouets et des activités sportives est à ce titre très parlant.

Lexique

Rôle : manière de se comporter attendue par la société.

Statut : position plus ou moins valorisée qu'occupe une personne dans la société.

Stéréotype : représentation caricaturale figée, idée reçue, opinion toute faite acceptée et véhiculée sans réflexion, concernant un groupe humain.

- Traditionnellement, on considère le calme, le soin, la communication ou la compassion comme des qualités féminines, que l'on valorise chez les filles, et on attend d'un garçon qu'il pratique des activités physiques, qu'il ait l'esprit de compétition et une certaine forme de courage. Il s'agit de **stéréotypes**.
- Les sociologues parlent de **naturalisation du social** : la société va conférer un caractère naturel à des aptitudes ou des manières d'être pour chacun des genres, alors que l'essentiel est construit par la socialisation. Quand Simone de Beauvoir déclare que « on ne naît pas femme, on le devient », la philosophe souscrit à cette idée de **construction d'une identité genrée**.
- De cette socialisation ressortent des **rôles attendus socialement**, qu'on retrouvera dans le choix des études et la profession, ou encore dans le partage des tâches domestiques. Certains **statuts** se créent ainsi, déterminant des **inégalités** encore importantes aujourd'hui (salaire, pouvoir économique et politique...).
- Les évolutions observées depuis les années 1980 au sein de la famille et des rôles joués par chacun de ses membres marquent cependant une relative tendance au **rapprochement des rôles ainsi que des statuts masculins et féminins**.

2 L'influence du milieu social sur la socialisation

● **Chaque milieu social se caractérise par des éléments qui le différencient des autres groupes.** C'est par la socialisation que cette distinction s'effectue, notamment par la transmission d'un **capital social** (ensemble des ressources que l'on peut mobiliser à travers ses relations, ses réseaux) et **culturel** (ensemble des ressources culturelles dont dispose un individu, comme le langage ou les connaissances artistiques).

● **Nous évoluons dans des milieux où les ressources sont inégales.** Vivre dans une famille financièrement aisée et diplômée, dans un quartier privilégié, offre des expériences différentes de celles offertes dans les milieux défavorisés.

● Le niveau de langage, les pratiques sportives et artistiques, la nature des jeux et des jouets ou encore les destinations de vacances sont autant d'éléments qui participent à la **construction de notre identité sociale**. Ils vont également opérer comme des **marqueurs sociaux**, des codes qui participent aux mécanismes de **distinction sociale**.

Lexique

Identité sociale : façon dont les individus ou les groupes se définissent par eux-mêmes et sont définis par autrui.

Code : langage ou comportement qui signale son appartenance à un groupe social.

● En agissant sur notre personnalité, l'environnement social opère une naturalisation du social. **Des aptitudes construites par le milieu sont perçues comme naturelles, innées, propres à l'individu.**

● On observe également une **ségrégation socio-spatiale** (séparation dans l'espace des différents groupes sociaux) qui favorise les relations entre les individus possédant des codes et pratiques identiques. Les sociologues parlent alors de **phénomène d'entre-soi** : les populations socialement homogènes ne sont soumises qu'à un seul cadre culturel, renforçant ainsi les mécanismes de distinction.

● Des formes de **stigmatisation** des autres groupes sociaux, à travers des représentations stéréotypées et disqualifiantes (« racailles », « bourges »...), contribuent également à **creuser le fossé culturel** entre les différents univers sociaux.

● Cette **socialisation différenciée** peut participer à des rapports de **domination** (peuple/élites, bourgeois/prolétaires), contribuer à certaines formes d'**injustice sociale** (inégalité des chances à l'école ou dans les parcours professionnels) et mettre en péril la **cohésion sociale**.

Les institutions de la Ve République

191

Lue Relue Apprise

Afin de garantir l'État de droit, les sociétés démocratiques donnent un cadre au pouvoir politique : c'est la Constitution. Elle fixe les buts et les limites des différentes institutions qui constituent le pouvoir politique.

1 Le pouvoir politique

- Le pouvoir est une relation qui permet à un individu d'obtenir un comportement souhaité d'un autre individu. Le **pouvoir politique** est une forme particulière du pouvoir, car **il s'exerce sur toute la société et par la société**.

- Le pouvoir politique a une fonction spécifique : celle d'**assurer la cohésion sociale**, l'équilibre social. Il se charge de réguler les relations sociales et d'intervenir pour éviter les conflits dans la société.

lexique

Pouvoir politique : domination exercée par une personne ou un groupe de personnes sur une société, dans le but d'organiser celle-ci.

Doc. **Un État, quatre figures**

État régalien	Les fonctions régaliennes (étymologiquement, celles du roi) sont chargées de l'ordre public : armée, police, justice. Une partie de la police est assurée par l'État central (police et gendarmerie nationales), une autre par les collectivités territoriales (polices municipales).
État-providence	Il correspond aux dispositifs publics ou parapublics mis en place pour assurer la protection des citoyens contre la maladie, le chômage, la vieillesse, et pour prendre en charge la solidarité à l'égard des plus démunis : aide au logement, allocations familiales, RSA. La Sécurité sociale est le symbole en France de l'État-providence ; elle concerne les salariés et les branches (retraite, maladie).
État éducateur	Il a été l'un des ferments de l'État-nation (à travers l'école publique et l'enseignement d'une langue unique). Aujourd'hui, le ministère de l'Éducation est le premier en termes de budget (un quart du budget de l'État).
État économique	L'État intervient dans la sphère économique par plusieurs canaux, notamment les dépenses publiques. C'est de loin le premier agent économique, du fait de ses dépenses et ressources. Cela lui donne un rôle régulateur et stabilisateur de l'activité économique. L'État est aussi un producteur (d'énergie, de transports ferroviaires ou aéronautiques) par le biais des entreprises publiques.

● **Le pouvoir politique s'incarne dans l'État** (Doc.) qui, en plus d'assurer cette fonction, va donner à la société les moyens de se protéger des dangers extérieurs. Pour remplir ces fonctions, il dispose du **monopole de la violence** (police, justice, armée).

● Le pouvoir politique a d'abord visé la **protection des biens et des personnes** (« État-gendarme »), puis s'est donné pour mission de **réguler l'activité économique et les questions sociales** (« État-providence »).

● **Le pouvoir politique s'est institutionnalisé.** Il ne réside plus dans le pouvoir d'un individu mais dans celui d'une **fonction** (président de la République), et il est encadré par des **lois** (Constitution).

lexique

Constitution : ensemble de textes juridiques qui définit les différentes institutions composant l'État et qui organise leurs relations.

2 La République s'appuie sur une Constitution

● **La France est une République**, c'est-à-dire un mode de gouvernement dans lequel le pouvoir est exercé par des personnes élues, au contraire des monarchies ou des empires où le pouvoir est héréditaire.

● Depuis la Révolution de 1789, la France s'est dotée de **cinq Républiques**. Nous sommes depuis 1958 sous la Vᵉ République. Elle fonde son pouvoir et son organisation sur une Constitution.

● La Constitution assure l'**État de droit**, qui permet de **limiter tout abus de pouvoir**. Elle est au sommet de la hiérarchie des normes juridiques, c'est-à-dire que toutes les lois qui encadrent un État doivent satisfaire aux principes fixés par la Constitution.

lexique

État de droit : système institutionnel dans lequel la puissance publique est soumise au droit et où la justice est indépendante du pouvoir.

● La Constitution organise également le système politique à travers les différentes **institutions**. En contrôlant les règles de fonctionnement de l'ensemble des pouvoirs, elle garantit le maintien de l'État de droit.

● La Constitution est rédigée par un ensemble d'élus (assemblée constituante) et/ou des comités de spécialistes. **Elle peut être modifiée par voie parlementaire**, à la majorité des deux tiers des députés et sénateurs réunis. Depuis la Vᵉ République, **le recours au référendum permet également de modifier la Constitution**.

● Le Conseil constitutionnel est chargé d'apprécier la **conformité des lois et règlements avec la Constitution**. Il veille également au **bon déroulement des élections**, par exemple à la conformité du financement des campagnes électorales ou du dépôt des candidatures avec la loi.

La séparation des pouvoirs

192

Lue Relue Apprise

Dans *De l'esprits des lois* (1748), Montesquieu explique que l'État de droit repose sur la séparation des pouvoirs, qui permet d'empêcher toute dérive totalitaire. C'est la Constitution qui détermine le rapport entre les différents pouvoirs.

1 Les trois principaux pouvoirs

- **Le pouvoir législatif est confié au Parlement.** Le Parlement est composé d'une chambre haute, le **Sénat**, où siègent les sénateurs élus au **suffrage universel** indirect (les électeurs élisent des grands électeurs qui désignent les représentants du peuple) pour six ans, et d'une chambre basse, l'**Assemblée nationale**, où siègent les députés élus au suffrage universel direct (les électeurs désignent directement leurs représentants) pour cinq ans. C'est l'Assemblée nationale qui **vote les lois**. Même si le Sénat peut les modifier par des amendements, c'est l'Assemblée qui a le dernier mot. Le Parlement peut aussi proposer des textes de lois.

Lexique

Pouvoir législatif : pouvoir de voter et de modifier les lois.

Suffrage universel : reconnaissance du droit de vote à l'ensemble des citoyens.

Pouvoir exécutif : pouvoir de faire exécuter, de mettre en œuvre les lois.

Pouvoir judiciaire : pouvoir de contrôler l'application des lois et de sanctionner leur non-respect.

- **Le pouvoir exécutif est partagé entre le président et le gouvernement**, que le **Premier ministre** (nommé par le président) dirige. Il est chargé de **faire exécuter les lois**, mais il a également l'initiative législative et propose régulièrement au Parlement de voter des lois.
- **Le pouvoir judiciaire est confié aux juges**, qui sont chargés de **faire respecter les lois**. Les juges sont des fonctionnaires recrutés par concours et nommés par le garde des Sceaux (ministre de la Justice).

2 Des pouvoirs séparés, mais dépendants

- **Les pouvoirs législatif, exécutif et judiciaire sont séparés**, mais restent cependant sous contrôle afin qu'aucun des trois ne puisse prendre le pas sur les autres.
- En effet, **le pouvoir législatif peut être dissous par le président de la République**. Si le chef de l'État dissout l'Assemblée nationale, on procède alors à de nouvelles élections.
- À l'inverse, **le gouvernement peut être renversé par deux moyens** :

– les députés peuvent déposer une **motion de censure** qui, si elle est votée par la majorité, oblige le président à remanier le gouvernement ;
– quand le gouvernement **engage sa responsabilité lors d'un vote** et qu'il n'obtient pas de majorité, il démissionne.

lexique
Motion de censure : vote qui permet aux députés de mettre en cause la responsabilité gouvernementale.

● C'est en ce sens que l'on peut parler de **régime hybride ou semi-présidentiel**, car le président et le Parlement se partagent le pouvoir dans un certain équilibre (Doc.).

3 Un régime de plus en plus présidentiel

● La Ve République est un **régime parlementaire**, car le gouvernement est responsable devant l'Assemblée nationale.

● **Le président a des pouvoirs renforcés.** Il peut dissoudre l'Assemblée nationale et nomme le Premier ministre chargé de diriger le gouvernement (ministres et secrétaires d'État). Il est élu au suffrage universel direct pour cinq ans et peut consulter les électeurs par **référendum** (vote qui permet à l'ensemble des citoyens d'approuver ou de rejeter une mesure proposée par le pouvoir exécutif).

Doc. L'organisation des pouvoirs en France

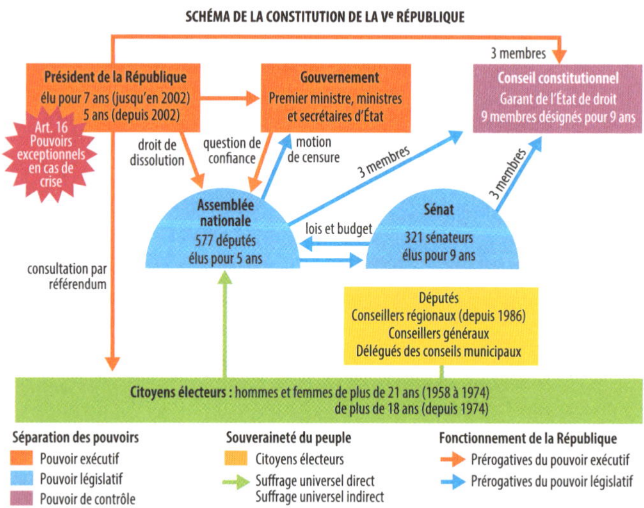

Les différents modes de scrutins

193

Lue Relue Apprise

Les choix des citoyens s'expriment par le vote. Les règles de désignation varient selon le type d'élection. On parle de différents modes de scrutins.

1 Les trois principaux modes de scrutins

- Le scrutin majoritaire est un mode d'élection où seul le candidat arrivé en tête est élu. C'est un **scrutin uninominal**, car les électeurs choisissent un individu (avec un suppléant pour certaines élections).

- **Le scrutin peut être à un seul tour** : dans ce cas est élu le candidat qui a obtenu le plus grand nombre de voix (cas du Royaume-Uni ou des États-Unis). Dans le **scrutin majoritaire à deux tours**, certains candidats sont sélectionnés pour un second tour et c'est celui qui obtient la majorité des voix au second tour qui est élu. Les critères de sélection des candidats pour le second tour varient selon les élections :

– pour les **élections législatives**, tous les candidats qui ont obtenu plus de 12,5 % des voix par rapport aux électeurs inscrits peuvent passer le premier tour (Doc.) ;

– à l'**élection présidentielle**, seuls les deux candidats arrivés en tête peuvent se maintenir au second tour.

- Le scrutin proportionnel est un **scrutin de liste**. Chaque parti présente un nombre de candidats équivalent à celui des sièges à pourvoir. Chaque liste obtient un nombre d'élus proportionnel à son pourcentage de voix obtenues. Les élections européennes reposent sur ce mode de scrutin. Des pays comme l'Italie, l'Espagne ou l'Allemagne élisent leurs députés selon ce principe.

- Le scrutin mixte est un **scrutin principalement majoritaire, mais incluant une part de proportionnelle**. C'est le cas des élections municipales, où la liste arrivée en tête reçoit d'office 50 % des sièges au conseil municipal, et le reste est attribué proportionnellement aux pourcentages de voix obtenues par chaque liste. Le président Emmanuel Macron a pour projet de réformer le mode de scrutin de l'élection des députés en introduisant une dose de proportionnelle (autour de 15 %).

Lexique

Scrutin majoritaire : mode de scrutin dans lequel le candidat qui obtient le plus grand nombre de voix est élu.

Scrutin proportionnel : mode de scrutin qui vise à donner à chaque parti politique un nombre de sièges proportionnel au total des suffrages obtenus.

Scrutin mixte : mode de scrutin qui emprunte des éléments aux scrutins majoritaire et proportionnel.

2 Objectifs et limites des différents modes de scrutins

- **L'élection au scrutin majoritaire a pour but de constituer une majorité forte et stable** permettant de conduire une politique sur la durée du mandat. En revanche, elle amplifie le succès du parti arrivé en tête et réduit le poids des partis vaincus. Les plus petites formations sont parfois même privées de toute représentation.
- **L'élection au scrutin proportionnel offre une représentation plus fidèle des votes des électeurs.** Elle est donc perçue par certains comme plus démocratique. Cependant, on observe souvent pour ce mode de scrutin un éparpillement des voix qui rend difficile la construction d'une majorité forte et stable. En effet, le scrutin à la proportionnelle impose souvent aux partis de faire des alliances, qui parfois ne tiennent pas dans le temps et provoquent une certaine instabilité politique.

Doc. La composition de l'Assemblée nationale

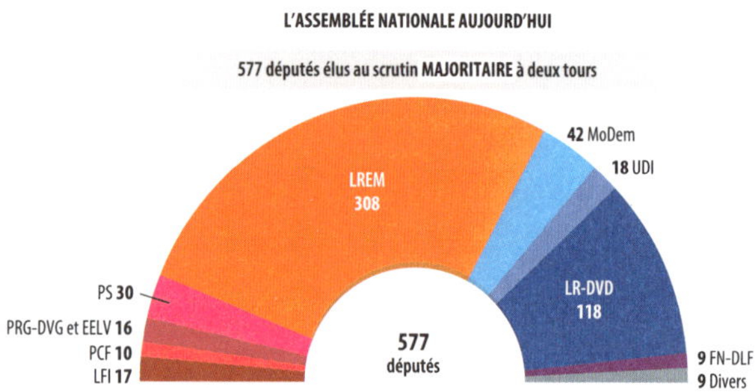

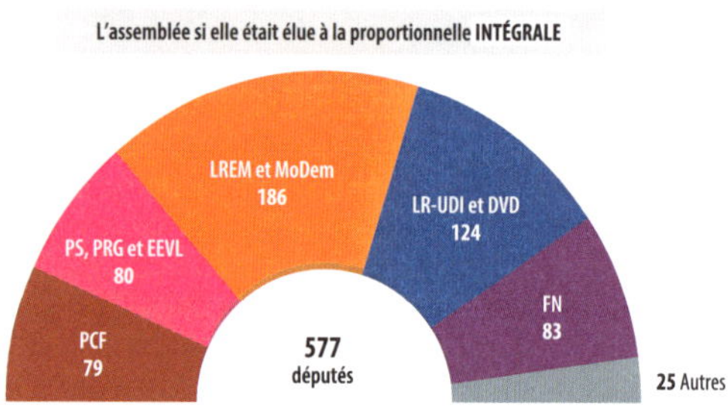

Le rôle des partis politiques

194

Lue Relue Apprise

Dans les démocraties représentatives, les partis politiques jouent un rôle important dans la mobilisation des électeurs et dans la compétition pour la conquête et l'exercice du pouvoir.

1 Partis politiques et pluralisme

- Les **partis politiques** sont apparus au XIXe siècle avec la **démocratie représentative**. Ils sont le reflet des différentes opinions présentes dans la population et sont donc les garants du **pluralisme** politique.
- Afin de conquérir et d'exercer le pouvoir, les partis politiques mobilisent des ressources humaines et financières pour édifier un **programme de gouvernement** et mobiliser les électeurs.
- Pour assurer l'équité entre les partis, ils sont encadrés par des règles, comme le **temps de présence dans les médias** ou les **lois sur la transparence de leur financement**.

Lexique

Parti politique : organisation ayant pour objectif de conquérir et d'exercer le pouvoir afin de mettre en œuvre un projet politique.

Pluralisme : système d'organisation politique qui reconnaît et accepte la diversité des opinions et leurs représentants.

2 Le rôle des partis dans la compétition électorale

- Chaque parti, selon son propre fonctionnement, désigne ses **représentants** aux différentes élections. Pour ce faire, il forme des militants et des cadres capables de remplir leurs fonctions une fois élus.
- Pour chaque élection, les représentants élaborent un **programme politique**, c'est-à-dire les mesures économiques, sociales ou politiques qu'ils prendraient si les électeurs les portaient au pouvoir.
- Une fois ce programme élaboré, les représentants **mobilisent l'électorat** et **cherchent à former l'opinion publique** à travers des meetings, des diffusions de tracts auprès de la population et une présence active dans les médias.
- C'est au moment des élections que les partis peuvent **constituer des alliances** afin d'élargir leur base électorale et d'accroître leurs chances d'être élus. Ils envisagent également des **stratégies de désistement** au second tour si leur candidat est éliminé à l'issue du premier tour afin de peser sur le futur pouvoir ou d'empêcher la victoire d'un candidat non désiré.

3 Les mutations récentes de la vie politique

- Les partis politiques ont longtemps participé à la socialisation politique des individus. Que ce soit par la famille, les pairs ou les médias, les individus se constituent une **culture politique orientée par des valeurs** dont les partis politiques sont porteurs.
- Les partis politiques sont souvent issus de **courants idéologiques**, produits de l'histoire de chaque nation. On parle de clivage gauche/droite de la vie politique autour duquel, selon différents degrés, se positionnent la majorité des partis.
- Traditionnellement, la **gauche** prône la redistribution des richesses et milite pour des changements sociétaux (mariage homosexuel, parité hommes-femmes), tandis que la **droite** est plus conservatrice sur les mœurs et plus libérale économiquement.

Lexique

Socialisation politique : processus d'acquisition de valeurs et de comportements politiques.

Clivage gauche/droite : système de classement politique qui permet aux électeurs et aux professionnels de la politique de se repérer à l'intérieur d'un espace politique.

Abstention : fait de ne pas participer au vote lors des élections.

- Depuis une trentaine d'années, **le clivage gauche/droite tend à s'atténuer** et **de nouveaux partis émergent** sur des orientations extérieures à ce clivage. Les questions de l'environnement, de l'Europe, de la mondialisation ou des identités se retrouvent portées par des partis où les frontières idéologiques traditionnelles n'apparaissent plus.
- On constate alors une **volatilité de l'électorat** plus importante. Pendant longtemps, les positions politiques sont restées relativement figées. Elles s'inscrivaient dans une **tradition familiale ou professionnelle** (par exemple, le vote communiste chez les ouvriers ou à droite chez les artisans-commerçants). Aujourd'hui, on observe chez les électeurs un **vote plus instable**, qui s'opère davantage sur des **intérêts individuels** ou sur l'image de tel ou tel candidat.
- Le **recul du militantisme** et de la présence des partis dans la vie sociale contribue également à cette volatilité de l'électorat. **Les individus sont moins encadrés politiquement**, les sources d'informations se sont diversifiées et le personnel politique s'est professionnalisé, entraînant une certaine déconnexion entre la population et ses représentants.
- Enfin, la montée de l'abstention traduit également un **désintérêt** croissant pour la politique et une **défiance** vis-à-vis des partis politiques traditionnels.

Le rôle de la société civile dans la vie politique

195

Lue Relue Apprise

Si la conquête et l'exercice du pouvoir sont le fait des partis, d'autres acteurs interviennent pour les influencer lors des élections, mais aussi une fois qu'ils sont au pouvoir. Ces acteurs émanent de la société civile, c'est-à-dire du monde économique, du travail ou des milieux associatifs.

1 Les différents acteurs de la société civile

- La société civile organisée est constituée de l'ensemble des organisations distinctes de l'État, des collectivités territoriales et des partis politiques. Elle est composée principalement d'associations, de syndicats et d'organisations religieuses. Ce sont des **groupements d'individus qui réunissent des intérêts propres** et cherchent à les voir représentés au sein de la vie démocratique.

Lexique

Société civile organisée : regroupement de citoyens dans des organisations sur des bases volontaires.

Syndicat : groupement constitué pour la défense d'intérêts professionnels.

- Les **associations** et les **organisations non gouvernementales** (ONG) sont constituées de groupes variés, allant du simple club de sport aux organisations internationales (Greenpeace), en passant par les associations caritatives (Secours populaire). À leur échelle (ville, pays ou planète), elles militent pour l'intérêt de leurs membres ou des causes qu'elles défendent.

- Les syndicats sont des **associations de travailleurs** ayant pour but de promouvoir et de défendre leurs intérêts (CGT, CFDT). Ils sont officiellement indépendants des partis. Dans la même logique, il existe des **organisations d'employeurs**, comme le Medef (Mouvement des entreprises de France).

- Si le tissu associatif est important en France et les bénévoles nombreux, **le taux de syndicalisation est faible chez les salariés** (autour de 7 %). Ce recul des syndicats s'explique notamment par leur **dispersion** (plus de 10 organisations syndicales existent en France, contre une ou deux en Allemagne) ou par la **peur du chômage et de la précarité**, ce qui rend les luttes sociales plus difficiles. La **montée de l'individualisme** explique également le fait que les individus préfèrent s'engager dans une cause plus personnelle, plus locale et concrète que dans des grands mouvements sociaux autour d'enjeux plus globaux, comme ceux auxquels participent les syndicats.

2 Les moyens d'actions pour influencer le pouvoir politique

- Pour faire valoir ses intérêts auprès du pouvoir politique, la société civile s'organise autour de **groupes d'intérêt** (ou lobbys). On les qualifie parfois de **groupes de pression** car, sans vouloir exercer le pouvoir, ils se mobilisent pour orienter les mesures gouvernementales.

Lexique

Groupe d'intérêt (lobby) : association porteuse d'intérêts spécifiques, qui développe des actions pour influencer les décisions politiques.

- Les politologues distinguent deux stratégies :

– d'une part, le **lobbying interne**, qui consiste à influencer le pouvoir politique au plus près des décideurs. Ce sont notamment les entreprises ou groupes d'experts qui interviennent auprès des députés ou des ministres au moment de l'élaboration des lois. Les industriels de l'automobile et de la pharmacie sont par exemple très présents à Bruxelles ou Strasbourg afin de peser sur les règlements de l'Union européenne ;

– d'autre part, le **lobbying externe**, où les associations et syndicats cherchent à mobiliser leurs membres et l'opinion publique à travers des manifestations, grèves et campagnes d'information. En effet, l'agenda politique et le débat public sont largement influencés, du fait du temps médiatique, par les sondages qui donnent un instantané de l'état de l'opinion.

- On constate d'ailleurs que **les formes des mobilisations collectives**, autrefois limitées aux manifestations et aux pétitions, **ont évolué et se sont diversifiées**. On observe désormais, du fait du rôle croissant des médias dans l'opinion publique, une **hausse des opérations spectaculaires**, comme les intrusions dans les centrales nucléaires pour dénoncer le manque de sécurité ou les caméras cachées dans les élevages et abattoirs pour sensibiliser à la cause animale. Certaines organisations vont jusqu'à prôner la **désobéissance civile** et transgressent les lois quand elles jugent qu'elles ne sont plus légitimes, comme les Faucheurs volontaires qui détruisent les champs de céréales OGM.

- Le **recours croissant aux réseaux sociaux**, comme les mouvements #MeToo et #BalanceTonPorc dénonçant les violences sexuelles faites aux femmes, est également la marque de ces évolutions.

- Dans certains cas, **ces groupes de pression poursuivent l'État en justice** afin qu'il renonce à certaines mesures ou qu'il les modifie. Mais dans l'ensemble, c'est surtout autour de **négociations** que le pouvoir politique et les organisations de la société civile coopèrent pour élaborer des projets de lois (environnement, droit du travail, Sécurité sociale...).

Le rôle des médias dans la vie politique

196

Lue Relue Apprise

Parallèlement aux trois pouvoirs politiques, les médias jouent le rôle d'un quatrième pouvoir, voire pour certains d'un contre-pouvoir. Quelles sont la nature et la force de ce pouvoir ?

1 Des médias au cœur de la vie démocratique

● **Les médias**, c'est-à-dire l'ensemble des moyens de diffusion de l'information, **sont un moyen d'expression essentiel pour les acteurs démocratiques** et jouent un grand rôle dans la formation de l'opinion publique et la socialisation politique.

● À travers les sondages qu'ils produisent et diffusent, **les médias mesurent l'état de l'opinion** et peuvent orienter dans leurs choix les citoyens comme les hommes politiques.

lexique

Média : moyen technique et support de diffusion massive de l'information (presse, radio, télévision, cinéma...).

Éthique : qui intègre des critères moraux dans son fonctionnement. On parle également de déontologie.

● **La presse est un moyen d'expression et de contestation politique** dès le XVIIIe siècle, c'est pourquoi **les sociétés démocratiques ont toujours protégé sa liberté**. La Constitution américaine de 1787 stipule : « Le Congrès ne fera aucune loi portant atteinte à la liberté d'expression », et la Révolution française proclame, le 26 août 1789, à travers l'article 11 de la Déclaration des droits de l'homme et du citoyen : « La libre communication des pensées et des opinions est un des droits les plus précieux de l'homme ».

● Plaçant certains débats sur le devant de la scène, les médias peuvent aussi en occulter d'autres. Ils sont donc soumis à une **éthique** : exactitude de l'information, respect de la vie privée, vérification des sources. Cette éthique est d'autant plus importante à l'ère des médias de masse, où il est difficile pour le citoyen de trier la quantité d'informations qu'il reçoit.

● Avec les nouvelles technologies de l'information et de la communication (NTIC), **notre rapport aux médias s'est transformé**, passant d'une relation du **« un vers tous »**, où le média (presse, télévision) produit l'information et la diffuse vers tous les individus, à une relation du **« tous vers tous »**, dans laquelle tout le monde produit de l'information vers tout le monde et la diffuse en permanence.

2 Un rôle parfois controversé

- Si on associe la liberté de la presse à la démocratie, il n'en demeure pas moins que les médias sont parfois accusés d'une trop forte **proximité avec les classes dirigeantes et le pouvoir**. De nombreux médias sont en effet détenus par des personnalités économiques puissantes et parfois proches du pouvoir.
- La télévision, média de masse touchant des citoyens le plus souvent passifs, est accusée de **simplifier les débats** et de **« faire » l'opinion**, alors que la course à l'audience laisse peu de place au débat démocratique.
- Les hommes politiques sont accusés de façonner leurs discours non pas selon leurs convictions, mais selon l'état de l'opinion publique ou selon la vision des médias. **Le débat d'idées et la démocratie céderaient alors à la tyrannie de l'audimat et de l'information-spectacle.**
- En fait, **médias et démocratie sont interdépendants**. Pour avoir des citoyens éclairés, il faut des médias libres et indépendants. À l'inverse, pour maintenir la liberté et la qualité de la presse, il faut des citoyens formés, éduqués aux médias et pourvus d'un sens critique qui leur permet d'échapper aux ***fake news*** et autres théories complotistes qui gangrènent le débat public.
- La quasi-généralisation d'Internet permet un **accès plus aisé à l'information**, mais le manque de contrôle sur celle-ci pose la question de la **relation des citoyens aux médias**. Le caractère horizontal, massif, instantané et anonyme (pseudonymat) de la diffusion des informations et des opinions, qui place toutes les idées au même niveau à travers les réseaux sociaux ou les forums, contribue à créer de la confusion et de la violence. Les plus jeunes, disposant d'un sens critique encore peu développé, peuvent être manipulés ou recevoir un message politique complètement brouillé.
- Il faut donc des **règles qui encadrent la diffusion des informations** et de certaines opinions, qui responsabilisent les grands groupes d'Internet et les internautes. La plupart des rédactions des différents médias ont d'ailleurs mis en place des services de médiation ou de décodage de l'actualité avec le public afin d'améliorer la qualité de l'information. Cette évolution semble cependant difficile dans un espace qui revendique la liberté avant toute chose...

Lexique

Fake news **:** fausses informations diffusées pour tromper volontairement l'auditoire. Elles passent souvent par Internet et les réseaux sociaux, moins soumis aux règles déontologiques de vérification de l'information que les médias traditionnels.

Sociologie et science politique

Révision EXPRESS

Les points essentiels

- La **socialisation** est un processus de transmission des **normes** et des **valeurs** rendant apte l'individu à la vie en société. La **famille** et l'**école** sont les principaux agents de **socialisation primaire**. Les **médias** et les **groupes de pairs** interviennent plutôt lors de la **socialisation secondaire**.
- La socialisation est **différenciée** selon le **genre** et le **milieu social**. Elle contribue à la **construction d'identités sociales** aux rôles et statuts distincts. Elle est également à l'origine d'**inégalités sociales**.
- La France est une **République** dont le système politique est organisé par la **Constitution**. La **séparation des pouvoirs** législatif, exécutif et judiciaire permet d'éviter les abus de pouvoir.
- Dans une **démocratie représentative**, les **partis politiques** désignent des candidats qui seront les représentants du peuple. Parallèlement, la **société civile organisée** (associations, syndicats) se mobilise et mobilise l'opinion publique afin d'influencer les décisions du pouvoir.

Le schéma à retenir

L'organisation de la vie politique

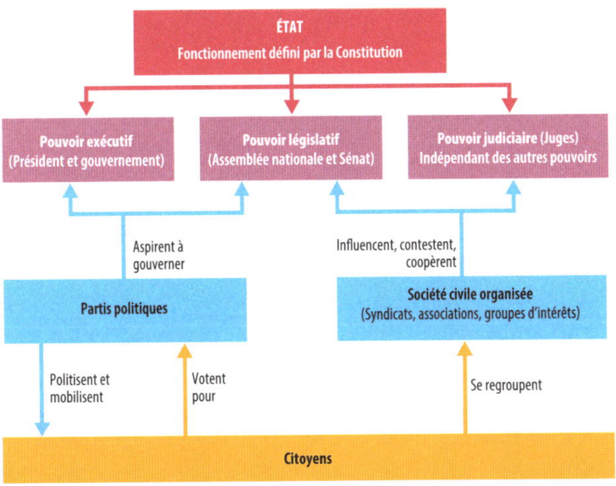

Mémo'Quiz

Vrai ou faux ? Cochez la bonne réponse.

Le processus de socialisation

Normes et valeurs sont synonymes.
❑ Vrai ❑ Faux

Une socialisation différenciée

1. Filles et garçons reçoivent des normes et des valeurs différentes.
❑ Vrai ❑ Faux

2. Le capital culturel dépend du milieu social.
❑ Vrai ❑ Faux

Les institutions de la Ve République

L'État de droit suppose l'égalité de tous devant la loi.
❑ Vrai ❑ Faux

La séparation des pouvoirs

Le Parlement peut renverser le président de la République.
❑ Vrai ❑ Faux

Les différents modes de scrutins

Les partis politiques sont tous représentés à l'Assemblée nationale.
❑ Vrai ❑ Faux

Le rôle de la société civile dans la vie politique

Les syndicats sont des partis politiques.
❑ Vrai ❑ Faux

Le rôle des médias dans la vie politique

Les médias doivent offrir un temps de parole à tous les partis.
❑ Vrai ❑ Faux

→ Corrigés p. 526

Diplôme et capital humain

197

Lue Relue Apprise

Les travailleurs disposent d'un stock de connaissances et de compétences qu'ils accumulent de plusieurs façons. En exerçant une activité, ils acquièrent de l'expérience, mais la plupart du temps, ils disposent d'une formation initiale certifiée par un diplôme.

1 Qualification et marché du travail

- Parmi les individus en âge de travailler, **seuls les actifs occupent un emploi ou en recherchent un** sur le marché du travail. Les chômeurs sont à ce titre considérés comme actifs. Les inactifs sont ceux qui n'exercent pas d'activité et ne cherchent pas à en exercer une (retraité, personne au foyer).
- L'offre d'emplois émanant des employeurs représente les **besoins des entreprises** qui, selon leur activité, réclament plus ou moins de **qualifications**.
- Depuis les années 1980, sous l'effet des mutations économiques (progrès technique, mondialisation), **la qualification des emplois augmente**. L'économie a besoin d'individus qualifiés avec des compétences nouvelles. On parle ici de **capital humain**, c'est-à-dire l'ensemble des ressources (physiques et intellectuelles) qu'un individu peut mobiliser dans son travail.

lexique

Qualification : ensemble des aptitudes requises pour exercer un emploi donné. On parlera d'emploi qualifié quand celui-ci requiert un diplôme, une formation.

Capital humain : ensemble des capacités physiques et intellectuelles détenues par un individu et qui contribuent à accroître son efficacité et sa rémunération.

2 Le diplôme, un investissement en capital humain

- Pour répondre à ces exigences économiques, l'État a conduit une **politique d'augmentation de la durée des études** et **diversifié les voies de formation**, notamment dans le supérieur, à travers les filières technologiques (DUT, BTS, licences professionnelles).
- De leur côté, les individus ont pris conscience de la **nécessité d'obtenir une qualification** et de prolonger leurs études.
- On peut ainsi considérer que, d'un point de vue collectif et individuel, les dépenses et le temps consacrés à la **formation initiale** ont augmenté. C'est donc un **investissement** qui est réalisé afin de se doter d'un capital humain satisfaisant. Le **diplôme** vient certifier un niveau de connaissances et de compétences initial.

lexique

Formation initiale : formation dispensée par le système scolaire et universitaire, ainsi que les centres d'apprentissage, et qui précède l'entrée sur le marché du travail.

3 Un capital humain à entretenir et à améliorer

- Durant sa carrière professionnelle, qui peut durer plus de quarante ans, un individu devra **maintenir ses compétences et les mettre à jour**, car l'économie évolue et les qualifications de l'emploi avec. Par ailleurs, le salarié doit pouvoir saisir les opportunités qui se présentent à lui, mais qui réclament d'autres qualifications.

- **L'expérience acquise durant la vie professionnelle contribue à maintenir et améliorer le capital humain du salarié.** La diversité des situations auxquelles il est confronté et l'échange de connaissances lors des moments de collaboration avec d'autres salariés, fournisseurs ou clients participent également à l'enrichissement du capital humain.

- **Mais le stock de connaissances et de compétences que représente le capital humain s'use et devient obsolète (dépassé).** De nombreux travailleurs doivent donc se former durant leur activité, soit par eux-mêmes, soit à travers leur entreprise. La **formation continue** permet de **mettre à jour ses connaissances** ou d'**acquérir de nouveaux diplômes**, afin de bénéficier de la promotion professionnelle ou de se reconvertir.

Lexique

Formation continue : formation accessible aux personnes déjà en emploi et qui souhaitent élargir ou actualiser leurs qualifications.

- Aujourd'hui, ce sont surtout les **cadres**, jugés plus précieux par l'entreprise, qui **bénéficient le plus de la formation continue**, tandis que les salariés moins qualifiés y ont moins accès alors qu'ils sont les plus exposés au chômage et aux difficultés de reconversion.

- **Le progrès technique et les innovations qu'il apporte obligent le salarié à s'adapter** pour maîtriser de nouvelles technologies ou organisations du travail. Le processus de **mondialisation** impose aussi, dans de nombreux secteurs, une **maîtrise accrue des langues étrangères** ainsi que des particularités culturelles des agents économiques avec lesquels nous sommes en relation. De plus, des **périodes de chômage ou d'inactivité** (congé parental, longue maladie...) peuvent survenir durant la carrière d'un individu, nécessitant une **remise à niveau des qualifications** pour réintégrer le monde du travail.

- **Certains économistes élargissent la notion de capital humain à la santé ou aux expériences sociales** (vie familiale, sportive ou associative), considérant que ces éléments influencent les compétences et le profil du salarié.

Diplôme et accès à l'emploi

198

Lue Relue Apprise

Dans l'ensemble, le niveau de qualification des emplois a augmenté. L'obtention d'un diplôme apparaît plus que jamais nécessaire, mais il s'agit de plus en plus d'obtenir le « bon » diplôme.

1 Une forte corrélation entre diplôme et emploi

● **Plus le niveau de diplôme est élevé, plus l'accès à l'emploi (taux d'emploi) est favorisé.** En effet, on constate que le **taux de chômage** recule à mesure que le niveau de diplôme augmente. On observe en moyenne un rapport de 1 à 3 entre le taux de chômage des diplômés du supérieur et celui des non diplômés (Doc.).

● **L'insertion est la phase la plus délicate de la vie active.** En effet, en l'absence d'expérience professionnelle réelle, seul le diplôme permet à l'employeur de connaître le potentiel professionnel de l'individu qu'il embauche. Chez les 15-29 ans, l'écart est quasiment de 1 à 4, avec un taux de chômage de 10 % pour les plus diplômés et de 38 % pour ceux qui n'ont pas de diplôme.

Lexique

Emploi : activité professionnelle déclarée et rémunérée.

Taux d'emploi : part en % des personnes en âge de travailler qui occupent un emploi.

Taux de chômage : nombre de chômeurs rapporté à la population active et multiplié par 100. Il est exprimé en %.

Doc. Le diplôme protège du chômage

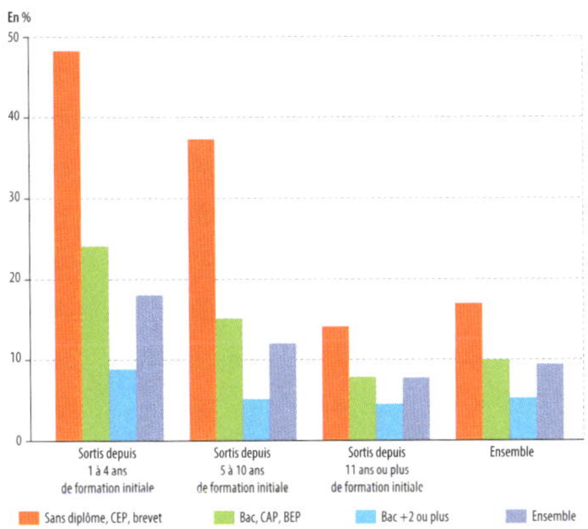

Lecture : en 2017, 8,8 % des personnes actives âgées de 15 ans ou plus, ayant un diplôme de niveau Bac +2 ou plus et ayant achevé leur formation initiale depuis 1 à 4 ans sont au chômage.
Champ : France hors Mayotte, population des ménages, personnes actives de 15 ans ou plus.

Source : Insee, enquête Emploi.

- De plus, en général, **plus le niveau de diplôme est élevé, plus le capital humain est important** et plus l'individu peut être polyvalent. L'individu peut donc s'adapter à plusieurs emplois possibles, ce qui facilite l'obtention du premier emploi. On parle alors d'**employabilité**. Ce terme désigne la capacité d'un individu à acquérir et à maintenir les compétences nécessaires pour trouver ou conserver un emploi, ou encore à s'adapter à de nouvelles formes de travail.
- Avec un niveau de formation plus important, le salarié pourra par la suite s'ouvrir un parcours professionnel plus diversifié. Dans ce cas, on parlera de **capabilité**. Cette notion, inventée par Amartya Sen (prix Nobel d'économie), renvoie à la **liberté dont dispose l'individu dans ses choix** et l'éventail de possibilités qu'il s'offre grâce au diplôme et à sa formation.

2 Des diplômes plus recherchés que d'autres

- Si globalement le niveau et la quantité de diplômes protègent du chômage et facilitent l'insertion professionnelle, il faut toutefois relativiser ce constat. Les entreprises ou administrations ont des besoins particuliers, et **certains diplômes s'avèrent plus qualifiants que d'autres**.

Lexique

Chômage : situation d'un actif dépourvu d'emploi, qui en recherche activeme[nt] un et est immédiatement disponible.

- En termes d'emplois, les voies professionnalisantes, comme certains bacs professionnels ou technologiques, et les BTS ou DUT (informatique, bâtiment) qui y sont affiliés s'avèrent plus rentables que des masters très généraux. D'autre part, à niveau de diplôme équivalent (bac + 5, par exemple), les formations d'ingénieurs, de commerce ou de droit offrent des débouchés plus vastes que les formations en sciences sociales ou en lettres, par exemple. **Ce n'est pas ici la qualité du diplôme qui est en cause, mais les besoins de l'appareil productif.**
- **Depuis une dizaine d'années, on assiste au développement de l'alternance dans les voies universitaires.** Déjà présentes dans les BTS ou DUT, ces formations alternent les cours traditionnels et les stages en entreprise, via un contrat d'apprentissage. Développées d'abord par les grandes écoles de commerce et d'ingénieurs, ces offres de parcours se multiplient désormais à l'université (licences et masters professionnels). Cette évolution répond au besoin de **favoriser l'insertion et l'employabilité rapides des étudiants** en leur donnant une expérience professionnelle ainsi qu'un réseau de contacts dans les entreprises. **Les formations diplômantes deviennent qualifiantes.**

Formation et niveau de salaire

199

Lue Relue Apprise

Le salaire est la rémunération du travail. Pour les économistes, il est lié à la productivité du travailleur, c'est-à-dire son rendement. Or, plus le niveau de formation est élevé, plus la productivité sera importante, et donc plus le salaire sera élevé.

1 Des niveaux de formation et des emplois différemment rémunérés

- L'enjeu pour le diplômé n'est pas seulement d'accéder à l'emploi, mais plutôt à un **emploi dont le statut, les conditions de travail et le salaire soient satisfaisants.**
- Là encore, le niveau de rémunération et d'avantages en nature (véhicule de fonction, mutuelle, matériel multimédia...) dépend du niveau et de la nature du diplôme. **Plus la qualification est élevée, plus le salarié aura une productivité du travail élevée**, ce qui suppose une plus haute rémunération.

Lexique

Salaire : rémunération du travail convenu (contrat de travail) entre un salarié et son employeur.

Productivité du travail : rapport entre la valeur produite par le travailleur (en euros, par exemple) et la quantité de travail utilisée (nombre d'heures).

- Par ailleurs, **les diplômés détiennent des qualifications plus rares et surtout précieuses pour les entreprises**. Elles seront donc nombreuses à vouloir recruter ces salariés, ce qui leur donne un pouvoir de négociation salariale.
- En moyenne, **les professions libérales, les ingénieurs et les cadres du commerce et de la banque sont les mieux rémunérés** (Doc.). Or, ces emplois s'obtiennent pour l'essentiel à bac + 5, dans les filières précédemment citées.

Doc. Écarts de salaires selon le diplôme (en euros)

Diplôme	Salaire annuel moyen (toutes expériences confondues)	Sur une carrière (41,5 ans)	Écart avec bac + 2 (sur une carrière)
Bac + 2	31 718	1 316 312	/
Bac + 3	32 811	1 361 657	45 345
Bac + 4	40 049	1 662 045	345 733
Bac + 5	46 050	1 911 093	594 782
École de commerce	46 814	1 942 770	642 459
École d'ingénieur	48 802	2 025 302	708 990

• On relève également que le taux de chômage dans ces professions, ainsi que le niveau de précarité de l'emploi, est le plus bas (moins de 4 % de chômeurs).

lexique

Précarité : formes d'empl[oi] qui n'assurent pas de stabilité dans l'entreprise, ni de revenus réguliers.

2 Un arbitrage entre coûts et avantages

• Dans la théorie du capital humain de Gary Becker (prix Nobel en 1992), l'étudiant est présenté comme un individu rationnel confronté à des choix. Avant de s'engager, **l'étudiant compare les coûts monétaires de la poursuite d'études aux gains futurs** qu'il pourra engranger grâce au surcroît de capital humain permis par les études.

• S'il est en mesure de connaître assez précisément le coût de ses études (frais de scolarité, hébergement, transports...), l'étudiant doit également connaître le salaire qu'il percevra grâce à ces années supplémentaires de formation. **Si le gain en termes de salaire est plus élevé que les coûts, il optera pour des études et des formations plus longues.**

• On peut effectuer le même raisonnement concernant le **choix des filières**. Les formations les plus coûteuses (écoles de commerce, d'ingénieurs ou d'arts appliqués) sont-elles rentabilisées par des salaires futurs plus élevés ? Les filières quasi gratuites (université) sont-elles moins rémunératrices ? C'est à l'étudiant rationnel de faire ces calculs.

• Cet arbitrage doit également se faire en fonction des **territoires**. Les régions qui offrent les plus hauts salaires, comme l'Île-de-France ou la région Rhône-Alpes, sont aussi celles où le coût de la vie est le plus élevé (logement).

• Si elle est pertinente, **cette approche en termes de coûts/avantages est aussi réductrice**. De nombreux critères entrent en considération dans le choix d'un emploi. Certains individus vont préférer sacrifier du salaire en échange d'un emploi où le temps de travail est réduit ou modulable (flexibilité des horaires, possibilité de travailler en partie à domicile...). **L'ambiance de travail, le cadre de vie professionnel, le domaine d'activité sont autant d'éléments qui orientent le salarié dans ses choix.**

• Les économistes appellent ce mode de raisonnement **coût d'opportunité** (ou coût de renoncement). Ce raisonnement se compose d'**éléments objectifs** (salaire) et **subjectifs** (goûts, choix de vie).

• Ce sont encore **les plus diplômés** qui, compte tenu de leur plus grande capacité à détenir et maîtriser les informations sur le marché du travail et de la formation, **sont les plus aptes à faire les choix les plus rentables.**

Les autres facteurs influençant le salaire

200

Lue Relue Apprise

Le niveau de diplôme conditionne en partie le niveau de salaire de départ. Mais, durant une carrière, d'autres éléments interviennent dans la rémunération.

1 L'expérience professionnelle

- Lorsqu'un salarié est embauché, il dispose de **compétences** acquises par le diplôme mais **qui ne sont pas immédiatement mobilisables** pour l'entreprise. L'individu devra mettre en phase ses compétences avec les attentes particulières de l'entreprise.
- Le fait d'être confronté chaque jour à des situations récurrentes ou nouvelles fait du salarié quelqu'un de plus productif, réactif et polyvalent. **Ce *learning by doing*** (apprentissage par la pratique) **renforce le capital humain du salarié.** Par ailleurs, le fait d'adhérer à la culture de l'entreprise, de coopérer, d'établir son réseau de connaissances nécessite du temps. Or, ces éléments, qui constituent l'**expérience professionnelle**, déterminent également le niveau de salaire.

Lexique

Expérience professionnelle : ensemble des connaissances acquises par une personne lors de l'exercice de sa ou ses profession(s).

2 La taille de l'entreprise

- La taille de l'entreprise est déterminante pour le niveau de rémunération (Doc.). En effet, les grands groupes sont souvent plus riches et offrent un **éventail de métiers et de niveaux hiérarchiques** bien plus grand que les petites entreprises.
- La **présence d'organisations syndicales** est également plus importante dans les grandes entreprises, ce qui a tendance à relever les salaires (**conventions collectives**, grilles de salaires).

Lexique

Convention collective : accord conclu entre un employeur et une organisation syndicale représentative des salariés.

3 Des facteurs sociaux sources d'inégalités

- **La sphère professionnelle est soumise aux relations humaines et sociales.** Certains individus disposent d'un **capital social** (réseau de relations) puissant, qu'ils peuvent mobiliser pour accélérer leur carrière. D'autres, du fait d'un fort **capital culturel** ou d'un savoir-être important, tissent des liens qui s'avèrent rentables.

- **Un des principaux éléments de discrimination dans les salaires reste aujourd'hui le genre.** À temps de travail et poste égaux, les femmes gagnent 13 % de moins que les hommes. Elles occupent plus souvent des postes à temps partiel et des emplois moins qualifiés : l'écart de salaire moyen est donc en réalité de 25 %. Plus on monte dans l'échelle des salaires, plus ces écarts sont importants (30 % d'écart de salaires chez les 5 % les mieux payés).

Lexique

Discrimination : processus qui consiste à opérer la distinction d'une personne ou d'une catégorie sociale entraînant un traitement défavorable, voire une exclusion.

- Certains sociologues expliquent ces écarts par des choix d'études moins rémunérateurs pour les femmes, par des choix de vie plus centrés sur la sphère familiale et par une socialisation qui les pousse moins à réclamer des hausses de salaire. Mais l'idée de choix est à prendre ici avec précaution, puisque la sociologie nous apprend que **la socialisation différenciée entre les genres pèse sur ces choix**.

- D'autre part, la **domination masculine** et les **comportements sexistes** des dirigeants, encore majoritairement masculins, continuent à peser sur le salaire des femmes. Depuis 2018, de nouvelles lois sont venues renforcer la surveillance et le contrôle des inégalités salariales entre les sexes au sein des entreprises.

Doc. **Des salaires plus élevés dans les grandes entreprises**

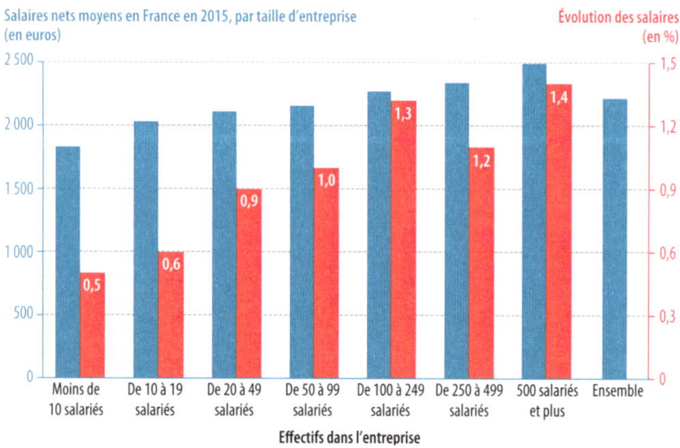

Un accès au diplôme socialement différencié

201

Lue Relue Apprise

Depuis les années 1980, l'accès à l'enseignement supérieur s'est démocratisé. Cependant, les chances d'accès aux diplômes, notamment les plus prestigieux, ne sont pas les mêmes pour tous.

1 Des différences notables selon le milieu social

- Selon le ministère de l'Éducation nationale, les enfants d'ouvriers représentent 11 % des étudiants. À l'opposé, les enfants de cadres supérieurs représentent 30 % des étudiants. On parle de **surreprésentation des enfants des catégories supérieures** dans l'enseignement supérieur.

- Dans les classes préparatoires aux grandes écoles (CPGE), **près de la moitié des élèves sont enfants de professions supérieures**, alors que les enfants d'ouvriers et d'employés ne représentent au total que 15 % des effectifs.

- **10 % des élèves quittent l'école avant 18 ans**, et 20 % sortent du système scolaire ou universitaire sans diplôme ou seulement avec le brevet des collèges. Parmi eux, **une grande majorité est issue des milieux populaires**. Cette situation constitue un **marqueur social** très stigmatisant sur le marché du travail.

lexique

Marqueur social : signe distinctif propre à un groupe, qui permet l'identification d'un individu à un groupe socio-culturel ou à une classe sociale.

2 Des inégalités territoriales

- Dès le collège, **certains élèves en territoire rural ou périurbain doivent faire de longs trajets pour se rendre dans leur établissement**. De plus, l'absence de choix dans l'établissement réduit souvent les enseignements proposés (options, spécialités), tandis que **les élèves des lycées de centre-ville disposent d'une offre scolaire très large**.

lexique

Périurbain : espace caractérisé par sa situation d'entre-deux, entre l'espace rural et la banlieue.

- Dans l'enseignement supérieur, ces mêmes territoires n'offrent que peu de formations. **Les étudiants doivent se déplacer loin de chez eux ou limiter leurs ambitions.** Ces déplacements entraînent des coûts (logement, transports, temps) que tous ne peuvent supporter, ou qui se font au détriment de la qualité de leurs études (job étudiant). Or, **les territoires sont souvent le reflet d'inégalités économiques et sociales**. Ceux qui vivent éloignés des grands centres sont généralement les plus modestes.

3 Le rôle de la famille

- Très tôt dans la scolarité, les familles des milieux favorisés se mobilisent pour influencer la trajectoire de leurs enfants. Dotées d'un **réseau de connaissances** (capital social), ces familles disposent également de **moyens financiers** pour améliorer la performance scolaire de leurs enfants à travers des cours particuliers, des séjours linguistiques et des activités extra-scolaires. Enfin, elles possèdent un **capital culturel** qui correspond aux attentes des enseignements les plus sélectifs et prestigieux.

lexique

Capital social : ensemble des ressources qu'un individu peut mobiliser à travers ses relations, ses réseaux.

Capital culturel : ensemble des ressources culturelles dont dispose un individu (langage, connaissances artistiques).

- À l'opposé, les classes populaires ont **moins de moyens** (financiers ou humains) pour investir le champ scolaire. Elles disposent de **moins d'informations** et sont peu familières de l'enseignement supérieur et de l'éventail de diplômes qu'il offre. Enfin, **leur capital culturel, moins riche, n'est pas en phase avec ce qui est valorisé dans le supérieur**.

4 Entre tri social et auto-élimination

- **La jeunesse des classes populaires accède moins à l'enseignement supérieur que les catégories favorisées.** En outre, quand elle y accède, c'est dans des filières moins prestigieuses.
- Pour les sociologues, **deux types de mécanismes** sont à l'œuvre :

– à travers l'enseignement qu'elle dispense (culture classique) et les formes de l'évaluation (dissertation, abstraction), **l'école place les élèves des milieux populaires en difficulté**, car ils ne disposent pas d'un capital culturel suffisant. Ils subissent une forme de **tri social** qui les élimine à mesure que l'on avance dans les études ;

– **les élèves des milieux populaires subissent également une violence symbolique** de la part de l'école, qui stigmatise leur handicap. Percevant les études comme un parcours difficile aux perspectives aléatoires, ils renoncent aux études supérieures ou font le choix, considéré comme plus sûr mais moins valorisé, des filières courtes (BTS, DUT). On constate ainsi une **auto-élimination** des jeunes des catégories populaires des filières les plus prestigieuses : ils s'en éloignent d'eux-mêmes par manque de légitimité sociale ou d'estime de soi.

lexique

Violence symbolique : processus de soumission par lequel les dominés perçoivent la hiérarchie sociale comme légitime et naturelle. Les dominés intègrent la vision que les dominants ont du monde, ce qui les conduit à se faire d'eux-mêmes une représentation négative.

Les points essentiels

- Depuis les années 1980, **le niveau de qualification demandé par les entreprises a augmenté**. Pour constituer et entretenir leur **capital humain**, les actifs suivent une **formation initiale** (les études) **et continue** durant leur carrière.
- **Les diplômes favorisent l'accès à l'emploi**, réduisent le risque de chômage et élargissent les opportunités professionnelles (**capabilité**). Ils permettent d'accéder à de **meilleures conditions de travail** et à des **salaires plus élevés**.
- Malgré une démocratisation des diplômes, **l'accès aux filières et aux diplômes les plus prestigieux et qualifiants reste socialement inégal** entre les catégories supérieures et populaires.

Le schéma à retenir

Les relations entre le diplôme, l'emploi et le salaire

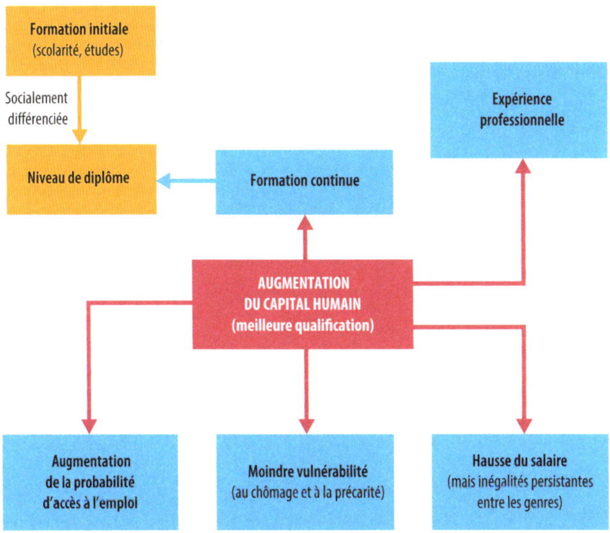

Mémo'Quiz

Vrai ou faux ? Cochez la bonne réponse.

Diplôme et capital humain

1. Diplôme et capital humain sont synonymes.
❏ Vrai ❏ Faux

2. Le capital humain est conservé durant toute la vie professionnelle.
❏ Vrai ❏ Faux

Diplôme et accès à l'emploi

1. Le diplôme protège du chômage.
❏ Vrai ❏ Faux

2. Tout emploi est rémunéré.
❏ Vrai ❏ Faux

3. L'employabilité est améliorée par le recours à l'alternance.
❏ Vrai ❏ Faux

Les autres facteurs influençant le salaire

1. Seul le diplôme détermine le niveau de salaire.
❏ Vrai ❏ Faux

2. Les grandes entreprises offrent en moyenne des salaires plus élevés.
❏ Vrai ❏ Faux

3. Le code du travail stipule qu'à niveau de qualification et de responsabilité égal, hommes et femmes doivent avoir des salaires équivalents.
❏ Vrai ❏ Faux

Un accès au diplôme socialement différencié

1. L'accès au diplôme en France est égalitaire.
❏ Vrai ❏ Faux

2. Les classes populaires renoncent davantage à la poursuite d'études.
❏ Vrai ❏ Faux

→ Corrigés p. 527

Anglais

Sommaire

Lue Relue Apprise

Anglais

Lexique et civilisation : l'art de vivre ensemble

Grammaire

Inter-generational relationships

202

Lue Relue Apprise

Today's youths wish to express their opinion and their feelings and they would like older people to listen to them.

1 General Knowledge

A The issue of climate change

- Nowadays, **young people feel concerned by the emergency of climate change.** Some youths take action by organising global climate strikes to urge the leaders of the world to do something.

please note

Greta Thunberg, a Swedish young woman, initiated this kind of protest.

- **UK Student Climate Network** (UKSCN) is a group of mostly under 18s taking to the streets to protest the government's lack of action regarding the climate crisis. They are mobilising unprecedented numbers of students to create a strong movement and send a message that they are tired of being ignored. In addition, they would like to reform the power of young people in this world; they would like to have a say in the laws that are passed and that concern them.

B The issue of firearms in the USA

- **The large number of young people being killed in schools** has led youths to organise marches in order to make the government pass bills to change gun laws.

further information

The second Amendment of the Constitution allows citizens to bear arms.

- '**March for Our Lives**' was a student-led demonstration to prevent gun violence in the USA. It took place in Washington on March 24, 2018. More than 1 million people attended the event making it one of the largest protests in American history. It was organised following a school shooting in Florida in which 17 people died.

C *David Copperfield*

- *David Copperfield* is a novel by Charles Dickens, a famous British writer (1812-1870).
- It features the character David Copperfield, and is written in the first person, as a description of his life until middle age, with his own adventures and the numerous friends and enemies he meets along his way. It is his journey of change and growth from infancy to maturity, as people enter and leave his life and he passes through the stages of his development.

2 Vocabulary

A Fighting for our rights

activist	activiste
attend	assister à
be aware of	être au courant de
bill	loi
campaign	campagne, faire campagne
convince somebody to do something	convaincre quelqu'un de faire quelque chose
criticise	critiquer
fail	échouer
feel concerned	se sentir concerné
fight/combat	se battre
have a say	avoir son mot à dire
involve oneself	s'impliquer
lack	un manque, manquer
make a difference	faire bouger les choses
march	une manifestation, manifester
older generations	les anciennes générations
pass a law	adopter une loi
promote	promouvoir
protest	protester, manifester
rally	un rassemblement
rebel	se rebeller
rise up	s'élever contre quelque chose
speech	un discours
stand up for	défendre
succeed	réussir
take action	prendre des mesures
urge	inciter
volunteer	volontaire, être volontaire

B Family

character	personnage
descent	origine
growth	croissance
mother tongue	langue maternelle
pass through	traverser (une époque)
relationships	relations
relatives	parents

Self-image and relationships with others

203

Lue Relue Apprise

Today, self-image influences people's relationships with others more than ever. Some social media can make young people reflect on their image or even change it.

1 General Knowledge

A Social media

- **Social media** such as Instagram or Snapchat **are young people's favourites**. They allow them to post photographs as well as information about many issues.
- On **Instagram**, you can get post notifications of people you know, edit your pictures like a professional or even filter comments that you do not like.

B New-York city

- **New-York city attracts tourists from all over the world.** When you visit it, your wardrobe needs to be on point if you wish to blend in with the stylish locals, whether you be a boy or a girl!
- **New-Yorkers usually use the most basic pieces to create a fashion-forward outfit.** You can't go wrong with a t-shirt and a jeans combo.

C The Bureau of Magical Things

- The Bureau of Magical Things is an **Australian television series created in 2018**. It is about a magical world which is threatened by technology.
- Now, someone wants to change that and restore magic to its rightful place. It is quite popular with youngsters in Australia.

D *Milk*

- ***Milk*** is a 2008 American **biographical film** based on the life of **gay rights** activist and politician **Harvey Milk**, who was **the first openly gay person to be elected** to public office in California, as a member of the **San Francisco Board of Supervisors.** Directed by **Gus Van Sant** and written by **Dustin Lance Black**, the film stars **Sean Penn** as Milk and **Josh Brolin** as **Dan White**, a city supervisor who assassinated Milk and Mayor **George Moscone.**

remarque

ne pas confondre 'image'= image abstraite et 'picture'= image concrète (dans un livre par exemple)

2 Vocabulary

activist	militant
allow	permettre de
be ashamed of	avoir honte de
be comfortable with yourself	s'assumer
blend in	s'intégrer
board of supervisors	conseil de surveillance
combo	combinaison
comment	commentaire
criticise	critiquer
deny	refuser
director	metteur en scène
edit	modifier
fashion-forward	ultra moderne
friendly	amical
get on with	s'entendre avec
go wrong	se tromper
issue	sujet, thème
local	résident
make friends with	se faire des amis
openly	ouvertement
outfit	tenue
pleasant	sympathique
popular	populaire
reflect	réfléchir
relationships	relations
rightful	légitime
self-confident	qui a confiance en soi
self-image	représentation de soi
sociable	sociable
social media	réseaux sociaux
socialise	socialiser
stand out	se démarquer
stylish	à la mode
teen	adolescent
threaten	menacer
wardrobe	placard
youth, youngster	jeune

In order to anticipate your future job, it is interesting to know about the workplace.

1 General Knowledge

A Finding a job

- **The job hunt: it's something we all go through in our lives**, yet it is difficult to choose the right strategy to adopt. Do I need to write a cover letter? What's the best way to prepare for an interview?
- **It is necessary to ask for advice to job search experts or recruiters** in order to know what it takes to find the right company, stand out from the crowd and write an excellent resume. The objective is to be hired!

B Workplace wellbeing

- Smart employers know that organisations perform better when staff is healthy, motivated and focused.
- *Mind* has developed an approach to help employers manage mental health in the workplace by:

– promoting wellbeing for all staff;

– tackling the causes of workrelated mental health problems;

– supporting staff who are experiencing mental health problems.

C A job ad : At TikTok, it's your turn to make a change!

- **TikTok** is a destination for short-form mobile videos. Our mission is to capture and present the world's creativity, knowledge, and moments that matter, directly from the mobile phone.

remarque

'Workforce1' est le 'Pôle Emploi' New-Yorkais.

- TikTok enables everyone to be a creator and encourages users to share their passion and creative expression through their videos. TikTok is based in Los Angeles, with global offices in London, Tokyo, Seoul, and Moscow. In early 2018, TikTok was one of the most downloaded apps in the world. TikTok is available worldwide for iOS and Android.

2 Vocabulary

apply	candidater
available	disponible
be on the dole	être au chômage
business	affaires
career	carrière
chief executive officer (CEO)	directeur général
company	entreprise
cover letter	lettre de motivation
employee	employé
employer	employeur
executive	cadre
fire	licencier
hire	engager
intern	stagiaire
interview	entretien
job ad	annonce
job hunt/search	recherche d'emploi
job opportunity	possibilité de travail
knowledge	connaissance
manage a company	gérer une entreprise
mental health	santé mentale
occupation	métier
office	bureau
perform	être performant
position	poste, emploi
recruiter	recruteur
resume	CV
salary	salaire
schedule	emploi du temps
seize an opportunity	saisir une opportunité
skill	compétences
staff	personnel
stand out from	se démarquer
tackle	résoudre (un problème)
team spirit	esprit d'équipe
wellbeing	bien-être
work-related	en relation avec le travail
worldwide	dans le monde entier
working conditions	conditions de travail

The village, the neighbourhood, the city

205

Lue Relue Apprise

Big cities of the Anglo-Saxon world are a melting-pot of many different ethnic groups because of the globalisation of work and cultures.

1 General Knowledge

A Camden Town

- Camden Town is a **borough located in northwest London**. It is well known for its markets that are a major tourist attraction on week-ends, selling goods of all types, fashion, books etc... including bizarre things.
- They are very **popular with young people** and very crowded. You can go there by bus, underground or cycling.

B Ethnic groups

- **Ethnic groups are numerous in London**: Whites, Asians and Blacks. Blacks mainly live in Lambeth (centre of London) and Southwark (south east) while Asians (Pakistanis, Indians) mainly live in the boroughs of Newham or Redbridge.

C Chinatown

- Chinatown is **located in the West End, a district region of Central London** where you can also find Piccadilly Circus and a large number of theatres.

D Do you prefer to live in a big or in a small city?

- I actually prefer both. I love the great outdoors, clean air and blue skies, no traffic jams, generally more friendly people, less crime and an easy going life style that requires seldom having to wear dress up clothes and a tie. Of course some of this depends on your job, but I'm retired, so it's easier to accept small town living.
- I also liked big cities as I worked and lived in them most of my life. I miss the convenience of being able to get most of anything you want, the same day (sometimes 1 day later). Usually good public transportation, a lot of choices for restaurants and professional activities.

2 Vocabulary

accomodate / accomodation	loger quelqu'un / logement
borough	arrondissement
building	immeuble
business district	quartier d'affaires
citizen	citoyen
city dwellers	habitants des villes
convenience	commodité
countryside	campagne
crowded	bondé
depend on	dépendre de
drive	conduire
dwell	habiter
flat	appartement
footpath	sentier
inhabitant	habitant
landlord	propriétaire
leave	quitter
live	vivre, habiter
located	situé
move	déménager
neighbour	voisin
neighbourhood	quartier, voisinage
noisy	bruyant
outdoors	extérieur
path	chemin, sentier
pollute	polluer
post office	poste
quiet	calme
retired	retraité
road	route
sightseeing	tourisme
street	rue
tenant	locataire
traffic jam	embouteillages
train station	gare
transportation	transports (Am)
travel	voyager
underground	métro
villager	villageois

please note

bien faire la différence entre 'street'= rue et 'road'= route.

Saving the planet, imagining possible futures

206

Lue Relue Apprise

Nowadays, climate change is a major concern for the whole world. We must do something! We must take action!

1 General Knowledge

A Go Green: a website to celebrate the planet

● **At GoGreen, it's our aim to improve the world** one story at a time by reporting environmental news that inspires readers to share and take action. Our goal is to shine light on the biggest issues in sustainability, from eco-friendly technology to animal welfare and everything in between.

● At GoGreen we celebrate the ways in which humans are working to save the planet and ensure a greener future for all. We applaud companies taking steps towards greener practices, support legislation that will reduce our carbon footprint, and discoveries in green energy. We high-five when wild animals get a much deserved win – when their protection and habitat are prioritized. If a battle is won in the war to reach green sustainability, we will be there cheering from the sidelines and sharing the victory with our readers.

B Ten things you can do to help save the earth

1 Save water
2 Be car-conscious
3 Walk, bike or take public transport
4 Reduce, reuse, recycle
5 Give composting a try
6 Switch to LEDS
7 Make your home energy sufficient
8 Eat sustainable foods
9 Plant a tree
10 Give up single-use plastic !

C Consuming less meat

● Going vegan is a way to save the planet because eating meat is wasting much energy. Today, many people are taking action in order to save animals from slaughter and to eat only vegetables. The Good Food Institute in the United States is trying to find alternatives to meat that make no sacrifices on taste or price.

2 Vocabulary

aim / goal	but
battle	bataille
car-conscious	utilisation plus responsable de sa voiture
carbon dioxyde	gaz carbonique
carbon footprint	empreinte carbone
cheering	applaudir
climate change	changement climatique
composting	compost
deserve	mériter
eco-friendly	écologique
ensure	assurer
give up	abandonner
global warming	réchauffement climatique
go green	mettez-vous à l'écologie
greenhouse effect	effet de serre
high-five	féliciter
improve	améliorer
issue	sujet
pollution	pollution
price	prix
reach	atteindre
save	sauver
share	partager
shine light on	attirer l'attention sur
sidelines	coulisses
slaughter	abattage
sustainability	durabilité
take action	agir
take steps towards	faire un pas vers
taste	goût
vegan	végétalien
waste	gaspillage
welfare	bien-être
wild	sauvage
win	gagner

please note

Applaud = high-five = cheer

please note

'save' peut aussi vouloir dire 'économiser'.

remarque

Les végétaliens ne mangent rien qui provienne des animaux.

What is art? It is hard to give a definition because it is subjective. Someone may love a painting, someone else may hate it!

1 General Knowledge

A Maori Art

> **please note**
> The Maoris are the indigenous people of New-Zealand.

- **Art has always been an integral component of Maori culture.** Traditional Maori art was created using the materials available at the time, such as wood, bone, pounamu (jade or greenstone), paua (abalone) shell, flax, and feathers. Today, a greater variety of materials are used, although many artists continue to use these traditional materials today.
- **The colours black, red and white feature strongly in Maori art.** The colour red is a symbol of *mana* (prestige, power, status) and is therefore often used in the decoration of important items such as the buildings and structures around a *marae* (courtyard where formal greetings and discussions take place) and *waka* (canoes).
- **One of the most exciting aspects of contemporary Maori culture is art.** New, highly talented Maori artists continue to join the ranks of the established names in the world of Maori art, and together they are forging an international reputation thanks to the exceptional quality of their work.

B Andy Warhol

- **Andy Warhol was the most popular figure in the pop art movement** that came up in the 1950s in the United States and Great Britain. During his career he produced paintings, films, commercials, print ads and other works of art.
- One of his most famous artwork was Marilyn Monroe's silkscreen print. He also discovered and supported a renowned music band called 'The Velvet Underground'. He designed the cover of their first album.

C Victorian Art

- 'Victorian Art' refers to all the work of arts created during Queen Victoria's reign (1837- 1901) in Britain. It is referred to as an age of realism in art and literature.

2 Vocabulary

abalone	mollusque
abstract	abstrait
act	jouer un rôle
actress/ actor	actrice, acteur
artwork	œuvre d'art
available	à disposition
background	arrière-plan
band	groupe de musique
bone	os
canvas	toile
carve	sculpter
component	composante
convey a message	faire passer un message
courtyard	cour
create	créer
design	dessiner, concevoir
draw	dessiner
engraving	gravure
feather	plume
feature	figurer
figurative	figuratif
flax	lin
foreground	premier plan
greenstone	néphrite (sorte de roche)
greetings	salutations
item	objet, article
material	matériau
paint	peindre
play	pièce de théâtre
poetry	poésie
power	pouvoir
ranks	rangs
realism	réalisme
renowned	renommé
sculpture	sculpture
silkscreen print	sérigraphie
status	statut social
still-life	nature morte
talented	talentueux
wood	bois

Sports and society

Lue Relue Apprise

208

Sports are essential for our physical and mental health. They can gather but also divide people.

1 General Knowledge

A Sports in Australia

- The most popular sports in Australia are netball, cricket, tennis and rugby. The National Rugby League (NRL) is a league of professional men's rugby teams in Australia. NRL matches are played in Australia and New-Zealand from March to October.
- On the other hand, the most popular games in the USA are American football followed by baseball, basketball and soccer. To finish with, Canada has the same sports as the USA but there is also curling, quite famous in Alberta and Manitoba, two Canadian states.

B Sport as a tool

- Sport and physical activity has long been used as a tool to improve mental, physical and social well-being. Physical inactivity is a major risk factor associated with many diseases such as cancer, diabetes or obesity. You are advised to practice as many sports as possible all along your life. You may have a larger life expectancy as a result of your exercising.

C Sporting events

- Tickets for sporting events in New-York: don't miss them ! When in New-York you will have a tough decision to make on which sports games to attend!

D Sports in the U.S.

- In 2012, the U.S. Department of Health and Human Services reported that sports participation records in the United States had reached very high levels. During the 2010 to 2011 academic year, 55 percent of all high school students participated in sports. Sports can positively impact both children and adults, providing opportunities to get exercise and spend time with peers in a healthy environment.

2 Vocabulary

advise	conseiller
attend	assister à
ball	balle, ballon
be interested in	être intéressé par
disease	maladie
divide	diviser
event	événement
exercise	entraînement
fulfillment	accomplissement
game	jeu
gather	rassembler
goal	but
goalkeeper	goal
health	santé
high school	lycée
improve	améliorer
life expectancy	espérance de vie
lose	perdre
net	filet
netball	sorte de basket ball joué par les filles
obesity	obésité
open the score	ouvrir le score
peers	camarades de classe
play	jouer
reach	atteindre
record	dossier, rapport
referee	arbitre
rules	règles
score	marquer
soccer	football (européen)
sporting/ sporty	sportif
stadium	stade
supporter, fan	supporter
surpass oneself	se surpasser
team	équipe
ticket	billet
tough	difficile
well-being	bien être
win	gagner

The past in the present

209

Lue Relue Apprise

History is always present in our life. We remember, celebrate and memorialize because we do not want to forget.

1 General Knowledge

A Remembering 9/11

- **Today, the attacks of September 11, 2001, are still fresh in the memories of many Americans.** Nearly 3,000 people in New York, Virginia, and Pennsylvania lost their lives on 9/11 after terrorists hijacked airplanes as weapons.

please note

Le mémorial du 11 septembre s'appelle 'Reflecting Absence'.

- As the years pass, **suffering continues alongside the memorializing**—among those who lost loved ones and by survivors who sustained injuries or who were forever changed by the horrific events—even as the country, and the world, changes.
- Now the site of the New York City attacks is home to **One World Trade Center**, the tallest building in the Western Hemisphere and a marker of resilience in the face of tragedy. There are also memorials near the Pentagon and in Stoystown, Pennsylvania.

B The frontier

- From the time Europeans arrived on American shores, the frontier became a shared space of vast, clashing differences that led the U.S. government to authorize over 1,500 wars, attacks and raids on Indians.
- When the Indian Wars ended in the late 19th century, fewer than 238,000 indigenous people remained, a sharp decline from the estimated 5 million to 15 million living in North America when Columbus arrived in 1492.There were many reasons for this racial genocide. Settlers, most of whom had been barred from inheriting property in Europe, arrived on American shores hungry for Indian land—and the abundant natural resources that came with it.

C Why do we learn history ?

- History helps us understand change and how the society we live in came to be. The second reason history is inescapable as a subject of serious study is that the past causes the present, and so the future. Then, we can understand other cultures and increase our understanding of national identities.

2 Vocabulary

attack	attentat
bar	interdire
clash	s'affronter
decline	baisse
event	événement
fewer than	un peu moins que
forget	oublier
grateful	reconnaissant
hijack	détourner un avion
horrific	horrible
identity	identité
increase	augmenter
inescapable	inévitable
inherit	hériter
inheritance	héritage
injury	blessure
keep in mind	garder à l'esprit
learn	apprendre
memorial	lieu de mémoire
memorializing	commémoration
memory	mémoire/ souvenir
move on	passer à autre chose
pass on	transmettre
proud	fier
remain	rester
remember	se rappeler
settler	colon
share	partager
sharp	net
shore	côte
suffering	souffrance
survivor	survivant
teach	enseigner
understanding	compréhension
values	valeurs
weapon	arme

Bien utiliser les formes verbales

210

Lue Relue Apprise

1 Choisir le bon temps

A Les énoncés au présent

	Présent simple	Présent en *be + V-ing*	Exemples
Action habituelle	X		*I go to school everyday.* Je vais à l'école tous les jours.
Action en déroulement		X	*I am going to school.* Je vais à l'école.
Donner son opinion	X		*I think he is right.* Je pense qu'il a raison.
Exprimer ses goûts	X		*I don't like hamburgers.* Je n'aime pas les hamburgers.

B Les énoncés au passé

	Prétérit	*Present perfect*	*Past perfect*	Exemples
Action terminée	X		X	*I bought a shirt.* J'ai acheté une chemise. *I had not seen him.* Je ne l'avais pas vu.
Action non terminée		X		*I have lived here since 1994.* Je vis ici depuis 1994.

C Les énoncés au futur et au conditionnel

	Will	*Be going to*	*Be + V-ing*	*Would*	Exemples
Action prévue, réfléchie			X		*I'm playing on Tuesday.* Je joue mardi.
Prédire un événement	X				*It will happen tomorrow.* Cela arrivera demain.
Exprimer une intention		X			*He is going to write a letter.* Il va écrire une lettre.
Exprimer une condition				X	*I would not answer if I were you.* Je ne répondrais pas si j'étais vous.

2 Utiliser le modal qui convient

	Probabilité	Effets de sens
can/ could	*This could be him.* Cela pourrait être lui. *It can't be him.* Cela ne peut pas être lui.	*You can take my book.* Tu peux prendre mon livre. ➜ Autorisation *You can't smoke here.* Vous ne pouvez pas fumer ici. ➜ Interdiction
may/ might	*He may come/have come.* Il viendra peut-être/est peut-être venu. *He might not agree.* Il se pourrait qu'il ne soit pas d'accord.	*You may take off your shoes.* Vous pouvez enlever vos chaussures. ➜ Autorisation
shall/ should	*It should be ok.* Cela devrait aller.	*You should not come.* Tu ne devrais pas venir. ➜ Conseil *You shall not kill.* Tu ne tueras pas. ➜ Interdiction
will/ would	*I will be 19 tomorrow.* J'aurai 19 ans demain.	*Sit down, will you?* Asseyez-vous, s'il vous plaît. ➜ Volonté *I would like to come.* J'aimerais venir. ➜ Désir, souhait
must	*He must be 19.* Il doit avoir 19 ans. *He must have played.* Il a dû jouer.	*You must do it now!* Tu dois le faire maintenant ! ➜ Ordre

3 Utiliser la bonne construction

A Les verbes suivants peuvent être suivis de ***to + V*** ou de ***V-ing*** avec à peu près **le même sens** : *begin, start, continue, enjoy, like, love, hate...*
*I like **to go** to the cinema. / I like **going** to the cinema.* J'aime aller au cinéma.

B Certains verbes sont généralement suivis de ***V-ing*** : *stop, go on, remember, forget*. Employés avec ***to + V***, ils **changent de sens** :
*I remember **closing** the door.* Je me souviens avoir fermé la porte.
*I remembered **to close** the door.* J'ai pensé à fermer la porte.

C D'autres verbes sont généralement suivis d'une **base verbale** : *make somebody do something* (faire faire qch à qn), *let, hear, see, watch, help...*
They helped me do my homework. Ils m'ont aidé à faire mes devoirs.
He won't let me go. Il ne veut pas me laisser partir.

Utiliser le nom et les articles

211

Lue Relue Apprise

1 Articles et noms

L'article *a / an*	
Noms dénombrables *(tree, animal, eye, computer, house, family...)*	• ***A*** *tree has fallen on the road.* Un arbre est tombé sur la route. • *There is* ***an*** *animal in this cage.* Il y a un animal dans cette cage.
Noms dénombrables et indénombrables *(time, tea...)*	• *There is* ***a*** *time for leisure and* ***a*** *time for work.* Il y a un temps pour les loisirs et un temps pour le travail. • *It's* ***a*** *tea that comes from Asia.* C'est un thé qui vient d'Asie.
Noms indénombrables *(tea, shame, help, furniture...)*	• *Drink* ***a*** *cup of tea.* Bois une tasse de thé. • *What* ***a*** *shame!* Quelle honte ! • *He was* ***a*** *great help.* Il nous a beaucoup aidés. • *It's* ***a*** *nice piece of furniture.* C'est un joli meuble.
L'article *the*	
Noms dénombrables *(dress, book, street...)*	• ***The*** *dress was short.* La robe était courte. • ***The*** *streets of New York have numbers.* Les rues de New York ont des numéros.
Noms dénombrables et indénombrables *(wood, dress, hair, tea...)*	• *Put on* ***the*** *evening dress I bought you.* Mets la tenue de soirée que je t'ai achetée.
Noms indénombrables *(beef, love, hatred, democracy, courage...)*	• *This is* ***the*** *democracy I wanted for my country.* C'est la démocratie que je voulais pour mon pays. • *I admire* ***the*** *courage with which he fought.* J'admire le courage avec lequel il s'est battu.
L'article Ø	
Noms dénombrables *(pen, bag, printer, lion, fish...)*	• *I have* **Ø** *pens and* **Ø** *bags at home.* J'ai des stylos et des sacs à la maison. • *I have seen* **Ø** *fishes.* J'ai vu des poissons.
Noms dénombrables et indénombrables *(fish, fruit...)*	• **Ø** *Fruit is good for your health.* Les fruits sont bons pour la santé. • *Do you like* **Ø** *fish?* Aimes-tu le poisson ?
Noms indénombrables *(meat, spinach, rubbish, travel...)*	• *There is* **Ø** *spinach in this soup.* Il y a des épinards dans cette soupe.

2 Emploi des articles

A On utilise l'article *a* :

- Pour les noms de métier : *I am **a** mason.* Je suis maçon.
- Après les prépositions : *She came without **a** coat.* Elle est venue sans manteau.
- Dans certaines expressions : *Half **an** hour.* Une demi-heure.
- Dans des expressions idiomatiques: *To make **a** fire.* Faire du feu.

B On utilise l'article *the* :

- Pour nommer la géographie du monde : ***the** Sun, **the** sky, **the** USA, **the** Atlantic, **the** Houses of Parliament*... Le Soleil, le ciel, les États-Unis, l'Atlantique, le Parlement britannique...
- Pour parler du monde dans lequel on vit : ***the** Smiths, **the** Queen, **the** Prime Minister, **the** British, **the** Church of England, **The** Guardian.* Les Smith, la reine, le premier Ministre, les Britanniques, l'Église d'Angleterre, le *Guardian*.

C On utilise l'article Ø :

- Pour parler de sports, repas, activités... qui ne renvoient pas à une situation particulière : *to play chess, to have lunch*... Jouer aux échecs, prendre son déjeuner...
- Pour les lieux quand on fait référence à la notion et non au bâtiment : *go to school, to hospital*... Aller à l'école, à l'hôpital...
- Devant les noms de pays, d'endroits : *France, Mount Blanc*... La France, le mont Blanc...
- Devant les titres suivis d'un nom propre : *Queen Elizabeth.* La reine Élisabeth.
- Devant les noms de magasins ou de restaurants qui se terminent par *s* ou *'s* : *to go to Harrods, to McDonald's*... Aller chez Harrods, au McDo...

3 Pluriel des noms

Pluriels réguliers	• *Cats and dogs.* Chats et chiens. • *Roses, beds.* Des roses, des lits.
Pluriels irréguliers	• *Feet, children.* Des pieds, des enfants.
Pluriels semblables à leur singulier	• *Sheep, series.* Un mouton/des moutons. Une série/des séries.
Noms singuliers terminés par un s	• *Physics, cross-roads, news.* La physique, un croisement, des nouvelles.

Construire correctement des phrases

212

Lue Relue Apprise

1 Phrases avec proposition subordonnée

Proposition principale : (sujet) + verbe + (compléments)	+	Conjonction de subordination	+	Proposition subordonnée : sujet + verbe + (compléments)
I am visiting Paris		***before***		***it is too late.***
Je visite Paris		avant qu'		il ne soit trop tard.

Conjonction de subordination	+	Proposition subordonnée : sujet + verbe + (compléments)	+	Proposition principale : (sujet) + verbe + (compléments)
While		***I was doing my homework***		***she was listening to music.***
Pendant que		je faisais mes devoirs		elle écoutait de la musique.

2 Pour introduire une proposition subordonnée

- Les propositions subordonnées sont introduites par une conjonction de subordination, les propositions relatives par un pronom relatif.

Type de subordonnée	**Conjonctions de subordination**
Temps	*When, as, before, till, until, while.*
Condition	*If, unless, provided.*
But	*To, in order to, so as to.*
Cause	*Because, as, since, for.*
Concession	*Though, although.*
Nominale	*That*
	Pronoms relatifs
Relative	*Who, whom, that, Ø , which, whose.*

- Ne confondez pas subordonnées conjonctives et subordonnées relatives.

*I will do it **before you go**.* Je le ferai avant que tu partes.
→ subordonnée conjonctive
*This is the car **that I prefer**.* C'est la voiture que je préfère.
→ subordonnée relative

3 Phrases interrogatives, exclamatives et au style indirect

A Les interrogatives

- *Did you really drive this car?* Vous conduisiez vraiment cette voiture ?

Auxiliaire + sujet + adverbe + verbe + complément

- *What are your favourite games ?* Quels sont vos jeux préférés ?

Pronom interrogatif + verbe + complément

- *How far has she been going?* Est-ce qu'elle est allée loin ?

Pronom interrogatif + auxiliaire + sujet + participe passé de *be* + verbe

B Les exclamatives

- *What a nice baby!* Quel beau bébé !

Exclamatif + *a* + adjectif + nom

- *How strange!* Comme c'est étrange !

Exclamatif + adjectif

- *It's such a large house!* Quelle vaste maison !

Pronom + verbe + *such* + *a/an* + adjectif + nom

- *They are so nice!* Ils sont tellement sympathiques !

Sujet + verbe + *so* + adjectif

C Les phrases au style indirect

- *She said that it was too late.*

Elle a dit qu'il était trop tard.

Sujet + verbe introducteur + (*that*) + pronom + verbe + adjectif

- *She asked if she could come.*

Elle a demandé si elle pouvait venir.

Sujet + verbe introducteur + *if* + sujet + auxiliaire modal + verbe

- *They replied that they did not know.*

Ils répondirent qu'ils ne savaient pas.

Sujet + verbe introducteur + *that* + sujet + verbe

- *I wondered why he had not come.*

Je me demandais pourquoi il n'était pas venu.

Sujet + verbe introducteur + *why* + sujet + verbe

Les erreurs de grammaire à ne pas commettre

213

Lue Relue Apprise

1 Les erreurs de temps

- Soyez vigilant avec les **temps** quand vous traduisez, en version comme en thème.

– *He **discovered** America* → Il a découvert / découvrit / découvrait l'Amérique.
prétérit → passé composé / passé simple / imparfait

– Le racisme **existe** depuis toujours. → *Racism **has existed** for ages.*
présent → *present perfect*

- N'oubliez pas que le **prétérit** est le temps de la **narration**. Évitez le présent.

- Pensez au **-s** de troisième personne au présent simple ! À la forme négative, c'est *do* qui prend le *-s*.

*She work**s**, she do**es**n't work.*

- Dans les subordonnées de temps, après ***when***, on met le **présent simple**.

*I will stop working when you **arrive**.* J'arrêterai de travailler quand tu arriveras.

- Les subordonnées nominales commençant par un infinitif en français se traduisent par un verbe en ***-ing*** en anglais.

Danser a toujours été mon loisir favori. ***Dancing** has always been my favourite hobby.*

- Apprenez par cœur les **formes verbales** car elles sont peu nombreuses en anglais.

Base verbale	*run*
V-ing / gérondif	*running*
Verbe + *s*	*runs*
Auxil. *be* + *V-ing*	*is running*
Verbe + *-ed* (prétérit ou p.passé) Auxil. *have* + verbe + *-ed*	*worked / ran* *has worked / has run*
Modal + verbe Modal + *be* + *V-ing*	*will run / work* *will be running*
Modal + *have* + verbe + *-ed* Modal + *have* + *be* p.passé + *V-ing*	*will have worked / run* *could have been working*
Modal + *be* + verbe p.passé (passif)	*will be run over*
Modal + *have* + *be* p.passé + verbe p.passé (passif)	*will have been run over*

2 Les erreurs de constructions

- Attention quand vous traduisez **pour** exprimant le **but**.

J'ai acheté du pain **pour que** tu le manges. *I bought some bread **for you to** eat it.*

- En anglais, il n'y a **pas toujours inversion** sujet-verbe comme en français.

Peut-être est-il anglais ? *He may be English.*

- Il est impossible de poser une question sans **auxiliaire**, sauf quand le pronom interrogatif est sujet.

Did you come? Es-tu venu ?
Who came? Qui est venu ?

3 Autres erreurs

- Les adjectifs sont i**nvariables**, ils ne prennent ni le genre ni le nombre.

The red / numerous / beautiful flowers. Les fleurs rouges / les nombreuses fleurs / les belles fleurs.

- Le pronom relatif ***who*** a toujours un antécédent humain et signifie **qui** ou **que** et pas **où**.

*The person **who** is here is American.* La personne **qui** est ici est américaine.

- Ne confondez pas ***this*** et ***his***. *This* signifie **ce, cette, ceci, cela**, alors que *his* est un adjectif possessif masculin.

*I like **this** coat.* J'aime **ce** manteau. *I like **his** coat.* J'aime **son** manteau.

- Ne confondez pas ***they*** et ***there*** : *they* est le pronom sujet pluriel, alors que *there* sert à traduire « il y a » (entre autres).

***They** are here.* Ils sont ici. ***There** are people here.* Il ya des gens ici.

- Ne confondez pas ***there*** et ***their*** qui se prononcent pareils. *There* peut être adverbe de lieu et peut servir à traduire « il y a », et *their* est l'adjectif possessif pluriel.

*It is **there**.* Il est là. *It is **their** coats.* Ce sont leurs manteaux.

- Les **verbes à particules** doivent toujours être suivis de leur particule.

*He waited **for** him.* Il l'a attendu. *[He ~~waited him~~.]*

- Les jours, les adjectifs de nationalité prennent une **majuscule**.

***M**onday, **T**uesday... A **F**rench man, an **E**nglish man...*

Corrigés

Français

p. 61

La poésie au Moyen Âge
1. 7 **2.** le blason **3.** Madame de Sévigné

Le baroque
4. Italie **5.** Faux **6.** Faux

Le classicisme
7. Louis XIV **8.** la bienséance **9.** l'unité de lieu, de temps et d'action

Le romantisme
10. le travail **11.** lyrique

Le réalisme
12. Balzac **13.** *Madame Bovary*

Les mouvements littéraires après 1945
14. Robbe-Grillet **15.** Ionesco et Genet

p. 71

Le roman et le récit, du Moyen Âge au XVIIIe siècle
1. a. classicisme **b.** romantisme, Nouveau Roman **2.** le discours moral, les personnages idéalisés ou issus du peuple, l'image de la société, la critique de la société **3.** dans les romans comiques ou picaresques **4.** *Tristan et Iseult* de Béroul, *Yvain ou le Chevalier au lion* de Chrétien de Troyes, *Le Voir Dit* de Guillaume de Machaut

La poésie du Moyen Âge au XVIIIe siècle
5. André Chénier **6.** Voltaire **7.** élégiaque

Le théâtre du XVIIe siècle au XXIe siècle
8. la *mimésis* **9.** importantes **10.** règle des trois unités (temps, lieu, action), la bienséance, la vraisemblance **11.** la pitié et la peur font naître la *catharsis*

La littérature d'idées du XVIe au XXIe siècle
12. du livre du même nom de Montaigne **13.** polémique **14.** l'affaire Dreyfus **15.** une satire violente

p. 81
1. complétive **2.** une subordonnée interrogative indirecte totale **3.** coordonnée **4.** C'est toi qui partiras en premier **5.** ?? **6.** irons **7.** une conjonction de coordination **8.** C'est celui dont j'avais entendu parler **9.** Les enfants, qui étaient partis à l'heure, sont arrivés comme prévu ET Les élèves qui étaient partis à l'heure sont arrivés comme prévu ET Les élèves sont arrivés comme prévu **10.** à l'impératif **11.** 3 personnes **12.** il courrait

Corrigés

Mathématiques

35. **1.** Vrai **2.** Vrai **3.** Faux **4.** Faux **5.** Faux

36. **1.** 43 **2.** $2 \times 3^3 \times 5$ **3.** $3 \times 5^2 \times 7$ **4.** $\frac{35}{18}$

37. **1.** $-4 \leqslant x \leqslant 7$ **2.** $x > 3$ **3.** $]3\,;7]$ **4.** $[-4\,;+\infty[$

38. **1.** Faux **2.** Vrai **3.** Vrai

39. **1.** 0,1 **2.** 4 **3.** $2\sqrt{2}$ **4.** -1

40. **1.** $4x^2 - 24x + 49$ **2.** $(2x+3)(-x-2)$ **3.** $x = -2$ ou $x = -\frac{3}{2}$ **4.** $x = \frac{3}{7}$

41. **1.** Faux **2.** Faux **3.** Vrai **4.** Vrai **5.** Faux

42. **1.** Vrai **2.** Vrai **3.** Faux

43. **1.** Faux **2.** Faux **3.** Vrai **4.** Vrai

44. **1.** Vrai **2.** Vrai **3.** Faux **4.** Faux

45. **1.** $(-2\,;-3)$ **2.** $(1\,;3)$ **3.** $(5\,;-1)$ **4.** $(7\,;1)$ **5.** $\overrightarrow{AB} = \overrightarrow{CD}$

46. **1.** $(6\,;3)$ **2.** $(11\,;1)$ **3.** $D(9\,;2)$ **4.** $(-7\,;-8)$

47. **1.** Vrai **2.** Faux **3.** Faux **4.** Faux **5.** Vrai

48. **1.** Faux **2.** Faux **3.** Vrai **4.** Vrai

49. **1.** Faux **2.** Vrai **3.** Vrai **4.** Vrai

50. **1.** Vrai **2.** Faux **3.** Vrai **4.** Vrai

51. **1.** 21,4 **2.** 26,2 **3.** 40° **4.** 50°

52. **1.** $\sqrt{0{,}84}$ **2.** 0,44 **3.** $\frac{\sqrt{3}}{2}$ **4.** $\sqrt{3}$ **5.** $\frac{\sqrt{2}}{2}$

53. **1.** Vrai **2.** Vrai **3.** Faux **4.** Vrai **5.** Faux

54. **1.** -3 **2.** $\vec{u}(-2\,;3)$ **3.** $\vec{v}(3\,;2)$ **4.** $-2x + 3y - 11 = 0$

55. **1.** $y = 3x + 1$ **2.** $y = -x + 4$ **3.** $y = \frac{4}{7}x + \frac{9}{7}$ **4.** $y = -\frac{5}{4}x + \frac{1}{2}$

56. **1.** Faux **2.** Vrai **3.** $(-1\,;2)$ **4.** Vrai

57. **1.** $2{,}135^2 < 3{,}205^2$ **2.** $x^2 \in [0\,;25[$

3. $\frac{1}{-0{,}2} < \frac{1}{-0{,}3} < \frac{1}{0{,}3}$ **4.** $x \in \left]0\,;\frac{1}{2}\right[$

58. **1.** Vrai **2.** Vrai **3.** Faux **4.** Vrai **5.** Faux **6.** Faux

59. **1.** 3 **2.** -3 et 7 **3.** $[-4\,;-3]$ **4.** -2 ; 1 ou 6

60. **1.** f est paire **2.** g est impaire **3.** h est quelconque

61. **1.** Vrai **2.** Faux **3.** Vrai

62. **1.** [– 5 ; 8] **2.** [8 ; 10] **3.** – 3 **4.** [2 ; 10]

63. **1.** $V_1 = 4,2$ **2.** $t = -11\ \%$ **3.** $t \approx 43\ \%$ **4.** 0,32

64. **1.** Faux **2.** Vrai

65. **1.** 11 **2.** 13 **3.** 2,089

66. **1.** 28 **2.** 100 **3.** 120 **4.** 120

67. **1.** Vrai **2.** Faux **3.** Faux **4.** Vrai

68. **1.** $P(T \cap \overline{N})$ et $\frac{1}{10}$ **2.** $P(T \cap N)$ et $\frac{7}{30}$ **3.** $P(T \cup N)$ et $\frac{19}{30}$

69. **1.** 800 **2.** 0,2675 **3.** 0,34

70. **1.** Vrai **2.** Faux **3.** Vrai **4.** Vrai

71. **1.** Vrai **2.** Vrai **3.** Vrai

Histoire

p. 174

La Méditerranée antique : l'empreinte grecque **1.** Vrai. **2.** Faux. Elle est dirigée par Athènes contre les Perses.

La Méditerranée antique : l'empreinte romaine **1.** Faux. Il a bien pris soin de ne pas se faire proclamer roi. **2.** Faux. Il est celui qui les arrête et permet la tolérance religieuse. **3.** Vrai.

La Méditerranée médiévale : un espace de contacts **1.** Faux. C'est l'héritier de l'Empire romain d'Orient. **2.** Vrai. **3.** Vrai.

p. 182

Les Grandes Découvertes et leurs conséquences **1.** Faux. Ce sont les Portugais. **2.** Vrai. **3.** Faux. C'est l'inverse qui se produit. **4.** Faux. Ce sont plutôt les produits agricoles.

Renaissance, humanisme et réformes religieuses **1.** Vrai et faux. Certains membres de l'Église soutiennent les humanistes par le mécénat, mais certaines idées humanistes sont rejetées par l'Église. **2.** Vrai. **3.** Faux. La foi est davantage mise en valeur que les actes. **4.** Vrai.

p. 192

L'affirmation de l'État en France **1.** une doctrine plaçant le gouvernement de l'Église de France sous les ordres du roi. **2.** des intendants. **3.** une révolte

Corrigés

fiscale. **4.** Colbert.
Les révolutions anglaises et leurs conséquences de 1642 à 1648.
La naissance des États-Unis d'Amérique un État fédéral et républicain.

p. 202
Les Lumières et le développement des sciences **1.** Denis Diderot. **2.** des penseurs des Lumières et des personnes qui affirment que la nature est le fondement de toute richesse. **3.** un grand mathématicien italien et l'homme qui a confirmé la théorie de l'héliocentrisme.
Tensions, mutations et crispations de la société d'ordres **1.** 1639. **2.** Faux. Même s'ils n'ont théoriquement pas le droit de travailler, ils exercent souvent des fonctions importantes dans l'Église, l'armée ou les institutions du royaume. **3.** 600 000 habitants. **4.** Faux. Les salons de Mme de Tencin, Mme du Deffand, Mme Geoffrin et Mlle de Lespinasse sont les plus célèbres. **5.** Nantes.

Géographie

p. 216
Les risques naturels et technologiques **1.** Vrai. **2.** Faux. Ces milieux sont habités, bien qu'ils présentent une densité de population très faible. **3.** Vrai. **4.** Faux. Un événement naturel ne représente un risque que lorsque l'espace qui y est soumis est peuplé.
Les ressources : eau et énergies **1.** Vrai et faux. Il existe aussi des inégalités naturelles, liées au cycle de l'eau. **2.** Faux. C'est l'inverse : 90 % de l'énergie est fournie par des énergies fossiles, non renouvelables.
La France : des milieux entre valorisation et protection **1.** Vrai. **2.** Faux. La France est soumise à des risques naturels comme les tempêtes, les inondations, les séismes ou les avalanches.

p. 226
Des trajectoires démographiques différenciées **1.** 4,5 milliards. **2.** 1979.
Développement et inégalités **1.** L'urbanisation. **2.** Un habitant sur trois.
Dynamiques démographiques et inégalités socio-économiques en France **1.** 1,9. **2.** 1992.

p. 236
Les migrations internationales **1.** Vrai. **2.** Faux. Ils trouvent principalement refuge dans les pays voisins. **3.** Vrai.
Diverses mobilités à l'échelle internationale **1.** Faux. L'espace Schengen propose une politique de gestion et de renforcement des contrôles aux frontières extérieures. **2.** Faux. Il s'adresse également aux enseignants.
La France : mobilités et réseaux **1.** Vrai. **2.** Faux. Le réseau routier, utilisé par plus de 80 % des Français, prédomine largement. **3.** Vrai.

p. 242

L'Afrique australe : transition et développement **1.** Faux. Elle correspond à la région située au sud de l'Afrique. **2.** Vrai. **3.** Vrai et faux. L'Afrique australe n'est pas particulièrement touchée par la pollution, mais elle est très affectée par le réchauffement climatique. **4.** Vrai. **5.** 43 %.

L'Afrique australe : des mobilités complexes **1.** les ressources minières et le tourisme. **2.** d'émigration et d'immigration.

Physique-Chimie

Constitution et transformations de la matière

1. V **2.** F **3.** F **4.** V **5.** V **6.** F **7.** F **8.** V

9. F **10.** V **11.** V **12.** F **13.** V **14.** V

15. F (pas d'électrons dans le noyau)

16. F (la plus grande) **17.** V **18.** F (la dernière)

19. F (K^+) **20.** F (doublets liants) **21.** F

22. F ($N = \frac{m}{m_{\text{entité}}}$) **23.** V **24.** V

25. F (grand nombre) **26.** F ($n = \frac{N}{N_A}$) **27.** F ($N = n \times N_A$)

28. F **29.** F (c'est une sublimation)

30. F (c'est une dissolution et non une fusion)

31. F (le système reçoit de l'énergie)

32. F **33.** F (échelle macroscopique)

34. F (surtout pas) **35.** F : $2HO^-(aq) + Cu^{2+}(aq) \rightarrow Cu(OH)_2(s)$

36. V **37.** V **38.** F **39.** V

40. F (un seul neutron à gauche)

41. V **42.** F (fusion nucléaire) **43.** V

Mouvement et interactions

1. F **2.** V **3.** F (géocentrique)

4. F **5.** V **6.** F **7.** F **8.** F (relation vectorielle)

9. V **10.** F ($m \cdot g$) **11.** F ($\vec{R}$) **12.** F ($\vec{T}$)

13. F **14.** V **15.** F

16. F **17.** V **18.** F

Corrigés

Ondes et signaux

1. V	**2.** F	**3.** F	**4.** V	**5.** V	**6.** V	**7.** F	**8.** F
9. F	**10.** V	**11.** F	**12.** F	**13.** F	**14.** F	**15.** V	**16.** F
17. F	**18.** F	**19.** F	**20.** V	**21.** V	**22.** F	**23.** V	**24.** F
25. V	**26.** F	**27.** V	**28.** V				

SVT

p. 334
1. Faux **2.** Vrai **3.** Faux **4.** Faux **5.** Faux

p. 344
1. Vrai **2.** Vrai **3.** Vrai **4.** Faux **5.** Vrai

p. 356
1. Faux **2.** Vrai **3.** Faux **4.** Vrai **5.** Faux

p. 366
1. Vrai **2.** Faux **3.** Vrai **4.** Vrai **5.** Faux

p. 376
1. Faux **2.** Faux **3.** Vrai **4.** Vrai **5.** Faux

p. 386
1. Faux **2.** Faux **3.** Vrai **4.** Faux **5.** Faux

p. 400
1. Faux **2.** Faux **3.** Vrai **4.** Faux **5.** Faux

p. 412
1. Vrai **2.** Vrai **3.** Vrai **4.** Vrai **5.** Faux

SES

p. 432
Comment allouer efficacement des ressources rares ? **1.** Vrai. Une fois satisfaits, nos besoins changent. Ils sont aussi stimulés par la nouveauté et la publicité. **2.** Faux. Quand une ressource existe en quantité illimitée, elle est dite libre.
Comment fait-on société ? **1.** Faux. Une loi est une norme particulière : elle est écrite et on doit s'y soumettre obligatoirement. Les normes sociales correspondent à des comportements attendus, sans caractère obligatoire. **2.** Vrai. C'est l'existence de règles reconnues et partagées qui rend possible le « vivre ensemble ».
Comment expliquer les comportements sociaux ? **1.** Faux. L'inné relève de la

nature. C'est donc à la biologie et à la médecine de s'y intéresser. **2.** Vrai. Le genre définit les rôles masculins et féminins attendus par la société.

Comment se conquiert et s'exerce le pouvoir politique ? Vrai. Sans État de droit, il est impossible de garantir l'égalité de tous devant la loi et donc de préserver nos libertés.

Recueillir et traiter des données Vrai. On utilise des sondages d'opinion qui reflètent l'état d'esprit de la société à un moment donné vis-à-vis de tel ou tel sujet.

Utiliser des modèles Faux. Comme les économistes partent d'hypothèses différentes, ils construisent des modèles divers, parfois même contradictoires.

Établir des corrélations et des liens de causalité Faux. La corrélation est le simple constat d'évolutions similaires ou contraires entre deux variables. Il y a causalité lorsque l'une des variables explique l'autre. Parfois, c'est un troisième élément qui explique l'évolution des deux autres. Parfois, il n'y a aucun lien (c'est une coïncidence).

p. 454

Qui produit les richesses ? Faux. Les administrations produisent également des richesses (non marchandes).

La production dans l'entreprise **1.** Vrai. Il faut de la main-d'œuvre et des outils ou des machines pour produire. **2.** Vrai. La productivité mesure un rendement des facteurs de production, donc leur efficacité.

La croissance : les grandes tendances mondiales **1.** Faux. Ce n'est pas parce que le volume des richesses augmente qu'elles se répartissent de façon équitable. **2.** Vrai. L'augmentation de la production et de la consommation ne permet pas aux ressources de se renouveler.

Comment se détermine la demande sur un marché ? **1.** Vrai. La satisfaction ressentie dépend de chaque personne (ses goûts, ses priorités...). **2.** Faux. Quand le prix augmente, la demande baisse.

Comment le prix se fixe-t-il et se modifie-t-il ? **1.** Faux. Le prix d'équilibre est celui auquel offre et demande sont égales. **2.** Vrai. Si l'offre est trop importante, les prix baissent pour stimuler la demande et absorber le surplus d'offre.

Le rôle de l'État dans la fixation du prix Faux. Certains prix sont fixés par l'État (comme le prix du timbre ou celui du tarif réglementé du gaz).

p. 478

Le processus de socialisation Faux. Les normes sont la manière dont on exprime les valeurs. Par exemple, la valeur de la politesse imposera la norme de saluer les gens que l'on rencontre.

Une socialisation différenciée **1.** Vrai. La société oriente la conduite des filles et des garçons en leur transmettant des normes et des valeurs différentes. **2.** Vrai. Notre langage, nos pratiques culturelles, nos goûts sont nettement marqués par l'environnement qui nous socialise. Tous ces éléments qui constituent notre capital culturel ne sont pas transmis de façon équivalente selon les groupes sociaux.

Les institutions de la Ve République Vrai. Dans un État de droit, la loi s'impose à tous de la même manière.

La séparation des pouvoirs Faux. Il ne peut renverser que le gouvernement, par le vote d'une motion de censure.

Les différents modes de scrutins Faux. Le scrutin majoritaire ne permet pas à tous les partis d'être représentés.

Le rôle de la société civile dans la vie politique Faux. Ce sont des associations. Ils sont officiellement indépendants des partis.

Le rôle des médias dans la vie politique Vrai. C'est la règle de l'équité, qui assure le pluralisme politique.

p. 490

Diplôme et capital humain **1.** Faux. Pour mesurer le capital humain, il faut ajouter l'expérience professionnelle au diplôme. **2.** Faux. Une qualification peut devenir obsolète du fait des évolutions technologiques et nécessite d'être mise à jour.

Diplôme et accès à l'emploi **1.** Vrai. Plus le niveau de diplôme est élevé, plus le taux de chômage baisse. **2.** Vrai. Dans le cas contraire, il s'agit de bénévolat. **3.** Vrai. L'alternance permet d'acquérir un début d'expérience professionnelle qui s'ajoute à la qualification obtenue par le diplôme.

Les autres facteurs influençant le salaire **1.** Faux. D'autres éléments entrent en considération, notamment l'expérience, mais aussi des éléments plus discriminatoires comme le genre. **2.** Vrai. Cela s'explique par le fait qu'elles possèdent des niveaux hiérarchiques plus étendus, une présence syndicale plus forte et des capacités financières plus importantes. **3.** Vrai. La loi sanctionne les entreprises qui rémunèrent différemment les salariés selon leur sexe.

Un accès au diplôme socialement différencié **1.** Faux. Les enfants des catégories favorisées sont surreprésentés dans les diplômes les plus élevés et les plus prestigieux. **2.** Vrai. Cette auto-élimination est due à une méconnaissance de l'enseignement supérieur, à des difficultés plus importantes et à des perspectives plus aléatoires vis-à-vis des études longues.

Crédits photographiques :

p.11 BIS/ Ph. Studio J.J Morlan © Archives Larbor ; p.12 BIS / Ph. Coll. Archives Nathan ; p.17 BIS/ Ph. Josse © Archive Larbor ; p.18 BIS / Ph. Josse © Archive Larbor ; p.21 BIS / Ph. J. Arland © Archives Larbor ; p.22 BIS / Ph. H. Josse © Archives Larbor ; p.26 BIS / Ph. H. Josse © Archives Larbor ; p.27 BIS / Ph. H. Josse © Archives Larbor ; p.28 BIS / Ph. Guiley-Lagache © Archives Larbor ; p.31 BIS / Ph. S. Guiley-Lagache © Archives Larbor ; p.32 BIS / Ph. H. Josse © Archives Larbor ; p.34 BIS / © Archives Nathan ; p.36 BIS / Ph. H. Josse © Archives Larbor ; p.40 BIS / Ph. H. Josse © Archives Larbor ; p.43 BIS / Ph. Jeanbor © Archives Larbor ; p.44 BIS / Ph. H. Coll. © Archives Larbor ; p.47 BIS / Ph. ©Archives Nathan ; p.48 BIS / Ph. Coll. Archives Nathan ; p.52 Musée Fabre, Montpellier ; p.54 BIS / © Archives Larbor ; p.57 DR ; p.58 DR ; p.59 © Archivo L.A.R.A / Planeta ; p.60 © Bamberger Helene / COSMOS ; p.253 Frédéric Hanoteau ; p.256 Shutterstock/MMPOP ; p.263 Frédéric Hanoteau ; p.264 Shutterstock/Blue Pig ; p.265 akg-images/Mondadori Portfolio ; p.274 Frédéric Hanoteau ; p.278 Ask Images/Visum ; p.284 Shutterstock/Scott Heaney ; Shutterstock/Bikeworldtravel ; p.287 Shutterstock/alphaspirit ; p.291 Nasa ; p.297 Shutterstock/Lukas Gojda ; p.303 Frédéric Hanoteau ; p.305 Frédéric Hanoteau ; p.330 HANOTEAU Frédéric ; p.331 HANOTEAU Frédéric ; p.345 ISM/Jean-Claude Révy ; p.352 Franck Wagner/ADOBE STOCK ; p.353 HEMIS/MINDEN PICTURES/Richard du Toit ; p.357 g Droits réservés ; p.357 d ESTEBAN Jean-Pierre ; p.362 Cailleux, Varsable.canalblog.com ; p.363 Google Earth ; p.367 LALEVEE Frédéric ; p.368 HANOTEAU Frédéric ; p.369 RMN/Zoologie/ Coineau ; p.371 HANOTEAU Frédéric ; p.379 REA/Pierre Bessard ; p.384 Droits réservés ; p.406 Ed Reschke/GETTY IMAGES France.

Responsable éditoriale : Raphaëlle Mourey
Coordination éditoriale : Julie Langlais assistée de Maria Tasso
Édition : Fanny Morquin, Sophie Petitprêtre, Nicolas Waszak, Charlotte Luttringer
Conception graphique intérieur : Julie Lannes
Schémas : Aurore Mathon, Coredoc, Légendes cartographie
Composition : Linéale
Couverture : Frédéric Jély
Fabrication : Adeline Caillot

Imprimé en Espagne par Macrolibros
Achevé d'impression : 10266085 - Juillet 2020